南宋书院的大学精神研究

李乾明 著

中国社会科学出版社

图书在版编目 (CIP) 数据

南宋书院的大学精神研究／李乾明著 . —北京：中国社会科学出版社，2020. 11
ISBN 978-7-5203-6213-9

Ⅰ . ①南… Ⅱ . ①李… Ⅲ . ①书院—高等教育—研究—南宋 Ⅳ . ①G649. 299

中国版本图书馆 CIP 数据核字 (2020) 第 055057 号

出 版 人　赵剑英
责任编辑　宫京蕾
责任校对　秦　婵
责任印制　郝美娜

出　　版　中国社会科学出版社
社　　址　北京鼓楼西大街甲 158 号
邮　　编　100720
网　　址　http：//www. csspw. cn
发 行 部　010-84083685
门 市 部　010-84029450
经　　销　新华书店及其他书店

印刷装订　北京君升印刷有限公司
版　　次　2020 年 11 月第 1 版
印　　次　2020 年 11 月第 1 次印刷

开　　本　710×1000　1/16
印　　张　22
插　　页　2
字　　数　370 千字
定　　价　128. 00 元

目　录

第一章

引论——相关成果评介与本书纲要

黑格尔给历史做了这样的分类:"原始的历史"在于叙述史实以唤起后人的记忆,"反省的历史"是借助某些史实以引起对现实的对照思考,"哲学的历史"是揭示史实中的观念以建构精神世界。历史的过程不是单纯事件发生的过程,而是行动背后有思想起着潜在作用的过程,它有一个由思想的过程所构成的内在方面,而历史学家所要寻求的正是这些思想过程;"'精神'就是那位指导者的理性的和必要的意志,无论过去和现在都是世界历史各大事变的推动者"①。本书属于中国高等教育史性质的历史哲学著作,试图以理学为方法论,对南宋书院的大学精神进行"思想的考察",进而用科学理性汇合其伦理理性,赋予大学当今意义。

第一节 书院内涵研究成果的若干结论

何谓书院?许慎《说文解字》说,写在竹帛上的就叫"书";王应麟《玉海》说,四周有围墙者叫"院"。所以,书院的本义是用一圈矮墙围起来的一个藏书的地方。直到唐玄宗之时首先出现的"书院"一词仍然只具有这种本义。唐末才赋予它教育内涵而纳入"学校"范畴。即使是后来宋元明清的所谓书院,也不都是进行教育活动的学校,一些名为"书院"的地方是功能单一的藏书处或纪念某先人的地方,甚至是道士、和尚修行的道观与寺庙。不过,本书讨论的是学校性质的"书院"。唐宋时期,"书院"和"书堂"这两个名称是通用的。民国时期,胡适、盛朗

---

① [德]黑格尔:《历史哲学》(1830年),王造时译,上海书店出版社2006年版,第7页。

西、陈东原、周予同都没有对"书院"进行定义。而关于书院的性质，最近 40 年主要有"文化机构"或"文化组织"说、"教育机构"或"教育组织"说、"文化教育机构"或"文化教育组织"说三类。说书院是"文化机构"或"文化组织"。这样讲当然是对的，因为文化是人类存在的方式，书院的确是传播文化、创新文化的载体，书院文化是书院人借助书院的一种活法。然而，这毕竟是很笼统的说法，不如说它是"教育机构"或"教育组织"具体些，因为教育是学校培养人的活动，而学校性质的书院是具有教育活动内涵的场所。至于某些纳入不到"教育机构"或"教育组织"范围的书院，可以视为教育性质的书院的雏形或变异。如果像有些研究者把书院定义为"文化教育组织"，那么实质上是对上述两种说法的折中处理。平心而论，一些研究者将书院的性质界定为"教育机构"或"教育组织"的大方向是不错的，但其对书院内涵的规定是值得商讨的。例如：(1)"书院是我国封建社会特有的一种教育组织。"① 此定义失之太简约。"特有"是相对于什么样的教育组织而言的？倒是这个定义指出了"特有"的内涵：书院是"中国古代特有的一种教育机构和学术研究场所"②。(2)"我国书院既非官学，亦非私学，其地位盖处于官学与私学之间，而为一种有组织之教育场所，不仅为教育史上之创制，且系学术史上之奇葩。"③ 此定义没有搞清官学、私学、书院在教育制度中的关系。(3)"书院是中国古代特有的教育组织形式。它以私人创办和组织为主，将图书的收藏和校对，教学与研究合为一体。"④ 此定义隐含"书院也有官办的"之信息。(4)"书院是宋、元、明、清高于蒙学程度，不列入国家学制的一种教育机构。"⑤ 此定义值得怀疑。因为它排除了书院官学化的历史事实。

从学校性质而论，书院与官学、私学联系紧密而又独立成为它自己。

---

① 陈元晖、尹德新、王炳照：《中国古代的书院制度》，上海教育出版社 1981 年版，第 1 页。

② 季啸风主编：《中国书院辞典》，浙江教育出版社 1996 年版，第 686 页。

③ 张正藩：《中国书院制度考略》，江苏教育出版社 1985 年版，第 61 页。

④ 李国钧、王炳照主编：《中国教育制度通史》（第三卷），山东教育出版社 2000 年版，第 221 页。

⑤ 章柳泉：《中国书院史话——宋元明清书院的演变及其内容》，教育科学出版社 1981 年版，第 3 页。

有研究者说，书院是一种独特的教育组织，它系统地吸收了官学（官方办的学校）和私学（私人办的学校）的经验，形成了一种新的教育组织形式，从而出现了教育制度的三条平行线，即官学、私学和书院——它们之间既互相排斥，又相互渗透。① 这种书院论的错误在于把书院主权和书院本质混为一谈。从书院主权而言，书院初期是私人所设，类似私塾，但比私塾规模大。后来起了作用，有了影响，政府就给予补助，因而便逐渐与官府有了联系，或者干脆由地方官府来办，也有由中央下令让地方设立的。这说明统治阶级对书院控制的逐步加强。也有研究者说，区别某所书院是官学还是私学，关键在于其设置时是否由朝廷具文，山长是否需朝廷"注差"、"铨选"，而不在于初建时是否由官员领头捐资或由官府拨款赞助。书院是乡党之学，在未改成官学时是地方贤士大夫所建，属于私学。如果书院的建置"或作或辍"均由朝廷具文，山长由朝廷注差和铨选时，则属于官学。作为私学的书院，理应具有私学所共有的特点，即书院由社会力量兴办，未纳入国家建制，其山长是聘请而非国家任命，书院各种职事不列入官吏编制，学生不因在书院毕业而得到功名，等等。书院作为私学的一种，当然有区别于其他私学的特点。由于藏书量增加，因而使教学形式皆由口授向视书而诵转变。②

　　还有研究者指出，书院与官学之间的重要区别是：地方官学的兴办取决于朝廷的行政命令，书院兴建则取决于知识精英重视学术、文教的个人意志。与此相关，官学的掌教、教师是朝廷任命的正式官员，而书院的山长、教师是由地方有才学者担任，往往为地方人士、书院创办者所聘请；官学中的学生必须通过正式的考试、选拔，并受到官府各种命令、公文的约束，而书院的学生往往是择师而从；官学中的教材、教学内容都是由官方统一颁定的，书院的教材、教学内容虽然也受官学影响，但一般取决于山长、教师的选用。书院自形成之时起，就一直受到官方控制、利用、改造，因而就存在一个官学化问题，书院私学的一些特点因此而散失，有的甚至直接被改造为官学。但从整个教育体系而言，书院是传统私学的继续，是古代私学发展到高级阶段的结果，是趋向于制度化、正规化的私学。但是，纵观整个书院的发展历程，总是可以看到一个十分有趣的历史

---

① 陈谷嘉、邓洪波主编：《中国书院制度研究》，浙江教育出版社 1997 年版，第 429 页。
② 李才栋：《中国书院研究》，江西高校出版社 2005 年版，第 283 页。

现象：书院时而标榜传道，宣扬独立的自由讲学的精神，时而沉溺科举考试，有时甚至演变为官学的一个重要组成部分；时而受到统治者的打击，时而又受到统治者的褒奖，甚至给书院山长加官晋爵。之所以会产生这种奇特现象，不能归结为一种偶然的历史原因，即个别统治者的兴趣，或者是个别山长的腐化，而是有着内在的必然原因。作为高级形态的私学为什么不能避免官学化的命运？这首先有客观方面的原因，即中国古代"政教合一"的原因。封建中央集权必然牢牢控制教育，要求教育能够为自己直接服务。书院制度兴起之后，统治者企图使书院牢牢控制在官方手里，直接按照官僚机构的要求教学。因而，历代统治者干预、利用或按自己的意图改造书院。但是，更值得注意的是，书院的官学化趋势还有其内在的原因，这一点，则要追溯创建书院的士人本身。儒家本来就是以做官为最理想的道路，因而，按照官方的要求讲学读书，希望获得官方的认可而进入官僚集团，几乎是绝大部分士人追求的目标。如果说农民不耕田就会断了基本生路的话，那么士人不做官也会断绝出路。这一点，恰恰是书院官学化的内在原因。尽管书院本来就是士人的私学教育机构，许多士人借以从事相对独立的学术研究、教学活动，而不愿受到官方的直接控制和干预。但是，士人们不可能没有做官的人生理想，要想实现这一理想，就必须把书院教育和未来的出仕、兼济天下统一起来。封建政府能够利用、改造书院，使书院向官学化演变，就是充分利用了士人的这一内在动机。如元朝政府以取士做官为诱饵，把书院教育纳入官学系统之中，使其官学化。当然，就具体的某一所书院而言，有的完全是隐居的士大夫读书授业之所，主讲者不愿出仕，也要求学生不走科举之路，也有的则和官学完全没有区别，山长为当朝政府任命，学生完全为参加科举考试而求学。但是，更多的书院是兼备上述两方面的特性。因此，书院是一种既能满足士人独立求道隐身山林的理想，又能满足士人出仕做官、兼济天下的宏愿的教育机构。当政局动荡、官场纷乱或异族入侵之时，士人们创办书院讲学，则以逃避战乱、洁身自好为目的，如南宋初、元初、明中后期、清初，书院活动很盛，而士人创办、主持书院的主要倾向是进行独立的学术研究和教学，并不热衷于把书院教学和科举取士联系起来。相反，在政局稳定、社会安定的太平之世，士人避世隐居的想法极少，而做官的愿望十分强烈。这时，书院更容易官学化，士人情愿将书院教学完全纳入官方的需要和控制之下。而学生肄业书院，主要目的在于顺利通过科举考试，以取得做官的资格。① 总而言之，书院具有官学、私学的双重特性。

　　关于书院的起源，研究者们对于"书院"名称的由来基本上有这样的共识：它最早见于唐玄宗开元年间设置的丽正殿书院，后来改名集贤殿书院；但这是设于朝省的藏书和修书的机构，并非士子求学的地方。唐代也有一些私人读书处称"书院"，见于唐人诗篇，也不是授徒之所。② 有研究者指出，具有学校性质的书院萌芽于自汉以来的"精舍"或"精庐"。③ 汉儒精舍重师承关系，讲究"师法"、"家法"，教学几乎全靠教师讲授。但后来这一名词被道佛两家借用。到了唐宋，读书人实在不愿把自己与此时居于"精舍"或"精庐"的僧徒混淆，感到用"书院"来命名读书治学、讲学授徒的地方比较恰当。这样，具有学校性质的书院就诞生了。④ 但这种具有学校性质的书院在唐宋时段这个区间上，出现的具体时间，研究者有三种意见：（1）"始于宋"说。杨荣春说："中国古代书院制度开始于宋代。"⑤ 张正藩说："书院之名昉于唐，书院之制则创于五代之南唐，而确立于宋代。"⑥ 这种说法，古已有之。王夫之《宋论》就提出过这种观点。"始于宋"之说值得怀疑。宋代有书院，有很多书院，这都不成问题。宋代的书院已经出现了"兴盛"的景象。然而，任何事物都有一个由小到大，由初创走向成熟的发展过程。书院也是如此。宋代是书院发展的高峰，但这个高峰不是突然出现的。事实上，很多书院建于前代，或者有前代的基础。（2）"始于五代"说。这种意见把建于 940 年的"庐山国学"说成是中国最早的聚徒讲学的书院。盛朗西说："书院之制创于唐末之五代"⑦，"以白鹿洞为最早"⑧。柳诒徵说："至五代而有讲学之书院。"⑨ 王凤喈说："含有学校性质之书院，始于五代之南唐。南唐升元中于庐山白鹿洞建立学馆，设置田亩，以集诸生，并推李善道为洞

---

① 朱汉民：《中国的书院》，商务印书馆 1991 年版，第 12—17 页。

② 章柳泉：《中国书院史话——宋元明清书院的演变及其内容》，教育科学出版社 1981 年版，第 1 页。

③ 李国钧主编：《中国书院史》，湖南教育出版社 1994 年版，第 6 页。

④ 李广生主编：《趣谈中国书院》，百花文艺出版社 2002 年版，第 4 页。

⑤ 杨荣春：《中国古代书院的学风》，《华南师范大学学报》1979 年第 1 期。

⑥ 张正藩：《中国书院制度考略》，江苏教育出版社 1985 年版，第 12 页。

⑦ 盛朗西：《中国书院制度》，中华书局 1934 年版，第 1 页。

⑧ 同上书，第 12 页。

⑨ 柳诒徵：《中国文化史》，东方出版社 2008 年版，第 545 页。

主，是为正式书院之始。"① 章柳泉说："作为讲学授徒作育人才的书院，始于南唐升元四年建立的白鹿洞学馆，亦称'庐山国学'。"② 车树实也认为，"严格地说来，真正作为聚徒讲学的书院"，是从"白鹿洞书院的前身——庐山国学开始的"③。五代有不少书院，但把始建于五代南唐的庐山国学说成是中国最早的书院，则是一种误解。马令《南唐书》说，南唐有江淮，鸠集典坟，特置学宫，滨秦淮开国子监，复有庐山国学，其徒各不下数百，所统州县往往有学；陆游《南唐书》说，朱弼举明经第一，授国子助教，知庐山国学。古人称"庐山国学"为"庐山国子监"、"匡山国子监"，与"秦淮国子监"并称，说明它是官名。古人称"庐山国学"为"白鹿洞国学"、"匡山国庠"，而不称为"庐山书院"、"白鹿洞书院"、"匡山书院"，说明它当时的性质属于官学而非私家所办的书院。至于它在宋代成为著名书院，那是另外一回事。更何况，即使把它视为官学性质的书院，它也不是中国最早的书院，因为"庐山国学"之前的唐代早有石鼓书院之类的书院了。(3)"始于唐代"说。有书院史著作认为："具有学校性质的书院始于唐代，至少在唐德宗贞元至唐宪宗元和年间就有了比较靠得住的、具有学校性质的书院的记载。"④《中国教育活动通史》指出："唐朝中后期出现了一批书院，但绝大多数书院是士人读书之处，如河北保定张说书院、唐贞元间建四川遂宁张九宗书院、福建建宁府鳌峰书院。这些书院大多没有明确讲学活动，从严格意义上讲不算教育机构。唐代有明确讲学活动记载的书院有：福建松州书院，唐陈向炯与士民讲学处。九江义门书院，唐陈衮即居左建立，聚书千卷，以资学者，子弟弱冠皆令就学。皇寮书院，唐通判刘庆霖建以讲学；梧桐书院，唐罗靖、罗简讲学之处。"⑤ 南宋朱熹《衡州石鼓书院记》、元代吴澄《鳌溪书院记》、清末郭嵩焘《新建金鹗书院记》等古籍材料都表明，"始于唐代"这种观点是可靠的。

① 王凤喈：《中国教育史》（上册），福建教育出版社 2011 年版，第 137 页。

② 章柳泉：《中国书院史话——宋元明清书院的演变及其内容》，教育科学出版社 1981 年版，第 1 页。

③ 车树实：《古代书院的形式与当前的教学改革》，《湖南大学学报》1987 年第 1 期。

④ 李国钧主编：《中国书院史》，湖南教育出版社 1994 年版，第 13 页。

⑤ 周洪宇总主编：《中国教育活动通史》（第四卷），山东教育出版社 2017 年版，第 376 页。

很少有著作从通史的角度划分中国书院发展的时期并归纳各个时期的特色，倒是台湾学者吴万居对此做了努力。吴氏说："书院制度自滥觞以至于成立，至少经历四阶段。即始于秦汉，正名于隋唐，酝酿于五代，而成立于两宋。至于宋后七百年，书院制度之发展，盖袭宋代，并无创新之处。"① 吴万居所谓"滥觞期"，是指孔子首开私人讲学之风。范晔《后汉书》、王应麟《玉海》将孔子讲学之处称为"讲堂"、"学堂"，与汉儒讲学的"精舍"、"精庐"并称书院的前身。这些称谓，即使宋代的书院也还在沿用，如宋代的"志学精舍"、"曾潭讲堂"，而且在精神上也继承了秦汉的儒学传统。吴万居所谓"正名期"，是指"书院"这个名称唐代出现了。虽然不是所有唐代书院都是讲学之所，然而部分唐代书院则有了私人讲学的性质。吴万居所谓"酝酿期"，是指"天地闭，贤人隐"的五代十国时期。一些有识之士，于战乱不止中选择圣地，构屋筑舍，招收学生。此时期的书院有"学馆"、"学社"、"书楼"、"家塾"之类的别称。此阶段之书院，"可视为宋代书院之雏形"②。吴万居所谓"成立期"，是说书院于两宋达到鼎盛阶段。至于元明清三代的书院发展，吴万居并没有命名，可补以"沿袭期"之名，是因袭两宋并无创新之意。

据统计，自唐代到清代，书院共计为8802所，按照其服务的对象将它分成家族书院、乡村书院、县州府省等各级地方书院、皇族书院、侨民书院、华侨书院、教会书院、少数民族书院等。③ 为什么中国历史上会出现这么多的书院呢？吴万居认为，内在的起因是：（1）儒家学术理想之孕育。中国传统文化以儒家思想为主流，而儒家文化之经脉中，知识、道德、政治三者间之关系是历代儒者思考之主题。但知识、道德、政治的融和需要从教育着手。如何搞好教育呢？许多人认识到，书院也是很好的教育阵地。（2）古代知识分子之自觉。知识分子的精神特质是"忧患意识"，是指知识分子面临人世艰难危殆之际，试图以一己之力重整社会秩序而勇于担当的觉悟。对个体而言，忧患意识是一种谨言慎行、敬畏真理的慎独功夫；对群体而言，忧患意识是知识分子的自觉精神，即求学以严谨、尊师以重道、正学以斥异端的态度。另一方面，书院外在的起因是：（1）中国私人讲学遗风的影响。民国学者论及书院制度之缘起，往往溯

① 吴万居：《宋代书院与宋代学术之关系》，台湾文史哲出版社1991年版，第24页。

② 同上书，第34页。

③ 邓洪波：《中国书院史》（增订本），武汉大学出版社2012年版，第669页。

源汉代之私学，不是没有道理的。（2）禅林讲学的影响。禅林是有组织的佛学研究所，对书院制度的形成有影响。吴万居说："佛教僧侣相互结社，与其清规戒律，影响书院制度尤深。"① 有研究者进行了中西方大学教育史的比较，认为书院受到佛教的影响，正如欧洲中世纪大学受到了基督教的影响一样。宗教是人类社会发展到一定历史阶段出现的一种文化现象，属于社会特殊意识形态；它是由于人对自然的探索，以及表达人渴望解脱痛苦又不能实现的追求，进而相信现实世界之外存在着超自然的神秘力量，于是对该一神秘产生敬畏及崇拜，从而引申出的信仰认知及仪式活动体系。世界上有三大宗教：基督教、伊斯兰教和佛教，它们分别又存在很多派别。虽然中外教育史上，宗教在一定程度上阻碍、干扰过教育的发展，但的确也在很大程度上推进了大学教育的发展。佛教对中国书院的影响有正面的，也有负面的。

因此，这样定义"书院"是比较妥当的：书院是唐宋以来传播儒学、既有私人开办也有官府开办的教学与学术融为一体的既有蒙学性质也有大学性质的教育机构。书院的本质特征是：儒学引导教学。书院的功能是教学培养人才、研究创造学术、引领服务社会。

第二节　南宋书院研究成果的若干结论

两宋书院是当时文明发展高度的产物。960 年，赵匡胤夺取后周政权，建立宋朝，定都开封。历经了太祖、太宗、真宗、仁宗、英宗、神宗、哲宗、徽宗、钦宗九个皇帝，于 1126 年在金军的炮火中结束了北宋一段历史。当金军攻陷开封之际，宋朝在外地的皇子赵构即位，改元建炎元年（1127 年），是即南宋首帝高宗。南宋历经了高宗、孝宗、光宗、宁宗、理宗、度宗、恭帝、端宗和帝昺九个皇帝，最终于 1279 年亡于蒙古族建立的元朝。有宋一代约 320 年，"华夏民族之文化，历数千载之演进，造极于赵宋之世"②，故"书院始于唐，盛于宋元"③。《全宋诗》中含有"书院"二字的诗歌就有 347 首，其他含有书堂、书屋、书舍、书

---

① 吴万居：《宋代书院与宋代学术之关系》，台湾文史哲出版社 1991 年版，第 12 页。
② 陈寅恪：《金明馆丛稿二编》，三联书店 2001 年版，第 277 页。
③ 张正藩：《中国书院制度考略》，江苏教育出版社 1985 年版，第 34 页。

斋的诗歌也不下百余首。① 据曹松叶著《宋元明清书院概况》（1930 年）统计，宋代书院有 397 所。吴万居著《宋代书院与宋代学术之关系》（1991 年）统计，宋代书院有 467 所。陈学恂主编的《中国教育史研究》（2009 年）统计，宋代书院共近 700 所。数字存在差异，是由于各自"书院"的标准不一样。宋代书院中，北宋书院的成就远不及南宋书院，尽管北宋出现了戚同文、孙复、石介、范仲淹、胡瑗、李觏、周敦颐、程颢、程颐、邵雍、张载这些书院大师。

宋代书院以"南宋为盛"②。整个宋代书院中，北宋书院的比例只占 22%，而南宋书院的比例占了 78%。③ 有研究者统计，南宋书院总数为 442 所，是北宋的 6 倍，是唐五代北宋共 500 余年间所有书院的总和（143 所）。④ 美国汉学家说，早在南宋绍兴时期，新儒学者们就在积极地修建书院。在这方面，胡安国、其子胡宏以及胡宏的弟子张栻则是先驱。胡安国创建了碧泉书院，胡宏又创建道山书院，张栻建有城南书院。1165 年，刚刚三十出头的张栻和岳麓书院有了联系。该院因为他的努力在 13 世纪成了南部中国最大的学府。这样的书院事迹对朱熹来说是很普遍的。到 1179 年为止，南宋书院正以很快的速度遍布东南和中南地区，而且理学家们积极地掀起了书院运动。⑤ 南宋书院 150 余年的历史划分为两个发展阶段。第一阶段，自高宗至光宗（1127—1194 年），共三朝凡 68 年，其特点是理学家使书院走上了与学术相结合的道路，而这种结合的激荡即形成第一个发展高潮。第二阶段，自宁宗至宋末（1195—1279 年），共六朝 85 年，书院和理学一起经历庆元党禁的磨难与考验之后，终于迎来了理宗、度宗时期的蓬勃发展，其制度亦日趋完善。⑥

研究表明，南宋书院种类繁多。（1）依据创办者的身份划分。如此，南宋书院分为官员、名儒、乡绅、隐士和邑人办理等五种情况。官员包括

---

① 许丞栋：《从宋诗看宋代书院的选址环境与功能》，《河北学刊》2016 年第 3 期。

② 刘伯骥：《广东书院制度沿革》，商务印书馆 1939 年版，第 18 页。

③ 陈元晖、尹德新、王炳照：《中国古代的书院制度》，上海教育出版社 1981 年版，第 30 页。

④ 邓洪波：《中国书院史》，武汉大学出版社 2012 年版，第 118 页。

⑤ ［美］查非：《朱熹与白鹿洞书院的复兴（1179—1181）》，《湘潭大学学报》1993 年第 2 期。

⑥ 邓洪波：《中国书院史》，武汉大学出版社 2012 年版，第 127 页。

镇官、县官、州官、府官、安抚使、转运使、提刑乃至中央的尚书、侍郎、编修、翰林学士、丞相等，他们利用自己的政治威望，动用自身、地方政府及民间资源来创办书院。如孝宗淳熙元年，致仕官员汪观国创办了浙江的包山书院。名儒包括享誉学术界的理学大师、大师弟子及地方学有成就的人士。如嘉定间，热心理学人士柴中行与其弟柴中守、柴中立创办了江西的南溪书院。乡绅，家庭比较富有，热心公益事业，慨然出资或直接办理书院，聘请名师来主持教务。如高宗建炎四年，福建同安县绅士黄护为纪念朱松创办了鳌头精舍。隐士是指避开尘世授徒讲学的读书人。如孝宗乾道年间，隐士吕伯佑创办龙门书院于四川江安城东龙门山。而邑人是指地方上有一定地位、身份和威望的人，热心参与书院教育，于是倡导办书院。如宁宗嘉定年间，浙江缙云县东仙都邑人叶嗣昌为纪念朱熹来此讲学，创办了独峰书院。（2）依据创办者动机划分。如此，可将南宋书院分为传承儒学及理学、读书治学、彰显地方教化、光大家族和纪念先贤等五种情况。传承儒学及理学的书院为数较多，除理学家及其弟子创办的外，还有诸如江西的东山书院，孝宗淳熙年间，吉州知州赵汝愚闻朱熹得道统之正，乃于余干县冠山东峰设书院，聘朱熹为主讲，让其弟赵汝靓、子赵崇宪师从朱熹。读书治学类书院一般为隐居不仕者所建，如福建的刘砥所办的龙峰书院，朱熹避庆元党禁时曾寓居于此讲学。彰显地方教化类书院多为地方知名人士及地方官员所为，通过书院对乡里子弟进行道德教化，以求改变民风民俗。如度宗咸淳八年，江西兴国知县何时创办安湖书院，文天祥作记。光大家族类书院，多为家族中有声望者出面创办，聚本族子弟受教于内。此类书院占有一定的比例，如浙江的钓台书院接受严、方两家族子弟就读。纪念先贤类书院，一般是为纪念理学大师曾在此讲学而设。如湖南醴陵的东莱书院，因吕祖谦曾在此讲学而建为书院。浙江的稽山书院，孝宗淳熙间，朱熹提举浙江，曾至山阴县卧龙山西岗讲学，故学者吴革请建为书院。（3）依据学派划分。如归属湖湘学派的有碧泉书院、文定书院、城南书院、岳麓书院等，归属闽学的有考亭书院等，归属婺学的有丽泽书院，归属象山学的有槐堂书院、象山书院、东湖书院等，归属永康学的有龙川书院，归属永嘉学的有石洞书院等。（4）依据书院的主权归属划分。如此，可将南宋书院分为民办、民办官助和官办三种情况。民办书院由民间个人或家族办理，以读书讲学及教导子女成才为目的。如理宗绍定五年，浙江仙游特奏名进士喻畴无意仕途，归隐乡里，创办了大飞书院。民办官助的书院，有的在创办时就得到或申请到地方官员的资助，有的是后来受到官府重视之后才得到资助的，还有的是官员出面动员民间捐资创办的。如度宗咸淳九年，浙江定海人魏槼创办岱山书院时，得到郡守刘黻的公费资助。至于官办书院，大部分是地方官员直接创办的，如创建于理宗淳祐元年的江苏明道书院属于官办府级书院。也有少部分书院是朝廷敕建的，如福建建阳的西山书院，理宗敕建于宝祐三年；福建将乐县的龟山书院，度宗敕建于咸淳三年等。① (5) 依据官立书院在中央的地位高低划分。南宋中后期的官立书院分为两类：得到中央承认的与未得到中央承认的。得到中央承认的官立书院具备如下特征：首先，得到朝廷赐额，少数地位崇高者还可能得赐御书。一旦获得赐额，名称载国典，书院的持续发展就有了制度保障。其次，设施较为完备，一般需具备教室、宿舍、祠堂、藏书、师资、学田等要素。再次，具备一定的规模和较大的名气。得到中央承认的官立书院只占少数，南宋中后期官立书院得到赐额的仅有 32 所，著名的书院如岳麓、白鹿洞、石鼓、明道等书院都名列其中。未得到中央承认的官立书院有如下特征：在有部分官立书院得到赐额的情况下，未得到赐额的书院，其社会声誉出现天壤之别。其有屋庐而无赐额，有生徒而无赐书，流俗所轻，废坏无日。未得到中央承认的官立书院，尽管运用了官方资源，但严格说来，它们的建设属于地方官员的个人行为，随着地方官员的更迭，书院的命运有可能随时发生变化。此外，设施不全，且规模较小，难以独立生存，多附属于州、县学，与州、县学共享资源。如建宁府紫芝书院、靖州作新书院就是此类。尽管这类书院容易荒废，但同时也容易建设，所以在数量上远远超过得到中央承认的官立书院。尤其是到理宗时期，由于理学强势，地方官追随风潮，此类书院增加了数量。其中多数就建在州、县学附近。南宋官办书院有 108 所，除赐额的 32 所之外，未得到中央承认的官立书院占多数。不过，所有的官立书院都会像白鹿洞书院、清湘书院那样全力以赴地申请赐额，但只有极少数官立书院像白鹿洞书院那样一次性申请成功，也只有少数官立书院像清湘书院那样在经过不懈努力之后终获成功。多数官立书院的命运就是反复申报，反复失败，直至南宋灭亡。② 遗憾的是，还没有研究者对南宋

---

① 苗春德、赵国权：《南宋教育史》，上海古籍出版社 2008 年版，第 197—201 页。

② 廖寅：《南宋中后期官立书院的兴起及其类型、特色与成效》，《高等教育研究》2013 年第 10 期。

书院做小学、大学的分类。

　　关于南宋各类书院发达的原因，有各种结论：（1）有些人说，南宋官学的衰落是书院发达的直接原因。南宋统治者感到发展官学，不仅没有使朝廷得到好处，反而招来许多政治上的麻烦和经济上的负担。因此，与其发展官学，不如支持书院更为有利。对于这个观点，美国研究者的看法是：这种说法值得怀疑。事实上，官学在北宋末年以三舍法的推行，达到了其制度上发展的高潮，当时有 20 万学生同在这一完整的学校制度下生活。但这并不意味着从此以后官学就开始衰退了。实际上，南宋新建、扩建、修复官学的规模，从某种程度上来说比北宋大得多。当一些南宋学者认为官学陷入废弃而抱怨他们的条件时，另一些学者则在称颂其成绩。丢开赞扬和责备，证据表明官学仍然盛行并吸引着学生。因此，南宋书院的兴盛最好是看成对官学的补充，而不是取而代之。① 美国学者的质疑很有道理。如果官学真是腐败不堪，为什么南宋后期那么多的书院拼命地想跑进官学系统呢？（2）有些人说，科举腐败是南宋书院发达的重要原因。因有科举制度的腐败，才有书院的发达。这种观点也值得怀疑。南宋书院反对科举的弊端，但没有脱离与它的关系。（3）有些人说，南宋印刷业的发展对书院的发达有重要影响。南宋刻印书籍有官办的，也有私营的。印刷术的发达，有利于大量刊印书籍；使书院的藏书日益丰富。这给书院建设带来了便利。② （4）大多数人认为，南宋书院的发达最主要的原因还在于它与理学的深度结合。这个观点是很正确的。王应麟《广平书院记》说："乾道、淳熙间，正学大明，朱子在建，张子在潭，吕子在婺，陆子在抚，学者宗之如日月江汉，光润所被，皆为名儒。"③ 全祖望《答张石痴征士问四大书院帖子》说："故厚斋谓岳麓、白鹿以张宣公、朱子而盛，而东莱之丽泽、陆氏之象山，并起齐名。四家之徒遍天下，则又南宋之四大书院也。"④ 理学为南宋书院提供了优质的学术资源，而南宋书院为理学家传道授业提供了阵地。"南宋诸儒，多讲学于书院，故南宋时书

---

　　① ［美］查非：《朱熹与白鹿洞书院的复兴（1179—1181）》，《湘潭大学学报》1993 年第 2 期。

　　② 陈元晖、尹德新、王炳照：《中国古代的书院制度》，上海教育出版社 1981 年版，第 39—45 页。

　　③ 陈谷嘉、邓洪波主编：《中国书院史资料》，浙江教育出版社 1998 年版，第 142 页。

　　④ 同上书，第 50 页。

院最盛。"① 南宋著名的书院，很多都是当时理学家宣传自己理学主张的
教育中心。沿及南宋，讲学之风丰盛，一人为师，聚徒数百，其师既殁，
诸弟子群居不散，讨论学问。南宋书院的分布，明显地与理学影响的地域
相关。例如，福建一带的书院较多保留了朱熹及其闽学的痕迹，浙东一带
的书院则较多保留了金华学派的痕迹。江西书院侧重纪念周敦颐和朱熹，
而湖南一带的书院则较多表彰胡宏和张栻的湘湖学统。这种地域文化的格
局，主要体现了南宋理学不同流派的活动范围，同时也证明，南宋书院教
育主要是在理学家的推动下发展起来的。在南宋中后期，凡是有理学名家
如周敦颐、二程、张栻、朱熹、吕祖谦、陆九渊、魏了翁、真德秀等人讲
学或寓居过的地方，后人往往建立书院以志纪念。②

　　研究表明，南宋地域经济发达程度与书院地理分布的密集性不存在正
相关，相反，一些经济欠发达地区书院数量居于领先地位。就所占据的地
理范围而言，南宋总面积约 180 万平方公里。然而，南宋却是当时中国人
口最主要的分布区。在南宋和金都处于人口发展高峰的 13 世纪初，南宋
约有 8060 万人，金约有 4380 万人，西夏约有 900 万人，南宋占了南北人
口的 56.8%。如果将大理、吐蕃和西辽境内的人口估计为 1000 万人，则
13 世纪初中国境内约有 15180 万人，南宋占当时中国全部人口的 53%。
换言之，南宋尽管只拥有中国疆域的五六分之一，却拥有中国人口的一半
以上。南宋人稠地狭的地区，大多有"家贫子读书"的风尚。科举促进
读书风气形成，必然会导致整个地区教育水平的提高。就南宋的情况来
看，凡中举人数比较多的地区，区域教育水平一般也比较高，二者成正相
关的关系。③ 土地、人口、教育就这样顺理成章地联系在一起，从而影响
南宋书院的分布状况。美国学者指出，南宋管辖的五大地区中，岭南和东
南沿海的书院都表现为相当平衡的分布，中心与周边区各一半。但长江中
游地区建在周边的书院数大约是中心区的两倍，而长江下游则正好相反，
中心区的书院数是周边区的两倍。长江上游虽然到南宋时已明显成为经济
发达地区，所有为人所知的书院都建在城内。从南宋时期南方的整体看，
书院的地区云集既不与大地区一致，也不与省区一致，而是与小得多的单

　　① 柳诒徵：《中国文化史》，东方出版社 2008 年版，第 556 页。

　　② 李国钧、王炳照主编：《中国教育制度通史》（第三卷），山东教育出版社 2000 年版，第
242 页。

　　③ 吴松弟：《南宋人口史》，上海古籍出版社 2008 年版，第 318—334 页。

位如府、州或军，甚至在某些情况下是与县相一致的。① 有研究者说，南宋书院的地理分布有这样几个特点：（1）总的来讲，南宋书院的势力范围比北宋仍有扩大。一方面是南宋的广西不再是空缺，建有十多所书院，华南连为一片；另一方面，北方领土虽然丢失，但若计入金人统治的山西、山东、河南、湖北 4 省书院，南北方合计有 14 省区有书院分布，比之北宋时期的 11 个省区，书院也显示出继续扩张之势。（2）南宋书院分布不均匀，极显发展的不平衡性。书院最多的江西与最少的贵州之间，相差有 146 倍。第二多的浙江 82 所，第二少的湖北 9 所，两者相差也有 8.1倍。（3）南宋时期，江西以高出平均数 2.6 倍的绝对优势，继五代、北宋之后连续第三次高居榜首，继续充当书院建设的领先之地。（4）南宋时期，以江西为中心，周边的浙江、福建、湖南皆高于省平均数，形成了一个占书院总数 74.43% 的书院密集区，改变了以前书院点、线分布的格局，出现了作为书院大面积片状分布的态势，这标志着书院经历 500 余年的发展之后，终于在南宋迎来了它的繁荣昌盛时期。（5）南宋书院发达地区的形成有政治、经济、学术等诸多原因。赣、闽、湘三省学术昌明，大学者居间讲学，其鼓荡激扬必然导致汇集读书人的书院日渐兴盛。② 南宋时期，"书院作为中国古代社会一种独具特色的文化教育组织，与地方社会的互动关系十分密切。表现为地方对书院发展的支持以及书院对社会发展的促进"③。

研究表明，南宋书院的发展表现出这样一些共性：（1）南宋书院是一个教育机构，又是一个学术研究机构。南宋的学者是研究理学的学者，南宋的书院是讲授理学的书院。（2）南宋书院允许不同学派进行讲学，在一定程度上体现了"百家争鸣"的精神。尽管这种"百家争鸣"的范围十分有限，但较之只准先生讲学生听，只此一家别无分店的一般学校却自由得多。"会讲"制度就是最好的证明。（3）南宋书院教学"门户开放"，不受地域限制。慕名师不远千里前来听讲求教者，书院热情欢迎，并给予周到的安排照顾。书院有名学者讲学，其他书院和外地书院的师生前来听讲，来者不拒。例如，黄榦在白鹿洞书院讲乾坤二卦，山南海北的

---

① ［美］琳达·沃尔特：《南宋书院的地理分布》，《湖南大学社会科学学报》1993 年第 1 期。

② 邓洪波：《中国书院史》，武汉大学出版社 2012 年版，第 123 页。

③ 肖永明：《书院与地方社会的互动》，《大学教育科学》2011 年第 4 期。

人士都来听讲。（4）南宋书院教学多采问难论辩式，注意启发学生的思维，培养学生的自学能力。这比一般官学喋喋不休的教化优越得多。（5）南宋书院内师生关系比较融洽，师生感情相当深厚。

第三节　南宋书院大学精神研究的动因

百年来书院研究成果存在的不足是本书研究的动因之一。20 世纪初，书院改制成了学堂，开始了它教育现代化的转型。当时几乎没有人提出异议。但自 20 世纪 20 年代迄今，当人们逐渐认识到新教育有缺陷，书院也有长处之时，于是研究书院的论文、著作就越来越多了，甚至有学者已经着力建立"书院学档案"，建构"书院学"——不少学者试图从书院史里寻找"中药"，医治教育时弊。目前学术界对中国古代书院的研究，大多从教育学、历史学、社会学角度探讨书院的教学方式、目的、内容、特色和文化精神，考察书院的历史发展及社会根源。鲜有学者从历史哲学的角度对书院进行分析研究，偶有学者论述了理学与书院的发展关系时涉及宋明理学思想，但其主要在于考察书院与理学二者的历史发展中的相互关系，其重点并不在于论述书院的哲学色彩。[①] 目前，系统梳理南宋书院大学精神的论文和专著还没有。

大学精神的失落即大学之殇是本书研究的动因之二。大学的意义也不在于成为社会经济发展的动力站，而在于成为人类的精神家园。就当今大学的现实而言，中国大学遇到了前所未有的危机。有学者说："过去在大学里专家与教授本是一种地位象征，属于声望符号；但今天由于大学人道德生涯中的明显的缺陷，声望符号反倒成了一种污名符号。作为污名化的一部分，今天社会上对于专家和教授的嘲讽正在成为一种风尚。其结果，大学里的专家和教授昔日作为声望符号和今天作为污名符号形成了鲜明的对比，社会对于大学的评价也随之降低。"[②] 2012 年 4 月 22 日，某教育基金会特邀了十余位在国内学界具有一定代表性的学者在北京饭店举办了"理想大学"专题研讨会。会上，某知名教授发

---

① 李育富：《南宋书院的哲学特色及其现代价值》，《安阳师范学院学报》2010 年第 4 期。

② 王建华：《我们时代的大学转型》，教育科学出版社 2012 年版，第 37 页。

言说：我们一些大学正在培养一些精致的利己主义者，他们高智商，世故，老道，善于表演，懂得配合，更善于利用体制达到自己的目的；这种人一旦掌握权力，比一般的贪官污吏危害更大。没有大学精神的大学肯定不是好大学。最近 20 年，基础教育改革是比较成功的，而高等教育改革相对滞后。随着高等教育入学人数的急速增加，规模的急剧扩大，大学出现了精英教育向大众化教育的转型。中国高等教育大众化在促进中国大学进步的同时，也出现了一些弊端。在大学日益融入充满功利和权势诱惑的社会并被这个社会日益需要的现时代，大学的所作所为已经不能让人像以往一样对其倍加敬畏和肃然起敬。有些大学已经不像大学，在不知不觉的随波逐流中渐渐偏离了大学育人及知识追求为本的基本属性。① 少数大学校长、处长、院长，在大学之外也许并不受官僚主义者待见，是弱势群体；但在大学内部颐指气使，外边分配到校的头衔、项目经费吃独食，把下属当成做课题、帮着写论文的打工仔，喜欢当学术领袖，喜欢出"成果"。少数大学教师没有了知识分子的底线，但时时打着教授博士的旗号招摇过市。有的教授乐于当别的大学的兼职教授，乐于受邀请讲学或者给别人把脉，而水平确实不敢恭维但自我感觉非常良好；其实邀请方是看重其是什么学位评审召集人，什么项目评审的画圈人，什么奖评定的组长，是什么权威杂志的主编。有些硕士博士称呼自己的导师为"老板"，这是非常危险的信号。与此同时，不少研究者对大学教师的实然应然进行了探讨。社会上越来越认可"知识就是力量"、"知识改变命运"等观点。大学是知识分子成堆的地方，自然是被关注、关怀的场域。大学教师当然不要被社会上一些人"道德绑架"。但不可丧失自我反思的自觉。据考证，"知识分子"一词最早出现于1920 年11 月《共产党》杂志第一期上的文章《俄国共产政府成立三周年纪念》中，作者"无懈"认为，在无产阶级和资产阶级奋战的时候，他们来助无产阶级；并且无产阶级的群众，反为他们的"知识分子"所引导。20 世纪上半叶，"知识分子"与"知识阶级"一词几乎同时并行使用，后者的使用频率高于前者，而且是在"革命"语境中与工人阶级、农民阶级对应使用的。新中国成立后，知识分子最初被定义为有知识有文化的人，后来又纳入"无产阶级"的一部分。实际

---

① 眭依凡：《理性捍卫大学》，北京大学出版社 2013 年版，第 175 页。

上，知识分子是随着时代的变化而内涵也不同的一个概念。当今，知识
分子是指受过大学专业训练的人。而大学教师（尤其是有博士学位的大
学教师或有副教授教授职称的大学教师）被当成是高级知识分子，传授
创造知识、反思关怀社会是其区别其他阶层人员的两大特征，属于狭义
的经典知识分子。按经济地位来讲，大学人属于中产阶层社会群体。从
大学内部来说，知识分子既是一个似乎人人皆是的大众化概念，又是一
个暂时使用排除异己的特定概念。大学内部，由于有学科之分、职称之
分、学位之分、水平之分、工作性质之分，所以大学里的知识分子类别
很复杂。不过，大学人自己把有修养有学问作为知识分子的底线。大学
知识分子共同体内，管理者与纯学者之间、人文学者与科学学者之间、
教学型学者与科研型学者之间充满了矛盾，如果解决得不好也会影响大
学精神。21世纪初，耶鲁大学原校长施密德特撰文批评了中国的大学
的一些不良风气。针对中国一些机构通过"排名"让大学跻身"百强"
的做法，施密德特说，他们在做自己屋子里的君主，这是人类文明的笑
话。针对大学生"就业难"，施密德特对此说，我们千万不能忘记大学
的学院教育不是为了求职，而是为了生活。他说，大学应该坚持青年必
须用文明人的好奇心去接受知识，根本无需回答它是否对公共事业有
用，是否切合实际，是否具备价值等；否则，大学教育就会偏离对知识
的忠诚。针对中国大学的考试作弊、论文抄袭、科研造假等学术腐败，
施密德特提出了另一种观察问题的眼光。他说，经验告诉我们，这是一
种骇人听闻的腐败。也有研究者说，中国的大学把国外大学好的没学
到，差的学到了，而且把我们本来有的痼疾而国外没有的也强化下来
了。中国之大学有改造自己、改造社会之责任。

　　当今对大学到底是什么的叩问驱使学术界对大学精神进行研究，进而
成为怀念书院精神的伏笔。国内外研究大学精神的成果不少，有些研究成
果鞭辟入里，发人深省，但尚未出现一个哲学维度的定义。西方高等教育
专著里，没有"大学精神"这个概念。从中国学者的研究成果看，他们
所谓"大学精神"比"大学观念"的词义范围小得多。"大学观念"即大
学理念，是人们对大学感性认识、知性认识、理性认识的总称：感觉一
二，曰感性认识；把握含义，曰知性认识；融会贯通，得其系统之原委，
曰理性认识。"大学观念"中的"理性认识"属于大学精神，故大学精神
是大学观念中最抽象、最本原、最核心的那部分认识。众所周知，"大

学"是指传授大学问的高等教育机构。当人们在询问"大学"是什么的
时候，实际上自觉或不自觉地在探寻大学的"精神"。"精神"一词除了
表示意识、观念的含义之外，常常用来形容事物具有"活力"。陆九渊
说，"有一段血气，便有一段精神"①，"收拾精神，自作主宰，万物皆备
于我"②；"精神在外，至死也劳攘，须收拾作主宰"，"收得精神在内"③，
"收拾精神，不得闲说话"④。人的精神很容易涣散，这就需要荡涤清除废
物。他说："学者须是打叠田地净洁，然后令他奋发植立。若田地不净
洁，则奋发植立不得。古人为学即'读书然后为学'可见。然田地不净
洁，亦读书不得。若读书，则是假寇兵，资盗粮。"⑤ 在陆九渊看来，最
能使人精神流失的就是个人私欲，收拾精神的最佳办法是养心莫善于寡
欲。张岱年说："用'精神'一词表示人类的认识、感情、意志的总体，
始于战国时代，经过了二千年，到现在仍然是哲学中的一个重要范
畴。……在古代，精神是对形体而言；在近代，精神是对物质而言。"⑥
"精神"的英语单词是"spirit"，含义是"生命的气息"。"精神"概念具
有这样一些特征："精神"是人类的一种特有的思想、观念，"精神"不
仅包括了动机、情感、意志等因素，而且是人类的一种认知活动；"精
神"不仅是人类自由的、质的存在，而且是一些共同体的信仰。而学校
精神是学校群体在长期的教育活动中积淀起来的，共同的情感、认知和意
志中体现出来的氛围、行为以及价值观，是学校文化最本质、最核心的体
现。当学校的教育活动越深入、越发展，就越需要学校精神来指引，当学
校依靠精神的力量站立起来时，教师和学生所有的努力都会变成一种蓬勃
的生机。作为学校精神中的"大学精神"，民国时期蔡元培、梅贻琦、蒋
梦麟、张伯苓、马寅初等虽然表达过其实，但并没有提出其名。那时虽然
有过"北大精神"、"清华精神"、"南开精神"、"西南联大精神"之类的
用语，但没有出现"大学精神"这个概念。即使是《中国大百科全书》
(1999 年)、《辞海》(2010 年) 之类的工具书也没有出现"大学精神"

---

① 陆九渊：《陆九渊集》，中华书局 1980 年版，第 451 页。
② 同上书，第 455 页。
③ 同上书，第 454 页。
④ 同上书，第 455 页。
⑤ 同上书，第 463 页。
⑥ 张岱年：《中国古典哲学概念范畴要论》，中国社会科学出版社 1989 年版，第 96 页。

这个条目。"大学精神"这个概念首次是由任剑涛于 1993 年提出的。他说:"大学生自我的精神省察,也就是一种大学精神与大学生人格独立性的再体认与再追思。名之曰'再',是因为大学在中国的发展使大学精神曾历史地迷失,使大学生的人格独立性曾完全地消逝。前者使大学生成为无归依者,后者使大学生成为服从者",因此,"书生气的超越性批评(不为具体个人和阶层的利益目的的批评)便成了大学精神的神髓"①。从此,"大学精神"这个概念频繁在文献中出现。据统计,当代学者在理解"大学精神"的时候出现了共同的近义词:"价值"(价值观、价值取向、价值体系);"时代特征"(时代精神);"人文精神"(人文教育);"文化底蕴"(文化传统、文化内涵);"自由意志"(自由精神);"精神特征"(精神状态、精神风貌);"创新精神"(创造精神);"社会关怀精神"(人文关怀精神);"氛围"(气氛)②。不过,当代学者对"大学精神"词义的理解十分离散。与此相反,民国时期的学者对大学精神的理解相对集中,"学术自由"、"学术自治"、"学术独立"三个词较大程度上获得认同。从最近 20 年的文献看,这样几条定义值得注意:"大学精神是一所大学所拥有的相对稳定的群体心理定式和精神状态,是一所大学在长期的教育实践中积淀的最富有典型意义的精神特征,是一所大学整体面貌、水平、特色及凝聚力、感召力和生命力的体现。"③ "大学精神是大学在长期的发展过程中所形成的约束大学行为的价值和规范体系,以及体现这种价值和规范体系的独特气质。从普遍的意义上讲,大学精神包括自由精神、独立精神、人文精神、科学精神、创新精神和批判精神等几个相互联系的方面。"④ "大学精神是指一所大学在长期的发展过程中所形成的约束、引领大学行为的核心价值体系,以及体现这种价值体系的独特气质。或者换句话说:大学精神是体现大学的智慧、气度、品格、信念、风范、操守等的核心文化体系。"⑤ 文化传统、时代风尚、大学实践、大学人是形成"大学精神"的主要因素。由于缺乏历史哲学的透视,已有大学精神研究

① 任剑涛:《根柢何在——关于大学生身份自认》,《青年探索》1993 年第 12 期。
② 储朝晖:《中国大学精神的历史与省思》,山西教育出版社 2010 年版,第 37 页。
③ 何茂莉:《传承与现代:文化人类学视野下的大学精神》,民族出版社 2006 年版,第 28 页。
④ 刘宝存:《守望大学的精神家园》,安徽教育出版社 2009 年版,第 86 页。
⑤ 蒲芝权:《守望大学精神》,贵州人民出版社 2011 年版,第 312 页。

缺乏抽象的概括，只不过是"意见"而已。那种没有标准的意见，属于浅见；不能洞察全局的意见，属于偏见；不重客观事实的意见，属于臆见；动机不纯的意见，属于私见。教育口号虽然在某种时空中具有一定的鼓动性或诱惑性，但通常不是理性的教育主张。

　　论及"大学精神"，有研究者认为它与"书院精神"、"书院的大学精神"颇有联系。中国高等教育史上，胡适最早提出了"书院精神"这一概念。其《书院制史略》（1924年）一文指出："书院真正的精神唯自修与研究。书院里的学生，无一不有自由研究的态度。虽旧有山长，不过为学问上之顾问，至研究发明，仍视平日自修的如何。所以书院与今日教育界所提倡道尔顿制的精神相同。……其自修与研究的精神，实在令人佩服。"① 胡适认为，书院精神主要表现为"时代精神"、"讲学与议政"、"自修与研究"三个方面。② 20世纪40年代杨家骆批评自己时代的教育的同时就指出了书院教育的精神："近世之世，少有严肃有守之操，令坚贞不移之节，肥身鬻国，至有腼颜事寇而不为耻者。溯其成因，则三十年学校偏重知识传授而忽视人格之陶冶，盖亦不能辞其责焉。书院之设，将以培植特立独行之士，以药苟且贪冒之风。试观南宋节烈，晚明遗愍，多由书院讲学所至。"③ 他虽然没有提出书院精神这个概念，但在抗日背景下提倡了书院的气节，并指出宋明志士的这种人格主要来自当时的书院讲学。黄金鳌《我国师范教育宜融汇书院精神》（1972年）一文说："书院精神，以余考之，要有三端：一曰尊严师道，二曰自由讲学，三曰开阔'教化'。"④ 其实，"书院精神的提法最早表达了'大学精神'的某种意蕴，也是'大学精神'这一提法的思想雏形"⑤。有研究者说："所谓书院精神，特指中国古代书院在培养人才、发展学术、传承文化、开启民智过程中体现出来的具有独特性、思想性、持久性等特点的理念及文化意蕴。……书院的自主精神、平等精神、兼收并蓄精神和践履精神，成为古代书院诸多办学理念和文化意蕴精髓之所在。"⑥ 也有研究者说："大学精

① 胡适：《胡适教育论著选》，人民教育出版社1994年版，第193页。

② 同上书，第195—196页。

③ 杨家骆：《书院缘起与特点》，《东方杂志》1940年第37卷。

④ 陈谷嘉、邓洪波主编：《中国书院史资料》，浙江教育出版社1998年版，第2616页。

⑤ 刘亚敏：《大学精神探论》，中国海洋大学出版社2006年版，第20页。

⑥ 唐亚阳、陈厚丰：《中国书院精神之探析》，《湖南大学学报》2005年第6期。

神是在高等教育的长期实践中形成的。中国古代书院的求是精神、兼容精神、怀疑精神、爱国精神值得我们今天的大学好好继承和弘扬。"① 还有研究者说："书院的大学精神，即书院的开放包容、民主及自治权。书院的开放包容表现在：一是生徒来源的多样性；二是对待不同学派访学的生徒、教师的开放、兼容；书院的民主性体现在民主的教学风气、融洽的师生关系等；书院的自治权主要表现在书院自筹经费自行设置、自主招生、自设课程和自制学规、章程等。"② 纵观中国书院史，部分书院是大学，因而从这个意义上讲，"书院精神"与"大学精神"这两个概念是可以划等号的；进而可知，"书院的大学精神"这个说法实质上是对"书院精神"和"大学精神"两个概念的整合。我们发现，中国古代书院的"学风"是书院精神的重要内容，是书院教师和学生的治学风气。有研究者认为它的精神实质包括：自由讲学、各有宗旨；独立研究、相互探讨；师生亲切、情谊深厚。③ 也有研究者认为它的精神实质包括：质疑问难，教学相长；深入读书，探究原理；循序渐进，熟读深思；注意创新，实事求是；做好札记，积累资料。④ 还有研究者认为它包括的精神实质有：敢于怀疑，提倡自得；听教不拒，受教平等；兼容宽量，求同存异；躬行实践，学以为用。⑤ 从师生关系看，书院精神是书院大师在讲学活动中与学生产生对话关系所表现出来的教育品质。书院发展史可以证明，书院的大学精神与当今大学精神在价值取向上具有一致性。更为重要的是，当今大学根本不缺机器化、数字化、模式化、效率化之类科学理性，缺的是物理、义理、天理、道理、事理之类的伦理理性。而这伦理理性的大学精神恰恰是南宋书院所富有的，需要我们珍惜。

第四节　南宋书院大学精神的理学判读

本书研究的方法论来自中国本土产生的哲学——理学。"理学"是以

---

① 郑慎德：《中国书院教育与大学精神》，《教育研究》2004 年第 1 期。
② 张劲松：《论书院的大学特征与大学精神》，硕士学位论文，江西师范大学，2004 年。
③ 杨荣春：《中国古代书院的学风》，《华南师范大学学报》1979 年第 1 期。
④ 周铭生：《论古代书院的优良学风》，《宜春师专学报》1994 年第 1 期。
⑤ 邵芳：《明代的书院与学风》，《山东师范大学学报》1993 年第 3 期。

"理"探究世界本原的思想体系。从词源上考证，许慎《说文解字》中"理"字的本义指玉石的条纹，众多条纹总称为"条理"。从春秋时期的文献看，《尚书》、《论语》、《老子》中无"理"字。《诗经》里"理"字的用例有4例，《春秋左氏传》里有5例，但都不是哲学范畴之"理"。作为哲学范畴的"理"起源于战国中期。《孟子》中的"理"字有7例，主要是指道德准则。《庄子》中的"理"字有38例，主要指自然规律。《荀子》中的"理"字有106例，主要指事物的条理。《韩非子》出现的"理"仍然是"道"的下位概念。三国时，刘劭《人物志》分"理"为四类：天地气化，盈虚损益，道之理也；法制正事，事之理也；礼教宜适，义之理也；人情枢机，情之理也。魏晋至隋唐儒家文献中的"理"字虽然常常具有哲理，但和之前的"理"字一样没有成为一个本原性质的哲学概念。两宋时期，新儒家之"理"才成了本原性质的哲学范畴。中国近代以来，reason 译为"理性"，有可能是翻译者受理学的影响把《朱子语类》里的"性理"二字的顺序颠倒了一下。Logic 译为"论理"、"名理"或"理则"，Idea 译为"理念"，Understanding 译为"理解"，Axiom 译为"公理"，Principle 译为"原理"，Theorem 译为"定理"，Universal 译为"共相"或"共理"。这些新名词中之理，与中国古代所谓"理"的含义出入很大。如果把这些舶来品的"理"加上中国古代本土的"理"，那么，众多"理"字的分类就是一个难题。① 有研究者的分类是：名理——此属于逻辑，亦可包括数学；物理——此属于经验科学，自然的或社会的；玄理——此属于道家；空理——此属于佛家；性理——此属于儒家。② 这个分类可以涵盖中外几乎所有的"理"字。然而，中西方的"理"有何异同呢？中国古代"理"字的动词意义是指遵循、剖析、疏通必合于理，名词意义是指条理、规律、标准、情理。性情、情欲之情理是中国之"理"与西方之"理"的区别所在。所以，中国之理是实践理性之理，乃实践智慧的直观表达。西方之理是理论理性之理，乃理论智慧的逻辑表达。中国古代的情理又与"性"概念密切相关，中国古代的"性"概念是指生命、本能、情欲、德性、直觉等，其中道德之性（心之"四端"而生德）非生物之性（物性）、体道心悟非逻辑——才是中国哲学的

①　唐君毅：《中国哲学原论》（导论篇），中国社会科学出版社 2005 年版，第 1—3 页。
②　牟宗三：《心体与性体》（上），吉林人民出版社 2013 年版，第 7 页。

重点，而西方哲学的主流对道德之性和非逻辑是排斥的。中国哲学由性而起，据理而顺，彰显性之本原；西方哲学由理而始，以理而顺性，从分析入手，呈逻辑之精确。① 由此导致了中西方理性主义哲学在伦理理性与科学理性的分野。理学是伦理理性的，也被称为宋学、义理之学、性理之学、心性之学。西方学者将理学称为"新儒学"，而中国学者则称之为"道学"。不过，"理学"这个概念普遍被接受，一直沿用至今。南朝宗炳《明佛论》说慧远"高谈贞厉，理学精妙"。这是目前发现的"理学"一词出现的最早的文献。从源流上讲，理学是宋初学者周敦颐、程颢、程颐、张载、邵雍等人以儒学为核心、杂糅释老而形成的一种学术思潮。它虽有来自王安石"新学"、三苏"蜀学"的挑战，但至南宋，二程理学逐渐占据上风。黄震说，"本朝讲明理学"，朱子理学为最高成就②。从性质上讲，理学是在重义理的前提下具有对孔孟道统的传承、注重心性天理的形上思考、强调修养身心功夫等学术思想的一般特征的哲学派别。理学的开山之祖是周敦颐，奠基者是张载，草创者是二程，大成者是朱熹。理学包括许多学派，如洛学、濂学、关学、闽学、婺学、象山学、湖湘学等。它们各自之所以被称为学派，首先是形成自己独具特色的思想体系；其次是奉一人为开创者，围绕他形成一个学术主张基本一致的学者群体。南宋理学学派众多，所以南宋书院异彩纷呈。但它们的总体倾向是，理学与南宋书院水乳交融。故理学作为本书研究南宋书院大学精神的方法论是完全可行的。进一步说，以理学为方法论，我们可以把"南宋书院的大学精神"定义为南宋时期书院物理、义理、天理、道理、事理所表征的哲学品质。从理学范畴体系中选择这五个概念，进而我们可以演绎出南宋书院大学精神的五个教育命题。

第一，物理：南宋书院大学精神之载体。载体是客体与主体的集合体。南宋书院"物理上做工夫"③，物理即人力物力财力都要指向伦理理性。依据"小学"与"大学"的年龄区分和课程标准，可以判定500多所南宋书院中，少数是小学性质的书院，多数是大学性质的书院，而且还存在着白鹿洞书院、石鼓书院之类的大学性质的著名书院。南宋书院的山长与经费，对于把握与实现书院人的理性主义提供了人力资源和财力保

① 张江：《"理""性"辨》，《中国社会科学》2018 年第 9 期。
② 黄震：《黄氏日钞》，台北大化书局 1984 年版，第 14 页。
③ 陆九渊：《陆九渊集》，中华书局 1980 年版，第 435 页。

障。南宋书院的建筑是理学重要的象征符号，而南宋书院的藏书与书院本书以载理，书以传理。南宋书院的物理观念表明了主体与客体之间的所有权关系。主体是书院人（主要指山长、堂长、教师），客体是书院的环境、房舍、经费、图书等工具（劳动资料）。"我本身"和"我的东西"的关系是自我和对象的关系，规范地说就是主体和客体的关系。书院人把某物看作自己的东西，这一行为不仅强调了书院人与某物的关联，而且表明了书院人与他人的区分。书院人唯有在所有权中才是作为理性而存在的。所有权首先使书院人成为物的主人，即书院人把自己当作所有者。书院人只有成为物的主人以后才能成为自己的主人，只有成为自己的主人才有独立的人格。一无所有的人，必然成为他人的奴隶。人是对象性的存在物，而对象性的存在物的特点是在自身之外必须有对象。人在他所创设的对象中，不是得到自我肯定和自我实现，而是得到自我否定，于是"主客对立"就成为异化的规定。因此，书院人在其对象中得到了自我实现，表现在所有权上就是所有权的自由本质，例如朱熹与寒泉书院、武夷书院之间的关系；反之，书院人在其对象中发生自我异化，表现在所有权上就是所有权的自我异化，例如南宋末许多山长与官学性质的书院之间的关系。在私有制还存在的时期，知识精英与大学的所有权关系决定了他们的主体地位及其精神。

第二，义理：南宋书院大学精神之来源。南宋书院认为，"义理不明"①，实践则是盲目的行动。"义理"最早见于《礼记》："忠信，礼之本也；义理，礼之文也。"② 此"义理"是指言辞的意蕴。先秦儒家典籍"义理该贯"③，是南宋书院理学的思想来源。先秦儒家经典是中国哲学传统的文本。承认书院人与经典之间的时间距离，就意味着书院人无法与之共属同一个世界，它属于历史世界，而书院人属于当下世界；否认时间距离，就等于放弃书院人应该具有的方法论的客观性。南宋书院对这个两难问题的解决，就在于将原本消极的时间距离变成了一个积极的、生产性的因素。文本是写下的语言作品，它保存的是事件，是在时间中实现和出现的。书院人阅读儒家文本，首先追求的是其意义，而不是它的时间或事件。任何文本的作者都是一个语言作品的工匠，而书院人获得的义理是理

①　朱熹：《朱子全书》（第十四册），上海古籍出版社 2002 年版，第 303 页。
②　李学勤主编：《礼记正义》，北京大学出版社 1999 年版，第 717 页。
③　朱熹：《朱子全书》（第十四册），上海古籍出版社 2002 年版，第 395 页。

学范畴的"意义"了。南宋书院的理学是汇合儒道释三教义理的产物，南宋书院号召者是儒学，所号召者是道教、佛教的思想。南宋书院以四书五经为材料并将其儒学理学化，五经是南宋书院的认识论来源，四书是南宋书院道德实践的来源。由于先秦儒家典籍"义理无穷"①，因而南宋书院人在解读儒家经典含义的汉学与宋学之间选择了后者并有了自己的创新。南宋书院理学家认为，汉学"溺心训诂而不及理"②，北宋理学虽然具有怀疑精神但旨在建立政治秩序，而书院正确的宋学道路当是从建立人的内心世界入手使社会具有合理的伦理秩序。南宋书院的真德秀通过对先秦诸子以及汉唐以来的各种哲学派别进行比较，从而认为大学不能走道教、佛教之类的异端之路，必须要走儒学之路。南孔文化在浙江衢州的生根是以书院为阵地的。南宋书院与书院人在地理空间上的结合，因此产生了以各学派创始人为标志的地域思想以及以书院弟子籍贯为标志的思想地域，如朱熹闽学及其书院弟子，陆九渊象山学派及其书院弟子。南宋书院虽然以儒学义理为旗帜，但实际上坚持的是理学的大学之道。

第三，天理：南宋书院大学精神之本原。"本原"即南宋书院大学精神的本根。在南宋书院那里，仁学气论终归于理，理学家把把孔子之仁、先贤之气整合到理的范畴中来。黄榦讲学于书院，正士气使之献身伦理。在南宋书院那里，人受天之命而有人性，遵循人性而修道谓教化。人性本来是美好的，但受物性的影响沾染上了污浊之气，所以教育家的使命就在于改变气质之性回归人性之美。南宋书院的使命不止于学校的教育，还在于大教育性质的教化民众。例如，象山书院学生杨简以心学教化百姓。在南宋书院那里，"天理"与"人欲"是理学家解决的主要矛盾。《庄子》庖丁解牛的故事中有"依乎天理"之语，此"天理"指牛筋骨间的联系，还不是一个哲学概念。理学家认为"'天理'二字，却是自家体贴出来"③，是一个自圆其说的哲学概念。因为"《乐记》已有'灭天理而穷人欲'之语"，"吾儒之学，一本乎天理"④。天理有三个义项：自然界的规律（物性）、上帝的教义（宗教）、伦理准则（人性）。在南宋书院教育家那里，以第三个义项为主。"天理"是南宋书院大学精神的哲学基

---

① 朱熹：《朱子语类》，中华书局 1986 年版，第 1199 页。

② 同上书，第 3263 页。

③ 程颢、程颐：《二程集》，中华书局 1981 年版，第 424 页。

④ 黄宗羲：《黄宗羲全集》（第三册），浙江古籍出版社 2012 年版，第 689 页。

石。这个概念的确立显示了南宋书院教育家的道德想象力。道德想象力是人用意象阐释道德准则的思维能力，常用隐喻进行教育叙事。将想象力运用于善恶问题，如果是区分善恶以行善去恶，那就是道德的想象力；如果是将想象力用来为恶，那就是不道德的想象力。道德想象力有道德的性质的规定。教育者人性范围的移情在道德教育上并非是中立的，因而必须要受到"理"的道德审视。教育者对道德教育的思考一开始就是充满想象的，宗教教育道德观将道德视为超验存在、神、上帝的要求，人世之外的超越标准成了道德的根本；南宋书院教育道德观视人的道德为天道的贯彻与体现，即使认为人是道德主体道德完全是人的事务的时候，道德依然有一个内在的想象结构，即更好的可能性结构。在南宋书院那里，道统对族统、政统注入了理学"天理"的灵魂。南宋书院道学人物对当时家族、政统的理学化进行了不懈的努力。家族书院、宗室书院的出现，表明了三者之间的关系。福建蔡氏家族出现了各个时段的书院，理学家族与道统血肉相连。在南宋书院主流派那里，"天理"是唯一的绝对，是永恒的存在。基于此，朱熹对陈亮、叶适的事功学说进行了批判。

第四，道理：南宋书院大学精神之此在。"此在"是指现实存在的具体状态及其诸种可能性。"道理"是事物的规律或个体存在的理由。"言之所发，便是道理"①，但是"如水相似，遇圆处圆，方处方，小处小，大处大，然亦只是一个水耳"②。道理的标准是儒家义理。书院人并非总是毫无疑义地处在真理之中，所以为了真理，书院人经常与自己，更经常地与其他人争执。换言之，书院人是容易犯错、可能犯错的，意见是不能免于错误的，故真理的事实以理由的游戏的方式来运作。当然这并非偶然，而是书院人真理之诉求的客观性的结果。虽然不是在所有情况下，但在大部分情况下，当书院人说某事物是如此时，实质上是要求"是如此"的客观性。在理学教育的大前提下，考亭书院、象山书院、岳麓书院、丽泽书院的道理存在很大差异，因为朱熹、陆九渊、张栻、吕祖谦的高等教育哲学和而不同。三次"会讲"既是书院学术自由的表现形式，也是各种道理归于理学的沟通手段。"讲道理"不仅体现在不同书院之间、不同学派之间，也贯穿于南宋书院教学活动中的师生之间、朋友之间。

---

① 朱熹：《朱子语类》，中华书局 1986 年版，第 1242 页。

② 同上书，第 2902—2903 页。

　　第五，事理：南宋书院大学精神之践履。《诗经》中的"践履"是指牛羊脚踏莘地，而南宋书院教育家所谓践履是指人的实践活动。曹彦约《白鹿书院重建书阁记》说："口诵其言者常多，而心唯其义者常寡，议论横出者常胜，而真实践履者常不逮，岂载之简册者犹有遗憾哉！知之者有所未致，而行之者有所不力也。"① 践履是否正确、是否有意义，要看是否符合事理。朱熹说："事理之至当，不易之定体。"② 事情是书院主体与客体发生联系的中介，是书院人认识世界改造世界的教育过程；而事理即事情中的伦理意义。南宋书院格物致知的知识论指向事理，教学变革指向事理，与科举制度的关系指向事理，鹤山学派、涪陵学派、吉州学派书院以及南宋遗民书院滋润的气节指向事理，书院记、书院讲义、书院语录、书院学规四种文体符号体现了教育事理。

　　在南宋书院大学精神的系统中，物理是其教育物件显示出来的精神，义理是其依据的经典表现出来的精神，天理是其哲学基石，道理是其个体显示出来的风格，事理是其践履表现出来的行动倾向。其中，天理派生了自己同时又主宰其余四个概念。南宋书院的大学精神的发展经历了这样几个阶段：（1）吸收阶段，主要特征是学习北宋五子尤其是二程的理学思想。这个阶段以杨时、谯定、胡安国、胡宏为代表。（2）成熟阶段，主要特征是以书院为阵地形成了理学的学派。这个阶段以朱熹、张栻、陆九渊、吕祖谦为代表。（3）意识形态阶段，主要特征是书院理学的政治化。这个阶段以真德秀、魏了翁、李道传为代表。（4）普及阶段，主要特征是书院理学向民间下移。这个阶段以杨简、袁甫、黄榦、陈淳、饶鲁、阳枋为代表。（5）总结阶段，主要特征是书院理学进行学术谱系概括。这个阶段以江万里、欧阳守道、文天祥、王柏、黄震、金履祥、王应麟为代表。如果要用一个概念来概括南宋书院大学精神整个发展过程表现出来的本质特征，那么这个概念就应该是"理性"（特指伦理理性或伦理理性主义），是指人服从外在道德法则的自觉所表现出来的伦理特征。南宋书院注重的理性，作为理的一种内在规定，它一开始便与伦理准则融为一体。"伦理理性"是"通过人的生活习惯所培养成的一种品质"，是在与他人的交往中"形成的好的品质"③。伦理理性的外延由物理、义理、天理、

① 陈谷嘉、邓洪波主编：《中国书院史资料》，浙江教育出版社1998年版，第189页。
② 朱熹：《朱子全书》（第六册），上海古籍出版社2002年版，第212页。
③ 辞海编辑委员会：《辞海》，上海辞书出版社2010年版，第1224页。

道理、事理构成，体现了南宋书院教育家对物质、经典、法则、个性、实践的哲学体认。南宋书院教育家对人际关系的伦理理性认识不出五伦，五伦是指五个人伦或五种人与人之间关系。天人物三界之间，五伦说不注重人与神（宗教）与物（自然界）的关系，而特别注重人与人的关系。南宋书院教育家的五伦观念注重人与人之间的关系故注重道德价值，而不大注重宗教与科学的价值。五伦包括君臣、父子、夫妇、兄弟、朋友之人伦关系。至于"三纲"，本来是五伦中的三伦，本义是增强君对臣、夫对妇、父对子的权威性，结果只有上对下的规训，而没有下对上的质疑。所以，南宋书院教育家至少在教育理论的文本中很少说到三纲而格外推崇五伦。就实践五伦观念言，须以等差之爱为准，使每个等级的人都懂得为人的分寸。但非等差之爱危害五伦者有三：其一，兼爱，不分亲疏贵贱，不合礼制。其二，专爱，专爱自己而自私，专爱女子而沉溺，专爱外物而玩物丧志。其三，躐等之爱，如不爱家人爱邻居，不爱邻居爱路人，以德报怨。所以新儒家对人的态度近人情，很平正，但不狂诞。因为五伦的调节依靠了道德，即仁义礼智信这五德。从概念考证而论，"伦理"最早出自秦汉之际的《礼记》："乐者，通伦理者也。"[①] 伦理是指"人们相互关系所遵守的行为准则"[②]。而《辞海》"道德"条目的义项有：（1）在中国哲学史上，指"道"与"德"的关系。孔子《论语》主张："志于道，据于德。"[③] 这里的"道"指理想的人格或社会图景，"德"指立身根据和行为准则。因儒家以仁义为道德的重要内容，故也以仁义道德并称。（2）以善恶评价的方式调节人际关系的行为规范和人类自我完善的一种社会价值形态、社会意识诸形式之一。中国古代的道德概念，既包含道德规范，也包含个人品性修养之义。[④] 就目前所知，"道德"一词最早出自《周易》："观变于阴阳而立卦，发挥于刚柔而生爻，和顺于道德而理于义，穷理尽性，以至于命。"[⑤] 其实，"伦理"与"道德"这两个概念内涵大致相同，都强调人遵从礼法行事，提高自己的修养，维护社会秩序；但还是有一些差别。"道德"更多地或更有可能用于人，更含主观、主

---

① 李学勤主编：《礼记正义》，北京大学出版社1999年版，第1081页。

② 辞海编辑委员会：《辞海》，上海辞书出版社2010年版，第1224页。

③ 李学勤主编：《论语注疏》，北京大学出版社1999年版，第85页。

④ 辞海编辑委员会：《辞海》，上海辞书出版社2010年版，第334页。

⑤ 李学勤主编：《周易正义》，北京大学出版社1999年版，第325页。

体、个人、个体意味；而"伦理"更具客观、客体、社会、团体的意味。一般说来，"道德"与"伦理"是通用的。所以，准确地说，南宋书院大学精神的本质是伦理理性。广泛地说，伦理理性属于人文主义的范畴。伦理理性是小概念，人文主义是大概念。南宋书院的伦理理性，目的在于生活之迁善而务要见之于生活。它只重生活上的实证或内心之神秘的冥证，而不注重逻辑的论证。体验之久，忽有所悟，以前许多疑难涣然消释，日常的经验乃是得到贯通，如此即是有所得。伦理理性是现实的，而不是玄虚的；是领悟的，而不是推理的。中国古代教育家认为，"伦理"便是做人的基本道理，而"做人"包括"为人"（立身——在理性）和"作为"（行事——在道理）。伦理学、教育伦理学都要对伦理及其相关问题做出回答，南宋书院的大学精神对此也不可回避。

南宋书院的伦理理性主义与共时的欧洲中世纪（本书限定在12—13世纪两百年，虽然实际的时间跨度比这两百年长）大学的科学理性主义（科学理性）是有所不同的。欧洲中世纪大学所谓理性（ratonallty/reason），是指逻辑的、理智的对外界（尤其是自然界）一切事物的判断力。这种理性主义充满了人类认识自然、征服自然、改造自然的自信。欧洲中世纪大学的科学主义在普遍性、精密性、因果性的"学问"这个层面上与理性主义具有契合关系。它所谓"科学主义"（scientism），是源于西方社会的一种独尊自然科学、贬低甚至否定非自然科学价值的信念或思潮，包括三方面的含义：一是科学范围无疆，即现象界不存在科学不能研究的对象；二是科学方法万能，即宇宙万物的所有方面都可通过科学方法来认识；三是科学知识独尊，即科学知识最精确、最完备、最可靠。南宋书院按照伦理理性主义来解释"大学"："成年人"的学校、"大学问"（儒学）。而欧洲中世纪大学则按照科学理性主义来定位大学。欧洲中世纪大学最早是一些被称为"大学馆"（stadium grenerale）的机构，这是一些为追求知识而自发形成的师生群体。但这个词的含义过于模糊，因而被university一词代替是历史的必然。它的词源——拉丁文中的universitas，本义是"宇宙"、"整体"或"全部"。欧洲中世纪法学家用universitas这个术语指称各种类型的社团，后来逐渐特指师生的联合体，而指学者行会时起初是与community或college混用的。1252年，巴黎大学有了自己的校印，上面刻有中世纪拉丁文：Universitas Magistrorumet Scholarium Parisiensium（巴黎师生行会）——这成为巴黎大学获得独立的象征。1261年，开始正式使用"巴黎大学"这一固定词组代替原来的"巴黎师生行会"。这时，community 专指"大学"，而 college 成为它内部的一个学术机构。如果说大学是包罗万象之学的场所，而最接近这个意思的应该是大学的学院。几乎所有的大学都按照某一特定学科的教师与学生划分为不同的学院。① 西方的"学院"这个概念除了表示大学的学科或研究领域的含义之外，还意味着大学是教授学科的一个团体。当然，南宋书院的伦理理性和欧洲中世纪大的科学理性各有各的优点，各有各的缺点。

为什么南宋书院的大学精神是伦理理性主义的，而欧洲中世纪大学的大学精神是科学理性主义的？这要从二者所依靠的经济基础去分析。欧洲中世纪大学依赖市民社会，与南宋书院依赖乡村不同。当时我国经济的发展，居于世界最前列，是当时最先进、最文明的国家。由于农业劳动生产率的空前提高，南宋手工业、商业和城市经济也就以前所未有的步伐而较大幅度地迅速增长起来。随着社会经济的发展，封建租佃关系在全国范围内取得了主导地位，以太湖流域为中心的两浙地区，出现了以实物和以货币为形态的定额地租，商品货币关系也快速发展起来，社会经济关系也发生了相应的变化。所有这些发展，不仅为前代所未有，而且也远远超过欧洲诸国的发展。但是，由于中国幅员辽阔，南宋的经济发展不平衡，边远山区以及少数民族居住区的经济建设十分落后，而江南地区的经济发展则出现了繁荣景象。从这个意义上讲，南宋书院多出现在经济相对发达地区，有其深厚的经济基础。然而，与欧洲中世纪大学不同，南宋书院大都没有产生于商业发达的城市，而多半是在远离城市的山区或市郊的一隅。这其中虽受禅院道观精神的影响，但更重要的还是同南宋的经济政治结构密切相关。南宋城市冲破了坊市格局，商人可以自由地开店设肆，从事商业活动，他们慢慢削弱了中国社会的基础，但未能把它引向新的形态。特别是南宋城市构成及其地位的独特性，使商人没有形成独立的政治力量与封建势力相抗衡，反而与之结为联盟，形成官僚、地主和商人三位一体的格局。中国城市从建立开始，就是统治阶级建立官衙、驻扎军队的政治中心，南宋城市经济虽然有了很大发展，除聚集了大批官僚、地主外，也有豪商稗贩以及形形色色的市民，但它依然表现为这样几个特点：服务性质

① ［比］西蒙斯主编：《欧洲大学史——中世纪大学》，张斌贤等译，河北大学出版社 2008 年版，第 25—33 页。

的行业多于生产性质的行业，消费的意义大于生产的意义，政治的意义大于经济的意义。在此情况下，南方某些城市内虽然出现了资本主义性质的作坊或工场，但它并没有发展成为动摇、瓦解封建主义的经济力量，而仅仅成为加固封建主义的一个附属品。在欧洲，城市的发展，为资产阶级战胜农村中的封建贵族积蓄了雄厚的力量。在中国，城市却成为封建统治的基地。很显然，南宋书院是很难在封建统治基地的城市找到立足之地的。另一方面，南宋经济就整体而言非常发达，但并不意味整个社会太平；相反，南宋社会的阶级矛盾以及民族矛盾非常突出。农民起义、金元侵略对南宋的封建统治构成了很大的威胁。南宋知识精英纷纷避居乡野创办书院，潜心学问，力图再造儒学自由讲学之风，借以化解社会矛盾，矫治社会时弊，以复兴中国文化。可以看出，南宋知识精英主要还是从伦理政治角度而不是从经济发展层面去思考问题。他们并没有为城市经济发展的新兴势力——商人立言，而是以新儒学的面目出现，为封建社会的长治久安寻找理学依据，从中我们也不难体会南宋书院形成机制上某些不同于欧洲中世纪大学的特点。所以，欧洲中世纪大学的大学精神是科学理性的，而与此同时的南宋书院的大学精神是伦理理性的。

第五节　南宋书院大学精神研究的价值

本书研究的第一个价值是：通过南宋书院大学精神塑造知识精英的典型价值。

南宋书院的大学精神是谁的精神呢？南宋书院的大学精神是当时书院那些知识精英的精神，南宋书院不过是个代名词。心态史学认为，历史上群体心态结构及其演变过程和趋势，表现出共有的观念和意识，这种观念和意识世代相传，不会因政权的更迭而发生突变，它不同于官方的意识形态，而是人类社会精神文化最具稳定性的部分。南宋书院的知识精英是南宋那些依靠理学谋生并且具有高尚品格的有所建树的知识分子。诚然，历史由人群的共业所形成。在此许多人物中间，有少数杰出的人物，也有多数无名无传的群众，在这两端之中层却还有不少人物，各有作用，各有影响。史家当然不可忽视了基层民众与真实的、丰富多彩的生活世界，"教育史研究应当将研究的视线逐步向下移动和对外扩散，实现教育史研究从精英向民众、从高层向基层、从中心向边缘、从经典向世俗的过渡"①。然而，事情的另一面是，中国教育活动的历史画卷之中，民间教育人士的片段是稀少的、模糊的，而且这个画卷中的教育知识精英是在概括了现实教育生活材料创造教育历史的典型人物。所以，揭示南宋教育活动的精神实质最直接最省力最有意义的办法还是得从当时的"知识精英"入手。知识分子是以积累、传播、管理及应用知识为职业的脑力劳动者，而知识精英则是知识分子中的知识丰富、见解深刻、引导社会向前的人——主要指以书院为平台传播创造理学的人物。中国封建社会，"士"是广义的知识分子，以儒学知识为生的读书人——秀才、举人、进士显示其掌握儒学知识的程度。皇亲国戚虽学习儒学，但不以之为生，而以国家最高权力为生，故不在知识分子之列。"士农工商"社会结构中"士"居于四民之首，但仍属于社会的底层，是被统治的阶级或者是有一定官职的知识奴才。知识精英当然是士，不过在当时被称呼为醇儒、君子、士绅、士大夫、理学家、道学人物。其中，与知识精英最接近的概念是"士绅"，包括具有各级科举功名以及拥有或曾经拥有过各类官职者。南宋士绅是国家和民众之间的中介和协调力量，他们在帮助国家推行法律制度、道德伦理、文明观念的同时，也抗衡着国家无限膨胀的权力。在官僚集团中，他们又是官甚至是大官，但仍然是皇亲国戚的知识工具。士绅这类知识精英处于社会结构的上层，在统治集团中靠虚文生存，命运往往取决于朝廷而不取决于自己。他们慷慨得志时，总有一种改革的豪迈。然而，士绅有当官的风险性，常常受冷落，或退休，或闲职，或遭贬。不过，南宋朝廷因祖上善待文士的家法，士绅不会被政府人为夺取性命。此时，他们因为与土地、乡村的联系或真或假表现出寄情山水风月的闲情逸致，但始终又心怀朝廷随时等着东山再起。此时他们"官"的身份淡化了，"士"的身份强化了。因此，士绅是整个社会结构中民与官之间"自由漂浮"的知识人。这些知识精英有堕落的也高尚的，但我们说的是后一类。知识精英的身份高于平民，有一定的经济基础，拥有一定的权力；其伦理观念、生活方式和习俗都深受儒家文化的影响。他们凭借知识和财富以及政治地位，对民间与官府发挥影响，受到尊重。在社区与国家之间履行了司法、行政、治安、经济、教育等重要职能。他们在家乡和官府之间常常游移不

---

① 周洪字、申国昌：《教育活动史：视野下移的学术实践》，《教育研究》2010 年第 10 期。

定，既有家园意识又有家国意识。乡村城市是精英知识分子的往来之地，这些农工商所在的社区虽然可以也确实曾在没有知识精英的状态下存在，但没有知识精英的社区（例如村庄、街道），很难有任何高度组织性的活动。但是，知识精英尤其是不得志时的知识精英有时不但不能成为朝廷控制的有效中介，相反在年成不好时，还会加剧农民和市民的不满，阻碍政府对地方秩序的维持。虽然对比普通百姓知识精英可以更有效地保护自身利益，但受到来自民间和官府的挤压的时候知识精英又需要庇护。知识精英既对百姓的"愚昧"不满意因而主张给予启蒙，又对官僚集团垄断权力、垄断财产、垄断真理的言行不满因而主张以理学施加影响。他们这种处江湖之远则忧其君、居庙堂之高则忧其民的忧患意识促使他们：尽管居于或贬谪乡野，但不失儒家抱负；尽管身在朝堂，但不失仁政理想。他们想建构一个理想的符合伦理秩序的"大同"世界。理学是他们认为的具有普世价值的对人类终极关怀的道德哲学。本书研究所谓"知识精英"这个概念，最狭义的范围是南宋书院的理学家们。理学家和职业官僚同是士绅，在仕宦经历方面完全相同，都是科举出身，然后由县主簿或县尉之类的地方小吏起家。朱熹如此，陆九渊如此，魏了翁也是如此。他们所以自别于职业官僚而自成一政治团体，是由于他们继承了儒家关于重建治道的思想。所以理学家在朝廷则念念不忘助君行道，在地方则往往强调泽及细民。中国近代翻译家在翻译英语单词"gentleman"的时候，为了相近又有别于中国"士绅"的时候，于是翻译成为"绅士"。而英美等国的学者在汉译英的时候，常常把古汉语的"君子"翻译为"gentleman"。这说明，几个概念尽管有差异，但确实存在仁爱智慧勇敢、强烈的社会责任感、内在美与外在美统一之类的共同内涵。只不过，忽略了"官念"的特征。受政教合一的限制，南宋书院知识精英是官师合一的，因而作为官具有教化社会的意识，作为师关注儒学的授受以延续斯文。

毫无疑问，南宋书院的那些知识精英是社会群体中的一个知识共同体。这个群体有明确的成员关系，有持续的社会交往，有一致的群体意识和规范，有一致的行动能力。他们当时已经频繁使用"吾党"、"同志"两个词语，这表明南宋书院的知识精英有理学这面旗帜，他们既能精研经史，又能建功立德，还有出色的文章传世。他们与社会之间既"超然"，又"介入"。超然即他们与整个社会保持一定的疏离状态，在社会职业分工中有其一块专属于自己的营地，以非功利的心态探寻、整理、创造学术。介入即当有社会需要时，他们利用自己的知识与团队优势关注与参与公共事务，从超个人、团体的立场与超功利目的出发教化整个社会（书院只不过是整个社会中的一个单元）。作为中国历史上最崇尚读书的一个朝代中的知识分子群体，他们对知识、道义与美的探求，对人格完成、文化使命与社会责任，大多数精力都云集在书院这个舞台上来了。借用西方的知识分子理论可以发现南宋书院的知识精英有五个基本特征：深切地关怀一切有关公共利益的问题；经常自觉有一种负疚感，认为社会出现各种问题自己是有责任的；倾向于把一切政治、社会问题看作道德问题；希望在问题背后找出最后的答案；深信社会现状不合理，应当加以改变。政治地位和经济地位决定了知识精英身份和性格的复杂性，所以许多研究者在不好归类分析的时候名之曰"中间阶层"（也有称"中产阶级"）。他们虽然不时受到来自民间和官府的嘲讽名之曰"假斯文"、"伪道学"，但他们还是觉得"万般皆下品，唯有读书高"，故自我觉得是清醒的、纯粹的知识分子。知识精英不会像工农先天具有改朝换代的革命要求，也不会像最高统治者那样志在守住"江山"实施霸道或王道。知识精英既不是革命者也不是保守者，而是改良主义者（其实就是改革派），即在维护封建政权的大前提下，用自己的儒学知识对其修修补补。知识精英是幸福与痛苦之间、烦躁与安宁之间、位卑与忧国之间的矛盾者。知识精英先天就是心理学家，以道心治人心。像朱熹、张栻、陆九渊、吕祖谦等大批知识精英，建设出来的书院或民间性格或官僚性格或兼而有之其实也就不难理解了。知识精英这种沟通两端以"理"加工获得的价值观，决定了南宋书院的大学精神对于民间和官方都具有"以理服人"的魅力，也有助于社会阶层的流动和社会稳定。如果说知识精英是民间与政府之间的中介，那么书院也就是个"中间地带"，是可以将民间那种自由与官方那种体制的势力巧妙结合的地方。知识精英可以因此而成为下层民意的有效代表者，通过各种关系网络并使其有可能上达直至皇帝本人，这是自下而上的轨道，与自上而下的轨道合称"双重轨道"。一个可以长时间维持的良好的体制将是"双重轨道"。在南宋，知识精英发挥作用的大小是与双重轨道运行正常与否相生相伴的，民意是否能够被上层统治者了解，自上而下的政令是否有效执行，这些都与知识精英发挥的社会作用密切关联。在城市与乡村的关系之中，知识精英的行为更是其中关键的变量。相对于先秦知识精英而言，南宋知识精英有了坚定的儒学信仰。相对于汉唐知识精英而言——后世反对者认为——南宋知识精英宣称要兴儒学、明天理、除时弊、正世风、厚人伦，但实质上"尽反先儒，一切武断；改古人之事实，以就我之义理；变三代之典礼，以合今之制度"，最终"悍然"走进"误经、废经"之路①。但我们发现，这体现了南宋知识精英"托古治今"的创新精神。相对于北宋知识精英偏重于政治体制的思考与实践而言，南宋知识精英偏重道德认知与实践。南宋知识精英，政治背景特殊，多带有异族入侵的创伤，在夷夏之辨的文化心态下，主体的反思、反省色彩相当浓郁，遂使他们的理学自身一以贯之地充满了哲理化色彩。他们认为自己的学问最能摄天下人心，维系宗法。南宋知识精英的弱点在于：他们把行为规范亦作为普遍必然的、无所不在的"天理"来加以哲学上的论证，而没有真正从历史趋势去发现群众所需，社会经济发展所需。南宋知识精英的长短也就是南宋书院大学精神的优缺点。

本书研究的第二个价值是：改造南宋书院大学精神的方法论价值。

南宋书院的大学精神有弊端，所以要改造。用理学来挖掘南宋书院的大学精神是恰当的，然而用以抽象出普遍意义的"大学精神"可能就捉襟见肘了。因此，我们要用新的方法论来改造南宋书院的大学精神，达到重构大学精神的目的。尽管梁漱溟、冯友兰、熊十力、牟宗三、唐君毅、徐复观等人用西方方法论改造理学提出了"新理学"这个概念，但这个概念并没有完全摆脱旧的称谓。所以，必须使用新的方法论——元理学，即以元理探讨宇宙本原的哲学。元理学的本质特征是"合理"，是指符合个体与整体对立统一的规律，寻求伦理理性与科学理性融合的准则。合理即元理主义或元理理性。中国哲学的旧理性虽然有科学理性的某些成分，但伦理思想淡化甚至消解了科学思想。反之，西方哲学所谓"科学理性"常常窄化为工具理性，忽略大学的人文精神。它讲究征服自然，追求认知的逻辑化，实践的模式化，评价的数字化，目标的功利化。西方哲学的理性虽然有伦理理性的某些成分，但科学理性淡化甚至消解了伦理理性。西方哲学的理性的背后也有一个哲学本原性质的概念——理，即原理。中西方哲学都讲一个"理"字，即某种准则、规律。因而，将中西方哲学之理加以融合或者将西方哲学的一些合理性整合到中国哲学的"理"中来，于是就形成了"元理学"。中国的伦理理性被称为理性主义，西方的科学

---

① 皮锡瑞：《经学历史》，中华书局 2004 年版，第 184 页。

理性也被称为理性主义，所以理性主义不能用来表示元理学的本质特征，必须要用元理主义来表明元理学的本质特征。毫无疑问，元理学自有其本根论。元理是元理学的第一哲学概念，是宇宙的本根。元理是任何时间空间范围内无形的派生万物、衡量一切是与非、好与坏的首要标准。"理"的出处与含义不言而喻，本书多有考证释义。"元"的出处与含义在中国文献中是很清楚的：开端（如《如许慎《说文解字》）、合成（如谭嗣同《仁学》）。因此，元理是指万物始于理，伦理与原理合成之理。这是必然的，元理学自有其认识论。其本质是指向一个"真"字，从而辨明真假，弄清是非。中国古籍中的"真"主要有两个义项。一是指与客观事实相符合，与"假"、"伪"相对。例如，《老子》所谓"真"。二是指人本性的纯真、天真。例如，《庄子》所谓"真"。中西方哲学都有追求真理的认识特征，只不过西方的认识论重逻辑，中国的认识论把一切道德实践的感觉当成学问。

元理学自有其价值论。其实践智慧指向人生之"善"。"善"的义项主要有二：道德层面的"善良"；个人技能层面的"擅长"。这反映了人的实践活动中的价值取向。中国哲学之善偏向于人的修养的境界，西方哲学偏向工具的有用还是无用。中国哲学在知识论方面并不发达，而在人生论方面很发达。元理学的人生论是指人的存在以及给人的存在提供担保的道德哲学范围的关于善的学说。其内容是理想的善与现实的善之间、个人的善与社会的善之间的统一。善的理想与善的现实总是指向人自身的存在。从终极的层面看，道德所指向的善，总是落实于生命个体的意义。从外在的行为到内在的体悟、从主体间的交往到自我的实现、从普遍的社会秩序到广义的社会生活。元理学强调对生命个体之善的关注。元理学的人生论充分吸收中西方实践智慧与德行诠释学营养。若基于"实践智慧"建构中国诠释学，"德行"概念便是其核心。正是将"立德"确立为诠释学的任务，使"中国诠释学"与各种西方诠释学得以明确地区别开来。并且由于"立德"概念取自于中国的诠释传统，我们以"中国诠释学"来标志这种具有"世界性"的新型诠释学无疑是恰当的。孔子的诠释理念，一言以蔽之：诠释旨在"立德"、"弘道"。此一宗旨使儒家的经典诠释具有了鲜明的价值导向性之特征。儒家"德行"之"行"是实现这一目标的途径，唯在行中，才能体悟"德"，成就"德"。就此而言，诠释与理解之要在于"履德"。在"德"

与"行"之间表现出一种意义的循环,"德"在"行"中呈现出来,被主体所领悟;主体的践履复又依德而行。正是在此一循环中,作为整体的"德行"得以不断地深化、升华,与时偕行。"德行"的诠释学意蕴便在于它真正实现了诠释活动中的理论与实践之互动互摄与统一。由此可见,中国的诠释传统在源头上与古希腊的确有着重要的相似之处:它们都以道德层面的思考为重心,也都重视合乎道德的践行,且将"德"与"行"融为一体。但是,若深究这两个概念,会发现此二者仍有着不容忽视的重要区别,并由此而形成了中国传统思想与古代希腊的"德行"理论的不同旨趣与风貌。检视西方诠释传统,与孔子的诠释理念最为相近的是亚里士多德,他们的共同点是从"实践智慧"出发思考德行的诠释问题。与中国诠释传统侧重于对"德行"概念的描述性的阐发不同,古希腊学者的用力之处是概念的分析与推演,是从"实践智慧"中推导出"德行"。亚里士多德说,实践智慧在于深思熟虑,判断善恶以及生活中一切应选择或该避免的东西,很好地运用存在于我们之中的一切善的事物,正确地进行社会交往,洞察良机,机敏地使用言辞和行为,拥有一切有用的经验。记忆、经验和机敏,它们全都或源于实践智慧,或伴随着实践智慧。或者,其中的有些兴许是实践智慧的辅助性原因,例如经验和记忆,但另一些却是实践智慧的部分,譬如深思熟虑和机敏。亚里士多德将全部"科学"分为理论科学、实践科学和创制科学,分别具有逻辑的、德行的、实用的特征。实践智慧归属于实践科学。亚里士多德认为,科学求真知,能断对错;实践智慧能辨是非善恶,并激励人趋善避恶,因为善是对自己和别人都有益处的。因此,亚里士多德的"德行"理论中最重要的观念,可以概括为:由于"沉思"具有神性,或者说,是人身上最具有神性的东西,因此最高的德行即在于"沉思",亦即对于德行本身的思考,以获得智慧。正是在这里,我们看到了孔子与亚里士多德的德行理论的重要区别。亚里士多德的"arete"(德性,卓越的)侧重点在"德",是为"德行",而孔子之说则基于"行",是为"德行"。德行诠释学应当是在一个更高的层面上对中西方各种诠释思想资源的全面的分析与整合。① 如此,元理学的实践智慧论就走向人的生活。

① 潘德荣:《"德行"与诠释》,《中国社会科学》2017年第6期。

　　本书研究的第三个价值是：改造南宋书院大学精神、重识大学的当今价值。

　　元理学用之于教育学，可以成为教育元理学；用之于教育史，可以成为教育元理史。元理学之于高等教育学，可以抽象出元物理、元义理、元天理、元道理、元事理五要素构成的大学精神系统。由此，大学精神即大学的元理主义。用现代汉语说，与元物理、元义理、元天理、元道理、元事理相对应的是自治、自信、自修、自由、自强，因此大学即捍卫元理主义的教育机构。中国高等教育史上，科学理性与中国书院的伦理理性的结合经历了这样四个阶段：第一阶段为萌芽期（明末至鸦片战争时期）。明清之际中外学者合作译介的西方大学讲义主要有《几何原本》、《同文算指》、《浑盖通宪图说》、《灵言蠡勺》、《寰有诠》、《名理探》、《修身西学》七种。这些讲义，就其教授的科目而言，广泛涉及当时西方的数学、天文学、自然哲学、逻辑学、伦理学等；就其使用的大学而言，前三种用于意大利的罗马学院，后四种用于葡萄牙的科英布拉大学。徐光启、李之藻、颜元等书院教育家都受到了西学的影响。伴随着西方科学技术的导入，西方大学的科学理性对中国书院的伦理理性产生了影响。1807 年，传教士马礼逊来华。他用 7 年时间把《圣经》翻译成中文。1842 年他在香港成立了传教士在华主持校务的第一所书院——马礼逊书院。自此，从香港到内地，具有中学性质的教会书院纷纷建立。两次鸦片战争时期，中国出现了 15 所教会书院。这些学校没有取名为同时代西方同档次的学校所对应的中文名称：学校（school）、学院（college、institute、academy）、大学（university）。而是采用了"书院"这一具有中国伦理理性的名称。按照教会教育在中国的创始人马礼逊的说法，这一名称比普通的学术机构、学校或其他的名称更适合将要开办的教育机构。在他看来，教会所设立的书院应当属于高等学府，至少是中等层次的学校。而取名"书院"，给当时的中国人有一种文化认同感，实际上加入西方科学理性的内容又给中国人一种新鲜感。第二阶段为磨合期（1863 年同文馆标志中国现代教育开始到 1949 年前）。中国现代意义的第一所大学——京师大学堂诞生于 1898 年，后来出现了很多此类的大学。这个阶段，"中国化"（梁漱溟最早提出这个概念）与"西化"（郑观应最早提出这个概念，陈序经把它发展到"全盘西化"这个极端）的矛盾很大。尽管部分书院还保存下来了，但随着 1904 年张之洞的学制改革，至少西式大学在中国占据了主导地位。

这个阶段将书院的伦理理性与西方大学的科学理性融合得很好的是北京大学、清华大学、西南联大等大学，把元理主义坚守得最好的是蔡元培、梅贻琦、郭秉文等教育家。民国时期，中国的教会书院有118所，其中大多数是高等教育性质的学校。传教士（例如司徒雷登）对于中国传统儒学性质的书院向西学性质的现代大学的转型是功不可没的。这一阶段，大批儒学修养深厚的留学生（例如胡适、鲁迅、王国维、经亨颐等）从欧美、日本回国，对中国高等教育乃至整个教育的发展起到了很大的作用。第三阶段为否定期（1949年至改革开放前）。这一阶段至少在中国大陆没有名为"书院"的大学了。此阶段的前期主要是苏联模式，后期即"文化大革命"时段的大学基本上是个政治教育机关，谈不上有什么伦理理性和科学理性。第四阶段为梦想期（改革开放至今）。这一阶段虽然也没有名为"书院"的大学，但在一些大学内部出现了"书院制"。这一阶段发展到当今，中国各级各类大学已经有两千多所了。科学理性全面占领了楼房、实验室、器械、课程与教学，但伦理理性严重流失。针对最近40年中国大学出现的一些弊端，不少人都提出了"大学到底是什么"的质询。由于方法论不对路，所以答案往往不尽令人满意。中国高等教育史告诉我们，"回归书院传统"、"全盘西化"、"中体西用"、"科学·人文"二元论、"科学的人文主义"或"人文的科学主义"、"理性主义"、"理想主义"等口号都不能够帮助我们认识大学的本质。毫无疑问，中国高等教育史上有过传说时期的成均、孔子开创的私学、董仲舒天人感应指引下的太学、朱熹为代表的书院、蔡元培为标志的现代大学这五种形态的大学。加之，西方形形色色的大学为我们所知。将中西方的方法论以及大学精神抽象出来，我们就有可能重新界定大学。

受南宋书院大学精神的启示，参考中外关于大学建设的见解，基于元理学的观点，我们可以提出这样五个关于大学的命题：（1）由元物理可知，大学是自治的文化院落。大学是整个社会中的一个单元，与社会发生联系但不失去自己追求高深学问的独特性。控制与自治，既对立又统一。大学校长以人民的名义按大学发展的规律办事，不是上传下达的收发员。大学的学术性决定了教授治校是保证其自治的最重要的组织形式。（2）由元义理可知，大学是自信的传统家园。站在巨人的肩膀上才能高瞻远瞩。大学依靠传统而获得自信，明白过去才清楚未来。（3）由元天理可知，大学是自修的德性集团。大学如果无所敬畏，则失去道德规范。

德性是大学的第一标准。大学人是社会的表率。（4）由元道理可知，大学是自由的学术联盟。大学的学术自由应该受到保护，与此同时也要受到法律的约束。大学人不器己，不器人，唯一忠实的是真理。（5）由元事理可知，大学是自强的创造团队。大学应该对社会做出巨大的贡献。"双一流"是大学自强与创造力的重要平台。

第二章

物理：南宋书院大学精神之载体

大学是承载大学问的物理空间，表征大学人的格物穷理。"天下之物，莫不有理"①，"物理之极处无不到"②。大学是相对于小学而言的，不管是从物处讲还是从理处讲，都是同中有异的。《辞海》（2010 年）"小学"条目主要是指对学龄儿童实施初等教育的学校，而"大学"条目的义项有：①实施高等教育的学校。②《礼记》中的《大学》篇，约为秦汉之际的儒家作品。《辞海》没有在"小学"、"大学"条目中介绍南宋书院。南宋大部分书院是大学性质的书院，有些还是著名的书院。南宋书院的建筑、经费、图书、学田等物件是理学家对象化的存在。

第一节　南宋的大学与小学相关又有区别

先说南宋的小学。"小学"是教育儿童的专门场所。传说中的小学在虞舜时代就有了，《礼记》有对西周小学的记载。经历了先秦汉唐北宋时期的发展，南宋的小学教育已经获得了良好的发展基础，所以从中央到地方、从政府倡办到私人建学在规模和体制上都与以往有了较大的不同，表现出自己的特色。具体而言：（1）南宋贵胄小学。南宋朝廷为教育宗室子孙而设立的贵胄小学有资善堂、诸王宫学、宗学和国子监小学。（2）南宋州县小学。由于诸路不直接设学，仅置学官以管辖所属的州、府、军、监及县级各学，所以地方官学只有两级：一是州、府、军、监设立的叫州学；二是县设立的叫县学。除州县小学外，在地方上还有藩王所

---

①　朱熹：《朱子全书》（第六册），上海古籍出版社 2002 年版，第 20 页。

②　同上书，第 17 页。

辖地创办的"藩辅学"，直属于中央政府，与一般地方官学性质的州县小学不存在统属关系。总的看，南宋政府对地方学校基本上放任自流，书院发达而官学萎缩。这是因为南宋地域狭小，靠科举和太学基本上可以起到网罗士人的作用。（3）南宋私立小学。南宋私立小学甚为发达，远远超过唐代、北宋。南宋私立小学有常年开课的私塾、义学（即义塾）、家塾等，也有季节性的冬学。

　　南宋的小学到底学习些什么？这就需要研究当时小学的教材。当时的《三字经》和《小学》是其中影响最大的两种。我们最熟悉的《三字经》是用"人之初，性本善。性相近，习相远"打头的这一种。这部《三字经》的编写者是王应麟（1223—1296 年），浙江鄞县人，当时的书院大师。其著作甚丰，有《困学纪闻》、《玉海》等，但知名度最高的是这部《三字经》。小学教材中，《弟子职》、《急就篇》、《千字文》、《太公家教》、《蒙求》等多用四言，而《三字经》全用简短而整齐的三言。无论就内容还是就语言论，作为封建社会的一本启蒙教材，《三字经》应该说是编得高明的。《小学》是朱熹同他的学生一起编写的，贯彻了其理学思想。具体而言：（1）《小学》有明确的编撰原则。朱熹说，小学习事，大学穷理。（2）《小学》在教学内容方面纲目清晰。全书分内、外两篇，共分立教、明伦、敬身、稽古和嘉言、善行六类。（3）《小学》重道德践行便于施教。《小学》中的立教、明伦、敬身尽管采摘的是一些较为抽象的道德行为规范方面的文字，但这些内容只是教人如何去做而不是要求人们先去理解它们。稽古、嘉言、善行类编的全是古代贤哲名言或善行善事，这便在教人以抽象的行为方式之外，又使人能从古代贤哲名言或善行善事中获得一种直感，从而加强对所学的道德行为方式特征的把握。因此，《小学》的内容利于教学活动中的实施。《小学》一书编成后，在当时就被用于教学实践。南宋小学教育理论中，有著名的《程董二先生学则》，作者是朱熹的两位江西弟子——程端蒙和董铢。朱熹从推行儒家之道、践行古人小学之遗意等方面高度肯定了《学则》的价值。

　　接着说南宋书院学者对小学和大学的界定。南宋书院的理学家认为，小学和大学既有联系，也有区别。联系在于：（1）小学、大学是两个相互衔接的教育阶段。熊禾《建阳书坊同文书院疏》说："小学成始，大学成终，便是人文之一会；千载在前，万载在后，定知世道之大同。斯文其兴，先圣如在。"① 小学和大学是求道问学这个链条上的两个环节，而这两个环节是紧密联系的。胡崇说："盖古之学者，方其幼也，则入小学；及其长也，则入大学。小学则明夫洒扫、应对、进退之节，习夫礼乐、射御、书数之文；大学则穷夫格物、致知、诚意、正心之本，达夫修身、齐家、治国、平天下之用。学之小大虽殊，其为道则一而已。"② 吴坚说："古者八岁入小学，而教之以洒扫、应对、进退之事，礼、乐、射、御、书、数之文，已足以收其放心，养其德性，而为大学之根本。十五入大学，而教之以穷理、正心、修身、治人之道，又所以使之开发聪明，进德修业，以收小学之成功。是以圣人设为工程，使学者及时而学，循序而进，即其积累之功，致其体验之实。率以十年之期，课夫日新又新之效。"③ 朱熹说："学之大小，固有不同，然其为道，则一而已，是以方其幼也，不习之于小学，则无以收其放心，养其德性，而为大学之基本。及其长也，不进之于大学，则无以察其义理，措之事业，而收小学之成功。是则学之大小所以不同，特以少长所习之异宜，而有高下深浅先后缓急之殊，非若古今之辨、义利之分，判然如薰莸冰炭之相反而不可相入也。今使幼学之士，必先有以自尽乎洒扫应对进退之间，礼乐射御书数之习，俟其既长，而后进乎明德、新民，以止于至善，是乃次第之当然，又何为而不可哉？"④ 小学教育为"大学之基本"很重要，大学教育"收小学之功"也很需要，二者都应受到重视。（2）小学、大学都要遵守循序渐进的课程原则。朱熹说，严立课程，宽着意思，久之自当有味，不可求欲速之功；学不可躐等，不可草率，徒费心力，须依次序。在读书方面，朱熹主张先读《近思录》，次读《四书》，再读《六经》，因为三者在思想内容方面有内在联系。《近思录》是《四书》的阶梯，《四书》是《六经》的阶梯，这个次序不能颠倒。至于读《四书》也有次序："先读《大学》，以定其规模；次读《论语》，以立其根本；次读《孟子》，以观其发越；次读《中庸》，以求古人之微妙处。"⑤ 不管是小学还是大学，都离不开一

---

① 陈谷嘉、邓洪波主编：《中国书院史资料》，浙江教育出版社1998年版，第151页。

② 同上书，第233页。

③ 同上书，第247页。

④ 朱熹：《朱子全书》（第六册），上海古籍出版社2002年版，第505页。

⑤ 朱熹：《朱子全书》（第十四册），上海古籍出版社2002年版，第419页。

个 "学" 字，而 "学以知为本，取友次之，行次之，言次之"①。

另一方面，南宋书院学者认为，小学和大学的区别在于：（1）小学、大学的入学年龄不同。南宋学者认为，人的教育是一个长期的过程，应当分阶段来进行，划分教育阶段最重要的依据是求学者的年龄。小学即 "小子" 之学，大学即 "大人" 之学。15 岁常常被南宋学者当成 "小子" 和 "大人" 的年龄分界线，自然也就成了 "小学" 和 "大学" 的年龄分界线了。陆九韶说："古者民生八岁入小学，学礼乐射御书数，至十五岁，则各因其材而归之四民。故为农工商贾者亦得入小学七年而后就其业。其秀异者入大学而为士，教之德行。凡小学大学之教俱不在语言文字，故民有实行，而无诈伪。"② 朱熹说："人生八岁，则自王公以下至于庶人之子弟，皆入小学，而教之以洒扫、应对、进退之节，礼乐射御书数之文。及其十有五年，则自天子之元子、众子，以至公卿大夫元士之适子，与凡民之俊秀，皆人大学，而教之以穷理正心修己治人之道。此又学校之教大小之节所以分也。"③ 显然，小学、大学的入学年龄是有个规定的。（2）小学和大学的教育内容不同。南宋学者胡立本说："学以大，名大人之学也，盖对小子之学而言。三代之隆，人生八岁，皆入小学，及其十有五年，则入大学。所谓大学者，教之以修己治人之道，不但洒扫、应对、进退、礼乐、射御、书数而已也。"④ 教育的顺序不可颠倒，千万不可小学探索 "主义"，大学补什么不要随地吐痰之类的习惯教育。朱熹说："盖古人之教，自其孩幼而教之以孝悌诚敬之实。及其少长而博之以诗书礼乐之文，皆所以使之即夫一事一物之间，各有以知其义理之所在，而致涵养践履之功也。"⑤ 朱熹说，小学学做事，事君、事父、事兄、处友等事，只是教学生依规矩去做。要学生按规矩去做，就要明确列出应做的规矩来。他的《童蒙须知》就是为此而拟订的。朱熹在其序文中说："夫童蒙之学，始于衣服冠履，次及言语步趋，次及洒扫涓洁，次及读书写文字，及有杂细事宜，皆所当知。"⑥《童蒙须知》把小学的行为训练归

① 程颢、程颐：《二程集》，中华书局 1981 年版，第 324 页。
② 熊承涤、邱汉生主编：《南宋教育论著选》，人民教育出版社 1992 年版，第 289 页。
③ 朱熹：《朱子全书》（第六册），上海古籍出版社 2002 年版，第 13 页。
④ 陈谷嘉、邓洪波主编：《中国书院史资料》，浙江教育出版社 1998 年版，第 237 页。
⑤ 朱熹：《朱子全书》（第二十二册），上海古籍出版社 2002 年版，第 1914 页。
⑥ 朱熹：《朱子全书》（第十三册），上海古籍出版社 2002 年版，第 371 页。

为五个方面：道德规范、文明行为、生活习惯、待人礼节、读写规则等。例如，在服装方面，提出"大抵为人，先要身体端正。自冠巾、衣服、鞋袜，皆须收拾爱护，常令洁净整齐"①。在整洁方面，提出"凡为人子弟，当洒扫居处之地，拂拭几案，当令洁净。文字笔砚，凡百器用，皆当严肃整齐，顿放有常处。取用既毕，复置元所"②。在读书写字方面，提出"正身体，对书册，详缓看书，仔细分明读之。……余尝谓读书有三到，谓心到、眼到、口到。心不在此，记亦不能久也，三到之法，心到最急。……凡写文字，未问写得工拙如何，且要一笔一画，严正分明，不可潦草"③。在小学下了教育工夫，有了好的坯模，然后可以加工提高；如果失了小学工夫，坯模打坏了，以后就难于弥补。朱熹说："古者小学教人以洒扫应对进退之节，爱亲敬长隆师亲友之道，皆所以为修身齐家治国平天下之本。而必使其讲而习之于幼稚之时，欲其习与智长，化与心成，而无扞格不胜之患也。"④ 至于大学的教育内容，胡宏说："孔子十五而志于学，何学也？'大学'也，所以学修身、齐家、治国、平天下之道也。"⑤ 综合而言之，"小学"是教育儿童知道一些行为规范和伦理准则，而不是向他们解释这些行为规范和伦理准则的源流与根据；"大学"则不同，不仅要求学生熟知这些行为规范和伦理准则，而且还要求他们明白为什么这些规范和准则是正确的，为什么依之实行就能"明德"、"新民"、"至善"；所以有这样的区分，是因为小学和大学的学生不同的年龄阶段决定了各自的心智成熟程度不同。

最后说南宋大学的学校系统。南宋中央官学性质的大学主要有国子学和太学。"国子学"既是南宋的最高教育行政机构，同时也是全国级别最高的一所大学，招收"京朝七品以上子孙"⑥，学生称为监生或国子生。太学是南宋中央官学性质的大学的重点。它招收"八品以下子弟若庶人之俊异者"⑦，学生称为生员或太学生。宋室南渡后，在臣僚的多次建议

---

① 朱熹：《朱子全书》（第十三册），上海古籍出版社 2002 年版，第 371 页。

② 同上书，第 373 页。

③ 同上书，第 373—374 页。

④ 同上书，第 393 页。

⑤ 胡宏：《胡宏集》，中华书局 1987 年版，第 31 页。

⑥ 脱脱：《宋史》，中华书局 1985 年版，第 3657 页。

⑦ 同上。

下，于绍兴十二年十一月于临安府学的基础上扩展为太学。吴自牧《梦粱录》卷八说太学：在纪家桥东，以岳鄂王第为之，规模宏阔，舍宇壮丽；有二十斋，都以儒家经典中的概念来命名；绍兴年间，生员额三百人，后增置一千员，后为额一千七百一十有六员。① 南宋除年祚短促的光宗和几位末代短命的小皇帝之外，历代皇帝都举行过隆重的视学太学的典礼。周密《武林旧事》卷八记录了宋度宗视学的全过程，太学生深受鼓舞。② 南宋皇帝还亲笔抄录儒家经典，赐刻太学。总体看来，南宋的国子学、太学、某些地方大学是当时特权阶层的大学，而直属中央管辖的武学、律学、书学、医学、算学等是政府迫切需要解决实际问题的技术型大学；另外还有大量书院是属于占领科研高地的大学。它们都是南宋大学教育制度的产物。

第二节　南宋大学性质的书院与著名书院

尽管南宋官学不及北宋官学的数量与质量，但官立的学校已经不少了，为什么还要办书院呢？楼钥《建宁府紫芝书院记》说："或曰郡既有学，而复有书院不即多乎？是又不然。潭之岳麓，衡之石鼓，南康之白鹿，皆比比也。古者家有塾，党有庠，术有序，国有学。以今准之，百里之邑，千里之郡，其为学当有几所，而谓此为多乎？"③ 各类教育机构的数量满足不了求学者读书的需求，书院是对其他各类学校的必要补充。王柏《上蔡书院讲义》说："学校之外，书院几遍天下，何其盛哉！在昔先朝，以安定胡先生之书院推广其规模，设为州县之学校。今虽有州县之学校，又收敛其规模，为四方之书院。同师孔孟，同尊周程，同为国家长育人才之地，初无异也。"④ 书院和其他学校一样，都是授受儒学的教育机构。南宋时期新建书院共有299所，其中，安徽12所、江苏16所、浙江60所、江西94所、福建47所、湖北4所、湖南26所、广东17所、广西

---

① 蔡春编：《历代教育笔记资料》（宋辽金元部分），中国劳动出版社1991年版，第2—3页。

② 同上书，第7—8页。

③ 陈谷嘉、邓洪波主编：《中国书院史资料》，浙江教育出版社1998年版，第150页。

④ 同上书，第230页。

7 所、贵州 1 所、四川 15 所。有些书院虽然不详其建于南北两宋何时，但在南宋时期皆有活动，共计有 125 所。南宋时期还先后修复了唐五代和北宋所建书院 18 所。上述 442 所书院之外，再加上各地书堂、书室、精舍等，总数当在 500 所以上。① 按照小学大学的年龄标准和课程标准，从学理上讲书院小学与大学的数字是可以统计出来的；但由于古籍本身存在不足以及近百年的书院研究者对书院性质的理解不同，因而结论也就不同。有些学者认为，绝大多数书院是基础教育性质的书院，少数书院是高等教育性质的书院。有些学者认为，书院中大学的数量多于小学。也有学者认为，有些书院是小学大学的性质兼备。以上三种观点，都还缺乏对二者进行必要的实证。但是，部分书院是大学的判断还是成立的，依据就是年龄标准和课程标准。涂又光著《中国高等教育史论》、李国均主编《中国书院史》等著作认为部分书院是高等教育性质的书院。对于南宋 500 所左右的书院，目前笔者也尚未完成——考证小学与大学的甄别工作。但笔者初步可以判断：明代《续文献通考》卷五十开出了一个系列的书院名录，其中 24 所南宋著名书院肯定是大学，而且是著名大学。南宋所说的岳麓、白鹿洞、丽泽、象山这"四大书院"肯定是当时的第一流大学。除此之外，当时著名的大学至少包括：石鼓书院、考亭书院、韩山书院、明道书院、城南书院、白鹭洲书院等。叙述中国大学史只有越过而不能绕过书院。古今大学间存在着不可割绝的时间联系，教育史家并非只是囿于"大学"的名义将其合二为一，二者在精神上是贯通的。在南宋辖区内书书院迅速发展的同时，中原地区却因少数民族政权的统治，书院发展长期沉寂无闻。辽代书院较少，以山西为例，应州建龙首书院 1 所。金朝是女真人建立的王朝。自 1115 年建立，至 1234 年被蒙古所灭，共历 9 帝 120 年，与南宋形成南北对峙局面。受南宋影响，金也逐渐认同儒家文化，创建了 11 所书院。其中，山东 4 所：弦歌书院，在山东武城县，金大定年间（1161—1189 年）创建，时间与南宋理学家们创建书院掀起乾淳之盛的宋孝宗时期对应。张行简是金大定十九年（1179 年）进士第一，在其家乡山东沂水县建立状元书院。对于学道书院，只知金大定年间，在山东嘉定建立，具体建立者不详。山西有 5 所：刘撝和苏保衡都出自山西名门望族，他们中进士飞黄腾达后在山西浑源县建立翠屏书院。龙泉书院，在

① 白新良：《中国古代书院发展史》，天津大学出版社 1995 年版，第 10—16 页。

山西宁乡县柳林镇，金大定元年（1161 年）曾获金世宗皇帝所赐"龙泉讲院"匾额。涑阳书院，在山西绛县西横水镇，金大定年间（1161—1189 年）邑人吕士俊创建，藏书置田，乡里来学者甚众。金末废。昭余书院，在山西祁县县城，金大定年间创建。吕仲堪、吕宗礼父子都为进士。他们建冠山书院于山西平定县冠山，于居殿设宣圣像，颜曾二子配，又有会经堂、德本行源二斋，藏书万卷，置山长。河南有 1 所：王庭筠是大定十六年（1176 年）进士，历任应奉翰林文字、翰林修撰等官职，在河南林县建立黄华书院。湖北 1 有所：文龙书院，在谷城县西温坪河以南，金人刘文龙读书处。金代修复和延续前朝书院有 6 所：圣泽书院、丽正书院、显道书院、封龙书院、雄山书院、应天府书院。这些书院建于唐、后魏及北宋时期，金代仍然存在。金代创建和修复的 17 所书院集中在中原地区的山西、河北、山东、河南等地。这些书院属于民办书院。金代书院，和南方书院自然无法相比，但对元朝及以后中国北方书院的发展产生了一定的影响。

南宋书院大多数是大学性质的书院，而且许多大学性质的书院与大教育家有联系。例如：（1）屏山书院。建于福建崇安，屏山之下桂岩旁。建炎四年，名儒刘子翚弃官归里所建。绍兴十三年朱熹前来拜师求学，刘子翚成为朱熹的启蒙教师。淳祐二年，宋理宗为褒扬刘子翚的教育功绩，钦命扩建书院，赐名"屏山"。（2）城南书院。建于湖南长沙。宋乾道年间，张栻奉父张浚居潭，筑室讲学，父书"城南书院"四字。舍前有池，蛙声喧聒，妨吟诵，张栻以砚投之，声遂绝，人称禁蛙池。城南书院门人，《宋元学案》载有 48 人（含私淑），其中《岳麓诸儒学案》载 33 人，《二江诸儒学案》载 15 人。城南书院有讲学活动近 9 年，主要门人共有 18 人，吴猎父子、胡大时、胡大壮、游九言、潘友端、方耒、吕胜、赵方等人在其中。这是当时的知识精英。① （3）韩山书院。建于广东潮州。宋元祐五年，知州王涤在城南建昌黎伯庙。置膳田，养庶士，祀韩愈，号称书院。淳熙十六年，知州丁允元迁韩庙建于水东之韩山，原地遂废。淳祐三年，郡守郑良臣在韩庙故地建韩山书院。淳祐五年，陈圭任郡守，对韩山书院非常用心，春秋课试，亲为命题，讲明四书及濂洛诸贤议论，以示正学之标的。捐金购买朱熹所著书，与士友切磋学问。

---

　　① 朱汉民、毛晨岚：《南宋城南书院门人考》，《大学教育科学》2017 年第 1 期。

　　大学性质的南宋书院对其所在区域的文化影响力从当地出仕人数也体现出来。据统计，南宋时期南方为官人数共 374 人，其中人数最多的是两浙路，为 150 人，以下依次是福建路 57 人，江南西路 45 人，江南东路 39 人，成都府路 31 人，淮南两路 22 人，梓州路 16 人，荆湖南路 8 人，广南东路 2 人，荆湖北路 1 人，广南西路 1 人，利州路 1 人，夔州路 1 人。[①] 此数据与书院分布大致呈正比，两浙路、江南两路和福建还是前三。一般说来，南宋书院的数量与为官的知识精英的数量成正相关。

　　进一步说，具有大学性质的南宋书院也存在一个是否“著名”的评价问题——用今天的话来说，就是该校是不是著名大学。对南宋有影响的书院加以分析，书院“著名”要符合四个标准（或具一二者）：一是鸿儒创办、修复、主持或主讲；二是有过重要的学术活动或诞生学派；三是受到皇帝赐书、赐田、赐额的；四是培育出一批有名望的人士。据此，南宋究竟有多少所著名书院，中国古代的学者们有多种说法。早在南宋时，就有学者提出了“三书院”和“四书院”说。“三书院说”自朱熹提出后没有任何异议，始终是岳麓书院、石鼓书院和白鹿洞书院三分天下。“四书院说”以吕祖谦为代表，王应麟完全支持，马端临基本赞同，岳麓书院、白鹿洞书院、睢阳书院和嵩阳书院四分天下。明儒王圻《续文献通考》开出了一个系列书院名录，其中南宋著名书院有 24 所。与它们不同的是，清儒全祖望考四书院之盛衰兴，提出了岳麓书院、白鹿洞书院、丽泽书院、象山书院为南宋四大书院之说得到了后世学者的普遍认同。

　　不管怎么说，白鹿洞书院、石鼓山书院肯定称得上是南宋时期的著名书院。白鹿洞书院位于江西庐山。南宋时期“白鹿洞书院”的称呼沿用的是前人的说法。唐代，隐居读书于此的李渤、李涉兄弟因驯养了一头白鹿，故乡民称李渤为“白鹿先生”或“白鹿山人”。这是“白鹿洞书院”之“白鹿”的来源。但“洞”又是什么呢？与李渤有过交往、曾经担任过江州司马的白居易写过《再过江州题别遗爱草堂兼赠李十使君》一诗，其中提到了“白鹿洞”这个地名。这是我们现在看到的出现“白鹿洞”这个名字的最早的文献；虽然从中略知白鹿洞之景，但仍然不知何以名“洞”。如果实地察看就会发现：白鹿洞位于庐山五老峰东南，位于一个山丘环抱、树木苍翠的河谷小盆地。一水（贯道溪）自西来，汇入东北

---

① 　程民生：《宋代地域文化》，河南大学出版社 1997 年版，第 135 页。

的一条小溪，又随着齿齿的石岸，奔向东南而去。小盆地呈三山（后屏山、卓尔山、左翼山）夹一水的布局。由于周围高而中间低凹，很像一个朝天的洞穴。① 这是对"洞"字较好的注释。因此，"白鹿洞书院"命名与景色有关（白鹿是广义的景色）。白鹿洞书院是中国书院发展史上影响最大的一所书院。白鹿洞书院之所以有如此重要的地位，是与朱熹的名字分不开的。白鹿洞书院跟他在福建所建的书院不同，它不是朱熹自己创建的。朱熹作为行政长官，能够为它的修复从地方财政中筹措款项使其打上官方同意的标记。白鹿洞书院于北宋末年毁于兵火。朱熹对重修的动机说得明白："虽本军已有军学，足以养士，然此洞之兴，远自前代，累圣相传，眷顾光宠，德意深远，理不可废。况境内寺观钟鼓相闻，殄弃彝伦，谈空说幻，未有厌其多者，而先王礼乐之宫，所以化民成俗之本者，乃反寂寥稀阔，合军与县，仅有三所，然则复修此洞，盖未足为烦。"② 由此可见，朱熹修复白鹿洞书院是想以此来遏制佛教势力的增长，使大学回归理学之路。朱熹的重修工作遇到了很大的阻力，但还是迎难而进，完成了任务。朱熹又写信给老友吕祖谦，请他为书院作记。吕祖谦《白鹿洞书院记》说，淳熙六年（1179 年），南康军秋雨，朱熹视察白鹿洞书院废址感叹不已。乃嘱军学教授杨大法、星子县令王仲杰修复白鹿洞书院，重振此地"先儒淳悫慤实之余风"。③朱熹致信吕祖谦说："白鹿书院承为记述，非唯使事之本末后有考焉，而所以发明学问始终深浅之序尤为至切。此邦之士蒙益既多，而传至四方，私淑之幸又不少矣。"④ 淳熙七年三月，白鹿洞书院初步修复，朱熹率领军、县官吏，书院师生祭祀先师先圣，举行开学典礼。朱熹升堂讲说，讲题为《中庸首章》。朱熹作诗《次卜掌书落成白鹿洞佳句》曰："重营旧馆喜初成，要共群贤听鹿鸣。三爵何妨奠萍藻，一编讵敢议明诚。深源定自闲中得，妙用元从乐处生。莫问无穷庵外事，此心聊与此山盟。"⑤ 朱熹志在建设白鹿洞书院。

　　朱熹在南康军任内，为复兴白鹿洞书院做了这样几件事：（1）修房屋。北宋的白鹿洞书堂原有屋宇早已无存。朱熹重建了书院房屋。尽管当

① 李才栋：《白鹿洞书院史略》，教育科学出版社 1989 年版，第 13 页。
② 陈谷嘉、邓洪波主编：《中国书院史资料》，浙江教育出版社 1998 年版，第 69—70 页。
③ 吕祖谦：《吕祖谦全集》（第一册），浙江古籍出版社 2008 年版，第 99—100 页。
④ 朱熹：《朱子全书》（第二十一册），上海古籍出版社 2002 年版，第 1505 页。
⑤ 朱熹：《朱子全书》（第二十册），上海古籍出版社 2002 年版，第 473—474 页。

时的南康军、星子县正遭旱灾,财政经济相当困难,还是建起了小屋一二十间。朱熹和他的僚属、学生们还拟订了进一步建礼圣殿、斋舍的计划。(2)筹措院田。朱熹很注意学田的建设,认为这是维持书院的久远之计。他制订了购置田亩的计划,筹集了一部分购买田地的资金。(3)聚书。朱熹《黄商伯》说:"白鹿洞成,未有藏书。欲于两漕,求江西诸郡文字,已有札子恳之,及前此亦求之陆仓矣。度诸公必见许。然见已有数册,恐致重复。若已呈二丈,托并报陆仓,三司合为之,已有者不别致,则亦易为力也。书办,乞以公牒发来,当与收附,或刻之金石,以示久远。计二公必乐为之也。且夕遣人至金陵,亦当遍干本路诸使者也。"①其求书若渴之心,纯然将藏书当成了一种崇高的事业追求。朱熹曾发文江南东西路各地衙门征求图书。其《洞学榜》宣称:"承本路诸司及四方贤士大夫发到书籍,收藏应付学者看读。"②然而实际上当时白鹿洞书院的藏书并不多,书名有据者仅为刘氏所赠《汉书》一部。朱熹曾得了好几种书帖。他从曹建那里得到了程颐《与方道辅帖》的模本,从向氏那里得到了邵雍《诫子孙语》及《天道》、《物理》二诗的手书,从蔡廷考、吴唐卿那里辗转相传得到了包拯青年时代的诗。朱熹亲自书写或照旧摹拓,书《跋》并刻之于石碑。(4)聘师。他曾经请新建丁锬担任掌教,合肥吴某为职事,但都没有成功,只得自己亲自执教。除了朱熹本人在此讲学以外,当时在此讲学的还有好友刘清之、学生林用中、黄榦、王阮等人,以学录杨日新为堂长。(5)招生。朱熹曾经发榜招生。他自称其时有生徒一二十人。现在有姓名可考的有:曹彦约、曹彦纯、胡泳、周模、余宋杰、余锜、刘贲、李辉、周仲亨、周仿、吕熠、吕炎、吕炳、吕焘、吕焕、彭方、熊兆、冯椅、周颐、杨三益、蔡念成、吴唐卿、叶永卿、李深子、周得之等。(6)立课程。朱熹在白鹿洞讲了《大学或问》,将《四子书》作为基本教材。因此,白鹿洞书院闻名全国是朱熹兴复和吕祖谦为之鼓吹之后的事情,其地位是随着朱熹的声名而提高的。淳熙八年(1181年)三月,朱熹奉命离任到浙江任职。在离开南康军前夕,他向孝宗皇帝报告了兴复白鹿洞书院的前后经过,并以岳麓书院为例请求皇上赐书、赐额,但无结果。他离开南康军以后,仍与继任知军、书院师生保持

① 朱熹:《朱熹集》,四川教育出版社1996年版,第5488页。
② 陈谷嘉、邓洪波主编:《中国书院史资料》,浙江教育出版社1998年版,第71页。

书信往来。淳熙八年十一月，朱熹诏对延和殿，排除阻力向孝宗皇帝报告了白鹿洞书院之事，请求赐书、赐额，得到了皇帝的支持。但他希望把书院纳入官学体系的请求，没有得到朝廷同意。

　　朱熹之后，其弟子及学者先后前来讲学，并予以修葺。嘉定十年（1217 年），朱熹之子朱在以大理寺正知南康军，修白鹿洞书院，黄榦为之记。记曰："先生之子在以大理正来践世职，思所以扬休命，成先志，鸠工度材。缺者增之，为前贤之祠，寓宾之馆，阁东之斋，趋洞之路；狭者广之，为礼殿，为直舍，为门，为墉；已具而弊者新之。虽庖漏之属不苟也。"① 朱在又建桥于趋洞之途。陈宓《流芳桥题志》篆言一幅，刻于山崖石壁之上。黄榦昔从先生游学，三十八年后复睹书院之成，悲往哲之不复见，喜大学精神之不灭矣！朱熹本是治国安邦之才，为何志在书院建设？综观朱熹于政事，可谓于理学家中最优秀者。观其壬午、庚子、戊申诸封事，议论光明正大，指陈确切着实，体用兼备，理事互尽，列诸古今名贤奏议，当在第一流。其在州郡行政实绩，如在南康军救荒，在漳州正经界，其精心果为与强立之风，历代著名疆吏施政亦不过如此。其史学，于历代人物贤奸、制度得失、施政利病、治乱关键，探讨精密，了如指掌。尤其于熙宁变法，新旧党争，能平心评判，既不蹈清谈家之空言，亦不陷名士意气积习。以朱子学养，果获大用，则汉唐名相政绩，宜非难致。② 但朱熹却志在书院，试图借书院之平台，创造、传播理学，建造理想的道德世界。纵观历史长河，众多王侯将相的价值哪抵得上朱熹滋养南宋书院大学精神之功勋？

　　与朱熹有关的另一所著名书院——石鼓书院，位于湖南衡阳。南宋诗人韩淲赞美石鼓书院："石鼓亦佳处，湘流带长沙。衡山为其冲，南国无以加。"③ 许多名人与石鼓书院大有联系。乾道九年（1173 年）二月，范成大游石鼓书院，将其见闻记入他那游记性质的《骖鸾录》中，后被清儒将其摘出单列，以《石鼓山记》为名存于《衡州府志》、《湖南通志》中。范成大介绍："石鼓，山名也。州北行，冈垄将尽，忽山石一峰起，如大石矶，浸江中。蒸水自邵阳来，绕其左，潇湘自零陵来，绕其右，而皆会于合江亭之前，并为一水以东去。石鼓雄据要会，大约如春秋霸主，

---

① 陈谷嘉、邓洪波主编：《中国书院史资料》，浙江教育出版社 1998 年版，第 73—74 页。

② 钱穆：《朱子新学案》，九州出版社 2011 年版，第 24 页。

③ 傅璇琮等辑录：《全宋诗》，北京大学出版社 1998 年版，第 32428 页。

会诸侯勤王，罴湘如兄弟国奔命来会，禀命载书，乃同轨以朝宗，盖其形势如此。合江亭见韩文公诗，今名绿净阁，亦取文公诗中'绿净不可唾'之句。退之贬潮阳时，盖自此横绝取路以入广东，故衡阳之南皆无诗焉。西廊外石蹬缘山，谓之西溪，有洼尊及唐李吉甫、齐映题刻。书院之前有诸葛武侯新庙，家兄至先为常平使者时所建。"① 范成大沉醉于石鼓书院的山水形胜与人文景观，但并没有揭示它的大学意义。众所周知，该书院由李宽创设于唐代元和年间，北宋末改为州学而失去书院特色。1185 年，部使者潘畤在原址重建，置房屋数间，仍用旧额，但未竟而去。1187 年，提刑宋若水则继成之，奉祀孔子，广集图书。1259 年，石鼓书院毁于战火。次年，提刑官俞琰令山长李访重建，尽复旧观，增设射圃、高楼。由石鼓书院事迹引申，南宋书院学者主张：（1）大学是美化之地。天有四时，春秋冬夏，风雨霜露，无非教也；地载神气，神气风霆，风霆流形，庶物露生，无非教也。② 朱熹认为天地育物、自然变化、山水之美都蕴含着宇宙之机、天地之理；人间的三纲五常、伦理秩序，人本身的修养之道都包含在大自然之中，大自然处处都是"太极"的体现，处处都是道体的流行，只有投身于自然当中才能吸取天地之精华而达到天人合一的地步，大自然的每每变化只是教人识得"天理"。书院之山水教化学生而已。书院水秀山明，能聚一时之人豪，著千秋之大业。石鼓书院建在山水"佳处"，"胜地"，"燕闲清旷之地"。南宋绝大多数书院都如此。朱熹上饶弟子、表弟程洵《游石鼓观湘水》说："按行又复到江干，近水遥山照眼寒。从此潇湘在胸次，不须更向画图看。"③ 文天祥赞石鼓书院："春风千万岫，合水两三洲。客晚惊黄叶，官闲笑白鸥。双江日东下，我欲赋扁舟。"④ 这种依山傍水的大学无疑是陶冶情操、积淀学问的高雅之地。浓厚的隐逸色彩，是南宋书院文化的重要特征。所谓隐逸，是指古代士阶层中的某些人，与当时的主流文化游离，超然出世、回归自然的行为和心态。隐逸文化带给大学人最大的精神价值就是人格的解放及自由的获得。因此，游山玩水、渔猎躬耕、品茗饮酒、谈玄务虚、吟诗赋文、营园作画、书墨抚琴、品藏文玩、坐禅求道、肆性放情等便成了读书人修身养性

---

① 陈谷嘉、邓洪波主编：《中国书院史资料》，浙江教育出版社 1998 年版，第 56 页。

② 黎靖德编：《朱子语类》，中华书局 1986 年版，第 1536 页。

③ 李安仁、王大韶、李扬华撰：《石鼓书院志》，岳麓书社 2009 年版，第 192 页。

④ 同上。

最外在的行为表现。（2）大学是圣洁之地。南宋学者文及翁在褒奖书院后批评官学："俗流失世败坏，学士大夫童习白纷，谩不知心为何物，驱血气而角功名，决性命而饕富贵，丧精神以失虚灵者总总也。藏山之卷九千，插架之轴三万，手不停披，口不绝吟，以是为学，亦只以钓声誉梯利禄，膏唇吻、饰，竿牍而已矣。"① 书院之"意"不在科举谋取，不在授予学生辞章之类的口耳之学以谋取利禄，而在净化学生的心灵。这是书院区别当时官学很重要的一点。书院圣洁的灵魂来自儒家淡泊名利精神的洗涤。大学是拒绝浮躁、抵制庸俗的高尚之地。（3）大学是政治清明的源头。南宋状元张孝祥《衡州新学记》在说到石鼓书院时断言："先王之时，以学为政，学者政之出，政者学之施，学无异习，政无异术，自朝廷达之郡国，自郡国达之天下，元元本本，靡有二事。故士不于学，则为奇言异行；政不于学，则无道揆法守。……盖欲还先王之旧，求政于学，顾卒未有以当上意者，则士大夫与学者之罪也。"② 学风正，官吏正；官吏正，政治正。大学是垂范社会的标识。

朱熹《衡州石鼓书院记》（1187 年）说，南宋郡县官学，其所授受皆世俗之书，科取之业，使人见利而不见义。士之有志于为己者是以到书院以听儒家讲学之声。③朱熹这篇书院记可以视为南宋书院的大学宣言。由于朱熹在中国大学精神史上所具有的重要地位和朱熹《石鼓书院记》深刻的大学精神内涵，提升了石鼓书院的文化地位。张栻与石鼓书院也有深厚的渊源，其时间早于朱熹。乾道年间（1165—1173 年），张栻在石鼓书院作《武侯祠记》，并手书砌碑。乾道年间，湖南路提举建武侯祠，请张栻作记，当时刻于石鼓山之麓。张栻写下了不少以石鼓书院为题材的诗文。由于朱熹、张栻对石鼓书院的贡献，石鼓书院迈入了历史最辉煌的时期。同时，石鼓书院也成为朱熹、张栻等程朱理学家传播其大学精神的重要场所。黄榦提举湖南学政时，应石鼓书院山长之请，上奏朝廷，以公帑将茶陵豪僧所霸占的 350 亩学田赎回给书院，作为生徒膏火田。1172 年殿试，石鼓书院登进士第的就有王居仁、邓友龙、邓友龄 3 人。南宋名将李芾是衡州人，是石鼓书院创始者李氏家族的后人。李芾 20 岁不到就为官一方。后来与岳麓书院学生一起抗击元军，举家 19 人殉国。后人于李

---

① 陈谷嘉、邓洪波主编：《中国书院史资料》，浙江教育出版社 1998 年版，第 122 页。

② 李安仁、王大韶、李扬华撰：《石鼓书院志》，岳麓书社 2009 年版，第 269 页。

③ 朱熹：《朱子全书》（第二十四册），上海古籍出版社 2002 年版，第 3782—3784 页。

荐故居建李忠节公祠，后移建到石鼓书院武侯祠旁。黄宗羲说石鼓书院："圣道炳日星，无幽不照烛。于以厚天伦，于以遏人欲。继往开来学，功非言可足。"[1] 石鼓书院留下了鞠躬尽瘁、传道授业、格物穷理、察识躬行、视死如归的大学精神，光照千秋。

第三节　南宋书院的山长任命与经费收支

书院辞典列"山长"条目的义项有二：主持书院教学兼领院务的负责人，始见于唐、五代；士人不愿出仕退隐山林者或为山中长老的尊称。[2] 宋代文献中多以"山长"作为对书院主持者的称谓。山长多聘用以下几类人：其一，名儒宿学鉴于学校及科举之弊，留心世务，振兴名教，而有兴革之志者。其二，隐逸之士绝意仕禄，教授为业者。其三，退职官员以己之学训后进者。

南宋官立书院山长不外乎三种方式：（1）州县长吏聘用名儒家担任山长。这种方式起源于北宋，如南宋乾道初，知潭州刘珙复立岳麓书院，犹虚山长不置；此后转运副使九江萧之敏始以礼聘南岳处士吴翌。淳祐年间，程若庸先后被聘为湖州安定书院山长、抚州临汝书院山长，至咸淳年间，程氏中进士之后，则授武夷书院山长。嘉定三年，陆持之（陆九渊之子）试江西转运司预选，常平使袁燮荐于朝，豫章建东湖书院，连帅以书币聘用陆持之担任山长。这类聘用的山长不管之前是否为官是否本地人，一旦任职就有相对独立的管理大学的行政权力。由于聘请权力在州县长官那里，所以书院实质上还是受制于地方政府。（2）州县长吏"帖差"幕僚兼任山长。即山长多由州府长吏派遣职官兼任，或是以州学教授兼任。如景定五年，何基以婺州州学教授兼领丽泽书院山长。刘元刚于嘉定年间登进士第，累差江州教授兼濂溪书院山长；俞忱一于嘉定年间任和州教官，两易南康，兼白鹿书院山长。（3）吏部"注差"任命或认定山长，属于朝廷命官。"任命"即派遣中了进士的候补官员担任书院的山长，或者给予某些人官府行政虚职而担任山长的实职；"认定"即吏部承认已经

①　（明）李安仁、（明）王大韶、（清）李扬华撰：《石鼓书院志》，岳麓书社 2009 年版，第 62 页。

②　季啸风主编：《中国书院辞典》，浙江教育出版社 1996 年版，第 678—679 页。

担任书院山长的人为朝廷官员。凡吏部注差的山长都被视为朝廷命官，地位等同于州学教授。这是南宋书院官学化最明显的标志。例如，建康府明道书院山长的"注差"情况是：胡崇，淳祐十一年六月以江东抚干兼充；朱貔孙，宝祐二年□月以江东抚干充；赵汝训，宝祐三年□月以建康节推充；潘骥，宝祐四年□月以江东帅参充；周应合，开庆元年四月以江东抚干充；张显，开庆元年闰十二月以添差江州教授权充，景定二年正月荐除史馆检阅；胡立本，景定元年准吏部差正任迪功郎充建康府明道书院山长，四月初十日到任。明道书院这些山长是由吏部任命的，身份高于前文所言州县长吏派遣担任山长的幕僚。吏部差选书院山长在其他地方也存在。官府差使山长，既具有"官"的性质，因此也就有了任期的规定。在上文所列的明道书院的山中，任期最长的连续三年，其他的多则一年，少则几个月。总的来讲任期较短，这与同期民间书院山长的任期较长形成鲜明的对比。南宋后期，许多原本为私立的书院也转型成了官学性质的书院，因皇帝的赐额，山长也成了朝廷命官。同时，一些官府兴建书院，乞请天子赐额设官，又增加了一些山长官员。据欧阳守道《白鹭洲书院山长厅记》记载，宋理宗景定三年（1262 年）诏吏部诸授书院山长者并视州学教授，严陵黄君嘉为白鹭洲书院山长，闻之欣跃曰："上嘉惠斯文至矣。昔者山长之未为正员也，所在多以教授兼之。自前年创入部阙，建议之臣无见于教化之本原，请以授文学之权入官者，而书院滋轻矣。今命下而轻者顿重，其敢不尽心所职，以仰称乐育人才之德意。"① 由此可见享受了一定行政级别的大学校长感恩戴德的高兴状况。

　　这里需要补充祠官寄居南宋书院讲学或兼任书院山长的教育事件。自王安石始，祠禄制度渐成为执政者处理异己分子的措施。南宋时期，祠官作为由朝廷派遣有俸禄的闲职寄身书院，其身份在表现形态上因而有了从政治失意到关注教育的转变。士大夫奉祠，在淡化其政治身份的同时事实上也意味着其作为知识精英身份的强化。例如，张栻之侄张忠恕："（理宗时）次年，以朋比罢。先生（忠恕）归，讲学岳麓书院，益求为己之功，志益厉，士之出湖湘者皆从之游。"② 随着书院与理学一体化的趋势，祠官的学术生涯往往也是以书院为依托的讲学传道生涯。如魏了翁罢官奉

---

① 陈谷嘉、邓洪波主编：《中国书院史资料》，浙江教育出版社 1998 年版，第 132 页。
② 脱脱：《宋史》，中华书局 1985 年版，第 1641 页。

祠后，虽限定居住在靖州，然创湖南鹤山书院。把祠官与书院联系起来，始于朱熹："因窃妄意以为朝廷傥欲复修废官，以阐祖宗崇儒右文之化，则熹虽不肖，请得充备洞主之员，……若复更蒙矜怜，假之稍廪，略如祠官之人，则在熹又为过望，而于州县亦不甚至有糜耗。"① 朱熹的意思是希望朝廷任命白鹿洞书院山长，同时能享受略如祠官的经济待遇。朱熹《与丞相劄子》较为明确地表达了祠官与山长两者关系转化的愿望："若以洪私曲被，使得复备祠官之列，则熹窃愿丞相特为敷奏，举先朝之故事，修洞主之废官，使熹得备执经焉，而其禄赐略比于祠官，则熹之荣幸甚矣。盖与其使之以崇奉异教之香火为名，而无事以坐食，不若修祖宗之令典，使之以文学礼义为官，而食其食之为美也。"② 朱熹认为当时祠禄一方面是以崇奉道教宫观为名，另一方面是无事白领俸禄的闲职，不如将闲置的士大夫以祠官身份参与书院建设。朱熹的设想就是要使书院沿着官方支持的方向发展，毕竟没有官方的资助，教育会步履维艰。山长结合祠禄可以说是朱熹个人的制度设想，虽然朱熹活着的时候没有化为现实，但13世纪的书院山长成为一项很重要的职事制度。祠官寄居书院，是南宋士大夫政治受挫或暂时受挫后以讲学经世的表征，也使他们在政治失意中找到了实现生命价值与意义的另一个空间。

　　书院不仅要有人力的支持，而且还要有财力的支持。教育经费是书院的生命线。南宋书院的教育经费包括各个职事的束脩、生徒膏火费、考课奖赏、祭祀费用以及用于房舍建设、书本及教学设施的添置等费用。胡适说："山长薪水很大，书院经费，除山长薪水外，又有经临等费。学生除不收学费外，又有膏火津贴奖赏等。所以在学足供自给，安心读书，并可以膏火等费赡养家室，不致有家室之累。"③ 从某种意义上讲，书院和官学一样是宋代的一种经济消耗体。南宋书院经费收入主要来自朝廷和地方政府的资助、私人捐赠和创立者自筹等渠道。朝廷和地方政府对书院的资助主要包括两种方式：

　　第一种方式是拨赐学田。封建社会，最大的财产就是土地。宋代土地政策不抑兼并，富者田连阡陌，为国守财。宋代法律对土地的私有产权是肯定的，对其权益加以保护。宋代私有土地产权的转让几乎不受什么限

---

① 朱熹：《朱熹集》，四川教育出版社1996年版，第576页。

② 同上书，第582页。

③ 胡适：《胡适教育论著选》，人民教育出版社1994年版，第195页。

制，只要买卖双方通过正常的手续，向官府呈报，将田契盖上官印，缴纳田契钱，将卖主的土地从国家版籍上过户给买主，而后由买主承担这块土地的田赋，就算完成了土地的买卖过程。这种宽松的土地交易政策给南宋书院的经济基础带来了便利。南宋书院所依靠的主要经济基础即为"土地"，在书院中被称作"学田"。学田即学校拥有的田产。学田经营的一般形式是招人承佃，书院靠收取地租来补充办学经费。南宋时期地方政府为书院申请或拨置田产是经常性行为。所拨之田一般为官田，包括欺隐田、诉讼田、无主荒田、绝户田、寺田等。王遂《重修武夷书院记》载，淳祐年间，"前使者潘公友文、彭公方拨公田以食之"①。书院学田的来源也可能是由在任官员的捐公钱或拨钱购置的。廖行之《石鼓书院田记》载，提点刑狱宋若水乃籍在官闲田归之，"田以亩计，二千二百四十有奇"②。嘉定十四年，白鹿洞书院由知军黄桂重建正殿，增辟三门，续置西源庄田三百亩。淳熙九年，朱熹任郡守扩建白鹿洞书院，先后增拨寺院没入田产 1000 亩。南宋土地兼并严重，因而出现很多绝户或产权不明的田产。这些土地及部分没官田政府会拨给书院充学田。李曾伯《公安书院记》说："淳祐二年，制置大使孟公珙闵其无以教养，不以武备废文事，因僚属袁渐、袁鼎东、史子羍请，聚精舍而量试之，与补弟子员，度地于公安邑东，辟书院，取莱公竹遗迹，扁曰'竹林'，置田拨钱以给廪用。"③ 有些学田原本书院所有，后被地方黑恶势力霸占，收回很是不易。黄潜《明正书院田记》记载了明证书院学田收回的经过："宋南渡后，衢之先贤忠简赵公而下六人盖尸祝之旧矣。景定末，王侯已守是邦，始谂于朝，即故吏所据祠地为道院者，辟书堂曰'明正'，且以其没入之田百七十有六亩隶焉。咸淳间，继之者赵侯孟奎又益以他田六十有三亩，祠事以备。国朝因之建书院，额设山长员，而兹田之夺于浮屠老氏者家什七八，有司漫弗加省也。皇庆初，上新即位，垂意庠序之事，凡田之在学官者冒取有禁。于是总管申侯为阅累岁之讼牒，而核其实，悉返所侵田，有挟教门檄来争之者，侯弗为动。乃贿吏瞰侯在告谬为可疑，上其事于宣阃。今山长叶君谨翁白侯，破其计，而阃复下于郡侯，为征图籍复按，具有本末，田以卒归。盖九十年间，祠三徙而始有田，不二十年遽失不守，又三

---

① 胡适：《胡适教育论著选》，人民教育出版社 1994 年版，第 85 页。

② 同上书，第 186 页。

③ 陈谷嘉、邓洪波主编：《中国书院史资料》，浙江教育出版社 1998 年版，第 205 页。

十余年乃复。叶君念其得之难，而保有之不易也，求书于石以图永久。"①
明正书院为南宋景定年间衢州知府王氏建立，经过王氏与赵孟奎置办，有
田二百亩，后来大部分田被寺庙侵占，经过多次反复申诉，前后曲折三十
年才收回原有田地。所以，学田的管理对南宋书院极为重要。廖行之
《石鼓书院田记》（1186 年）记载，当时石鼓书院为保护学田采取了一系
列有效措施。石鼓书院踏勘丈量畦亩，绘制田亩簿册，确定租额，制定规
程，掌管田籍，并将所有的规章揭诸碑石公布于众，使人共知院中田亩地
段、租佃之人、应输租额等，以抑制侵吞占夺之阴谋，达到"与众保之"
的目的。② 南宋书院为保护学田稳固书院经费确实殚精竭虑。

　　第二种方式是拨钱粮。袁燮《东湖书院记》曰："郡博士刘君余庆
慨然躬任兹事，爰以学宫岁用之赢并湖增筑。东西十有余橡，南北十有
九橡，门庭堂宇，宏丽崇深，庖湢器用，咸备无缺。糜钱二百万，米百
余石，以竟其役。"③ 嘉定九年，州守张自明以赢钱二十万建龙谿书院，
信儒捐蹉钱二十四万相助。宋理宗有旨以"淮海书院"为扁额，时贾
似道为两淮制置使，助钱五万贯。咸淳七年，魏君桀等因请于郡太守刘
公黻，得酒坊废基，创岱山书院以祠先圣而讲其说。刘公既捐公帑以
助，又岁减酒息钱。这种减免税意味着书院经费支出的减少，这实际上
是对书院变相的隐性资助。南宋靖州作新书院为官办书院，知州黄榦创
建，采用借贷钱款"博易"即贷款经营，获取利息，以及政府拨款这
两种方式，始筹集到开办书院的费用。景定四年，姚公希得任内重修明
道书院门楼、厅廊、墙壁，粲然一新，总费 11120 余缗，米三十石。乾
道元年，刘珙安抚湖南，为重修岳麓书院，筹集钱财，命郡教授婺源邵
颖董其事。有些史料只笼统地记载了当地官吏聚集财物创建或维修书院
建筑物，但没有具体数目。但这些材料也说明政府不惜财力物力办好
大学。

　　南宋时期，私人捐赠也是书院的经费渠道之一。南宋书院有 500 所左
右，其中绝大多数书院是由私人捐赠而建的。有些私人捐赠的对象当然既
包括公立书院，也包括私立书院。私人捐赠中有学者、地方官绅、商人，

① 陈谷嘉、邓洪波主编：《中国书院史资料》，浙江教育出版社 1998 年版，第 434 页。
② 同上书，第 185—186 页。
③ 同上书，第 120 页。

也有老百姓，他们捐田地或筹集钱款新建或修复书院。除了官方和私人的资助以外，书院还自筹经费。

　　南宋书院的学田及钱粮，得到妥善管理与合理开支。例如，明道书院设有山长、堂长、堂录、讲书、堂宾、直学、钱粮官、讲宾、司计、掌书、掌祠、斋长、医谕、正供生员和职事生员等十五种之多，是南宋书院中设置职事最多、花费最高的。据南宋学者记载，明道书院职事及其月俸如下：山长一百贯，钱粮百二十贯。堂长一百贯，米二石。堂录六十贯，米一石五斗。讲书五十贯，米一石五斗。堂宾二十六贯，米一石二斗。直学二十四贯，米一石二斗。讲宾一十七贯，米一石二斗。司计一十五贯，米一石二斗。掌书一十五贯，米一石二斗。掌祠一十四贯，米一石二斗。斋长一十贯，米一石。正供生员，每名五贯。医谕，米七斗。① 山长、钱粮官并不常年住院，故不供米。院中还设有食簿、宿斋簿，师生须每日亲自签书，才能领取相应的贴食钱、造食钱、灯油钱等。生徒若有过失，将扣去一定的食宿津贴等。此外，明道书院对师生的月俸、日供、冬日所供寒炭有着明确而详细的规定：月俸、日供（食钱、灯油钱）、寒炭依据各人职位高低支给有差；寒炭供应始自十月初一日，终于次年正月底；所支钱用十八界官会，所支米用文思斛斗衡量。官办书院经费支出类目大体同州县学，所不同的是书院还需支付山长、教师之薪金。而民间私人所办书院，学生食宿开支占有很大的比例。南宋东阳横城义塾日常经费（不包括教师薪金以及各种临时开支）开支情况如下：每月破食每人米六贯文、重见钱六百文；诸斋廊庑普照灯油，堂上烛；公厨柴薪；公厨杂料，包括油、盐、酱、醋等物；光斋有集，节序有会；执役雇工月钱。以上费用系塾主自备，杂费不载。② 南宋书院祠祀活动的费用也是一笔不小的开销。南宋书院祭祠的建筑，一般是在书院初建或重建时与院内其他建筑一起建造的，很难将二者的建筑成本区分开来，但在书院文献中，也有部分书院比较明确地规定祠祀活动所需的经费支持，包括修造祠宇以及常年活动费用等。南宋书院还有一笔开支用于奉养与书院有关的需要被特殊照顾理学家后裔。例如，景定三年（1262 年），明道书院对程颐五世孙程俣之子的衣食住行、学习，以及他的父母、祖母都有相关经费照顾：祖母曾氏，送

---

① 周应合：《景定建康志》，南京出版社 2011 年版，第 763 页。
② 顾宏义：《教育政策与宋代两浙教育》，湖北教育出版社 2003 年版，第 183 页。

五百贯十七界为衣被之用。掌祠程幼学，送五百贯十七界置衣服。生父程子材，送一千贯、土绢四匹。建康府月支三百贯十七界、米二石，一半付程掌仪取支，为曾母逐日供给之用，一半桩之书堂，为曾母衣服等用。明道书院每日行供，折钱月支四十五贯十七界、米七斗五升，过程掌仪家，为幼学日食之用。程掌仪必贵，任教导之责，书院月馈束脯五十贯十七界、米五斗。以上为每个月的奉养经费，包括程颐的世孙，程氏的祖母，其父亲，以及程氏其他人员的安排，收入补助经费都有具体数目。① 南宋许多书院草创之时，经费紧张，师生艰苦创业。例如，陆九渊创象山书院时，率领弟子聚粮筑室，开山造田，筚路蓝缕，连他夫人吴氏都拿出全部私房金银首饰以资创业费用。他的高足弟子傅梦泉后来回忆说，他追随先生草创书院学舍，当时房少人多，晚上每人仅有三尺之地，先生也和学生连床而住；陆九渊白天接待宾客，四方筹集资金，蔬粥无时，不堪充肠。但江浙一带学子们纷纷远道而来，结庐而居，裹粮而至，携书就读，象山书院呈现出一派欣欣向荣的大学气象。诚然，书院师生离不开教育经费的支持，但是书院师生若以享受物质的舒畅为幸福，以谋求"干禄"为宗旨，那就是大学的悲剧。胡宏《碧泉书院上梁文》云："震风凌雨，人知扬子之蟪蠓。寒士欢颜，心壮杜陵之突兀。帷下不窥于董圃，车喧宁接于陶庐。期圣奥以翻经，立壮图而观史。由源逢委，自叶穷根。明治乱之所由，岂荣华之或慕。贫者肯甘于藜藿，来共箪瓢，至而未断其贤愚。唯应诚笃，无行小慧以乱大猷。各敬尔仪，相观而善。庶几伊、洛之业可振于无穷，洙泗之风一回于万古。"② 在整个社会物质条件还匮乏的情况下，书院人安贫乐道是完全必要的。"高的人不取物，下人取物，粘于物"③，书院人治生不求富，活着救苍生。

　　进一步探询，向南宋书院提供经费、南宋书院人享受经费有何意义呢？理学家云：养恒心，成学业。南宋书院学者高斯得《公安南阳二书院记》说，书院教育经费之恒产养其恒心而纳诸君子。南宋兵难频繁，襄、蜀之人十之九血于虎口，其幸而免者，率聚于荆鄂之间，四民皆穷而士为甚。故制置使少保孟珙肃矜之，各即其所聚，而筑室以教焉。在公

---

　　① 周洪宇总主编：《中国教育活动通史》（第四卷宋辽金元），山东教育出版社 2017 年版，第 464 页。

　　② 胡宏：《胡宏集》，中华书局 1987 年版，第 201—202 页。

　　③ 陆九渊：《陆九渊集》，中华书局 1980 年版，第 462 页。

安者名曰"公安书院"，实维寇祠旧址；在武昌者曰"南阳书院"，则取武侯躬耕之地以名。公安书院以馆蜀产，南阳书院以舍襄人。居无几何，蜀人之归试者冠其省，襄人试于大廷，亦或以谢被恩。①

作为接受恩惠的南宋书院如何回报社会呢？间接的回报是，大学办得要像大学，学生成才，惠及一方，报效朝廷。直接的回报是，南宋书院通过碑文、祭祠、院志等物化形式留下这些施惠者的名字。

第四节　南宋书院建筑所涵盖的大学文化

大学文化是大学人的活法。一切无机物可以人格化，但它不是文化的创造者和解释者。大学建筑也是这样的。按一般道理讲，南宋书院建筑是一种以民居建筑为主体，庙宇建筑为重点，带有园林环境的乡土性文化建筑。它是一个多样性、多功能的建筑群。南宋书院设施较完备，一般多由讲堂、斋舍等教学设施，大成殿、礼殿等祭祀设施，藏书楼等图书收藏借阅设施，伙房、门房等生活设施组成。斋舍既是学生的生活居所，也是学生自习的地方。不少书院还有美丽的园林，为学子们提供幽雅的学习环境。南宋书院是当时知识精英诗意栖居的理想范本，对环境的精心经营，一方面以物抒情，表达书院人的生命态度，营造反映内心世界的深远意境；另一方面就像是书院人的暗号，环境、房舍及其装饰细节背后通常都用意深远，或指明学派师承，或再现儒家符号。南宋书院建筑激发人们各种联想，寓理于物。例如，据林希逸书院记介绍，广东京山书院前凿方池，涵光浮碧。梁如砥门，曰"侨门"。扁以四大字"京山书舍"，华扉洞启，唅唅潭潭。论堂正中，夹以修庑，东曰"观善"，西曰"会文"，是为师友往来讲切问辨之所。四斋隅旨，弦诵者居焉。最后耸以三祠，胡安定祠左而韩昌黎祠后，朱熹祠位置突出。京山书院楼房之外，三峰在前，二水环抱。② 林希逸这位南宋理学家笔下的书院因所处广东之京山而得名，建筑物深受当时理学文化的影响。林希逸诗云："天南胜处是京山，精舍新成数百间。柱石规模何整整，衣冠人物想班班。昌黎教法依然

---

① 陈谷嘉、邓洪波主编：《中国书院史资料》，浙江教育出版社 1998 年版，第 206 页。
② 同上书，第 172—173 页。

在，安定家声喜复还。受用不穷书富贵，吾侪本领学曾颜。"① 南宋时，岭南各州书院有 41 所，建筑物均富有理学的伦理理性特征。

南宋书院建筑体现的大学文化可以从三个方面来看待：（1）书院外部环境体现了山水比德的儒家思想。（2）书院建筑具有功能搭配的文人建筑的朴实之美。（3）书院房子之间和谐关系的礼乐观念。这些都反映了南宋书院建筑观念层面的大学精神。

先说第一点——书院外部环境山水比德的儒家思想。叶适曾经对石洞书院的环境大加赞誉："石之高翔俯踞，而竹坚木瘦皆衣被于其上；水之飞湍瀑流，而蕉红蒲绿皆浸灌于其下。潭洞之窿衍，阿岭之嵌突，以亭以宇，可钓可弈，巧智所欲集，皆不谋而先成。"② 师生在如此幽静雅致的环境里讲论研讨，可以心无旁骛地治学，并在潜移默化中涵养出不凡的气质。南宋书院的院址，一般都选在风景美好的地方。这些地方依山傍水、树林密布、鸟语花香。如白鹿洞书院、岳麓书院、丽泽书院、象山书院、鹅湖书院、石洞书院、石涧书院、月泉书院等，名字就包含自然环境之美。南宋书院的创办者为什么要选择在某个地方建大学呢？有的研究者判断是受了风水观念的影响，甚至从迷信思想的角度去解读。这是不对的。我们知道，风水观念是中国古代建筑学中的一种传统意识，其核心内容是通过对居住环境的选择，以满足人们避凶就吉的心理需要。但是，南宋书院南宋理学家把这种风水观念中合理的东西整合到自己的思想体系中了，从而形成了山水比德的儒家思想。如果说南宋的佛寺重龙脉，道观重布局与方位，那么南宋的书院则在儒家思想的指导下使山水二元素得到了有机的组合。从建筑的儒家思想上讲，山水比德出自《论语》："知者乐水，仁者乐山。"③ 孔子认为，山与水赋予君子"智"之灵感、"仁"之慈爱。在书院教育家看来，山水既是秀丽的自然景观，更是精神品德的化身。南宋书院山水组合的关系形成背山面水、三面环山一面向水、三面环山一面背水、依山傍水四种基本类型。其中三面环山一面向水的类型最为常见，此类型的书院建筑多位于山脚或山腰下部，藏精聚气，钟灵毓秀。岳麓书院、城南书院便属于此类典型的布局。有人甚至根据天人合一的观念，把

① 陈谷嘉、邓洪波主编：《中国书院史资料》，浙江教育出版社 1998 年版，第 173—174 页。

② 刘伯骥：《广东书院制度沿革》，商务印书馆 1939 年版，第 144 页。

③ 李学勤主编：《论语注疏》，北京大学出版社 1999 年版，第 79 页。

南宋书院的山水与士风文气联系在一起，即山水自然之奇秀与文章自然之奇秀是合而为一的。山水之体骨形式不一，求其畅适人情而止；文章之体骨形式不一，求其神似而止，两者理同而相助。因此南宋书院禀此灵气，人才辈出。当然，有些书院的地理条件不甚理想，或有山无水，或有水无山，尤其在路、州、县等地由官方开设的书院是如此。于是为了补自然环境之不足，人工环境的构造便成为书院建置中的一个重要方面。常见的方法是引水补基，或挖塘蓄水，以补水脉；筑坝造桥，以固一方之气；植树造林，以培补龙背砂山。这从不少南宋时期的书院培树于院后，挖塘于院前院内等做法中也可见一斑。至于南宋书院的朝向，则受儒家以八卦、十二支、天星及五行为纲的影响，多为坐北朝南，主要是为了适应地理气候。与此同时，儒家将这种坐北朝南的宅基方位称为坎位，其余分别以离卦位（南向）、巽卦位（东南向）、震卦位（东向）为三种吉向，并以东南向为最好的方位。如岳麓书院为坐西朝东向。南宋书院理学家剥去道教佛教某些荒谬的外壳，充分吸取儒家的思想，使书院建筑成为理学思想的象征符号。

再说第二点——书院建筑具有功能搭配的文人建筑的朴实之美。朴实而天下莫能之争美。食必常饱，然后求美；衣必常暖，然后求丽；居必常安，然后求乐。先质而后文，此读书人之务。中国文化有以善为根本的善美统一思想，反映在南宋书院建筑中便是实用简朴的观念，反对土木之奢。这种简朴的建设观对应着清新、淡雅、干练的书院建筑。南宋书院教育家不愿自己讲学的地方雕梁画栋，也不屑于杂乱喧嚣的陈设装饰。他们认为，凡器物之理，简则可继，繁则难久，顺其性者必坚，戕其体者易坏。南宋书院建筑都少装饰，少艳色，连窗棂也多为最实用朴素的直方棂，柱间的雀替、柱础石、台基台阶等也都没有对建造材料进行多余的修饰雕琢。南宋书院的建筑富有儒雅之气，具有雅、清、逸、韵、淡的审美特征。如浙江余姚高节书院，宋咸淳七年（1271 年）沿海制置使刘黻建于客星山。前为夫子祠，后为燕居堂、思贤堂、义悦堂，旁列刚、毅、木、讷四斋，每斋舍房 25 间，可容生徒 200 余人，另有旧建高风阁、遂高亭、丝风亭，为游憩处，延请严子陵 40 世孙严士德主教事，授《孟子》、程朱学说。其书院建筑布局上儒学化的人文特色非常突出。由于书院主要有教学、祭祀和藏书三大功能，故南宋书院的主体建筑有讲堂、斋舍、藏书楼、祀祠。讲堂是书院教学活动的主要场所，平房建筑。大多数书院只有一处讲堂，但规模大的书院会建讲堂两处以上。如浙江的上蔡书院就建有圣则堂和稽古堂。江苏的濂溪书院则建有三处：晞贤堂、立善堂和养心堂。藏书是书院一项重要事业，因而都设有藏书之所。就名称来说，多以楼、库、堂、阁、舍、屋、斋、馆称之，多建在书院讲堂之后。祭祠也同样是书院的重要建筑物。祭祀的场所冠以庙、祠、殿、阁等称呼。古之庙与祠寓意无别，都是供祀先祖之地，只因所奉祀对象的影响度有别，使庙的级别往往高于祠。在学校里，文庙是将主祀孔子旁祀贤达与教授儒经相结合的一种的教育建筑。它以"庙学合一"为特色，张扬儒家思想。书院在宋代得到了极大发展，文庙也借此而盛。南宋书院由于宋真宗在重修白鹿洞书院时塑孔子及其十大弟子像进行祠祭，因而沿袭形成了以"庙学合一"为模板的"祠学璧合"的格局。祠与南宋书院教学楼、图书楼、斋舍的"璧合"布局是在充分借鉴庙学及地方先贤祠之制基础上而精心设计的。书院中的祠宇，无论是祭祀孔子及孔门弟子的建筑物，抑或是祠祀先贤、乡贤及乡宦的建筑物，基本上都共处一个院落，只因文庙特有的政治地位及教化价值，在书院中始终处于中心或最佳的位置。就祠与书院建筑的时间先后顺序而言，有三种情况：一是在创建书院的同时设祠奉祀，可谓一步到位。二是先有书院，后为追祀某位先贤而添建。三是先有祠，后为宣德化欲发挥其育人的功能，于是设学授徒。南宋书院各种建筑物的空间顺序，往往以讲堂为中心，中轴对称，规模小的为二进或三进布局，从前往后由大门、讲堂、藏书楼或祭殿依次排列。如江苏的明道书院，书院中轴线上有六进建筑：一进为大门，三间；二进为中门，三间，高悬御书院额；三进为祠堂，位于中央，三开间，祀程颢，名曰"河南伯程纯公之祠"，祠东西两廊各十五间；四进为春风堂，两层建筑，也是该书院中最大的建筑。楼下七间，为书院会讲之所，堂前筑一台，台上植桂树四棵，寓意诸生折桂。楼上五间，名曰"御书阁"，有皇帝所赐御书，还有其他藏书，实为藏书之所；五进为主敬堂，三间，系课间歇息及接待之所；六进为燕居堂，为祭祀之地，奉祀孔子及十四位先贤。该书院位于中轴线两侧的建筑主要有：山长、堂长、堂录、讲书等专门的住宿及办公之所；生徒斋舍六斋十八间；院役值班及住宿之所，如直房、吏舍等；后勤服务之所，诸如米仓、钱库、厨房等。① 从南宋书院的建筑看，

---

① 苗春德、赵国权：《南宋教育史》，上海古籍出版社 2008 年版，第 205—206 页。

其类别属于文人建筑。它明显地区别于宫廷文化、宗教文化、民间文化等其他文化类型的建筑。宫廷建筑的特点，是以高大宏伟的体量来突出皇权的尊贵，以严格的建筑规范体现森严的等级区别，以金碧辉煌的装饰炫耀皇家的财富和享乐的生活。宗教建筑以宏大昏暗的殿堂及其特有的陈设造成神秘的宗教气氛，以深远清幽的环境表达远离尘世潜心修炼的向往。民间建筑则在追求功利目的的条件下形成了显著的地方特点，并以浓厚的民俗特色和质朴的艺术装饰，表现出强烈的乡土气息。而书院建筑表达的则是一种人文化的审美风格，这是它和以上三种文化类型所不同的地方。它既不需要像宫廷建筑那样表达尊贵的权力、森严的等级和豪华的享受，也不要像宗教寺庙那样营造神秘的气氛。同时和民间质朴的民俗艺术相比，它又具有较高的文化修养。这些使书院建筑在基本的美学风格上独树一帜，即庄重、朴素、典雅。当然，书院建筑艺术在一些具体的方面仍和其他文化类型有着密切的关系。例如，南宋某些书院受到皇帝亲赐的匾额或书籍，在建筑形式和装饰方面就享受着某种宫廷文化的规格。有些书院中建有祭祀孔子的大成殿，则更是必须带有宫廷建筑的特点，因为祭孔的礼仪是国家规定的最高祭祀礼仪。南宋书院建筑与民间建筑也有共同之处，最主要的就是它的地方色彩。书院建筑在外观式样上大多接近当地的民居建筑，北方的书院多采用四合院形式，南方的书院多采用天井院落形式，并配以南方特色的风火山墙。尽管书院建筑和其他文化类型的建筑有相通之处，但作为文人建筑的朴实风格仍然是书院建筑最基本的美学特征。[①]南宋末期，有一些书院建文昌阁、魁星楼，用来祭祀文昌帝君和魁星。文昌帝君是民间和道教共同尊奉的掌管士人功名禄位之神，魁星是民间文化中主宰文章兴衰的神。受科举的影响，南宋末规模较大的书院建有魁星楼和文昌阁，规模较小的书院也会祭祀文昌帝、魁星。例如，当时江西南昌豫章书院就建有文昌阁。

　　最后说第三点——书院房子之间和谐关系的礼乐观念。中轴线主导南宋书院建筑群，其中对建筑的细腻处理营造出秩序感，体现书院对"礼"的尊重，轴线之外自由活泼的园林与轻快的院落布局体现了书院"乐"的尊重。南宋书院严谨而又和谐的建筑群，是社会群体意识的表现，反映

---

　　①　杨布生、彭定国：《中国书院与传统文化》，湖南教育出版社 1992 年版，第 168—170 页。

其"礼乐相成"的大学观念。《礼记》认为，乐者天地之和，礼者天地之序。"礼"维护的是上下贵贱的尊卑等级，"乐"则是使上下贵贱之间既有区别而又互相亲和。"礼乐"即借玉帛钟鼓、金石丝竹等艺术的手段以表达某种礼秩序观念。"乐"的内容不限于音乐，还包括诗歌、舞蹈、绘画、雕刻等艺术形态。礼的作用是让每个人各居其位而安分守己，乐的作用是陶冶内心的情感。就南宋书院的建筑群而言，它以讲堂为中心，大多采取中轴对称，或多轴并列，形成较为规整的格局。贯穿始终的中轴线，强调君对臣、父对子的垂直统治的礼的等级秩序。南宋书院的主要建筑如讲堂、祠堂、书楼等都在轴线中，而斋舍及辅助设施多居两侧，这与《礼记》尊者居中、卑者左右的观念吻合。此外，礼制强调的是君臣父子的垂直等级划分，因而南宋书院建筑构宅是越往后越尊贵，即在轴线上的建筑，一进尊于一进，表现出显见的主从性质。如讲堂、祠堂一般都居中或靠后，尤其是先圣先师殿祠以及文昌、魁星楼阁大多居后，是至尊的象征。这是因为虽然南宋书院是以讲学为中心的教育机构，但如果说讲堂是使先圣先贤精神发扬光大之地的话，那么祠堂楼阁正是这种精神的来源地，它们设在讲堂之后，乃是合乎礼制要求的。然而，事物总有限度，一味地强调序分，只会造成极端的冲突，儒家是十分懂得这一道理的，故《论语》说，礼之用和为贵。"和"就是在等级序分的基础上求得一定的调和，以利于群体的和谐。要取得这种和谐，古人以为可以借助于"乐"。这种思想体现在南宋书院建筑上，便是重视建筑布局的对称与平衡的美感。南宋书院空间布局以中轴线为主，以两侧对称的斋舍设置为辅，组成一个有机的结构，正是体现了这种平衡和谐之美，同时体现了教学相长、师生平等的观念。因此，南宋书院建筑群的总体搭配主次分明、区划清楚，井然有序又联系紧密；同时，不同建筑空白、大小天井的空间与庭院绿化设施的组合，和谐流畅，富于情趣。这正是其"礼乐相成"理念的具体体现。

南宋书院之形与书院人的伦理理性相得益彰。建筑物不过是书院人大学精神的象征符号。例如，寒泉精舍建于乾道六年（1170年），位于福建建阳市马伏天湖之阳，是朱熹创办的第一所书院。从学于寒泉精舍的朱熹门人有22人。关于寒泉精舍，朱熹在给蔡季通的信中写道："别后两日，稍得观书，多所欲论者，幸会期不远。此只八九间，下寒泉十一二间，定望临顾也。"①"寒泉精舍，才到即宾客满座。"② 可见寒泉精舍的建筑十分简单，但就是这么几间简陋的茅屋成就了朱熹成为"理学"大师的第一站。当时不少人慕朱熹之名前来求学问道，并不嫌弃其简陋。朱熹在寒泉精舍里过着"箪食壶浆"的清贫生活，但在教学生活当中悠然自得。在寒泉精舍十年的教学生活中，朱熹写出了大量的著作和一些脍炙人口的诗文杂赋。在此书院，朱熹与吕祖谦共研理学、合编《近思录》更是千古佳话。遗世而独立的生活并没有消磨朱子的教育热情，朱熹在云谷构筑书院，将在北岭亲手种植的茶园取名为"茶坂"，意思是躬耕园亩，聊补食用，种植茶圃，耕且食之。中外哲人对于物质止于生存而已，志在探索这个世界到底是什么。韩元吉如此介绍武夷书院："吾友朱元晦居于五夫里，去武夷一舍而近若后圃，暇则游焉。与其门生弟子挟书而诵，取古诗三百篇及楚人之词哦而歌之，潇洒啸咏，留必数日。盖山中乐悉为元晦之私也。""元晦躬画其处，中以为堂，旁以为斋，高以为亭，密以为室，讲书肄业，琴歌酒赋，莫不在是。"③ 韩元吉对武夷书院的楼、斋、亭、室着墨不多，对武夷书院山水草木描写细腻。书院建筑其实不过是个大学精神的象征符号而已。大学之大不在于高楼大厦，而在于大学人的精气神。构筑武夷书院的缘起应追溯到淳熙五年（1178 年）。这年初秋，朱熹与妹夫刘彦集、隐士刘甫共游武夷山，只见九曲溪旋绕曲折，隐屏峰下云气流动，因而萌发了在此建书院的念头。武夷精舍是朱熹同学生荷锸挑担、搬瓦垒石建造起来的。当福建帅赵汝愚打算派兵丁民夫要帮他修建书院，富有的朋友也要资助时，朱熹谢绝了。武夷书院在淳熙十年（1183年）动工，当年就初见规模。朱熹自述，武夷书院建在九曲溪五曲溪东，隐屏峰南麓，地广数亩；溪流两旁，丹崖翠壁，苍藤茂木，神剜鬼刻，使人心旷神怡。武夷书院筑屋三间名曰仁智堂，以供教学。左右两室，左曰"隐求"以待栖息；右曰"止宿"以延宾友。左麓之外，建"石门坞"。书院学生群居之地命名"观善斋"。有学生在溪旁建舍居住，自带钱粮以求学。有"晚对"、"铁笛"二亭。有"钓矶"、"茶灶"等石座可供学生饮茶自娱。朱熹在书院落成时作诗 12 首以纪其事。④ 朱熹《答陈同甫》

① 朱熹：《朱子全书》（第二十五册），上海古籍出版社 2002 年版，第 4673 页。

② 同上。

③ 董天工编：《武夷山志》，方志出版社 1997 年版，第 304—305 页。

④ 同上书，第 311—314 页。

说："武夷九曲之中，比缚得小屋三数间，可以游息。春间尝一到，留止旬余。溪山回合，云烟开敛，旦暮万状，信非人境也。"① 书院竣工，朱熹邀请建宁知府韩元吉和著名史学家袁枢等前来庆贺。韩元吉写了《武夷精舍记》这篇文章。袁枢贺诗曰："本是山中人，归来山中友。岂同荷蓧老，永结躬耕耦。浮云忽出岫，肤寸弥九有。此志未可量，见之千载后。"② 陆游也驰函祝贺，并寄贺诗四首，其中两首为："先生结屋缘岩边，读易悬知屡绝编。不用采芝惊世俗，恐人谤道是神仙。""山如嵩少三十六，水似邛崃九折途。我老正须闲处看，白云一半肯分无。"③ 朱子于武夷书院著书讲学长达五年之久，收弟子 91 人。朱熹之后，一批理学名家相继在武夷山筑室，以继志传道为己任。有哲人过往，故武夷山在南宋时期已成为文化圣地。所谓中国古文化，泰山与武夷而已。当年王阮到长沙向张栻问学。张氏说："当今道在武夷，子盍往求之？"④ 辛弃疾三次主管武夷山冲佑观，任福建按抚使时与朱熹交游，在武夷山与朱熹讲论。何镐精通《易》，与朱熹在武夷山讨论心性问题。朱子的道学同盟一时让武夷山光辉四射，照耀千古。朱熹逝世后，其子朱在、其孙朱鉴相继修葺扩大。淳祐四年（1244 年）朝廷令崇安县知县陈樵子进行扩建，改名为"紫阳书院"。官府拨给公田。董天工说武夷书院："五曲层峦毓秀深，紫阳书院树云林。茫茫千古谁绍统，全寄先生一寸心。"⑤ 武夷书院自朱熹始，从游者诵习其中，唯山水闲静，远少避世纷，专意肆力于身心学问，非耽玩溪山之胜。

要之，南宋书院建筑因大学人的信仰、理想、活动而具有灵魂，大学人因书院天人合一的建筑环境、建筑空间而悠然休闲、严谨治学于其间。

第五节 南宋书院图书是载理传理的工具

南宋书院藏书及书院本的指向是——载理以书，书以传理。"载理以

---

① 朱熹：《朱子全书》（第二十一册），上海古籍出版社 2002 年版，第 1579 页。

② 董天工编：《武夷山志》，方志出版社 1997 年版，第 316 页。

③ 同上书，第 320 页。

④ 脱脱：《宋史》，中华书局 1985 年版，第 12053 页。

⑤ 董天工编：《武夷山志》，方志出版社 1997 年版，第 104 页。

书"是指书院书籍是教人的工具，"书以传理"是指书这个工具要达到的目的是供书院人探究天理。陆九渊说："贵中国者，非贵中国也，贵礼义也。"① "先王为之节文，著为典训。"② 中国是礼义之帮，礼义通过书册保存下来。当时，有传言陆九渊的书院不重视读书，包括他的学生詹阜民也曾相信了传言。对此，陆九渊多次表明自己的观点："人谓某不教人读书，如敏求前日来问某下手处，某教他读《旅獒》、《太甲》、《告子》'牛山之木以下'，何尝不读书来？只是比他人读得别些子。"③ 陆九渊要求弟子读孔孟之书、读史书，不仅正文要看仔细，古人的注解也要仔细斟酌，不然，执己见议论恐入自是之域，便轻视古人。熊禾《建阳书坊同文书院疏》说："韩宣子见鲁国之书独存，遂有'尽在鲁矣'之叹。盖文献所关最大，在古今其揆则同。眷兹东阳，视昔阙里。四方文籍之所自出，为世道义之所必宗。文公之文如日丽天，书坊之书犹水行地。自后世师异道，人异指，得其传；而天下书同文，行同伦，必自兹始。"④ 两宋时期，与印刷业有关的造纸、制墨、雕版工艺均有突飞猛进之发展，苏、浙、蜀、闽书坊林立，书籍印刷与流通盛极一时。吴澄《赠鬻书人杨良甫序》说："宋三百年间，锓板成市，板本布满乎天下，而中秘所储莫不家藏而人有。不唯是也，凡世所未尝有与所不必有，亦且日新月益。书弥多而弥易，学者生于今之时，何其幸也！"⑤ 宋代读书人之于书，多且易致如此，其学业当超过前人，否则，非书之过，乃读书人之过。

宋人嗜书如命，藏书风气之盛历代罕见；受此影响，南宋书院喜欢藏书。南宋民间藏书蔚然成风，湖州人周密历数家乡藏书名家："至若苦乡故家如足林叶氏、贺氏，皆号藏书之多，至千万卷。其后齐斋倪氏、月河莫氏、竹斋沈氏、程氏、贺氏，皆号藏书之富，各不下数万卷。"⑥ 仅周密家乡的藏书就已有数十万卷，全国民间藏书之巨就可想而知了。周密自己通过家传而积书达四万二千余卷。陆游的父亲陆宰收藏的书也不少，南

---

① 陆九渊：《陆九渊集》，中华书局 1980 年版，第 277 页。

② 同上书，第 279 页。

③ 同上书，第 446 页。

④ 陈谷嘉、邓洪波主编：《中国书院史资料》，浙江教育出版社 1998 年版，第 150—151 页。

⑤ 李修生主编：《全元文》（第 14 册），江苏古籍出版社 1999 年版，第 246 页。

⑥ 周密：《齐东野语》，上海古籍出版社 2012 年版，第 123 页。

宋初年朝廷建皇家图书馆的时候还派人到绍兴陆家复制了 13000 多卷。南宋宗室子弟也喜欢藏书。赵汝愚有藏书五万卷，仅次于宋代藏书最多的宗子赵宗绰的七万卷。南宋宗室赵彦远也因藏书而名闻于世，朱熹称彦远好读书，所藏至三万卷。两宋历代皇帝喜欢藏书、编书、读书，文化修养高于其他任何一朝的平均水平。宋钦宗靖康元年，金兵攻陷开封，北宋馆阁图书损失很大。高宗移跸临安后，重建"秘书省于国史院之右，搜访遗阙，屡优献书之赏，于是四方之藏，稍稍复出，而馆阁编辑，日益以富矣"①。经过五十年的努力，宋孝宗淳熙五年（1178 年），陈骙等编《中兴馆阁书目》，收书四万四千四百八十六卷。宋宁宗嘉定十三年（1220），张攀等修撰《中兴馆阁续目》，馆阁又得一万四千九百四十三卷，此时南宋藏书已达五万九千四百二十九卷，比徽宗时增加了三千五百零六卷。到南宋末年，"君臣上下，未尝顷刻不以文学为务，大而朝廷，微而草野，其所制作、讲说、纪述、赋咏，动成卷帙，累而数之，有非前代之所及也"②。南宋从官府到民间，对书的看重自然给南宋书院提供了藏书、读书、写书、刻书的一种文化氛围。

南宋书院与"书"结下不解之缘。南宋状元汪应辰《桐源书院记》说："书院者，读书之处也。"③"书"是南宋书院学生探求儒家精神的必备的教学物件。自唐到南宋以来，纸张得以大量生产，随着雕版印刷技术的进步，纸本书籍得以大批量生产，于是衡量一个人学问的标准也就从"五车"提高到了"万卷"。"行万里路，读万卷书"对于读书人而言完全有可能实现。在此情形下，再用一两个房间斋舍就难以收藏众多的书籍，必须建造由较多房间斋舍构成的院落来藏书了，于是就产生了"书院"。南宋时期，出现了许多书院藏书楼，如白鹿洞书院云章阁、道源书院云章阁、岳麓书院御书阁、鹤山书院尊经阁、临汝书院尊经阁、南阳书院尊经阁、丽泽书院遗书阁、溪山精舍崇文阁、明道书院御书阁、扎溪书院明经阁、龙光书院六经楼、白鹭洲书院云章阁、杜洲书院书库、范文正书院藏书楼、秀溪书院藏书阁、南轩书院藏书阁。这些建筑物的功能就是藏书。从书院的藏书数量看，南宋浙江黄岩宁溪山南峰书院，咸淳元年进士王所创建，内藏书籍 10950 册。处于浙江东阳的南园书院，由蒋友松创

①　脱脱：《宋史》，中华书局 1985 年版，第 5033 页。

②　同上。

③　陈谷嘉、邓洪波主编：《中国书院史资料》，浙江教育出版社 1998 年版，第 119 页。

建后广罗书籍，聚书三万余卷。南宋书院藏书最多的是魏了翁建于四川的鹤山书院，有十万卷。这个数量使当年国家藏书也显得逊色。书院重学术研究的倾向，决定了其对书籍的重视。即便是提倡少读书多体悟生活的象山书院也不是不购书读书藏书的。据记载，陆九渊有弟子曾经下山到出版事业极为发达的福建一带采购图书。《宋元学案》记载："先生（彭兴宗）以丙辰访朱子于家，问其何故而来，先生以书院颇少书籍，因购书故至此。"①杨万里《廖氏龙潭书院记》记载，该书院创建者廖仲高嗜书如命，为了找书，东到闽浙，西至邛蜀，只要有善本、精纸、大字之书，必倾囊而购，其书院藏书达数万卷。南宋书院藏书的品种呈多样化。南宋学者曹彦约《白鹿书院重建书阁记》说："凡经籍所载，见诸简册，先儒之所归重者，虽手之所抄，家之所藏，市人之所摹勒，莫不求之以诚，守之以敬，惴惴栗栗，如薄冰深渊之在前，而唯恐失步；皇皇汲汲，如驹隙桑荫之易徙，而唯恐失时。"②"所刻"、"所抄"、"所摹勒"其实交代了当时书院藏书的版本。从图书生产方式看，南宋书院藏书有刻印本、手抄本、拓印本之类的版本。例如，四川鹤山书院所藏"传录"秘书副本，也是手抄本。手抄本或为前代旧物，或为手录秘籍，其版本价值甚高，是院中图书精品。但要得此物，实属不易，总的来讲是可遇而不可求。南宋书院收藏的图书大都是当时即已盛行的"印本"。当时的"公私板行"之书因为其大量刊行，成本较低，反映学术信息较快等优点，因而受到南宋书院的欢迎。除了书籍之外，名人手稿、遗书、石刻拓本等也成了南宋书院收藏的对象。嘉定元年（1208年），丽泽书院就谋求过收藏吕祖谦的手稿，如《大事记》、《读诗记》、《阃范》、《近思录》、《春秋》、《尚书讲义》、《家法》、《祭礼》及他书之未成者。其遗书阁只收藏吕祖谦一个人的著作及手稿，开现代图书馆名人专有藏书之先河。江西南丰曾纵、曾悟父子所建溪山精舍有崇文阁，广储经史子集各书及其先世文集、石刻，集曾氏子弟及游学者学习。宋孝宗所赐御书石经《易》、《诗》、《书》、《左传》、《论语》、《孟子》及《礼记》中的《学记》、《经解》、《儒行》、《中庸》、《大学》五篇，皆为石刻拓本，是白鹿洞书院云章阁中的镇阁之宝。南宋书院的藏书主要来源于皇帝赐书、官府置备、社会捐助、书院刻印、书院

---

① 黄宗羲：《黄宗羲全集》（第六册），浙江古籍出版社2012年版，第39页。

② 陈谷嘉、邓洪波主编：《中国书院史资料》，浙江教育出版社1998年版，第189—190页。

购置五个渠道。南宋书院藏书中的书院本由于质地精良、刊刻精美、接近原稿、较少篡改而被后世公认为珍本。

南宋书院藏书的版本有手抄本、石刻拓本、手稿等，但从版本学上讲，书院教书之具中最珍贵的还是书院本。清儒刘光蕡说："版印书籍盛行于宋，其事多领于书院，所谓'院本'也。"① 南宋书院本的价值顾炎武所言极是："闻之宋元刻书皆在书院，山长主之，通儒订之，学者则互相易而传布之。故书院之刻有三善焉：山长无事而勤于校雠，一也；不惜费而工精，二也；板不贮于官而易行，三也。"② "书院本"有广义、狭义之分。广义的"书院本"指以"书院"为名刊刻之书籍。既包括真正的讲学书院，如建安书院为宋儒王埜创建，是朱子学传播之地，所刻书有朱子的文集、朱熹好友项安世《周易玩辞》等；也包括家塾性质的书院，如茶陵东山书院，刻有《增补六臣注文选》等；还包括书坊性质的书院，如建阳的圆沙书院、南山书院、梅溪书院，多刊刻适合科举需要的韵书、类书等。此广义的"书院本"，除了"书院"之名相同外，缺乏共同的版刻特征。狭义的"书院本"，是指具有讲学功能的书院刻印的书籍。南宋书院的理学家要有效从事教育活动，必须自己或请人完成某些修书刻书的事情才能顺利进行。这既是一项学术研究活动，也是一种教授学生的活动，甚至还是一项教育经济活动。例如，1259 年，马光祖与部使者率僚属会讲于明道书院的春风堂，当时听讲者数百人，乃嘱山长修程子书，刻梓以授诸生。马光祖《程子序》阐明了刻书的缘由："明道书院之在金陵，实因仕国而燕尝之，程子之徒位之以师友而讲学其间，以为尊闻行知之地。然登程子之堂，则必读程子之书。读其书，然后能明其道，而存于心，履于身，推之国家天下，则天地万物皆我乎赖。然斯堂为程子设，而未有程子之书，非缺欤？余每有志于斯，会易阃未果，己未重来，尝以语客。"③ 马光祖文末尚有跋语："《程子》书成，山长周应合以不受月俸五千贯充刻梓费，首尾百六十七版，藏于书阁，司书掌之。"④ 这说明南

---

① 赵所生、薛正兴：《中国历代书院志》（第 6 册），江苏教育出版社 1995 年版，第 22 页。

② 顾炎武：《日知录》卷一八，见《日知录集释》本，岳麓书社 1994 年版，第 644 页。

③ 陈谷嘉、邓洪波主编：《中国书院史资料》，浙江教育出版社 1998 年版，第 190—191 页。

④ 陈谷嘉、邓洪波主编：《中国书院史资料》，浙江教育出版社 1998 年版，第 191 页。

宋为纪念理学家而设立的书院，本着登其堂读其书之逻辑，定收藏其著作，有条件者还会刊刻其书，以传播其学术思想。还有一种情形是书院刊刻自己的学术成果，如石鼓书院山长戴溪的《石鼓论语问答》三卷就属于此类。《四库全书提要》说，此书卷首有宝庆元年许复道序，序称淳熙丙午、丁未间，戴溪与湘中诸生集所闻而为此书；朱子尝一见之，以为近道。这说明南宋书院自著自刻的图书，无论是书籍的理学内容还是印刷的技术水平都是受人喜爱的。除此之外，有一则写于南宋时期的书院史料不可轻视。欧阳守道《题莱山书院志》说："醴陵李君文伯示予《莱山书院志》。"① 虽然从此文中看不出《莱山书院志》是刻本还是抄本，但从当时雕版之术盛行、书院大量刻书的风气推之，南宋书院有可能开始刊刻记录自身历史发展线索的书籍。

南宋灭亡虽已有七百余年，但南宋书院所刻之书仍有不少流传于世。清儒考证：绍定庚寅婺州丽泽书院重刻司马光《切韵指掌图》二卷，无年号刻吕祖谦《新唐书略》三十五卷；绍定四年象山书院刻袁燮《絜斋家塾书钞》十二卷，淳祐丙午丽泽书院刻大字本朱子《四书集注》十九卷，淳祐戊申龙溪书院刻陈淳《北溪集》五十卷和《外集》一卷，宝祐五年竹溪书院刻方岳《秋崖先生小稿》八十三卷，景定甲子环溪书院刻《仁斋直指方论》二十六卷、《小儿方论》五卷、《伤寒类书活人总括》七卷、《医学真经》一卷，咸淳元年建宁府建安书院刻《晦庵先生朱文公文集》一百卷、《续集》十卷、《别集》十一卷，无年号鹭州书院刻《汉书》一百二十卷。② 目前全国尚有南宋刻本 20 种，其中可以肯定是南宋"书院本"的有：（1）《周易集义》64 卷，魏了翁撰。淳祐十二年，魏了翁仲子魏克愚任徽州知州，刊刻乃父此书及《周易要义》于紫阳书院。宋末，书板多毁于丙子之役。元至元二十五年，山长吴梦炎据方回所供墨本补刊。今国家图书馆藏有是书残本，每半页 10 行，每行 20 字，白口，左右双边，版心下记刊工姓名。（2）《周易要义》10 卷，魏了翁撰。淳祐十二年，了翁仲子徽州知州魏克愚刊刻于紫阳书院。景炎元年（1276年），书板尽毁于兵火。元至元二十五年，山长吴梦炎据方回所供墨本重刊。今国家图书馆藏有克愚原刊残本，每半页 9 行，每行 18 字，白口，

---

① 陈谷嘉、邓洪波主编：《中国书院史资料》，浙江教育出版社 1998 年版，第 192 页。

② 叶德辉：《书林清话》，国家图书馆出版社 2008 年版，第 51 页。

左右双边，版心上记字数，下记刊工姓名。（3）《絮斋家塾书钞》12 卷，袁燮撰。绍定四年信州贵溪象山书院刊刻。（4）《切韵指掌图》2 卷，司马光撰。绍定三年婺州丽泽书院刊刻。（5）《汉书集注》100 卷，班固撰，颜师古注。嘉定十七年吉州白鹭洲书院刊刻。有"甲申岁刊于白鹭洲书院"牌记。原为吴兴刘承干嘉业堂藏书，今藏于国家图书馆。下列二书收藏情况皆同此书。（6）《后汉书注》90 卷，范晔撰，李贤注。吉州白鹭洲书院刊刻。（7）《志注补》30 卷，司马彪撰，刘昭注。吉州白鹭洲书院刊刻。（8）《资治通鉴》294 卷，司马光撰。鄂州鹄山书院刊刻。书中第六十八卷末页有"鄂州孟太师府三安抚位梓于鹄山书院"碑记。南宋时期，白鹿洞书院、象山书院、丽泽书院、石鼓书院、明道书院、白鹭洲书院、竹溪书院、龙山书院、潮州元公书院、鄂州鹄山书院、徽州紫阳书院、福建福安环溪书院、建宁建安书院、漳州龙溪书院等都生产过书院本，以供教学和学术研究。南宋书院刻印的书籍主要包括：儒家经典、山长著作、讲义、学生著作、其他书籍。南宋书院出版的书籍属于学术传播与创造之范畴，但也不排除商业营利的意识及行为。南宋书院所刻多为宋人著作，说明它所关注的重点在当时的学术成果。南宋书院所刻的书籍，从版本学上看，科技成就也是很高的。从教育史上看，反映了当时技术手段给书院教育带来的物质力量，反映了书院教育的理学倾向以及教学内容的变化。

　　南宋书院本的生产其实也是一个复杂的教育过程。例如石鼓书院刊刻了《尚书全解》40 卷。该书作者林耕，生卒年不清楚，福建闽侯人，1241 年进士，1247 年以州学教授的身份兼任石鼓书院山长。此书刻于1250 年。书前林耕的长篇序言介绍了南宋书院刻书流程：此书出版前三个不同版本的搜访，历经林耕及乃父两代人的努力，耗时二十余年；校勘工作由林耕及其次子林骏伯完成，《尚书》麻沙书坊本不是全本并以讹传讹，石鼓书院本为全帙并订正七千余字；《尚书全解》刻书的经费筹措不易，非克勤克俭无以进行；此"书院本"五十万字，出版周期为八个月，为善本。① 南宋时期，广东潮州元公书院是淳祐九年（1249 年）由知州周梅叟为纪念其先祖周敦颐（谥元公）而创建的。周梅叟刊刻周敦颐文集之举，目的是弘扬道学，纪念先祖、光耀门庭。总体看，南宋书院刻书

① 李安仁、王大韶、李扬华撰：《石鼓书院志》，岳麓书社 2009 年版，第 273—275 页。

主要还是为院中的教学和学术研究服务的。南宋"书院本"的范围主要包括师生使用的基本教材、藏书楼中的经史典籍、师生学术成果、地方志等。书院本图书的生产是教育内容积累、创造与传播的过程，各个环节也是一种彼此联结的儒学授受的教育过程。这也体现了南宋书院治学严谨的大学精神。

从中国高等教育史看，朱子学派的书院本是书院教育活动的教学材料，极大地提高了书院教育对全国各地的辐射力。南宋时期，书籍出版的地区分布呈现这样的特点：遍布全国，从琼州到西北地区的瓜州、沙州都有书籍出版；形成了蜀浙闽三个刻书中心，以成都、杭州、建阳为核心点；社会相对安定的地方出版业发达，城市经济与手工业经济发达城市出版业发达，东南沿海一带出版业发达。据统计，北宋刻书之地可考者不过30余处。南宋刻书地点可考者共 184 处，其中两浙路 48 处，江南东西路 37 处，荆湖南北路 28 处，福建路 23 处，淮南东西路及四川路各十七八处，广南东西路较少。尤以两浙路之临安府、绍兴府、明州、婺州、严州、湖州、平江府，江南东路之建康府，四川之成都府、眉山，福建路之福州与建宁府之建安、建阳，刻书业繁荣。① 朱熹从事刻书的主要地点在建阳，但因其曾在闽、浙、赣、湘担任过地方官，宦迹所至，都有刻书。朱子门人来自多省的及门弟子学成返回原籍，在各地刊行儒学经典的书院本，形成了学派群体性刻书的规模效应。朱子学派书院本的显著特点是：以建构新儒学为目标，重新诠释、整理、刻印儒家典籍。在朱子学派的书院本中，《四书集注》无疑是其最重要的代表性著作。朱熹编著《四书集注》，倾注了毕生精力，字字咀嚼，数易其稿，改削不已。其门人李性传也评价说，《四书集注》覃思最久，训释最精，明道传世，无复遗蕴。从该书的刻印情况看，朱子《四书集注》前后经过两次序定。首次序定本有建阳、婺州、德庆、桂林、成都五种刻本，二次序定本有漳州、南康、建阳三种刻本。所经过的时间跨度，从淳熙四年（1177 年）到庆元五年（1199 年）前后共 23 年。在短短的时段里，一部著作就前后再版、重刻了 8 次。而这 8 种刻本中，经朱子本人刊刻的有 3 种，朱子门人刊刻的 4 种，友人刊刻的 1 种。刊刻地点遍及福建、安徽、广东、广西、江西、四川六省。因此，其间所涉及的出版者之多，地点之广泛，再版间隔时间之

---

① 张秀民：《中国印刷史》，浙江古籍出版社 2006 年版，第 44—71 页。

短暂，影响之深远，在中国古代出版史上以及书院教育史上都是一个奇迹。朱熹曾将漳州所刻印的图书完整地送了一套给他的弟子——曾在武夷书院从学的成都双流县人氏宋泽之。蜀籍学者李道传私淑朱熹之学，从四川远涉东南以求面学，至闽时朱子已去世矣，李道传便搜集朱子之书以学之。《宋史》称："道传自蜀来东南，虽不及登朱熹之门，而访求所尝从学者与讲习，尽得遗书读之。笃于践履，气节卓然。"① 李道传不仅以朱子之书学习朱子思想，而且在他回川以后，又将所得朱子之书在川广泛刻印流传。书之所至，道之所至。

　　在与书打交道的过程中，书院人著书立说，使大学成了创造思想的地方。例如，张栻、陆九渊、吕祖谦、朱熹的主要著作都写于书院，并且成为当时书院本中的一部分藏书。张栻的著作有：《南轩易说》十一卷，《癸己论语解》十卷，《孟子详说》十一卷，《诸葛武侯传》五卷，《奏议》十卷，《张子太极解议》一卷，《南轩先生问答》四卷，《南轩诗集》八卷。张栻去世后，其著作收录于朱熹编纂的《南轩文集》中。张栻的著作大多是在主教岳麓书院时完成的。陆九渊著有《南轩易说》、《孟子说》、《论语解》等。他的著作也是基于其在书院的讲学内容编纂而成。吕祖谦的主要著作如下：《东莱左氏博议》，又称《东莱博议》，共二十五卷。《吕氏家塾读诗记》三十二卷，解说《诗经》。《大事记》十二卷。《皇朝文海》，又名《宋文鉴》，宋孝宗赐名为《皇朝文鉴》，共一百五十卷。《东莱书说》三十五卷，前二十二卷由其门人修成，后十三卷由吕祖谦独自完成。《系辞精义》又名《易说》二卷，引用《伊川易说》以及各家之说而做成。《古周易》一卷，后来其《周易本义》便是以此为蓝本。《古易音训》二卷、《周易传义音训》八卷、《春秋左氏传说》二十卷、《春秋左氏传续说》十二卷、《通鉴译书》一百卷、《唐鉴》二十四卷、《历代制度详说》十二卷、《诗律·武库前后集》三十卷、《丽泽讲义》十卷、《古文关键》二卷、《东莱文集》四十卷。吕祖谦的著作大多是在他主讲丽泽书院中完成的。朱熹重要的理学著作，皆完成于其创建的书院。如在寒泉精舍，乾道六年（1170 年），他撰写《太极图说解》初稿、《西铭解》。八年，撰《论语精义》十卷、《孟子精义》十四卷、《资治通鉴纲目》五十九卷、《八朝名臣言行录》二十四卷。九年，编《程氏

---

① 脱脱：《宋史》，中华书局 1985 年版，第 12946 页。

外书》十二篇、《伊洛渊源录》十四卷。淳熙元年（1174 年），编《古今家祭礼》十六篇。二年，撰《阴符经考异》一卷，与吕祖谦商订合编《近思录》十四卷，这是理学家们最看重的具有哲学思辨的著作。在武夷精舍，朱熹完成了《易学启蒙》四篇、《孝经刊误》一卷、《小学》六卷、序定《大学章句》一卷、《中庸章句》一卷。在考亭书院，撰写的著作有《孟子要略》、《韩文考异》十卷、《书集传》六卷、《楚辞集注》八卷、《楚辞辨证》二卷、《仪礼经传通解》三十七卷、《周易参同契考异》一卷。伟大的大学必有伟大的学者，伟大的学者必有伟大的著作。

第三章

义理：南宋书院大学精神之来源

大学通过诠释传统经典介入当下，走向未来。南宋书院没有把教育搞得那么复杂，教育其实就是读书的教师带着学生读书。南宋书院读儒家经典的目的有两个层次：理解经文的原义，即对文本的含义之把握；读者所接受之义，在原义的基础上有所发挥。南宋书院把儒家义理作为自己大学精神的来源。任何对经典的诠释，都是诠释者个人经验与原著本义之间的意义融合。王柏《上蔡书院讲义》说："圣人垂世立教，具存典则，先贤明道讲学，则有正传，唯其传得其正，然后不失其典则也。"① 南宋书院人借助四书五经为自己的一套主张寻找依据，进而有了文化的自信力。事实上，理解的真正出发点和归宿都是南宋书院人自己那个时代的"世界观念"。上溯意义源头，与其说是在追索"原义"，还不如说是将自己的世界观念解释出来。

第一节　南宋书院儒道佛三教融合

儒佛道三教在南宋书院融合的一个证据是——道教的道观、佛教的精舍和理学家的书院均栖息在洞天福地。道观、精舍、书院这三个概念都具有读书念经静心谋道的内涵。而且它们容纳的学术思想既然都称为"教"，说明都具有宗教特征。凡所谓教者皆圣人顺天时适民心为之而救世也。圣人之心宜与天心同，教人不陷于恶而已。至于"洞天福地"，是指名山胜水之地。佛道两教认为此乃成仙成佛佳境，远避尘嚣，修身养性。泰山、华山、衡山、恒山、嵩山等名山都是僧道聚居的地方。例如，

---

① 　陈谷嘉、邓洪波主编：《中国书院史资料》，浙江教育出版社 1998 年版，第 228 页。

北宋句容处士侯遗在茅山后侧首创茅山书院，在此讲学，授生徒十余人。南宋句容人巫伋《茅山书院谒侯处士像》一诗对侯遗办书院的精神给予了极高的评价：书院虽在山中，但不失儒家精神。宋理宗端平二年（1235 年），张栻的再传弟子江苏金坛人刘宰在三角山重建茅山书院，不久此书院又被别人废弃。理宗淳祐年间，金坛知县孙子秀走访了茅山书院旧址，并拨款修缮以待求学者。但孙子秀重建的茅山书院不久又被地方豪绅所占夺。到了南宋度宗咸淳七年（1271 年），刘宰又将茅山书院迁建于金坛城南的顾龙山，一时理学之风盛传。刘宰《漫塘文集》收录了他自己描写茅山的一些诗词。在茅山书院史上，刘宰具有举足轻重的地位。自南宋书院勃兴之后，更是改变了天下名山为僧道占据的格局，许多书院的院址也挤入名山胜地建筑房屋，有的还袭用佛教的精舍和道教的道观兴办书院。据《南岳志》记载，南岳衡山七十二峰之间南宋就有岳麓、清献、文定、南轩、濂溪等书院。当然，南宋新儒学学者建设书院和佛教徒以及道士还是有着根本的不同。新儒学学者对于自然，既不像道教徒那样迷醉，也不像佛教徒那样把它作为体悟佛性的工具，而是强调对自然的一种人本主义的审美。这是知识精英进行修身养性的一种传统，尤其是南宋书院的一些人物认为自然是宇宙不断运动的载体。同时，如果让佛教的影响明显地表现出来，就有被人指为身穿儒家外衣而实为佛教徒的嫌疑，因而南宋书院的建设者都努力将自己与佛教徒和道教徒区别开来。的确，南宋书院时常担任着反对佛道的角色。这是我们在分析三教融合的时候不可忘记的"中国儒家立场"。

儒佛道三教在南宋书院融合的第二个证据是——南宋书院对儒学进行改造，吸收道教、佛教的思想使之成为儒教。冯友兰说："宋代经过更新的儒学有三个思想来源。第一个思想来源当然是儒家本身的思想。第二个思想来源是佛家思想、连同经由禅宗的中介而来的道家思想。在更新的儒学形成的时期，佛教各宗派以禅宗为最盛，以至更新的儒家认为，禅宗和佛教是同义词。如前所述，就某种意义说，更新的儒学可以认作是禅宗思想合乎逻辑的发展。更新的儒学还有第三个思想来源便是道教，在其中阴阳学家的宇宙论观点占有重要地位。更新的儒家所持的宇宙论观点，主要便是由来于此。"[①] 儒学第一次大的改造是在汉代。汉儒治经旨在发展完

---

① 冯友兰：《中国哲学简史》，新世界出版社 2004 年版，第 232 页。

善儒家的政治伦理，以便为君主集权的专制政治服务。儒学本来是所谓"内圣外王"之学。至汉代，特别是儒术被独尊以后，儒学越来越侧重"外王"，以政治为终极关怀。如董仲舒多彰显"外王"之义。他说，"大一统"是宇宙间普遍而永恒的原则，万物一统于天，皇帝代天行事。董仲舒提出"君为臣纲，父为子纲，夫为妻纲"的"三纲"说，认为它是"可求于天"的政治伦常原则。同"三纲"紧相联系的"五常"则是五种最重要的道德规范。董仲舒在孟子"仁"、"义"、"礼"、"智"基础上加"信"，而谓之"五常"。五常受三纲的制约。三纲五常都是"天意"，是圣人则天而提出的伦理法则。董仲舒的"天人感应"论为其政治思想提供了哲学基础，道德意识被淡化了。董仲舒的"儒学"思想具有明显的政治化儒学的特点。从此，汉代信奉的儒学已经不是先秦的儒学了。先秦儒学的基本特征在于它根源于宗法血缘关系的伦理思想，本身并不是宗教，汉代以前也不占统治地位。汉儒除董仲舒把燕齐两地方士所推演的阴阳五行、占星变、言灾异、信礼祥、迎神送鬼、求雨止雨等那一套迷信术杂糅其中，都算作了儒学的内容，儒学就成了带有浓厚宗教色彩的"儒道合流"或"儒道互补"的儒学了。① 儒学第二次大的改造是在两宋。宋儒开创了别开生面的儒佛道三教合流的程朱理学，完成了中国儒教的定型。程朱理学是在中国书院的讲学和实践中完成的。宋儒以孔子为旗帜，大量吸收了佛教和道教的宗教世界观，建构了名为儒学实为理学的思想体系。据统计，《二程语录》反映社会生活的 609 个新词中，儒学词 38 个、道教词 16 个、佛教词 27 个。《朱子语类》反映社会生活的 5046 个新词中，儒学词 133 个、道教词 29 个、佛教词 111 个。② 朱子理学代表宋代的精英文化，儒佛道三教思想的融合从创造的新词方面也可得到反映，而且到了南宋书院那里这种融合更为明显。

　　分别而言之，南宋书院吸收了道教的义理使儒学宗教化。道教作为一种宗教派别的出现是在东汉中叶以后，是在中国古代宗教信仰的基础上在民间巫术和神仙方术的土壤里逐渐形成的。它吸收了儒、阴阳、谶纬和佛教各家的成分。它的基本教义是相信人经过一定的修炼阶段有可能长生不老，成为神仙。它称老子为教主，奉《道德经》为主要经典。宋代的统

---

　　① 李景明：《中国儒学史》（秦汉卷），广东教育出版社 1998 年版，第 123—126 页。

　　② 冯青：《〈二程语录〉与〈朱子语类〉新词新义之比较》，《江西科技师范大学学报》2015 年第 2 期。

治者（如宋真宗、宋徽宗）十分推崇道教。宋代的道士人数多，宫观壮观，神仙系统庞大，经书增多。道教学者的学术思想大都被理学吸收，并在中国书院里传播。南宋书院理学家主要吸收了道家的神学观念，把理学涂上神学油彩，把三纲五常拔到"天道"的高度，给伦理披上理性的外衣，把一系列儒家人物神化，把他们抬进祠庙，顶礼膜拜。

再分别而言之，南宋书院吸收佛教的义理使儒学宗教化。佛教的故乡在印度，创始人释迦牟尼与孔子同时代。释迦牟尼成圣后称为佛陀，简称"佛"。"佛陀"乃觉悟之义。佛教自汉代传入中国，"宋兴，佛教前途，欣欣向荣，如春花之怒放"①。南宋时期，禅宗是最为流行的佛教派别。禅宗以"禅"名宗。"禅"由梵文意译为"静虑"，也译为"弃恶"、"思唯修"、"功德丛林"等。"禅"本是以心注一境、观心静虑为其特征的一种修炼行为。南宋禅门与士林广泛交往与对话，改变了以前禅宗质朴少文的缺憾，大量《灯录》和《语录》的出现导致"内证禅"向"文字禅"的转变。南宋士大夫对禅宗的热情，借用宋高宗时期最负盛名的禅师宗杲的话来讲，他们于佛教多是半进半退，世事不如意则心急要参禅，忽然世事如意则罢参。②众所周知，书院理学家的若干思想和论述，甚至所使用的术语，都可以看到佛学的痕迹。如果没有佛学对哲学问题的探讨，是不会出现理学的。周敦颐就是一位自称"穷禅客"的理学开山祖。他的《爱莲说》凝聚了他与佛学的因缘。此文是由佛教的《华严经探玄记》脱胎而来。莲花是佛教的花朵，具有香、净、柔软、可爱的佛性特征。这些特征与人的本性特征相契合，就不知不觉地把佛性移植于人性。③袁甫说："《易》六十四卦，大象皆言君子。君子者，全德之称欤。……先生之学该贯天地万物，而独爱一莲，何哉？莲亦太极也，中通外直，亭亭净植，太极之妙具于是矣。"④由此可见，佛教之莲花即象征儒家君子。南宋书院教育家也和周敦颐一样，受到佛教的熏陶。南宋书院学者中，杨时之于常聪、游酢之于道宁、胡安国之于神秀、朱熹之于道谦等禅师，说明南宋书院与佛教有相当紧密的学术关系，而且他们的许多语言近于说禅。

---

① 蒋维乔：《中国佛教史》，上海古籍出版社 2011 年版，第 205 页。

② 洪修平：《禅宗思想的形成与发展》，江苏古籍出版社 2000 年版，第 362 页。

③ 侯外庐、邱汉生、张岂之主编：《宋明理学》上册，人民出版社 1997 年版，第 80—81 页。

④ 陈谷嘉、邓洪波主编：《中国书院史资料》，浙江教育出版社 1998 年版，第 78 页。

陆九渊更是名副其实的"援儒入释"的书院学者。他曾拜德光禅师为师，自号"象山居士"。陆九渊读了《楞严》、《圆觉》、《维摩》等禅宗的书。陆九渊学派及其所开书院的治学方法与禅宗主"机锋"、重"顿悟"、"不立文字"、"直指本心，明心见性"的见解相通。理学是深深地打上了佛家思辨哲学印记而形成的新儒学。但理学所号召者曰儒学，而其所以号召者为佛学。

我们可以统计南宋书院大师阅读佛经的情况来实证南宋书院儒家与佛教的关系。至北宋末年，世界上最早的刻印本大藏经《开宝藏》收经总数约达 1565 部、6962 卷、682 帙，佛教经典的规模已十分可观。其中尚未收录《六祖坛经》、《禅源诸诠集》（100 卷）、《宗镜录》（100 卷）等当时广泛流行的禅宗典籍，以及此后陆续流传的《碧岩录》、《佛果禅师语录》、《大慧语录》等禅宗典籍。从《朱子文集》及《朱子语类》中可以看到，当时不仅有大量的佛经印本著作流传，也有相当多的佛经写本流传。朱子所能接触到的佛教典籍资源之丰富程度，此前或此后的理学家鲜有及者。朱子所读佛教文献，有据可查的包括大小乘经 10 部、127 卷，释经论及经疏 1 部、120 卷，本土著述僧肇著作 1 卷，庐山慧远著作若干，永明延寿著作若干，寒山著作 3 卷。出入佛老十几年，以朱子之博学，以上内容似嫌未足。考虑到朱子早年主要的精力与热情在于参话头与研读禅宗语录上，其《朱子语类》与《朱子文集》中所见、所引禅宗文献有《临济语录》1 卷、《景德传灯录》30 卷、《大慧禅师语录》30 卷、《宗门武库》、《四家语录》等。此外，如《百丈清规》、《禅苑清规》以及当时流行的居士张九成、张商英、苏辙等人的佛教著作，也都进入朱子视野，而这部分内容占了其所引佛教文献的绝大部分。朱子对佛经从理学立场对佛经批判地利用。朱熹说，释氏书其初只有《四十二章经》，所言甚鄙俚，后来日添月益，皆是中华文士相助撰集；大抵多是剽窃老子、列子意思，变换推衍其说。此言后来成为大多数理学家评述佛教经典的前提。从朱子著作看，他似乎缺乏明确区分佛教典籍种类的意识，仅泛泛称其所读佛教典籍为"佛经"，或仅引作"释氏说"，或作"佛氏云"等等。其实朱子本人是见过当时藏经的编排分类的。早在唐代智升就使用后为各种佛教藏经、著述及目录等普遍采用的分类：大小乘经、律藏和论藏、经论注疏、史传、杂著等。朱熹之所以如此模糊佛经类别，大约与其排斥佛教的心态有关。但是，从《朱子语类》及《朱子文集》中直接、间接引用的佛教典籍、典故、人物、用语看，朱熹阅读佛经的范围相当广泛。他对佛经中的一些观点也表示赞同。在朱熹看来，儒家圣人所从事的事业与佛类似，也是为了让人明白"这个道理"。① 正如朱熹一样，南宋书院其他大师尽管用儒学武器对佛教口诛笔伐，但不可否认也吸收了佛教经典的一些营养用来完善书院的理学思想体系。

南宋书院不仅在学理上吸收了佛教的一些主张，而且在教学方法上受中国佛教积累下来的教学方法的影响也很大。南宋书院吸收了佛教的教学方法有：（1）上座。法师讲学时，须升高座，并且须礼敬"三宝"，即佛、法、僧。"佛"，是指释迦牟尼，也指一切佛；"法"，是指佛教教义；"僧"，是指继承、宣扬佛教教义的僧众。中国佛教教学中的上座仪式，始于道安。升座的不仅是法师，都讲也升高座。经魏晋佛教风气所染，南北朝时儒家讲学也有了教师升座之举。《梁书》称时儒伏曼容在瓦官寺东，施高坐于听事，有宾客，辄升座为讲说，生徒常数十百人。伏曼容升高座教学，显然是受了佛教教学方式的影响。南宋书院吸收了这种教学方法。（2）开题。佛教讲经之时，由都讲先唱题，然后由法师讲解题意，这叫开题或发题。儒家本无开题之说，然而在南北朝采用了佛家的做法。《陈书》说，张讥发《孝经》题，讥论之义往复，甚见嗟赏。《陈书》还说，马枢博极经史，王纶为南徐州刺史，素闻其名，引为学士；王纶讲《大品经》，马枢讲《维摩经》、《老子》、《周易》，同日发题，道俗听者二千人。南北朝时甚至出现了不少以开题讲解而发展为著述形式的作品，如《周易开题义》十卷（梁蕃撰），《毛诗发题序》又一卷（梁武帝撰）。这说明佛家的开题已深刻地影响了儒家的教学，并在儒家手中得到发展。南宋书院也常常围绕四书五经进行专题讲学。（3）论难。佛教教学中不唯都讲可以设难，一般在讲学过程中，听者均可问难。辩难的内容主要是对佛经义理的理解如何引起辩论。佛教提倡自由游学，甚至只要你确实在才思理解上高人一筹，便可取代原先的法师地位而自任为讲者。这种教学方法在南宋书院那里发展成为"会讲"的教学方式。（4）格义讲经。所谓"格义"，便是用中国传统思想——主要是老庄玄学——的概念及思想，去比附、解释佛

---

①　哈磊：《朱子所读佛教经论与著述叙要》，《孔子研究》2008 年第 4 期。

教义理。任何一种外来文化输入或输出，只要它与本土文化接触，它的生存与发展就一定不可能保持完全的纯正，而恰恰正是交融中的改变，才能在外域扎根与发展，而构成当地新文化中重要的有机组成部分。佛家运用格义比附的做法，反过来对儒家也产生不小的影响。如他们把"五戒"比附为儒家的"五常"，而儒家把仁义礼智信比作佛教的五戒。（5）教材与义疏。教材的出现与佛经翻译事业的兴盛是密切相关的。当时佛经翻译的内容可分为以下四类：一是关于佛教基本知识（佛教概念的解释）的入门书，如《成实论》、《俱舍论》等；二是关于佛教戒律的，这是用来维持僧众的集体生活的纪律的；三是关于佛的传记、故事；四是关于佛教宗教基本理论的。这些译本为僧众提供了众多的读本。但这些教材毕竟是由原始资料翻译而成，由于佛教深奥难懂，要想深入学习，还必须经由高僧讲解，于是伴随着佛教讲经的过程，出现一些类似于讲义的佛经义疏，它成了佛教教学中的重要方法。当时的佛经义疏，有两种情况：一是先撰疏后为讲，如同预撰讲义；二是随讲出疏，如同后世撰教材。佛教义疏的出现，形成了中国佛教教学的一个特色。此外，佛家撰写《座右铭》，督勉众僧勤奋学习，力戒懈怠——这种形式在南宋书院更是成为教学活动中自勉的常见方式。[1] 可以这样说，儒教和佛教在教义上、在传经方法上是彼此渗透的。

儒佛道三教在南宋书院融合的第三个证据是——三教都有相类似的清规戒律。寺庙和道观，是僧道聚集修炼的地方，实际上具有佛家学校和道家学校的性质。因此，讲经说法和饮食起居，没有一定的轨范（即清规戒律）不行。而这种轨范，也是先由佛教率先兴起的。道安在湖北襄阳布道时，有僧众数百，他不得不制定一些规章制度进行管理。他所制定的僧尼规范，可以说是中国佛教史上最早的一个戒规。内容包括生活制度、讲经制度和悔过坐禅制度，并附有每日 6 小时作息时间表。唐代禅宗名僧怀海认为众多禅僧住在律寺内尊卑不分，对于说法住持和集体修行生活都不合规制，于是他根据中国国情和当时禅宗的实际情况，综合大小乘戒律，率先确立了"丛林清规"。因怀海居江西奉新百丈山，所以后人称他制定的清规为《百丈清规》。这个清规中的《讲堂规约》十二条，对僧徒作出要求。其中的《座主条约》九条，对讲师作出要求。从《讲堂规约》

---

① 丁钢：《中国佛教教育》，四川教育出版社 2010 年版，第 73—82 页。

与《座主条约》的内容来看，禅林与书院的发展过程中，两者之间的影响是双向的。书院创建前期，由于它有别于官学和以往的私学，要创立一种新型的学校教育组织和制度，所以在儒家教育制度史上不能提供一种新的模式之时，书院的教学制度更多的是受到禅林讲学制度的影响，学规的规式基本上是仿效禅林清规而建立的。然而，随着书院制度的不断完善发展，它对禅林讲学制度也产生了一定的影响。清规中也用了儒家"诲人不倦"、"穿凿附会"之类的说法。这跟禅学大师与书院讲学大师之间的交往有关。禅林讲学制度对于课堂纪律规定：要求预习课文以易在讲时领会，听讲要求处理好消文与解义的辩证关系，要求多讲正义发挥奥旨，引喻有的放矢、少说枝叶、说法平等、无有高下、不择冤亲、不计报酬等。这对于理学教育的课堂理论具有补充作用。总的来看，这个清规对南宋书院学规的制定是起了很大的样板作用。像吕祖谦定的《丽泽书院规约》、朱熹定的《白鹿洞书院学规》和程端蒙、董铢所定的《学则》都明显地受到了禅院清规的影响。禅法和戒律对书院道德教育的影响也是很深刻的。《中庸》所讲的"慎独"，强调个人在独处时能够谨慎遵守道德原则。这与佛教样法要人安静地"面壁"沉思，没有自我也没有世界，一心想着神的境界是一致的。菩提达摩提出的所谓"理入"，就是壁规，就是教人"舍伪归真"、"无自无他"，菩提达摩这种寂坐修心的思想，都为后来的南宋书院所继承和发展。禅法对书院生徒思想意识锻炼的影响也比较大。昙林禅师所传菩提达摩《入道四行》的禅法，其主要内容为：报怨行，逢苦不忧；随缘行，苦乐得失，心无增减；无所求行，有求皆苦，无求乃乐；称法行，按着佛教的基本教义去行动。而《入道四行》的具体条目即为五戒十善，这些条目都是抑制人们情欲的。南宋书院提倡涵养静坐，以观喜怒哀乐气象；主张存天理去人欲。这不仅是一个理学问题，而且是一个佛教问题，是教人如何消灭罪恶，拯救灵魂，进入理想的精神境界的问题。南宋书院是儒佛道三教磨合而结出的果实。

第二节　南宋书院探寻四书五经义理

　　四书五经是先秦儒家经典，是南宋书院探寻先秦儒家义理的材料，也是南宋书院使用的教材。十三经在北宋已经存在各种教材版本了。从中选择、编序、注解、讲解而形成四书五经的权威教材，是南宋书院革新教学内容的创新之路。朱熹说："六经是三代以上之书，曾经圣人之手，全是天理。三代以下文字有得失，然而天理却在这边自若也。"① "《大学》《中庸》《语》《孟》四书，道理粲然，人只是不去看。若理会得此四书，何书不可读，何理不可究，何事不可处。"② 朱熹主张要理会四书五经的义理。义理即先秦儒家作品的意义。先秦儒家作品是书写层面上的"文本"，它规定了南宋书院诠释者的理解对象和意义的符合。文本的意义被视为"客观的"存在，它先于我们的理解活动而存在于文本之中。文本的"客观意义"类似自然科学研究中所揭示的"真相"，即关于认知对象的"真理"性的认识。它具有客观的性质，不依赖于认识主体的主观意志而客观地存在着。无论人们是否认识到或者是否愿意相信它，它都依然固我地存在着。但是先秦儒家作品这个本文又给南宋书院的理解者留下了很多意义"空白"，因而理解者对本文的理解总是"自我的"理解。文本作为理解的对象，其意义因诠释者的视角不同而可能被作出不同的理解。文本不是独立于读者的阅读而存在的，换言之，它在理解中被构造出来，并通过其被构造而被理解；文本的意义不是预先给定的，而是在诠释中被创造出来的，是对于读者而言的意义。因此，南宋书院通过对四书五经的文本理解、自我理解，最终完成道德实践的自我塑造。这三个环节都不可或缺，顺序也不容颠倒。③ 对于四书五经，朱熹领导的书院是典型的文本中心论，而陆九渊领导的书院是典型的读者中心论。而所有的南宋书院的大学人都是道德实践智慧的自我塑造者。美国汉学家如此评论南宋书院学者："与权威文本对话，也会给新儒家本人的话带来分量和权威性；但是这种对话也同时抑阻了他们想创新的需求与欲望。新儒家们的儒学传统，正如几乎所有基于神圣文本之上的宗教传统一样，遭受着一种内在的悖论：'在创新的需求和愿望与那种关于所有的真理只能在圣典里寻求的宣称之间的冲突。这意味着为了使之为真，就必须使每一个新的论断变成旧的。'"④ 事实正是这样，南宋书院学者在矛盾心理中要想增加自己话语的权威必须借助先秦儒家经典。

---

① 朱熹：《朱子全书》（第十七册），上海古籍出版社 2002 年版，第 347 页。

② 同上书，第 419 页。

③ 潘德荣：《文本理解、自我理解与自我塑造》，《中国社会科学》2014 年第 7 期。

④ ［美］田浩主编：《宋代思想史论》，社会科学文献出版社 2003 年版，第 398 页。

　　由于"五经"比"四书"这个概念出现的时间早多了，所以对于"四书五经"我们先说"五经"。"经"是指以孔子为代表的儒家编著的书籍。中国古代关于经的范围、解释、传承所形成的知识系统即所谓"经学"。先秦诸子中，首次提及"经"的是荀子。其《儒效篇》评论了六经中的五本书，没有评论《易》。至于《诗》、《书》、《礼》、《乐》、《易》、《春秋》的名字首次集中按序排列，始见于《庄子》中的《天运篇》。《庄子》中虽然没有出现"六经"这个概念，但已经有了"六经"之实。"经学开辟时代，断自孔子删定'六经'为始。孔子以前，不得有经。"① 《乐》失传了，或者乐的思想杂于其余五本书籍而未独立成书，所以六经之说实为五经。五经之中，或为讲义，或为课本。《易》者，哲理之讲义也；《诗》者，唱歌之课本也；《书》者，国文兼政治学之课本也；《春秋》者，本国近世史之课本也；《礼》者，修身之课本也。② 这五经为南宋书院的教材提供了经验。南宋书院学者在探寻"五经"义理方面是卓有成效的。这与北宋对五经的研究构成一个五经之学的宋学体系。具体而言：（1）南宋书院的《诗》学研究。《诗》是中国最早的诗歌总集。南宋之儒，王质、郑樵专攻《小序》，程大昌兼攻《大序》。朱熹作《诗集传》弃《序》不用，唯杂采毛诗、郑诗，亦参考取三家《诗》。杨简《慈湖诗传》、袁燮《经筵议义》治《诗经》，排斥传注，唯以义理擅长。吕祖谦《吕氏家整读诗》则宗《小序》以说《诗》，长于考证。（2）南宋书院的《书》学研究。《书》即《尚书》，是我国最早的历史文献汇集，包括自尧舜直到春秋前期的主要史料。它是中华民族政治文化基因的有效载体，集中体现了上古虞、夏、商、周统治者的政治理念与施政法则，以其思想智慧成为历代帝王将相必读必遵的中华元典。南宋林之奇作《尚书全解》，以史事论《尚书》。吕祖谦受业林之奇，作《书说》，大旨与《尚书全解》相同。而黄度作《尚书说》，皆随文演释，近于讲课。唯魏了翁《尚书要义》，间存古训，然而悉凭臆见。杨简《尚书解》、袁燮《絜斋家整书钞》、陈经《尚书详解》、陈大猷《集注或问》都沿袭陆氏学派，以心学释《书》。而蔡沈遵照朱熹遗嘱作《书集注》，以朱学解释《尚书》。（3）南宋书院的《礼》学研究。《礼》包括《仪礼》、《礼记》、

---

① 皮锡瑞：《经学历史》，中华书局 2004 年版，第 1 页。

② 刘师培：《经学教科书》，吉林人民出版社 2013 年版，第 21 页。

《周礼》。魏了翁《仪礼要义》以纂辑旧说为主。朱熹《仪礼经传通解》，以《仪礼》为经，以《周礼》诸书为传，门人黄榦续成之，唯篇目不从《仪礼》。治《礼记》者，吴澄作《纂言》重定篇次，立说亦趋通俗。宋代治《周礼》者，南宋胡宏反对北宋王安石的治学方法。（4）南宋书院的《易》学研究。《易》又称《周易》，分经、传两部分。《易》的意旨最深，学习难度也最大。南宋书院从事《易》学研究的多为思辩能力较强的学者。张栻《南轩易说》等，皆以说理为宗，引人事证经义。张浚《紫严易传》、朱震《汝上易集传》、程大昌《易原》皆以推数为宗。理数兼崇者有郑刚中《周易窥馀》。朱熹作《周易本义》，亦理数兼崇，复作《易学启蒙》。南宋书院理学家言《易》者，或宗程子，如杨万里《诚斋易传》；或宗朱子，如蔡渊《经传训解》；或遵循程朱之说，如董楷《传义附录》。此外，有以心学释《易》者，如杨简《易传》；有据图象说《易》者，如吴澄《易纂言》改纂经文。（5）南宋书院的《春秋》学研究。《春秋》是鲁国编年史，是拨乱反正的经典。南宋刘敞《春秋权衡》评论得失，以己意为进退。陈傅良《春秋后传》杂糅"三传"，荡弃家法。戴溪《春秋讲义》亦然。张洽《春秋集说》舍事言理，弃传言经。南宋以《左传》为主者，有吕祖谦《左传传说》、《续说》存世。魏了翁《左传要义》释《左传》以训诂为宗。以《公羊传》、《穀梁传》为主者，有崔子方《春秋例要》。

　　五经中的《诗》、《书》、《易》、《春秋》，南宋书院学者普遍推崇，并把它们作为学生的必读书目，而对于五经中的《礼》则褒贬不一。绝大多数的南宋书院学者认为《周礼》集中阐明了儒家六德、六行、六艺之教的义理，故应该对它持肯定的态度。但也有少数南宋书院学者对五经中的《周礼》持否定的态度。例如，胡宏认为《易》、《书》、《诗》、《春秋》是圣人之书，蕴含了儒家义理，但他反对《周礼》态度鲜明。原因在于，"《周礼》之书颠倒人伦，不可以为经也"[1]。而更主要的原因还在于，胡宏认定《周礼》成为一部完整的书并被列为儒家经典，实在是出于刘歆之手；而刘歆"颠倒鬼神"，借编辑《周礼》为王莽的篡汉行为掩护。胡宏之所以持这种看法，除了有其历史考察的缘由之外，还有其现实的针对性。众所周知，王安石变法所依据的主要经典就有《周礼》。胡宏

---

[1]　胡宏：《胡宏集》，中华书局 1987 年版，第 253 页。

　　既对《周礼》持上述看法，则贬及王安石也不奇怪。胡宏因为刘歆、王安石的缘故排除《周礼》，既有因人废言之嫌，也有因人废经之嫌。同时，我们也要看到，胡宏否定刘歆编制的《周礼》，目的是维护儒学血统不被破坏，反对逆臣对君位的僭越。胡宏反对的是伪书《周礼》，而不是周礼。相反，胡宏倡导："守礼寡欲，申义而行。"① 所以，南宋书院是重视礼的教育的。

　　在南宋书院那里，"五经"视为儒家的认识之义理，而"四书"视为儒家的实践之义理。二者都是南宋书院基本的教材，都体现了南宋书院的理学主张。《论语》、《大学》、《中庸》、《孟子》虽都是反映孔子及思孟学派思想的先秦儒家典籍，但是纵观历史发展，这四部典籍在不同时期所受到的重视程度亦不尽相同，且各自之间也少有关联。直到宋代理学产生，这四部典籍在特定社会历史条件和时代背景下才渐行渐近。总的来看，"四书"升格运动主要表现在《论语》经典地位的提升，《大学》、《中庸》脱离《礼记》单为专经以及《孟子》的超"子"入"经"，最后由朱熹合而刊之为"四书"。"四书"之名得于朱熹。朱熹《书临漳所刊四子后》说："河南程夫子之教人，必先使之用力乎《大学》、《论语》、《中庸》、《孟子》之书，然后及乎《六经》，盖其难易、远近、大小之序固如此而不可乱也。古今刻四古经，而遂及乎此四书者，以先后之，且考旧闻，为之音训，以便观者。……绍熙改元腊月庚寅新安朱熹书于临漳郡斋。"② 这是朱熹首次提出"四书"这个概念的文献，时间是1190年。黄震《黄氏日钞》说："晦庵先生表彰《四书》，开示后学。"③ 熊禾《考亭书院记》说："微夫子《六经》，则五帝三王之道不传；微文公'四书'，则夫子之道不著。"④ 其《重修武夷书院疏》说："《四书》衍洙泗之传，《纲目》接《春秋》之笔。当今寰海数州之内，何人不读其书？"⑤ 朱熹的温州弟子叶贺孙著有《四书说》，说明叶氏已从其业师那里听到了"四书"之名并把它作为书院的教材了。尽管"四书"之名出现得很晚，但"四书学"却早已存在。

---

① 胡宏：《胡宏集》，中华书局1987年版，第255页。

② 朱熹：《朱子全书》（第二十四册），上海古籍出版社2002年版，第3895—3896页。

③ 黄宗羲：《黄宗羲全集》（第四册），浙江古籍出版社2012年版，第922页。

④ 同上书，第923页。

⑤ 陈谷嘉、邓洪波主编：《中国书院史资料》，浙江教育出版社1998年版，第82页。

"四书学"是指以《大学》、《论语》、《孟子》、《中庸》四部典籍及其注疏作为研究对象的一种学术体系。"四书"的并行与结集仅在宋代就经历了一个长期的过程。宋儒说《论语》者，邢昺《论语正义》采集古注，以义理说经。自程颐表彰《论语》，程门弟子如范祖禹、谢显道、杨时、尹焞说《论语》。朱子门人黄干作《论语注义通释》。同时治《论语》者，有张杖《论语解》、朱震《论语解》。元明以降，说《论语》者，咸以朱子为宗。宋儒说《孟子》者，有孙奭等人，所作《孟子正义》以赵岐的注为主，并作《孟子音义》。自二程表彰《孟子》，尹焞作《孟子解》，张栻作《孟子解》。元明以降，说《孟子》者，咸以朱子为宗。《大学》、《中庸》本列《礼记》，宋儒特表而出之，与《论语》、《孟子》并称。司马光作《学庸广义》，程颢亦作《中庸解》，其弟子游酢、杨时讲解《中庸》，石礅《中庸集解》最详。自程朱以《大学》、《中庸》、《论语》、《孟子》为"四书"，而蔡模作《四书集疏》，赵顺孙作《四书纂疏》，吴真子作《四书集成》，陈栎作《四书发明》，倪士毅作《四书辑释》，詹道传作《四书纂笺》。

　　值得注意的是，朱熹生前提出过"四书"这个概念并对它们做过整理与研究，并对自己的注疏不断修改，但"四书章句集注"（简称"四书集注"）这个概念却是后人命名并四书合刻的。

　　朱熹用了四十多年的时间对四书注疏至少做了七次反复修改。他之所以对四书注疏不断修改，是因为其"义理无穷"。朱子四书学的形成过程体现了朱子四书撰述刊刻既齐头并进又分合有度的特点。朱子对四书各书或单刻，或《学庸章句》合刻，或《论孟集注》合刻，但并未合刻《四书集注》。朱子四书学着力构建了四书的一体化，但此一体化中亦有客观的差别性。这在《四书或问》中表现得极明显。盖今通行本《四书或问》虽编为一帙，而实由1177年的《论孟或问》与晚年的《学庸或问》两部分构成。朱子四书系列著述反复修改刊刻，颇有使人迷惑颠倒之处。如《论孟精义》为系列著作，名称、刊刻皆多变，极易混淆。先后有1163年《论语要义》（1160年《孟子集解》）、1172年《论孟精义》（又名《论孟集义》）、1180年《语孟要义》三个不同版本。朱子四书学的形成演进大致可以分为五个时段：启蒙期、准备期、初步形成期、成熟期和完善期。自朱熹接受庭教至绍兴二十二年（1152年）可视为朱子四书学启蒙期，朱子师从父亲朱松和老师学习四书。朱子自谓："某少时读《四

书》,甚辛苦。"① 同时,朱子陶醉于佛老之学。朱子四书学的准备期大致
从绍兴二十三年(1153)至隆兴元年(1163年),即十年从学李延平,
此阶段朱子始专意儒学,写下了表明与佛学决裂的批判著作——《杂学
辨》,是朱子对自身佛老思想的彻底清洗,是走向儒学的宣言。同时撰写
了《论语要义》、《论语训蒙口义》、《孟子集解》等著作,完成了四书诠
释的准备性工作。例如,朱熹认为魏何晏作《论语集解》,宋邢昺作《论
语疏》,都只是在章句、训诂等方面用力,疏于义理。他认为王安石父子
作的《论语》新注是"逞其私智"。所以,朱熹编写了《论语要义》这
本教材,它是《论语集注》较早的前身。从隆兴甲申年(1164年)至淳
熙九年壬寅年(1182年)为朱子四书学初步形成期,这一时期经过与湖
湘学派争论中和说、仁说,朱子树立起一生为学大旨,完成了《章句》、
《集注》、《或问》初稿,并有所刊刻。自淳熙癸卯(1183年)至绍熙壬
子(1192年)十年间为朱子四书学的成熟期,在此阶段朱子对《章句》、
《集注》进行了多次修改和刊刻。庚戌(1190年)朱子在漳州将四书合
刻,四书顺序是《大学》、《论语》、《孟子》、《中庸》,特别说明《中庸》
当在《孟子》后,《大学》当在《论语》前。此四书为原本而非朱子注
本,朱子对原书只做了两方面工作:一是注音,考旧闻为之音训;二是补
上了二程涉及四书读法的议论,今本《论孟集注》亦有此。朱子所著
《大学》、《论》、《孟》三书于壬子(1192年)在南康刊刻。自绍熙癸丑
(1193年)至庚申(1200年)是朱子四书学的最后修改完善期。南康诸
刻本在朱子生前甚为流行,成为重要的教材。朱子对此从未满足,始终在
不懈修改,也有新的刊刻。尤其对《大学章句》不断修改。朱子对四书
著作反复修改,反映出朱熹精益求精的探索精神。②

　　朱子学之体系建构,其显著的特征与手法便是将二程的理学置于《四
书》之中。朱子以二程为宗,融会二程思想而为理学之建构,此理学体系
可从朱子而上溯于道南派,再追溯二程的老师周敦颐。除因周敦颐是二程
的老师,也因朱子注《太极图说》、《通书》而引起后人注意,视朱子之闽
学系是接宗于濂、洛、关学。四书若无程朱学的发扬,四本书是结合不起
来的。朱子《四书》次序以大学为首、"格物"训为"穷理"、加入"格致

---

① 朱熹:《朱子全书》(第十七册),上海古籍出版社2002年版,第3427页。
② 许家星:《朱子四书学形成新考》,《中国哲学史》2013年第1期。

补传"，其实也正显示了朱子对《四书》的设计，用以进行理气论体系之建构。一旦以《大学》之理训解《论语》，《论语》便理学化了。然而，《论语》中并无一"理"字，朱子却常以"理"字来诠释《论语》中的一些词句。朱子对《孟子》、《中庸》也予以理学化，以《大学》"格物穷理"统摄。朱熹将理学置入《四书》，标举理学化的《四书》，用心不在说明古籍原意，而在建构新儒学，呼应时代而呈现给世人一份崭新的伦理理性的大学精神气象。他的做法，历史证明，也的确受到了肯定。再比较而言，朱子置六经于四书之后，使书院学生先四书后六经。经过朱熹如此旋转乾坤的改变，使孔子完全实化于历史并取得真正学术思想独尊的地位。南宋时期，也有人反对书院学习"四书"，甚至认为书院的指导思想——理学，都是对社会没有裨益的。他们认为："（书院人）其所读者，止《四书》、《近思录》、《通书》、《太极图》、东西铭、语录之类。自诡其学为'正心、修身、齐家、治国、平天下'，故为说曰'为生民立极，为天地立心，为万世开太平，为往圣继绝学'。其为太守、为监司，必须建立书院，立诸贤之祠，或刊注《四书》，衍辑语录，然后号为贤者，则可以钓声名，致朊仕。而士子场屋之文，必须引用以为文，则可以擢巍科，为名士。否则，立身如温国，文章气节如坡仙，亦非本色也。于是，天下竞趋之，稍有议及，其党必挤之为小人，虽时君亦不得而辨之矣，其气焰可畏如此。"（周密《癸辛杂识续集》卷下之《道学》）从当时有些人的仇视态度也能够了解"四书"成为当时书院人的教材，而且影响很大。

从南宋书院的大学教育看，"四书"作为教材体现了南宋书院探寻儒家义理的价值取向。众所周知，从汉武帝建立博士制度开始，"五经"便成了封建高等教育的基本教材，这种局面一直延续到元代。事实上，从理论上确认"四书"的地位并在书院中广泛使用"四书"，从北宋就已经开始了。但南宋书院以"四书"为大学阶段的基本教材，体现了以朱熹为代表的理学家，以心性义理之学统率儒家经典、追求教育内容系统化的理想。我们知道，自汉武帝独尊儒术以来，儒学是作为治国之术而获得其统治地位的。但儒家经典毕竟是先秦时代的历史文献，因时代久远，学生要理解儒家经典并不是一件容易的事；另一方面，就算学生能够理解经典的本义，经典能否满足人们现实的政治需要，也是大有疑问的。因此，汉代经学家，不管是以今文经名家还是以古文经名家，都是通过注解经典来表达自己的政治和学术主张的。但因经典的传承系统不同，同一个经典又有不同的版本，即便是同一个版本的经典，人们也有不同的解释。故整个汉代，虽说要以儒术统一思想，但对经典的解释并未达到真正的统一。魏晋南北朝时期，政治的分裂又进一步导致了经学的分化，今古文之争似乎不再存在了，但南学与北学之分，却是泾渭分明的。隋唐时期，随着政治的统一和科举取士的需要，统一对经典的解释又势在必行。唐人对经典的统一，以孔颖达的《五经正义》为代表，是在梳理汉注的基础上进行的。因而，对于儒家经典的解释，在汉注之外，又加上了唐疏。汉注唐疏泛滥的结果，是使儒学步入了注疏之学。一方面，它使对于儒家经典的研究更加烦琐，另一方面，它使手段（对于经典的注解和记诵）淹没了目的（修身齐家治国平天下），淡化了儒学对于社会和人生的关怀，偏离了儒学修己治人的原始立场。朱熹认为，在儒学衰落的同时，是异端之说和功利权谋之术的泛滥。因此，将《大学》列为"四书"之首，就在于重新确立儒学修己治人的价值立场。而经过程朱理学加以阐释的《中庸》一书，在朱熹看来，则是推本尧舜以来相传心法，集儒家心性之学之大成者，是儒家经典中能与佛老之道相抗衡的最为有力的思想武器。不仅如此，《大学》和《中庸》作为《礼记》中独立成篇的文章，与以记事为主、零散杂乱的五经相比，具有明显的优越性。它们系统、完整。因此，以之为大学教育阶段的基本教材是不错的选择。它可使学习者从记诵繁多的经文和注疏的束缚中，迅速直接而完整系统地把握儒学义理和价值体系。更为重要的是，以《四书》为基本教材，还体现了南宋书院要求教育和修养生活化与实践化之特征。朱熹强调，道在日用常行中，因此，教育必须实践化、生活化。在他看来，儒家经典中最能体现这一精神的就是"四书"。《大学》提供了一个包罗万象的为学程序和方法。《中庸》一书的题目就很符合这一要求。朱熹认为，"中"即做事不偏不倚，"庸"不应像程颐那样解释为"定理"，而应解释为"平常"。在朱熹看来，《中庸》体现了心性修养寓于日用常行的教育思想。《论语》、《孟子》以记载圣贤与弟子们间之言行和答问为主，是其教育生活的真实写照，是不可多得的活教材。读这种活教材，不仅可以使人长见识，如果用心体验、仔细理会，还可使学问人格化。① 朱熹说："人有言，理会得《论语》，便是孔

---

　　① 张瑞璠主编：《中国教育哲学史》（第二卷），山东教育出版社 2000 年版，第 204—207 页。

子；理会得《七篇》，便是孟子。仔细看，亦是如此。盖《论语》中言语，真能穷究极其纤细，无不透彻，如从孔子肚里穿过，孔子肝肺尽知了，岂不是孔子!《七篇》中言语，真能穷究透彻无一不尽，如从孟子肚里穿过，孟子肝肺尽知了，岂不是孟子!"① 可见，南宋书院探索的"四书"的义理不仅是最抽象化的伦理信仰，而且是很生动的教育生活。

陈淳说，《大学》者，古之大人所以为学之法也；《论语》皆圣师言行之要萃，有以识操存涵养之实；《孟子》皆谆谆乎王道仁义之谈，有以为体验充广之端；《中庸》一书，则圣门传授心法。② 陈淳又提出了读《四书》之方法："欲求道者，诚不可不急于读《四书》，而读《四书》之法，毋过求，毋巧凿，毋旁搜，毋曲引，亦唯平心以玩其旨归，而切己以察其实用而已尔。"③ 他又说："果能于是四者融会贯通，而理义昭明，胸襟洒落，则在我有权衡尺度。是而进诸经，与凡读天下之书，论天下之事，皆莫不冰融冻释，而轻重长短截然一定，自不复有锱铢分寸之或紊矣。呜呼！至是而后可与言内圣外王之道，而致开物成务之功用也欤!"④ 这就把《四书》抬高到至高无上的地位，不仅是《五经》之阶梯，且为"内圣外王"、"开物成务"之基。用朱熹告诫书院学生的话来说，"四书"是南宋书院学生的"熟饭"，而"五经"是南宋书院学生的"打禾为饭"⑤。学生饿了，拿来这"熟饭"便可以饱肚子，而且容易消化。"打禾为饭"意味着学生从割稻、打晒、春米到生火做饭有个漫长的过程，缓不救急，得慢慢进行。所以，朱熹主张书院学生先探寻"四书"的义理，然后才去探寻"五经"的义理。

第三节　南宋书院重构《大学》义理

南宋书院赋予《大学》理学意义，从而认定大学是循理而动的教育机构。《大学》中"大学之道"即大学之理。对于南宋书院理学家而言，

---

① 朱熹：《朱子全书》（第十四册），上海古籍出版社 2002 年版，第 649 页。
② 陈淳：《北溪字义（附补遗严陵讲义）》，中华书局 1985 年版，第 80—81 页。
③ 同上书，第 81 页。
④ 同上。
⑤ 朱熹：《朱子全书》（第十四册），上海古籍出版社 2002 年版，第 645 页。

完善自我正是其理的实现，故大学也是"为己之学"。朱熹说："成己方能成物，成物在成己之中。"① 各自完善自我并非一种个人主义，而是一种推己及人利于天下的公共行为。

南宋书院探寻《大学》义理，提高其在经学史上的地位。《大学》是戴圣《礼记》中第四十二篇，全文共 1546 字。② 西汉刘向将它与《檀弓》、《礼运》、《学记》、《中庸》等一起归类为《礼记》中通论性质的文献。研究《大学》的早期学者有西汉的戴圣、桥仁以及刘向等人。东汉到唐朝，研究并注疏《礼记》的学者甚多，南宋卫湜《礼记集说》中就列举了三十多人，还不包括郑玄以外的东汉时期的学者，以及《唐会要》中所记载的唐代学者王元感等。但流传下来的著述，只有保存在唐初孔颖达等撰写的《礼记正义》中郑玄的注，以及为孔颖达等采纳、融汇而不可辨别的两晋、南北朝时期诸家学者的著述。也就是说，现今能看到的研究《礼记》中《大学》的汉唐注疏，主要是郑玄的注和孔颖达等人的疏。《大学》在北宋得到了学者们的普遍重视。司马光开始为《大学》单独作注解，周敦颐、邵雍、王安石等对《大学》都有研究。二程以《大学》教育弟子，并将《大学》提到了孔子遗经的地位。二程的弟子及再传弟子们继承师说，以《大学》作为家学教育子弟，如武夷胡氏、五峰胡氏、广汉张氏、蓝田吕氏、东莱吕氏、延平杨氏等。南宋的道学群体学者如东南三贤、象山陆氏兄弟，以及事功学派都重视对《大学》的研究。当然，集两宋《大学》学研究大成者，非朱子莫属。与绝大多数学者正面评价《大学》的思想价值相反，南宋也有学者否认《大学》的价值。南宋绍兴年间，进士夏休撰《破〈礼记〉》二十卷，尤其否定《大学》。陆九渊高足杨简对《大学》亦不认同，认为《大学》引《诗经》牵强，思想分裂、支离，与孔孟抵牾。朱熹的《大学》研究，正是学术思想史上正反两方面《大学》学的必然结果。朱子晚年认为自己的学术思想受益于《大学》的也最多，而且毕生践行《大学》的儒家之道。清代四库馆臣们认为，朱熹分经分传以及改动《大学》文本，是承袭二程，非师心自用，目的在于求道；朱熹改经就如医师改动扁鹊古方以治时病，但不能说此经改动的药方仍是扁鹊古方；朱熹对《大学》的全解，无论是训诂还是释

① 黎靖德编：《朱子语类》，中华书局 1986 年版，第 131—132 页。
② 李学勤主编：《礼记正义》，北京大学出版社 1999 年版，第 1592—1613 页。

义，后人很难逾越。按照朱熹划分的章句，《大学》经的部分计有 205
字，传的部分 1546 字，总计经传是 1751 字。朱熹的《大学章句》包括正
文则共计 6804 字，其中《大学章句序》842 字，注文 4211 字，相对于郑
玄的注 1389 字为多，而相对于孔颖达的疏 8075 字则要少。可见朱子注解
《大学》，相对于唐人的疏来说，字数是很正常的。而从朱熹《大学章句》
注释的内容中，我们可以发现，朱熹在音读与名物制度的训解方面，与郑
玄、孔颖达等汉唐学者没有多大差异，是一种继承关系，但在词语的义训
方面则差别较大。① 朱熹的侧重点不在训诂名物，而是要将《大学》的义
理与南宋书院的天理联系起来，通过解读《大学》之理而明确大学之理。

朱熹考证《大学》的作者为曾子，从而明确了大学的儒学归属问题。
在朱子以前，对于《大学》一文的成篇，没有人确实指认是出于何人之
手。这与《中庸》一文之情形不同。《中庸》自《史记》与《孔丛子》
起，便认为是子思所作。郑玄说《中庸》是孔子之孙子思所作，以昭明
圣祖之德。至于《大学》，郑玄没有提到作者是谁。程明道说《大学》是
孔氏的遗书，也只是泛指大学的出处，仍然没有涉及作者。至朱熹作
《大学章句序》，以为《大学》乃孔子不得君师之位以行其政教，于是独
取先王之法，诵而传之，以昭后世；三千之徒，盖莫不闻其说，而曾氏之
传，独得其宗，于是作为传义，以发其意。朱熹由此认定《大学》为曾
子所作，而且认为《大学》乃儒家道统之所系。这样，朱熹就明确了大
学归属于儒学之学校系统。当然，朱熹对于《大学》作者的认定，也受
到后世的怀疑。例如，有学者说，《大学》，朱熹以为系曾子所作，王柏
以为系子思所作，盖皆以意度之，以前未有其说也；有学者断言，《大
学》的作者问题，是无从解决的。尽管如此，认定《大学》是儒家著作
的意见还是一致的。尽管有承接孟子与承接荀子的争论，但广泛讲《大
学》实际上是对先秦儒家思想的整体总结。胡宏说："《大学》一书，孔
氏之门指学道之正路也。"② 朱熹说："《大学》之书，古之大学所以教人
之法也。"③ 朱熹将《大学》与另外三部先秦儒家作品合成为"四书"，
从而提高了它的地位。两位书院教育家都认为《大学》是教人求大学问
的典籍，借助《大学》可以定位大学的理性。

① 周之翔：《朱子〈大学〉经解研究》，博士学位论文，湖南大学，2012 年。
② 胡宏：《胡宏集》，中华书局 1987 年版，第 194 页。
③ 朱熹：《朱子全书》（第六册），上海古籍出版社 2002 年版，第 13 页。

　　我们已经注意到，南宋书院对《礼记》中《大学》古本的改动实际上意味着对大学内涵的变更——走向理学。对于《大学》，朱熹就加以删改而迁就己见。他是有意改动的。清儒斥责朱熹臆造，犯了大罪。南宋书院学者尽管在《礼记》传本以外没有什么依据，却能正确地看出文字间的种种问题，并企图进行复原的尝试。古本《大学》与今本《大学》不同，把十三经注疏本《礼记》中的《大学》与朱熹《四书章句集注》中的"今本"一对照就会发现，朱熹不仅是文字和语序上的改动，而且是基于《大学》之理融入了大学之理并且表达了自己的大学之理。例如，程颐有《改正大学》版本，改"亲民"为"新民"、"身有所忿懥"为"心有所忿懥"。他首次将"三纲领"、"八条目"作为整篇结构的主体。程颐注意到了"诚意章"的错简问题，视古本诚意章后半"诗云瞻彼"、"诗云於戏"、"康诰曰克明德"、"汤之盘铭曰"、"诗云邦畿"、"子曰听讼"等节为错简，且以"康诰曰克明德"、"汤之盘铭曰"、"诗云邦畿"三节为释三纲领之文。从程颐改本的安排看，已经暗寓经传分离的意味。程颐将"子曰听讼……此谓知之至也"视为"格致"释文。[①] 这是中国高等教育史上首次对《大学》版本的改写。胡宏《皇王大纪》卷六十九收录的《大学》全文，与程颐的版本只有一句话的区别。中国古代，改造《大学》版本的贡献莫过于朱熹。相对于《大学》古本而言，朱熹《大学章句》本，变更了《大学》的文字与语序，从而也就明确了自己大学之道的表述问题。蔡仁厚考朱子重订《大学》版本：改了1个字，删了4个字，新作134字作为对"格物"的解释；移动"古本"之次序3处。这样一来，朱熹的《大学章句》就形成了这样的版本：朱子既以《大学古本》乃曾子承述孔子之说而作，于是更就原文分判"经"、"传"。朱熹认为"经"一章，盖孔子之言而曾子述之；其传十章，则曾子之意而门人记之。朱熹《大学章句》的结构如下："经"一章，标举三纲领八条目。从"大学之道"到"所薄者厚未之有也"的内容归于其下。"传"第一章，释"明明德"。从"康诰曰克明德"到"皆自明也"的内容归于其下。"传"第二章，释"新民"（朱子沿袭程颐的做法，将古本的"亲民"改为"新民"）。从"汤之《盘铭》曰"到"君子无所不用其极"的内容归于其下。"传"第三章，释"止于至善"。涵盖"《诗》

---

　　① 李纪详：《两宋以来大学改本之研究》，台湾学生书局1988年版，第50—52页。

云邦畿千里……与国人交止于信"、"诗云瞻彼淇澳……民之不能忘也"、"诗云於戏……没世不忘也"这三个段落。"传"第四章，释"本末"。从"子云听讼吾犹人也"到"大畏民志此谓知本"的内容归于其下。"传"第五章，释"格物致知"。以"此谓知本，此谓知之至也"二语归于其下，朱熹另外增加了一段文字。"传"第六章，释"诚意"。从"所谓诚其意者"到"故君子必诚其意"的内容归于其下。"传"的其余四章都依从"古本"。可见，朱熹的改动很大。语言的改动即是思想的改动。借助《大学章句》版本，朱熹的大学之理也就定型了。当然，有些学者（如王阳明）对朱熹的改写本并不满意，尤其不满意朱熹对"格物致知"补写的那段文字，认为朱熹歪曲了《大学》的大学之理。王阳明认为，格物致知不过是用，统率它的是明明德之心。

在南宋书院看来，在大学理念的内部，"三纲领"是本，"八条目"是末。朱熹对三纲领添加了一个长注："程子曰：'亲，当作新。'大学者，大人之学也。明，明之也。明德者，人之所得乎天，而虚灵不昧，以具众理而应万事者也。但为气禀所拘，人欲所蔽，则有时而昏；然其本体之明，则有未尝息者。故学者当因其所发而遂明之，以复其初也。新者，革其旧之谓也，言既自明其明德，又当推以及人，使之亦有以去其旧染之污也。止者，必至于是而不迁之意。至善，则事理当然之极也。言明明德、新民，皆当至于至善之地而不迁。盖必其有以尽夫天理之极，而无一毫人欲之私也。此三者，大学之纲领也。"① 朱熹《大学或问》以"理"对大学的三纲领问题做了详细的阐述。他说，人方寸之间，虚灵洞彻，万理成备。盖其所以异于禽兽者，正在于此。而其所以可为尧舜而能参天地以赞化育者，亦不外焉。是则所谓"明德"。其次，人心有杂质，是以圣人施教，既已养之于小学之中，而后开之以大学之道，是以"明德"。然德之在己而当明，德之在民而当"新"，故"新民"也是明德向社会的延伸。明德又非可以私意苟且而为，必须要有一个准则。这个准则，就是"至善"，含义是个人明德推及外界的道德标准，即所谓"君之仁，臣之敬，子之孝，父之慈，与人交之信"。大学实施这"三纲"，根本在"去人欲而复天理"。② 继朱熹之后，南宋书院许多学者留下了《大学讲义》。

---

① 朱熹：《朱子全书》（第六册），上海古籍出版社 2002 年版，第 16 页。
② 同上书，第 507—509 页。

这些讲义大都把《大学》的三纲领作为讲解的重点。例如，程必贵《大学讲义》对"明德"、"新民"、"至善"分别作了讲解：何谓明明德？心之本体，唯虚故灵，唯灵故明。何谓新民？我明矣，不可听他人之昏。何谓止至善？非明德新民之外，别有至善已。德无一毫之不明，即是明明德之至善；民俗无一处之不新，即是新民之至善。明德新民彻头彻尾到十分尽善处。是之谓止至善。①"三纲领"中，"明德"、"新民"、"至善"之间的关系如何？胡崇《大学讲义》说："明德所以成己，新民所以成物，皆不可以私意、小智行乎其间。天下之理莫不有定则存焉，况明德非自外来而明之、新之，又非一毫人力所可增损，岂无所谓当然之则哉！则者何？至善是已。至善者，明德新民之则也。君止于仁，臣止于敬，子止于孝，父止于慈，与人交止于信，此之谓至善，此之谓知止。凡夫明己之德，新民之德，必止于是。而后天理可纯，不杂于人欲矣。"②也就是说，这三者的关系是个人修养、改造社会、善意渗透之间的辩证关系，都是大学之理不可或缺的要素。三纲领统摄下的"八条目"是修养功夫。这个修养功夫包含两个程序：由"内圣"到"外王"。"内圣"的功夫包括格物、致知、诚意、正心四条目。"外王"的功夫包括齐家、治国、平天下三条目。"内圣"与"外王"的中间环节是"修身"这个条目。也就是说，"内圣"系统的"四条目"是起点，"修身"是终点；"外王"系统的"三条目"是终点，"修身"是起点。修身靠什么呢？朱熹年轻时候认为靠"静"，后来认为靠"敬"。

南宋书院认为，大学之大，大在义理，大在大学问。陈文蔚《龙山书院讲义》认为，大学贵在究理："盖天下之物莫不有理，而吾心之灵蔽于私欲，繇其物之不格，故理不能穷，心虽至灵，蔽于私欲，而知有所不至矣。虽修身当然之事，亦不能反观而洞照，故身不能修，身不能修则家不能齐，而况于治国平天下乎？"③此所谓理即伦理。胡崇《大学讲义》说："大学者，圣道之门庭。学而谓之大，则不特成己而已，又有所谓成物者焉。是德之明，我有之，人亦有之，迷者皆可使之觉也；圣贤有之，愚不肖亦有之，昏昏者皆可使之昭昭也。尽己之性，以尽人之性；明己之

---

①　陈谷嘉、邓洪波主编：《中国书院史资料》，浙江教育出版社 1998 年版，第 231—232 页。

②　同上书，第 235 页。

③　同上书，第 259 页。

德，以明人之德。杂以人欲者，吾开导之；蔽于气质者，吾启发之；从其情、汩其性者，吾防闲而保养之。使晦斯光，窒斯通，如醉之醒，如梦之觉，如迷暗之见日月。"① 此讲义的主旨是说，大学是学圣道、成圣贤的高等学府；大学之大不仅在于"成己"，而且在于"成物"。明道书院山长程必贵《大学讲义》说："学，始于效法天地之象，终至于天地由此而位；始于穷尽万物之理，终至于万物由此而育；始于格物、致知、诚意、正心、修身，终至于家由此而齐，国由此而治，天下由此而平。学之大，信乎！其为大也！"② 也就是说，三纲领八条目——明德、新民、至善；格物、致知、诚意、正心、修身、齐家、治国、平天下——这就是大学的大学问。大学之"大"于此。

　　南宋书院重构《大学》之理的过程，也是一种教学与学术对话关系的形成过程。《大学》与南宋书院的关系不仅在于它是南宋书院的教材，而且在于南宋书院师生共同参与了《大学》文本的解构与重构过程。1153 年，朱熹曾经给学生出了这样一道考题："《大学》之序，将欲明明德于天下，必知于正心诚意，而求其所以正心诚意者，则曰致知格物而已。然自秦汉以来，此学绝讲，虽躬行君子时或有之，而无曰致知格物云者。不识其心果已正、意果已诚未耶？若以为未也，则行之而笃，化之而从矣。以为已正且诚耶？则不由致知格物以致之，而何以致其然也？愿二三子言其所以而并以致知格物之所宜用力者，为仆一陈之。"③ 要回答这样问题，无疑要熟读《大学》文本，深入思考。从这个角度看，朱熹要学生阅读儒家经典著作，从中汲取营养。1167—1169 年，从朱子师生通信可知，门人许升、王力行和祝康国等人已经关注朱熹对《大学》解说，并把《大学集解》以抄本形式在小范围传播。而后来，蔡元定则参与《大学章句》的修改与整理工作。乾道八年（1172 年），朱熹略改《大学章句》，又送给蔡元定审看。随后，朱熹又寄给岳麓书院的张栻审看，征求修改意见。《大学章句》修改后，于淳熙元年（1174 年）春再寄给丽泽书院的吕祖谦指教。朱熹整合多方意见和建议，认为文本修改较为妥当，交给蔡元定抄写。至此，《大学章句》编写的规模定型。朱熹前期作《大学集解》，主要是个人独力完成，而后期作《大学章句》则有书院诸

---

① 陈谷嘉、邓洪波主编：《中国书院史资料》，浙江教育出版社 1998 年版，第 234 页。
② 同上书，第 231 页。
③ 朱熹：《朱子全书》，上海古籍出版社 2002 年版，第 3569 页。

多士友参与，大多为朱熹书院门人。朱子还请蔡元定、黄榦、程端蒙、滕璘、滕琪、董铢等弟子帮助修改《四书章句集注》，其中包含《大学章句》，显然朱熹信任逐渐成熟起来的书院学生。朱熹四十余年致力于《大学》改造，先后完成文献雏形、成型和定型的一系列工作，把单篇《大学》改造成为《大学章句》一书。朱熹阐释《大学》之理，青年时重"格物"解说，中年时重"诚意"解说，晚年则重"絜矩"解说，与其理学思想发展历程相匹配。而诸多书院门人参与《大学章句》文献建设活动，包括书稿抄写、疑义探讨、文字改订、书籍刻印与传播推广等。朱子书院门人在科研实践中培养了能力，承接了儒家明理弘道的大学精神，对朱子《大学》学的建立与完善起到羽翼作用。① 这个过程是书院内部通过学术研究培养人才的教学过程，也是书院之间的一种学术交流活动。

第四节　南宋书院超越汉学的宋学特征

南宋书院阐释儒家义理走的是"宋学"的路子，与"汉学"的路子不同。从两汉至隋唐的经学形态被称为"汉学"。两宋时期，出现了一种超越汉唐经学的注疏之学，即主张直接回归原典以探求义理的新经学形态，后来被称为"宋学"。虽然汉学与宋学同属经学具有共同的儒学特征，但宋学表现出与汉学不同的特征：（1）研究对象的重点不同。汉学研究对象的重点是五经，后来演化成九经、十三经等，宋学研究对象的重点是四书。（2）研究的学科性质不同。汉学研究的是语言文字学、史料学，很少的学者达到哲学高度。宋学是形而上学、唯心主义哲学。宋儒都想做孔子的嫡传者。（3）研究的意图不同。汉学家是比较功利的，想要发挥社会作用。宋学家比较偏于玄想，企图在"根本"问题上加以解决。前者说后者不切实用，后者称前者是无本之学。（4）研究方法不同。汉学家大体上采用归纳法，根据许多材料得出结论。这种方法实际上是调查研究。他们反对孤证，重视搜集许多资料。宋儒采用演绎法，从一个思想产生各种说法。宋学的优点：具有怀疑精神，能提出自己的意见。缺点：

---

① 陈国代：《朱子门人参与〈大学章句〉著述活动之考察》，《武夷学院学报》2017 年第7 期。

主观臆说，不重视调查研究；语言文字学功底很不够。① 宋学的锋芒所向：一是佛道二教的"异端邪说"（尤以佛为主），二是"以文害道"的四六骈文，三是汉唐儒生"破碎大义"的章句训诂之学。随着批判的深入和汉唐经学"殿堂"的被拆除，宋学开始进入其新理论的创建阶段，并最终完成理学的建构。宋学发生的过程，主要是在内外两个层面上同时展开的。就外而言，就是强烈要求恢复儒学原有的地位，对造成儒学中衰的外部因素即佛道二教和科举时文进行挞伐，试图使儒学重新成为人们最终的精神归宿，进而能重新指导人们的社会生活。就内而言，就是抛弃传统儒学粗疏的目的论的理论形态，否定汉唐的章句训诂之学，从儒家原典中发掘新的思想材料，并以此为出发点对佛道学说中有用的思想资料进行整合，把经学引向义理之学。② 宋学的形成，使经学具有新的现实和历史的双重意义。其现实意义在于：从时势角度探讨与把握经义，有助于经世致用；对经义的选择性解释，有助于封建皇权大一统意识形态的完成。其历史意义在于：从论证与辩难角度把握经义，以区分儒家经典中的历史性、政治性、哲学性、文化性诸方面内容；对经义的学理化阐释，则使儒家经典中的内容成为不同解经流派的研究对象。③ 宋学派系分歧互为激荡，有荆公新学（王安石）、温公朔学（司马光）、苏氏蜀学（苏洵、苏轼、苏辙）、号称"浙学"的事功之学（永康学派之陈亮、永嘉学派之叶适）、二程洛学、朱陆理（心）学等。不仅如此，宋代的北、南二分，也造就了各自的经学风貌。北宋经学，源于制度的焦虑，无论是以王安石为代表强调"托古改制"的新党，还是以司马光为代表要求"复古救正"的旧党，都是从政治层面上把握经义，诠释经典仍遵循"外王"为主、"内圣"为辅的路，其"经世致用"的"功利"色彩相当突出。而南宋经学，则偏重于理想的伦理关系、社会秩序的体系建构。

相对于汉学而言，南宋书院阐释儒家义理表现出敢于怀疑的宋学特征。在南宋书院教育家那里，是充满着怀疑精神的。例如，陆九渊承袭了孟子尽信书则不如无书的主张，认为古代圣贤之书并非句句是真理，所以学生要懂得取舍。他说："古者之书不能皆醇也，而疵者有之；不能皆然

---

① 周予同：《中国经学史讲义》，上海文艺出版社 1999 年版，第 71 页。

② 许道勋、徐洪兴：《中国经学史》，上海人民出版社 2006 年版，第 185 页。

③ 吴雁南等主编：《中国经学史》，福建人民出版社 2001 年版，第 281 页。

也，而否者有之。真伪之相错，是非之相仍，使不通乎理而概取之，则安在其为取于书也?"① 为学患无疑，疑则有进。当产生疑问后，要能做到"切思"，即独立地去思考问题。学生读书，先于易晓处沉涵熟复，切己致思，则他难晓者涣然冰释；思之为道贵切近而优游，切近则不失己，优游则不滞物。疑而后释，屯而后解，屯疑之极，必有汲汲皇皇，不敢顷刻自安之意，乃能解释。若自是之意消，而不自安之意长，则自能尽吐其疑。在"切思"的基础上，陆九渊鼓励学生敢于进行批判，并作出独立的判断。陆九渊说，他人文字议论，但谩作公案事实，我却自出精神与他批判，不要与他牵绊，我却会斡旋运用得他，方始是自己胸襟。途间除看文字外，不妨以天下事逐一题评研核，庶几观他人之文，自有所发。南宋新儒家，与他们先行者相比，在阐释经典传统方面，给自己留有多得多的自主权。事实上，他们很清楚，他们用以诠释经典的是一种新方法，这种方法同那种一直占统治地位并在继续统治当时学术界的经典诠释套路是迥异的。他们感觉到，在过去数个世纪里的经典诠释者们一直倾向于采用一种注重字面意义、语言学上的解释方式，为了理解某一单个词或词组的精确含义，这些注释者们却在很大程度上没能顾得上文本所内蕴的更深一层也更为重要的真义。这并不是说，获取字面意义不重要，但这层意义的获取只是第一步。圣人之言还需要更深入的反思。心灵被赋予了接受和洞悉真理的能力。这种信念在宋代一点也不新鲜，佛教徒老早就开始讨论，论证有一种宇宙之心，因为其自身是真，因而具有探得真谛的能力。理学家认为，人人可以成圣贤，那么所有人与先秦圣贤之间的心灵是能够沟通的。但是，理学家这种诠释方式是对先秦儒家作品含义的延伸甚至"误读"来完成的，也是对汉唐之儒寻章摘句诠释方式的质疑转向新儒家的自我内心及其生活的当代意义。新儒家新的诠释方式所具有的两个最易于区别传统评注方式的特征是解释的方式与语言的个性。习惯语作为师生之间的讨论的一部分显现出来了，它们是以当时的口头语言而不是以人为加工过的、精心修饰过的书面语言形式而出现的。而那种文绉绉的书面样式只能在评注和精英们的散文体中见到。理学家之间辩论以及和学生对话，常常要采取口语甚至放言进行交流。在这一过程中，南宋学者不自觉地赋予了口头语言以登大雅之堂的合法性；同时也凭其威权影响力，准其弟子

---

① 陆九渊:《陆九渊集》，中华书局 1980 年版，第 381 页。

同样以口语形式编辑他们本人的说教。①

　　南宋书院学者认为，汉唐经学是章句训诂之学。然而，章句训诂不过是理解经典文本的一种手段，即以理解经典文本的目的而言，这种手段也还是不够的。因为经典所记叙的是古人行事之迹及其价值选择，每一种记叙都有其历史事件的原型，古人之所以如此行事，如此做出他们的价值选择，自有他们的一番大道理。但古人由于当时书写条件和社会政治条件的种种限制，反映在经典中的文字，无论记事和记言，都相当简略。后人依据这些简略的文字，如何才能再现历史事件的原型，如何才能体会寄寓经典中的“圣人之意”呢？显然，要达到这样的认识，就不能仅仅停留在对于经典文字的注疏之上。更何况经典所记叙的并不单纯是“历史事件”，还有许多“思想观念”，如“太极”、“道”、“天命”、“阴阳”、“性”、“理”、“仁”、“义”、“诚”等哲学概念反复出现在各经书之中。这些哲学概念与一般日常用语不同，一般日常用语是公众性的，往往是直接指陈某种具体事物的，而哲学概念则明显带有思想家个性化的特征，它反映为思想家对客观世界和主观世界的抽象认识，而每一个哲学概念背后都有一套理论。这种哲学概念及其理论只有被人们普遍接受，才能转化为公众的语言。因此如何熟读经典，会通其精神，体悟其境界，使经典义理得以阐发出来，这是经学进一步发展的内在需要。更为重要的是，人们学习经典并不仅仅以理解经典文本为最终目的，还要将经典思想运用于社会实践。五经之被称为“经典”，乃在于强调其对于社会的思想指导作用。但五经所承载的毕竟是先秦的文化信息，虽然荀子曾盛赞五经涵盖了当时的所有学问，但千百年之后，随着社会的进步与发展，人们对世界的认识无论从广度和深度上实已超过前人，而人们精神生活的需要也大为提高，在这种情况下，经学如何才能适应社会发展的需要呢？五经中的许多思想观念本来具有进一步发挥哲理的潜质，只是为传统的依经注疏的形式所束缚，使它很难演绎出丰富的义理来。因此，南宋书院学者要想继续担负“师道”的责任，就必须突破传统的经典章句之学的狭隘局限，广泛融汇吸收历史上各家各派的思想养料，发展儒家经典的义理之学，以增强经典

---

① ［美］田浩主编：《宋代思想史论》，社会科学文献出版社 2003 年版，第 400—404 页。

解释世界、主导社会的理论力度。① 基于以上认识，南宋书院学者决心寻找儒家义理阐释的宋学之路。宋学是破汉学而建立起来的新经学。宋学萌芽于唐朝后期的《春秋》学。唐朝经学分为在朝派和在野派。人们往往只注意在朝派的孔颖达《五经正义》。从汉代到魏晋、南朝，再到孔颖达，在经学上都是汉学系统。在野派的代表是陆淳，著有《春秋集传纂倒》、《春秋集传辨疑》、《春秋微旨》等。他的儒学是"舍传求经"，不要三传，而直接研究《春秋》经中的微言大义。"舍传求经"的特点为宋学所继承。宋学开始于何时？答案大致有以下几种看法：其一，一般以为是北宋五子（周敦颐、邵雍、张载、程颢、程颐）。这是根据朱熹的学统而讲的。其二，黄宗羲《宋元学案》认为，宋学开端于北宋孙复、石介。其三，皮锡瑞以为始于北宋刘敞《七经小传》，刘师培也持此说。其四，周予同认为，宋学破汉学而建立新经学，宋学应从欧阳修、王安石等开始。这是沿袭王应麟的观点。到了南宋，郑樵《诗辨妄》骂诗序是"村野妄人"的作品，朱熹《诗集传》认为诗序是假的，王柏《诗疑》干脆把"淫佚之诗"删去，胡宏怀疑《周礼》。怀疑是宋学的特点。宋学是从对汉学的怀疑中产生的。

相对于汉学而言，南宋书院阐释儒家义理表现出经学理学化的宋学特征。南宋书院阐释儒家经典以发明义理为主要特点，而南宋书院的指导思想——理学，则是从宋学中分化出来的。宋学是经学，而理学即宋儒的经学。南宋书院的大多数理学家是重视经学的。他们并没有超越于经典之上的所谓"理学"，在他们那里，理学与经学是一而二、二而一的。两者既有区别，又密不可分。理学家中即使像陆九渊等人没有注经专著，但他们的思想还是根柢于儒家经典。又必须承认，南宋书院的经学确实又与汉唐儒者的经学有很大的区别。从思维方法来看，汉唐儒者对儒家经典的理解偏重历史学的、语言学的方法，而南宋书院的理学家对儒家经典的理解则偏重哲学的、心理学的方法。从一种广义的经学观点来看，理学可以视为经学发展历史上的一种特殊的形态。从经典解释学的观点看，南宋书院理学家的解经方法无可厚非。当人们学习经典的时候，固然有追问经典本意的诉求，但某种文献一旦成为经典，它便开始了一个不断被理解和诠释的

---

① 姜广辉主编：《中国经学思想史》（第三卷下），中国社会科学出版社 2003 年版，第346—348 页。

过程。客观地说，若无南宋书院经学方法论的革新，传统经学可能早已寿终正寝。在南宋书院的学者中，许多人既是理学家，又是经学家。研究南宋书院阐释儒学义理所表现出来的勇于创造的宋学特征，不能只看其经注类著作，还要仔细研究与之密切相关的语录类著作，乃至作者的全部著作，寻绎作者是以什么思想理论贯穿他对经典的解释。① 弄清了它，也就找到了理学家解经的门径，也就找到了南宋书院大学精神的策源地。

相对于汉学而言，南宋书院阐释儒家义理表现出探索真理的宋学特征。南宋书院通过阐释儒家义理探讨了哪些真理呢？在形上学方面，有形上、形下问题，有无极、太极关系问题，有理气关系、理事关系、道器关系、心物关系问题，有太极、阴阳、动静问题，有天人关系问题，有"理一分殊"问题，有体用、本末关系问题等；在自然哲学方面，有宇宙、太虚、太和、天地、自然造化、鬼神问题等；在心性学方面，有"天地之性"与"气质之性"问题，有天理、良知关系问题，有人心、道心问题，有本体、工夫问题，有未发、已发问题，有"穷理持敬"问题，有主静与主敬问题，有心、性、情关系问题，有知、意关系问题，有"观圣贤气象"与"看孔颜乐处"问题等；在伦理学方面，有道德认识、道德践履问题，有公私、义利关系问题，有天理、人欲问题等；在认识论方面，有"诚明之知"与"闻见之知"问题，有知、行关系问题，有格物、致知、穷理问题，有"豁然贯通"问题等；在学术谱系方面，有道统、学统问题，有正学、异学、杂学、俗学问题，有儒禅之辨问题，有朱陆异同问题，有"天泉证道"问题等；在学术宗旨方面，有"学圣人"之旨，有"体认天理"之旨，有"发明本心"之旨，有"致良知"之旨，有"慎独"之旨等。② 可见，南宋书院探讨真理的范围很广阔。

相对于先秦儒家作品本身的义理而言，南宋书院的理学既然被称为"新儒学"，那么自然应该表现出"发展了的儒学"创新性的宋学特征。先秦原始儒学内容庞杂，学者研习，往往汗漫无归宿。相对而言，南宋书院的新儒家创立"理学"就是最大的创新。牟宗三说，相对于先秦儒学而言，理学的创新性主要有五个方面：（1）孔子践仁知天，未说仁与天合一，但依理学家，其共同倾向则认为仁之内容的意义与天之内容的意义

---

① 姜广辉主编：《中国经学思想史》（第三卷下），中国社会科学出版社 2003 年版，第349—351 页。

② 同上书，第352—353 页。

到最后完全合一（在此，伊川、朱子稍有不同）。（2）孟子言尽心知性知天，心性是一，但未显明地表示心性与天是一。宋儒的共同倾向则认为心性天是一（在此，伊川、朱子亦有不同）。（3）《中庸》说"天命之谓性"，但未明显地表示天所命于吾人之性其内容的意义完全同于那"天命不已"之实体，或"天命不已"之实体内在于个体即是个体之性。宋儒则明显地如此表示。此所谓天道性命通而为一。在此，伊川朱子亦无异辞，唯对于天命实体与性体理解有不同。（4）《周易》说"乾道变化，各正性命"，此字面的意思只表示在天道变化的过程中各个体皆得正定其性命，未明显地表示此所正之"性"即是乾道实体或"为物不贰、生物不测"之天道实体内在于各个体而为其性，所正之"命"亦即是此实体所定之命。但宋儒则明显地如此表示。在此处与在即是此实体所定之命。但宋儒则显明地如此表示。在此处与在《中庸》处同。（5）《大学》言"明明德"，未表示"明德"即是吾人之心性（就本有之心性说明德），甚至根本不表示此意，乃只是"光明的德行"之意。但宋儒皆认为"明德"是心性说，不是纯粹的"德行"说。至善的止处是就应物之"事"上说，至善之道伊川朱子是往"理"处落。这些皆非《大学》原有之义。《大学》只列举出一个实践的纲领，只说一个当然，而未说出其所以然，在内圣之学之义理方向上为不确定者，究竟往哪里走，其自身不能决定，故由理学家决定了。以上前四点是就《论语》、《孟子》、《中庸》、《周易》而推进一步，自然表示一种"新"的意义，但此"新"可断定是调适上的新，虽是引申发展，但却为原有者之所涵。第五点就《大学》所表示的新，伊川、朱子之讲法，再加上其对《论语》、《孟子》、《中庸》、《周易》之仁体、心体、性体乃至道体理解有差，结果将重点落在《大学》，以其所理解之《大学》为定本，则于先秦儒家原有之义有基本上之转向，此则转成另一系统。此种新于儒学本质有影响，此为歧出之"新"。至于在本体方面，则根本上有偏差、有转向，此则根本上非先秦儒家原有之义之所允许。如果前一种新，以《论语》、《孟子》、《中庸》、《周易》为主者，实不算得是新，则宋学中有新的意义而可称为"新儒学"者实只在伊川、朱子之系统。大体以《论语》、《孟子》、《中庸》、《周易》为主者是宋儒之大宗，亦较合先秦儒家之本质。伊川、朱子以《大学》为主则是宋儒之旁枝，对先秦儒家之本质言则为歧出。然而自朱子权威树立后，一般皆以朱子为正宗，笼统称之为程朱，实则只是伊川、

朱子，明道不在内。朱子固伟大，开一新传统，得正宗之地位。① 如果说
先秦儒学主要是王道之学，那么理学则主要是内圣之学，至少程朱理学是
这样。某一历史阶段，学术思想达到的高度就是大学发展达到的高度。正
是由于朱熹的理论创新，才奠定了理学在南宋书院以及后世书院乃至更大
教化范围的统治地位。这也是宋学特征到了朱熹那里才最充分显示出伟力
的华章。

相对于二程探寻儒家义理而言，朱熹对于南宋书院的宋学的贡献是功
勋卓著的。一般认为，朱熹主要继承了二程思想，特别是程颐思想，故称
程朱理学，这是对的，但仅仅这样看待朱熹哲学，是很不够的。朱熹作为
理学集大成者，决不仅仅继承和发展了二程，他兼采众说，综罗百代，全
面继承和发展了理学思想，从而建立起一个庞大的理学体系，可说是对北
宋以来的理学思潮进行了一次全面总结。朱熹哲学虽以二程为基础，却同
二程有很大区别。对于理学来说，朱熹所从事的绝不只是绍述，更重要的
是创造。具体而言：（1）朱熹把二程哲学思想中的不同倾向统一起来，
吸收并容纳在自己的哲学体系之内。他的以理为本体的思想以及"性即
理"、"格物致知"等思想，固然是继承、发展了程颐学说，但他同时又
很强调心的作用，他的"心与理一"的思想显然是自程颢发展而来，他
的仁学思想与程颢的关系尤为密切。从这个意义上说，他是二程思想的一
个总结。（2）朱熹批判地吸取了张载的气化学说，第一次全面地讨论了
理气关系问题。二程虽然提出了理本体，否定了张载的气本体，但对于理
气关系问题讨论不多，对于气的学说并不重视，朱熹就大不同了。他不仅
讨论了理气关系问题，而且提出了系统的气化学说。他的思想比二程完备
得多。（3）二程虽是周敦颐的学生并继承了周敦颐的道德性命说，但对
于周敦颐的"无极太极"说却保持沉默，一字不提。朱熹出于建立理学
体系的需要，继承、发展和改造了周敦颐的太极说，提出"太极阴阳"
说，把太极说成是宇宙的最高本体。这就大大发展了二程的"天下只是
一个理"的思想，并且克服了二程只侧重于人伦道德之理的局限性，把
太极之理说成是整个自然和社会的精神本体，并且建立了理有层次的
"理一分殊"学说。（4）二程对邵雍的象数学，同样采取不闻不问的态
度，朱熹则不然。他采取批判继承的态度，吸取了其中的"一分为二"

① 牟宗三：《心体与性体》（上册），吉林人民出版社 2013 年版，第 17—19 页。

的方法和"元会运世"的历史哲学，从而丰富了自己的哲学体系。他的"易学"思想并不完全承袭程颐，而是大量吸收了邵雍思想，朱熹后学大都是这样看的。（5）对于佛、道思想，虽说理学家几乎无不"出入佛老"，但二程显得比较粗糙。程颢不讳佛，程颐却俨然"儒者高蹈"，以继承儒家道统自居。然而二程后学却多流于禅学，如杨时、谢良佐、游定夫之徒都公开谈禅。朱熹虽然是二程四传，却对此极为不满。这并不是说，朱熹没有吸收佛学思想，恰恰相反，他和谐地吸收了佛学的思维成果，融会贯通，使之成为他的哲学体系的一个重要组成部分。同时，却又坚持了儒家立场，从理论上批判了佛学。此外，他还通过周敦颐等人，吸收了道家的不少思想。这一点也是二程所缺少的。朱熹哲学，无论从深度和广度上，都远远超过了二程，它是对理学思想的一次系统的、创造性的总结。所谓集大成，决不是简单地兼收并蓄，将各家思想拼凑在一起，而是经过批判、改造和扬弃，把各种思想加以锻造，融为一体，构造出一个有系统的哲学体系。这个体系用最概括的语言来说就是以理为最高哲学范畴的客观唯心主义体系。这个体系的每一组成部分无不出于先儒；但却是他自己在前人的思想资料的基础上进行精密的理论创造的结果。朱熹的哲学体系，虽然是以理为最高范畴的客观唯心主义体系。但这并不是说，在这个体系中没有任何矛盾。朱熹作为理学集大成者，既要把各种不同倾向的哲学思想，经过改造，容纳在一个庞大体系之中，同时也就为自己提出了一个极其困难的任务。作为一个哲学家，他完成了一个唯心主义理学体系。但是由于历史的和认识的根源，在这个体系中包含着深刻的内在矛盾。简单地说，在以朱熹为代表的理学体系中有两个最基本的矛盾。一是理本体论同气化学说的矛盾，即唯心主义体系同唯物主义因素之间的矛盾；二是理本体论同心本体论的矛盾，即客观唯心主义体系同主观唯心论思想的矛盾。此外，方法和体系之间也有矛盾，最明显的是他的"格物穷理"说同"明明德"的根本目的之间的矛盾。就是说，在朱熹的客观唯心主义哲学体系中，包含着某些唯物主义因素，同时又有主观唯心论的思想。这些矛盾是朱熹本人无法解决的。这就决定了朱熹哲学必然要分化。事实上，朱熹哲学向三个方向发展。一是客观唯心主义体系的发展，继承这一思想的是理学的正统派，他们在理论上没有什么贡献。二是向心学主观唯心论发展，从南宋末年到明中期，这一派占了很大势力。三是向唯物主义转化，这一派是理学的批判者，他们对朱熹理学体系进行长期的批判和改造，终于发展出唯物主义哲学。这一派在明中期以后，特别是明清之际，有很大发展。从哲学史的角度来看，前一派理论意义不大，主要是后两派的演变和发展。① 但这三个发展方向都是在朱子哲学的基础上进行的。从整体上看，朱熹哲学的光芒与瑕疵，也就是南宋书院大学精神的优点与缺点。宋学精神与书院精神是相通的。宋学最伟大的收获是——理学与南宋书院的大学精神彼此推进："由于宋儒之自觉，造成理学之盛，亦由于理学之盛，导致书院之勃兴。"② 宋学精神的本质是独立的精神、自由的思想，故与南宋书院的大学精神一致。

第五节　南宋书院对于儒家义理的信仰

南宋书院的信仰是儒家义理，而儒家义理是它理解的先秦儒家作品的意义。儒家义理表现出来的良好品质即儒家精神。儒家义理也可称为"儒学"，即儒家的思想教义。南宋书院正是从理解儒家经典出发，宣称要高举儒家精神的旗帜，实施"名教"。南宋淳熙十五年，陆九渊讲学于象山精舍，他将学生居住和自学的地方用儒家经典的概念来命名，体现了象山书院以儒家义理为大学信仰的特征。

作为大学的南宋书院为什么选择儒家义理作为自己的信仰呢？南宋书院的信仰来自先秦儒家义理良好的文化品质。"儒家"是先秦诸子百家中的一个学术思想派别，主张仁义作为人的道德修养，以礼为准绳调节伦常关系。儒家的创立者是孔子（前551—前479）。朱熹说："天不生仲尼，万古长如夜。"③ 孔子是意识形态的权威符号，历朝历代替皇帝把思想门，站言论岗；又是教师的祖师爷，诲人不倦，传递和弘扬伦理道德。儒家之特点，刘歆《七略》如此界定："儒家者流，盖出于司徒之官，助人君顺阴阳明教化者也。游文于六经之中，留意于仁义之际。祖述尧舜，宪章文武，宗师仲尼，以重其言。于道最为高。孔子曰：'如有所誉，其为所试。'唐虞之隆，殷周之盛，仲尼之业，已试

① 蒙培元：《理学的演变》，福建人民出版社1984年版，第3—8页。
② 吴万居：《宋代书院与宋代学术之关系》，台湾文史哲出版社1991年版，第54页。
③ 朱熹：《朱子全书》（第十七册），上海古籍出版社2002年版，第3096页。

之效者也。"① 许慎《说文解字》说："儒，柔也。术士之称。"② 这是儒家命名的理据。许慎《说文解字》说："柔，木曲直也。"③ 此训取自《尚书》"木曰曲直，金曰从革"④。柔字从木，具有木材由曲到直、由直到曲的特性。刚柔之别不在软硬，而在是否可以改变形状，是否具有韧性。作为形容词的"柔"，具有柔韧可塑的特点。作为动词的"柔"与"揉"、"糅"、"輮"等字的含义有联系，即采用一定的方法使刚硬、猛烈的东西软化、驯良。"草昧初开，人性强暴，施以教育，渐渐摧刚为柔。柔者，受教育而驯扰之谓，非谓儒以柔为美也。"⑤ 所以，教育、教化是柔化的一个过程。至于有些人把"儒"训解出怯懦、文弱、迟缓的含义，也只能说明没有信仰依靠心力之术过日子的"小人儒"的特点，而非"君子儒"的特点。儒者之柔与"术士"本来就有联系，儒家和殷商遗民、巫祝、史官、教职存在着历史的渊源关系。周代，司徒、保氏、师氏一起承担教化的职责。所以，实施"柔"的"术士"是指掌握"六艺"（礼乐射御书数）和"六经"娴熟的人。儒家的行为标准是什么？鲁哀公曾经向孔子提出了这样一个问题。孔子答："温良者，仁之本也；敬慎者，仁之地也；宽裕者，仁之作也；孙接者，仁之能也；礼节者，仁之貌也；言谈者，仁之文也；歌乐者，仁之和也；分散者，仁之施也。儒皆兼此而有之，犹且不敢言仁也。"⑥ 儒学可称为"仁学"，是儒家的教义，可以称为儒家义理或儒家精神。朱熹学生程端蒙的《性理字训》中出现了命、性、心、情、才、志、仁、义、礼、智、道、德、诚、信、忠、恕、中、和、敬、一、孝、悌、天理、人欲、谊、利、善、恶、公、私等概念。⑦ 该文虽然用意是对理学的本体论、心性论、工夫论进行简明介绍，但实际上对儒家义理进行了概括。儒家自身的文化品质确实对南宋书院是有吸引力的。

与宗教义理比较，先秦儒家义理主要有三个文化品质：首先，儒家义

---

① 熊承涤主编：《秦汉教育论著选》，人民教育出版社 1986 年版，第 199 页。

② 许慎：《说文解字》，中国书店 2011 年版，第 1229 页。

③ 同上书，第 873 页。

④ 李学勤主编：《尚书正义》，北京大学出版社 1999 年版，第 301 页。

⑤ 章太炎：《国学讲演录》，华东师范大学出版社 1995 年版，第 172 页。

⑥ 李学勤主编：《礼记正义》，北京大学出版社 1999 年版，第 1589 页。

⑦ 黄宗羲：《黄宗羲全集》（第五册），浙江古籍出版社 2012 年版，第 749—750 页。

理具有包容性。儒学对其他文化兼容并包的态度在世界上是绝无仅有的。在西方，不同的宗教水火不容，甚至同一宗教的不同教派也是这样。基督教国家与伊斯兰教国家曾经长期进行过宗教战争。佛教产生于印度，却不为婆罗门教所容。中国儒学不仅对于国内的其他各派文化兼收并蓄，而且对于外来的宗教也允许传入。这也可以看出，宗教的义理总是强调唯一性、排他性，而《中庸》强调"并行而不悖"，《周易》强调"同归而殊途"。其次，儒家义理具有此岸性。宗教的义理是以神圣之物和超自然之物为特征的，它使人的精神出世，处于现实生活的彼岸；而儒家义理却让人的精神入世，处于现实生活的此岸。周孔之前，中国是有自己的宗教的。商周时代，中国人的宗教信仰体系是天命神学体系，它以神学的方式传达一种人生意义的理论。但是，当周公、孔子先哲们的理性思维逐渐成为主导之后，道德观念逐步就取代了宗教观念。宗教的礼仪、仪式逐渐从宗教转入世俗范围，经过改造成为道德观念的载体。儒家虽然也使用某些礼，但表达的是一种对祖先、圣人、君主、父兄、师友的人文情怀。从儒学诞生开始，中国文化中虽然存在着事鬼敬神的小传统，但毕竟有了相信仁学的大传统。在西方圣经诠释学的视域中，《圣经》乃是承载"神意"上帝的启示和拯救计划的文本，而读解《圣经》是领悟"神意"的唯一通道。同时，"神意"对社会和人具有一种不可抗拒的支配力。"神"（上帝）与"人"之间的界限是天然的，不可逾越的。"神"（上帝）至高无上而人则卑微无能。人们唯有信仰"神"上帝和听从"神"上帝的旨意和安排才能得到拯救。《圣经》之"圣"乃是"神之圣"。而在中国传统经典诠释学的语境中，"经"、"典"被认为是古代圣贤的作品，如六经被认为是由孔子编定的，记载了古代圣贤的言行启示，因而具有极高的权威，其地位远远高于普通的书籍。但即便如此，中国文化视域中的"经典"还是与《圣经》有着根本性的差异。中国古代圣贤伏羲以降，炎、黄……尧、舜、禹、汤、文、武、周公、孔子等，不像《圣经》中的上帝那样完全归属于"神"和"造物主"的系列，而是更大程度上归属于"人"的系列。虽然今文经学主张"圣人无父，感天而生"说，而古文经学主张"圣人同祖""伏羲为圣王始祖，为百王先"说，分别从不同的角度强调了"古代圣贤"与普通众生的差异，但这种差异，归根到底只能算作人与人的差异，而不是人与神的差异。古代圣贤与普通众生虽然不能说毫无差异，但是二者在根本点上却是同一的：道德本心是相同的。再次，儒家义理具有道德生命性。生物生命是对每个肉体的人动物性质的规定，德性生命是指在社会关系当中人的善端得到极大的扩充。生物生命的欲求为生理生命的生长服务，而德性生命的规定成就德性的完满，从而造成人们在面对义与利、生与死上选择的困难。在德性生命的规定和生物生命的欲望发生冲突的时候，德性生命往往占有主动，以压制生理生命欲望的实施。甚至德性生命为了成就德性本身，把生物生命置于死地。孔子之杀身成仁，孟子之舍生取义，足以说明仁的德性生命的主体地位。如果从于生理生命的欲望，忽视德性生命的规定，那么，他就失去了作为人的资格，与禽兽无异。同时，从杀身成仁和舍生取义的例子可以进一步看出，德性生命不会因为某些个体生理生命的消亡而消失。德性生命如同一种精神的存在，贯穿于人类的历史长河。德性生命就社会而言是人对社会发展的意义，就个人而言生命的价值是对于生命本身意义的思考。儒家着眼于现实的生命，立足于生的角度来思考生命，探索生命的意义，形成的生命价值观主要包括：坦然面对生与死、正确对待理与欲、修身以养护生命三个方面。① 尽管生命短暂，但儒家不像道家那样太看重肉体的生命放浪形骸甚至随波逐流，也不像佛教那样太轻视生命，而是主张在尊重肉体生命的同时实现生命的道德意义。儒家学问重视实践，而不着重于知识理论的论证和概念的思辨。因为它的重点并不落在"知识"上，而是落在"德行"上。从南宋书院的生命教育可知，物质的满足只能是一时的，而道德精神上的充实则能贯穿于人的一辈子，所以人最大的幸福和快乐就是认识到生命的价值和意义。

儒家义理的魅力确实令南宋书院学者愿意埋在先秦典籍的故纸堆中，并获得个人的义理体验。南宋书院认为，探寻先秦儒家义理，一定要回到儒家经典本身，然后才能发明新义。魏了翁《答夒漕赵师恕》说，"读书虽不可无注，然有不可尽从者"②，往日只看经典解说，现在觉得不如自己亲自从圣人原著中一一体会；因若不是自己亲自经历过一番，终是见得不真切——"不欲于卖花担上看桃李，须是在树头枝底方见得活精神"③；凡义理都是要自家体贴，不能只看经过别人消化的东西。朱熹说："近年以来，习俗苟偷，学无宗主，治经者不复读其经之本文，与夫先儒之传

---

① 王霞：《朱熹自然观研究》，博士学位论文，安徽大学，2012年。
② 黄宗羲：《黄宗羲全集》（第六册），浙江古籍出版社2012年版，第130页。
③ 同上。

注，但取近时科举中选之文讽诵摹仿，择取经中可为题目之句以意扭捏，妄作主张。……今欲正之，莫若讨论诸经之说，各立家法，而皆以注疏为主……则治经者不敢妄牵己意，而必有据依矣。"① 因此，南宋书院立志对儒家经典进行一番检视。黄榦《朱子行状》赞扬朱熹埋头先秦儒家经典的功夫：于《大学》、《中庸》，则补其阙遗，别其次第，纲领条目，粲然复明；于《论语》、《孟子》，则深原当时答问之意，使读而味之者如亲见圣贤；于《易》与《诗》，则求其本义，攻其末失，深得古人遗意于数千载之上；于《书》，则疑今文之艰涩，反不若古文之平易；于《春秋》，则疑圣心之正大，决不类传注之穿凿；于《礼》，则病王安石废罢《仪礼》而传记独存；于《乐》，则悯后世律尺既亡，则清浊无据；若历代史记，则又考论西周以来至于五代，取司马公编年之书，绳以《春秋》纪事之法，纲举而不繁，目张而不紊。② 朱熹说："大抵既为圣贤之学，须读圣贤之书。既读圣贤之书，须看得他所说本文上下意义，字字融释，无窒碍处，方是会得圣贤立言指趣，识得如今为学功夫。"③ 朱子认为，诠释的首要任务就是"看得他所说本文上下意义"，即通过疏通解释文义，来求得本义。他将是否符合文本之义作为衡量诠释好坏的必要标准。朱熹通过一个诠释的实践，重新界定儒家传统的基本典籍。通过他的诠释，使学术界、知识界、文化界接受了这个诠释。对朱熹所做的贡献不闻不问是无法回到先秦的。他整个地把经学的传统，通过《四书》作了诠释的实践。其中有很多非常复杂的文献学上的问题、考据的问题、校勘的问题。这种以重塑传统为整理国故的学术事业是阐释儒家精义服务现实社会的伟大工程。先秦儒家义理与南宋书院的关系，吴师道是这样说的："学术明则人心正，儒道显则风俗美。是以稽孔孟之传，下主程朱之派，设科则用其书，秩祀则尊其爵。至于门人高弟，同源分派，或抱道怀德以终身，或著书立言而垂世，故于学舍之外复有书院之置，表厥宅里，附之风声。"④ 杨时说，学而不闻儒家之道，犹如不学；程端蒙说，创书院而不讲明儒家之道，与无书院一样。南宋书院大师孜孜不倦探寻儒家义理，并以之为南宋书院的精神支柱。

---

① 朱熹：《朱子全书》（第二十三册），上海古籍出版社 2002 年版，第 3360—3361 页。

② 朱熹：《朱子全书》（第二十七册），上海古籍出版社 2002 年版，第 562 页。

③ 朱熹：《朱子全书》，上海古籍出版社 2002 年版，第 2545 页。

④ 陈谷嘉、邓洪波主编：《中国书院史资料》，浙江教育出版社 1998 年版，第 298 页。

　　南宋书院以儒家义理作为自己的信仰，不仅在于选择对象自身的文化品质，而且还在于南宋书院师生这个接受者的现实需要。儒学受辱由来已久，北宋泰山书院学者孙复《儒辱》曰："儒者之辱，始于战国。杨、墨乱之于前，申、韩杂之于后。汉、魏而下，则又甚焉。佛、老之徒横于中国，彼以死生祸福、虚无报应为事，千万其端，给我生民，绝灭仁义，屏弃礼乐，以涂塞天下之耳目。天下之人，愚众贤寡，惧其死生祸福报应人之若彼也，莫不争奉而竞趋之。观其相与为群，纷纷扰扰，周乎天下，于是其教与儒齐驱并驾，峙而为三。"①面对各家学说的挑战，南宋书院学者认为，诸多学说中只有儒家义理适合国情，维持正常的人伦秩序，促进社会的稳定发展。大学的信仰选择也是这样。真德秀说："尧、舜、禹、汤、文、武、周公之学，君子当尽心焉。若舍此而专治乎异端，岂不有害邪？"②他的巨著《大学衍义》强调：（1）大学必须要认清杨朱、墨翟学术之弊害。儒学主张"亲亲而仁民，仁民而爱物"，爱非不普遍，而其施有序。战国时期，墨翟主张"兼爱"，杨朱主张"为我"，皆与儒学相异。孟子批判杨、墨，以为墨翟"兼爱"是"无父"，杨朱"为我"是无君，无父无君是禽兽也。真德秀站在孟子的立场上解释说："事君则致其身，杨朱但知爱身，而不知致身之义，故无君。立爱必自亲始，墨翟爱无差等，而视其至亲无异众人，故无父。无父无君，则人道灭绝，是亦禽兽而已。大抵正道、异端相为消长，杨墨之道不息，则孔子之道不明，而奸言邪说得以诬罔民听，塞绝正理，正理绝灭，不惟禽兽食人，人亦将相食。此孟子之所以惧而不容不辩也。"③（2）大学必须要认清法家之学、纵横家之学之弊害。在先秦，商鞅、申不害、韩非等法家人物倡导"刑名之学"，而苏秦、张仪等人倡导"纵横之学"。商鞅相秦，废井田而开阡陌，以权术欺邻国，在国内以苛法治国，杀人无数，刻薄少恩。申、韩之术与其类似。苏秦、张仪逞口舌之辩，纵横捭阖，倾乱人国。此五人虽一时富贵，但其学术危害社会民生，皆非正道。（3）大学必须要认清道家老聃、庄周之学之弊害。老子之学，有其合理因素，如"慈"、"俭"、"无为而治"等，对汉初休养生息的政策制定发生了影响，取得了积极的成效。其学说的其他思想内容也为养生家、兵家所借鉴和吸收。但其学以事物为

①　黄宗羲：《黄宗羲全集》（第三册），浙江古籍出版社2012年版，第140页。

②　真德秀：《大学衍义》，华东师范大学出版社2010年版，第207页。

③　同上书，第209页。

粗迹，以空虚为妙用，庄周因之，以荒唐缪悠之辞哗众取宠，为后世清谈家所仿效，乃至误人家国。老子之学的合理因素，虽然有可取之处，但已为儒学之所有，而其弊端则有不可胜言者。（4）大学必须要认清神仙之说之弊害。神仙之说，始于战国，谓人服食长生不死之药，即可以成为神仙。秦始皇遣人求之而不验，汉武帝复求之，又不验。秦始皇、汉武帝皆一世英杰，绝非庸才，然长生不死之欲一动乎念，遂为方士愚惑，虚耗国力，终一无所得。（5）大学必须要认清谶纬之说之弊害。谶纬之说，起于西汉哀、平之间。王莽摄政，假称上天符命，以行其篡代之谋。其后谶纬之说大兴，皆假称符命。汉光武帝亦应符命而起兵并登上天子宝座，他对谶纬之说更崇信而表彰之。当时桓谭上疏推波助澜。对此，真德秀说，谶纬者，邪说也。（6）大学必须要认清玄学清谈之误国。魏正始中，尚书何晏好老庄之书，与夏侯玄、荀粲、王弼等人竞为清谈，其学崇尚玄虚，谓天地万物皆以无为本，六经为圣人之糟粕。朝野士大夫争效其说，遂掀魏晋玄学清谈之风。何晏、王弼之徒设为玄虚之论，视事物之有形者皆为刍狗，是非成坏一不足介意，于是臣不必忠，子不必孝，礼法不必事，威仪不必修，唯空旷无心不为事物染著者乃为知道。其始以之自利其身，其终以之贻害于国。盖自晋及梁，其乱亡如出一辙，皆学老庄氏而失之罪。推原其本，是亦老庄之罪也。然则有天下者，惩魏、晋、萧梁之祸，其可不以尧、舜、周、孔之道为师哉？（7）大学必须要认清佛教之误国。真德秀说，佛教之学大抵以空为宗，谓世间万物皆为因缘假合，而无自性。其学贵慈悲不杀，以为人死精神不灭，轮回转生，其生时所行善恶皆有报应。故尊尚修证佛法，以至为佛。其学善为宏大之言，颇能吸引信众。魏晋以后，其学渐盛。梁武帝在位四十八年，前后三次入佛寺为厮役。由于其溺于慈爱，法禁松弛，王侯子弟多骄淫不法，以致国是日非。其后侯景作乱，梁武帝竟被逼饿死台城。事佛求福，乃更得祸，此亦一大历史教训。对此，真德秀说："盖尝论之，使仙而可求，则汉武得之矣；佛而可求，则梁武得之矣。以二君而无得焉，则知其不可求而得也明矣。纵求而得之，虚无荒幻之教不可以治诸夏，山林枯槁之行不可以治国家，况不可求邪！汉武贪仙而终致虚耗之祸，梁武佞佛而卒召乱亡之厄，则贪佞之无补也又明矣。……帝之所学者释氏也。释氏以天伦为假合，故臣不君其君，子不父其父。三四十年之间，风俗沦胥，纲常扫地，宜其致此极也。使其以尧、舜、三王为师，而不杂于方外之教，必本仁义，必尚礼法，始明政刑，顾安有是哉？"① 真德秀说，佛教也是乱世之学。

　　南宋书院坚决反对大学走佛教的道路。尽管南宋书院各个学派之间常常指责论敌是"禅"，这只不过是因论敌多多少少在形式上与佛教有些瓜葛而已，其实理学家骨子里还是儒学的内容，但是南宋书院所有学派在反对佛教、维护儒学地位的立场上是一致的，还没有谁正面歌颂过佛教。另一方面，是用儒家经典去证明佛老的合理性呢，还是借佛老的义理来改造儒学呢？南宋书院的学术之路当然是选择了后者而非前者。民国学者说："陆九渊可以说是一个仅在方法上的禅家思想信奉者，陆九渊生当禅宗盛行之时，而禅宗的确又不重读书和文字功夫，只重内心的顿悟。陆九渊不得不受这种观念的影响，不过，他弃绝禅宗的出世态度，只保持其内求本心的方法。他在方法上应用禅宗的技巧，在道德思想的完成和儒家思想的展开上，直接诉求本心。"② 作为大学的书院，在处理儒学与佛学的关系上也总体上如陆九渊的方法论。真德秀将各种异端邪说逐一批判、排除，说明大学不应重视这些学术思想，也不应培养信仰此类学术思想的学生。大学信仰儒家义理是历史的教训使然，是现实的需要使然。对于南宋书院读书人而言，他们深入先秦儒家经籍可以求得制度和生活的出路：希望匡复道义、彰善抑恶者，从先秦儒家典籍中寻得巍巍宏言与高明之理；欲救治社会、振兴邦国者，从先秦儒家典籍中觅救世济民的良方；对社会现实悲愤填膺者，借先秦儒家典籍而激抨当下时政的不堪；求仕宦、图功名者，搜先秦典籍提出美新政、颂新主、为后王立法的蓝图；苦闷失意者，抱先秦儒家古籍而获心灵宽慰、精神寄托。如此，先秦儒家经典在某种意义上讲，也隐约塑造了后世读书人济世匡时、安身立命的基本范式。从实际利益得失而论，南宋家族对于儒学义理态度不同则结局也不同。与国家重视儒学保持一致，则家族兴旺，反之，则走向衰落。家族成败的经验教训，也使得南宋书院选择信仰儒家义理的道路。

　　南宋书院是怎样坚持儒家义理这个信仰的呢？且不说南宋书院对孔子的祭祀和对先秦儒家经典的整理，也不说南宋书院教材的编写对儒家义理的贯彻，只需从它的指导思想"理学"对儒学哲学范畴的吸纳，

---

　　① 真德秀：《大学衍义》，华东师范大学出版社 2010 年版，第 224—226 页。
　　② 张君劢：《新儒家思想史》（上册），中国人民大学出版社 2006 年版，第 259 页。

就足以证明南宋书院坚持了对儒家义理的信仰。由于周敦颐是理学的宗主，陈淳专门对理学的哲学范畴做过梳理，因此以他们二人为例来说明南宋书院理学家对儒学义理的信仰是恰当的。南宋书院学者滕珙真说周敦颐："三十则为二程师矣。又闻二程之受学于南安也，时明道年十五，伊川年十四，师友授受，实千古理学之源。"① 究主要著述而言，周敦颐对《太极图》的解说文字即《太极图说》，也称《太极图易说》；周敦颐另有哲学著作《易通》，也称《通书》。周敦颐的《太极图》来自《太极先天之图》。但将周敦颐的"图"与《道藏》中的"图"一比较，就会发现二者只是"略同"。这至少可以说明周氏是有所创新的。同时，周敦颐的《太极图说》②，是从为《太极先天之图》所配的一段解说性文字化用而来的。同样的办法，将周氏的"说"与那段解说性的文字比较，就会发现周氏之理论贡献了。所以，这个"图"和"说"，当如此看待：一个图式仅仅是一种理论表达的方式。在利用前人思想资料方面，图式与范畴一样，其意义取决于对于图式的解释。同一图式也可以经过不同解释和改造而服务于不同的思想体系。事实上，从解释《太极图》的《太极图说》来看，它实际上是由《周易》的一些观念发展出来的一个宇宙论模式。③ 周敦颐创立理学也是站在前人的肩膀上有所发明的。而且周敦颐《太极图说》虽然与道教有渊源，但其主旨在于阐述儒家奉为经典的《周易》中所说的"易有太极，是生两仪"思想，并把《周易》中原来仅具有宇宙论意义的解释确立为理学的形而上学依据。《太极图说》中的"无极"不是一个哲学概念，而是用来描述"太极"的一般用语，"无极"即无形。"太极"不是有形之物，而是无形的"理"。将"太极"解释为"理"，也就找到了宇宙的本根，找到了理学的第一概念。"太极"这个"理"有动、静的特征，因此产生阴阳。于是，五行产生了，天地产生了，万物产生了，男女产生了，仁义产生了。可见，由于太极这个"理"的存在，世界的模样也就出现了。"太极阴阳五行"是对世界的素描。至于周敦颐的《通书》，与《太极图说》实相表里，大抵推一理、二气、五行之分合，以纪纲道体之精微；决道义、文辞、禄利之取舍，以振起俗学之卑陋。

---

① 陈谷嘉、邓洪波主编：《中国书院史资料》，浙江教育出版社 1998 年版，第 114 页。

② 周敦颐：《周敦颐集》，中华书局 2009 年版，第 3—8 页。

③ 陈来：《宋明理学》，辽宁教育出版社 1991 年版，第 47—48 页。

也就是说，《太极图说》阐释了理学的本体论，《通书》阐释了理学的工夫论。这两篇文献的许多语句出自《周易》，证明理学的义理继承了先秦儒学的义理，或者说理学运用先秦儒学的义理成就了自己。再做一番统计，周氏的两篇理学文献提出了这样一些哲学范畴：道、太极、阴阳、五行、动静、性命、善恶、诚、德、仁义礼智信、主静、鬼神、死生、礼乐、无思、无为、无欲、几、中、和、公、明、顺化。这些哲学范畴大多数出自先秦儒家作品——《周易》和《中庸》，说明理学的确脱胎于儒学。就南宋书院教育哲学的学理渊源而言，周敦颐最重要的理论贡献是赋予仁义礼智之类的儒家伦理学说以本体论的意义，回应了佛道两家对儒家的冲击，高扬了儒家伦理学说在意识形态和现实生活中的地位，为以后理学教育思潮的勃兴及其与书院的相结合打下了坚实的基础。淳熙十五年（1188 年），陆九渊、陆九韶先后致朱熹九封信，指出《太极图说》非周子所为，"无极"二字出于《老子》，认为"无极而太极"乃道家思想。朱熹认为，孔子未尝言无极而周子言之，先圣后圣岂不同条而共贯！朱熹还说，"无极而太极"就是"无形而有理"。二陆认为，朱熹的解释是虚无好高之论。再以朱熹的弟子陈淳为例，捍卫儒学竭尽全力。陈淳《北溪性理字义》讨论了 26 个范畴："命"、"性"、"心"、"情"、"才"、"志"、"意"、"仁义礼智信"、"忠信"、"忠恕"、"一贯"、"诚"、"敬"、"恭敬"、"道"、"理"、"德"、"太极"、"皇极"、"中和"、"中庸"、"礼乐"、"经权"、"义利"、"鬼神"（附魂魄）、"佛老"。这 26 个范畴中，"太极"出自《周易》，"皇极"出自《尚书》，"佛老"出自理学家喜谈而又批判的佛经，"一贯"出自《论语》，其他 22 个均出自《四书》。[①] 这 26 个哲学范畴无一是陈淳自创的，朱熹也未创造一个哲学范畴。理学家往往用先秦儒家经典中的一些哲学范畴这个"旧瓶"来装理学这个"新酒"，同时自觉地坚持了对儒家义理的信仰。

　　南宋书院坚持儒家义理的信仰的典型例子是浙江衢州孔氏家庙表征的南孔文化与书院教育的结合。"南孔文化"是指南宋初年孔氏南迁之后，孔氏文化在与当地文化不断融合所形成的区域文化。建炎二年（1128

---

① 侯外庐、邱汉生、张岂之主编：《宋明理学》（上册），人民出版社 1997 年版，第 9—10 页。

年），孔子四十八世孙孔端友与部分孔氏族人携孔子夫妇楷木像及画像扈跸高宗南渡。三年，孔端友与从父孔传诣阙上疏，被赐家衢州。此后，孔氏后裔在江南地区繁衍生息，并逐渐形成以衢州孔氏家庙为象征的南孔文化。南孔文化作为儒学文化的重要组成部分，对南宋书院影响很大，同时显示了南宋书院对儒家义理的坚守。南渡之初的孔氏族人恪守祖先的儒家精神，撰写了大量著作，如孔传著《东家杂记》、《孔氏六帖》，孔元龙著《柯山论语讲义》，孔元龙、孔从龙著《鲁论言学》，传播了儒家义理。孔氏族人对官学、私学等积极介入。尤其是书院方面，南宗族人或创建书院，如孔元虔于咸淳年间在泰兴创建马州书院；或讲学于各大书院，如孔拔出任明道书院山长。南宋时期的衢州孔氏家庙，初于绍兴六年，诏权以衢州学为家庙，计口量赐田亩，除蒸尝外，均赡族人，并免租税。八年六月壬戌，赐衢州田五顷，主奉祠祀。宝祐元年（1253 年）在衢州菱湖鼎建，规模宏壮，仿佛鲁旧庙。衢州孔氏家庙，是民族遭受宋金战火而儒家义理血脉不断的象征。南宗家庙所在地衢州位于浙江、江西、福建、安徽四省交界处，独特的地缘元素使南宗家庙所具有的文化内涵对四省的书院具有影响。衢州宋代书院有 14 所，南宋时期许多知名学者讲学于衢州各书院。如朱熹、徐霖讲学于柯山书院，留梦发、朱熹、吕祖谦讲学于明正书院，陈士贞主讲于清献书院，张恪、张恢兄弟主讲于集义书院，毛晃、毛居正父子主讲于高斋书院，徐存主讲于南塘书院。衢州的书院对招收学员没有严格限制，当时四方之士来此求学者甚众。孔元龙是孔子五十世孙，是真德秀的学生；"年至九十，手不释卷"，是南宋柯山书院的山长，深受学生爱戴，"先生卒之日，门弟子三百哭之"[1]。明代天启《衢州府志》卷十四《艺文志》载有朱熹、张栻、吕祖谦、陆九渊四位书院大师分别写下的《题听雨堂诗》，听雨堂即后来的包山书院。张栻的妹妹嫁到衢州，故多次到此探亲讲学。其余三位大儒到到衢州的情况史有记载。淳熙元年（1174）陆九渊步入仕途，授迪功郎、靖安县主簿。据《象山年谱》记载，是年五月二十六日，陆九渊至衢州拜访主管台州崇道观的吕祖谦，两人相与讲道，彼此受益颇多。吕祖谦在给好友汪圣锡的书信中说："陆君相聚五六日，淳笃敬直，流辈中少见其比。"[2] 吕祖谦在写给学

---

① 黄宗羲：《黄宗羲全集》（第六册），浙江古籍出版社 2012 年版，第 195 页。

② 陆九渊：《陆九渊集》，中华书局 1980 年版，第 490 页。

生陈亮的书信中也说:“自三衢归,陆子静相待累日,又留七八日,昨日始行。笃实淳直,朋游间未易多得。渠云:‘虽未相识,每见尊兄文字,开豁轩翥,甚欲得相聚。’觉其意甚勤,非论文者也。”① 吕祖谦这两封信并没有收录于《象山年谱》中,而是摘录于其中。但二人相聚于衢州的包山书院的史实还是清楚的。淳熙二年十二月十九日汪应辰卒于三衢,朱熹计划北上婺源故里省墓途经衢州哭祭汪应辰时,邀吕祖谦南下衢州一会。淳熙三年三月中旬,朱熹启程,蔡元定随行。约二十五日前后师生两人抵达衢州,当夜入城哭祭汪应辰。吕祖谦也由金华启程赴约,于三月二十八日同朱熹相会衢州包山书院。两人讲论了七八天。朱熹和吕祖谦在《诗》经学上第一次出现了争论,在《尚书》学上,朱嘉与吕祖谦的分歧也初露端倪,《易》学、《礼》学方面两人也有讨论。此次衢州讲论,朱熹同吕祖谦争论最热烈的是《春秋》学与史学。且同这种经学上的全面讨论相应,两人还当面进行了儒释之辩。南宋书院人与南孔文化的地域关系体现了知识精英们对儒家义理的信仰。

南宋书院对儒家义理的信仰还表现在理学的地域扩张方面。文化需要附着于一定地域的环境条件并受其影响,而人类的社会实践亦可改造特定地域的自然环境,成为文化产生发展的内在因素。地域是由具有同质的社会诸要素构成的历史地理单位。文化地域是指某种文化特征或具有某种特殊文化的人在地球表面所占据的空间。南宋书院理学的地域化,最为直接的表征就是书院学派及其门人的籍贯。因为籍贯意味着书院影响的空间定位,这对于某一学派在某一地域的传播,有明显的揭示作用。从书院内部学派思想传播立场来看,学生籍贯所表现出的地域空间形态,则足以让我们看到某一学派学术思想在传播过程中所呈现出来的清晰的流动轨迹。而且通过对籍贯人数多寡的分析,还可进一步看到思想流动在某一空间中逗留的时间长度、影响强度以及接受和反应程度。反过来,也能够以某地域空间为平台,分析书院不同学派学生籍贯在同一空间平台中的共存与共荣,或相互之间的纠葛与博弈。一般而言,南宋书院学派的地域文化体现在两个层面。第一个层面是思想地域。它从书院主创者开始,由树根到树干到树杈到茂密的枝条。这棵思想之树的形状,可以唤起我们对与这个或这些书院有关的一个学派全部的历史想象,其图景是清楚的。但这个

① 陆九渊:《陆九渊集》,中华书局1980年版,第490页。

"思想地域"图景不能让我们观察到作为学术思想传播的重要历史细节，其中就有思想的空间流动问题。这便导致书院学派研究所要涉及的第二个层面，即地理意义上的学术思想史，即"地域思想"。① 从思想地域而论，在理学史上"闽学"与"濂学"、"洛学"、"关学"一样都是宋代理学的一个派别，它们都是以地域代表人名来命名学派。黄宗羲《宋元学案》卷八十五《深宁学案》在论述朱子学派学者王应麟时称："咸淳元年七月，除著作郎，时，汤文清公为太常少卿，与先生邻墙居，朝夕讲道，讲关、洛、濂、闽、江西之异同。"② 咸淳元年为宋度宗年号，也就是说，宋末已经有人在辩论濂、洛、关、闽学之异同了。但是，除各学派学生穿插求学不论，就书院某个学派内部而言，学生的籍贯也不是只来自一省，而且学生因求学、讲学、当官等原因迁徙。因此，不能离开"地域思想"这个概念来看待南宋书院理学的宋学特征。按照南宋书院学派内部系统的逻辑，朱子门人为 494 人，按籍贯来看，具体的地域分布情况为：福建 160 人（此外 4 人寓居福建，4 人移居福建）；江西 86 人（此外 1 人寓居江西）；浙江 73 人（此外 2 人寓居浙江，2 人迁居浙江）；湖南 26 人；安徽 14 人；江苏 7 人（此外 2 人迁居江苏）；四川 6 人；湖北 5 人；广东 5 人；河南 4 人；河北 2 人；山西 1 人；重庆 1 人；共 390 人有籍贯记载，有名而籍贯不可考者 104 人。③ 朱熹周围的所有朱子门人，构成了南宋后期一个最为庞大复杂的学术群体。他们多以书院为平台，捍卫儒家义理，论证朱子学的地位，借助各种具体方式实际促进朱子学的社会推广，实现朱子学与国家制度的结合。与此同时，象山书院既是个地域思想的概念，也是个思想地域的概念。陆九渊弟子共 82 名，其中，槐堂弟子 65 人，"甬上四先生" 4 人，其他弟子 13 人。④ 至于岳麓书院的湖湘学和丽泽书院的金华学，都是思想地域和地域思想交织而成把儒家义理辐射到中国大地上的网络。

---

① 程继红：《宋元朱熹门人及后学籍贯地理分布与朱子学传播区域》，《朱子学刊》2008 年第 1 辑。

② 黄宗羲：《宋元学案》，中华书局 1986 年版，第 2886 页。

③ 邓庆平：《朱子门人群体特征概述》，《中国哲学史》2012 年第 1 期。

④ 徐纪芳：《陆象山弟子研究》，文津出版社 1990 年版，第 33 页。

第四章

天理：南宋书院大学精神之本原

天大无外，大学以天为理则有敬畏。"君子教人，举天理以示之而已，其行己也，述天理而时措之也。"① 南宋书院大学精神的本原是天理。在南宋书院教育家那里，前贤的仁论气论、天命人性教化都被整合到伦理理性的思想体系中。南宋书院教育家的"教化"是泛教育的思想，不仅包括学校教育，而且包括社会教育。南宋书院教育家是非常重视个人的道德修炼的，所以对不符合礼制的欲望是要排除的。这种道统思想逐渐渗透到南宋族统和政统中去，大学精神焕发出改造社会的力量。朱熹对陈亮、叶适的功利思想口诛笔伐，因为事功学派有损于书院人的德性光芒。

第一节　南宋书院气论仁学终究合于理

南宋书院那里，理整合了气与仁的哲学意义。气论和仁学是中国古代哲学——即"天人之学"——的基本结构，二者共同决定了中国文化的特点。仁学是对"天人之学"中"人"的阐释，"气论"是对"天人之学"中"天"的阐释。气论是中国哲学家以"气"探究宇宙本原的唯物主义思想体系，也称"元气学说"或"气的思想"。气是指无形的连续的物质。仁学是中国哲学家阐释人群之伦理关系的思想体系，是一种道德学说。仁学决定了中国文化是入世的而非出世的，是道德的而非宗教的，是君权的而非神权的，从这方面说它与气论是相辅相成的。但它对于伦理的重视远远超过了对于自然本质的重视，从这方面说它掩盖了气论发展的面

---

① 张载：《张载集》，中华书局1978年版，第23—24页。

貌。① 南宋书院学者在用气论取代了神学之后，对进一步探讨自然界的本质失去了兴趣，而偏重仁学来加固理学体系。两宋时期，张载把气或太虚作为宇宙万物的本体，朱熹则把气作为与理相对的形下的实体，消解了气的本体性而使之成为一个从属性质的范畴。"理"在朱熹的思想体系中有两个层次：一是作为整体的"理"，亦可称之为"太极"；二是由"理"借助于"气"而派生的每一具体事物"各具一理"的"理"。这种关系可以扼要地概括为"理一分殊"。② 朱熹认为，天地之间，有理有气。理也者，形而上之道也，生物之本也；气也者，形而下之气也，生物之具也。"理"是宇宙万物存在的根据，"气"是构成宇宙万物之质料。"理"虽然只存有而不能动，须借助于气而变化流行造作万物，但"气"所以能够变化运动及如何变化运动，所以能够造作及如何造作又是由"理"决定的。理气无先后，理在气中。朱熹说："所谓理与气，此决是二物。但在物上看，则二物浑沦，不可分开各在一处，然不害二物之各为一物也。若在理上看，则虽未有物，而已有物之理。"③ "理"与"气"的区别，可视为是"自然"与"所以然"的区别。"理"自成其然，"气"以"理"为依据而成其然。在南宋书院那里，气、仁、理三者的关系是这样的：人之所以为人，其理则天地之理，其气则天地之气，理无迹，不可见，故于气观之；仁之气则天地阳春之气，其理则天地生物之心。故南宋书院气论仁学终究归于"理"。

南宋书院之理吸收了先秦儒家"仁"伦理意义，并且将它整合在理中。中国儒学史上，对仁讨论最多、最深入者，当属朱熹无疑。"仁"字出现于《朱子语类》4879 次、《四书集注》290 次、《四书或问》813 次、《朱子文集》2447 次。正如南宋明道书院山长周应合所言："言学而不及仁，则学无所据依。"④ 朱熹、张栻都有题名《仁说》的文章，他们都认为这"仁"最难说。胡宏、陆九渊也有仁论。南宋书院大师的仁学虽然

---

① 李存山：《气论与仁学》，中州古籍出版社 2009 年版，第 241—244 页。

② 潘德荣：《经典与诠释——论朱熹的诠释思想》，《中国社会科学》2002 年第 1 期。

③ 朱熹：《朱熹集》，四川教育出版社 1996 年版，第 2243 页。

④ 陈谷嘉、邓洪波主编：《中国书院史资料》，浙江教育出版社 1998 年版，第 252—254 页。

存在分歧，但都把"仁"顺向一理。周应合说："仁者，心之德，爱之理。"① "仁"字出现于春秋时代，此前的古籍里找不出这个字，在甲骨文和金文里也找不出这个字。周初制礼才造出仁字。它是个会意字，其含义与"人、身、尸、千、心、二"这几个符号紧密相关。在甲骨文中"尸"和"人"是通用的，"人"与"身"通用，"千"是人体的象形而与"身"字形很相近。"人"是屹立于天地之间的最高贵者。"尸"虽然是人，却是特殊意义上的人，表达死者与祭者之间的情感关系。"仁"字最早出现于《尚书》："予仁若考，能多材多艺，能事鬼神。"② 周武王病，周公祭祀先王，愿代武王死，以侍奉祖先。许慎《说文解字》收录了两个古"仁"字，一个是"忎"，另一个是"尸二"；郭店楚简中所有的"仁"字（大约将近70个）都写作"忎"或"身心"。所以，"仁"揭示的是"人心"与"身心"，表明思考活动的对象是人的身体和情感。"仁"这个会意字中的"二"是表示两个人在一起，由此引申出合耦或者耦合的人与人关系的意义"独则无耦，耦则相亲，故其字从人二"③。耦与偶同义，有"双"、"对"等意，两人见面相揖为礼，把对方当成与自己相平等的一方，表示对对方的尊敬。这就是"相人偶"的礼仪。如此看来，春秋的"仁"字具有了人伦教育的道德意义了。南宋书院吸收了这些认识成果，使之成为理学体系的思想材料。南宋书院仁说吸收了孔子仁学中的人本主义思想。《诗经》、《国语》、《左传》中的"仁"不是哲学概念，《论语》、《孟子》之"仁"才是个哲学概念，虽然它是指示语而不是定义语。《论语》中，仁字出现110次。孔子之仁在理论形态上属于人本主义。人本主义是把人看作唯一、普遍、最高的对象的哲学主张。孔子"仁者人也"是说人是人，不是神，不能靠祭肉的香味生活，而要实实在在地吃饭穿衣才能维持生命。"仁者人也"，是说不仅自己把自己当人看，而且要把别人当人看。"仁者人也"，是说人是社会关系的总和。"仁者人也"是说人的最高本性是道德本性，即人要孝悌、忠信、恭敬、智勇。孔子认为，仁是一切人的共性，所以它不仅具有伦理的意义，而且具有哲学的意义。孔子的人本主义之于教育，培养君子是其教育目的之

---

① 陈谷嘉、邓洪波主编：《中国书院史资料》，浙江教育出版社 1998 年版，第 252—254 页。

② 李学勤主编：《尚书正义》，北京大学出版社 1999 年版，第 335 页。

③ 许慎：《说文解字》，上海古籍出版社 1981 年版，第 365 页。

仁，有教无类是其教育对象之仁，因材施教是其教学方法之仁，教学相长是其师生关系之仁。孔子的仁学人本主义在后来的书院理学家那里得到了继承和发展。

儒家讲人本，墨家讲兼爱，老庄讲清静无为，都有"仁"的成分；南宋书院为了区别这一切，必须通过诠释孔子之仁并形成理学系统中的仁说。孔子从各个侧面说为仁之方却没有定义"仁"，但他又说自己的仁学可以"一以贯之"。"一"是什么？"贯"是什么？到了南宋书院那里才有了较好的答案。《论语》中"一以贯之"出现过两次。《论语》中《里仁》篇记载，孔子曰："参乎！吾道一以贯之。"曾子曰："唯。"孔子出。门人问曰："何谓也？"曾子曰："夫子之道，忠恕而已矣。"曾子是否真的理解了孔子之所指，不得而知。因为孔子没有听到曾子对"一以贯之"之道的理解，因而没有发表评论。而且忠恕一语，也不是孔子亲口所说，如何确定孔子之"一贯之道"就是如曾子之言呢？况且，"忠恕"也不过是行道的仁之方，而不是统管那么多仁的"道"。忠恕是爱人的一种表现。虽然我们还无法从孔子言语中找到忠恕是来源于爱人，但是，还是可以通过分析忠恕的内涵获得这样的结论。因为忠含有忠厚笃实、积极为人的意思；恕含有推己及人、想他人所想之意。孔子讲"仁者爱人"，爱人又表现为忠恕，但不能说仁即为行忠恕，更不能将忠恕等同于"一"。孔子不仅在《里仁》篇有过"一以贯之"说，在《卫灵公》篇也说过类似的话。孔子曰："赐也，女以予为多学而识之者与？"对曰："然，非与？"孔子曰："非也，予一以贯之。"何晏《论语集解》注曰："知其元，则众善举矣，故不待多学而一知之。"孔子之道中是否有"元"，还不确定，但是，因为这个"元"而能使"众善"有一个内在的基础而有所归统，不再是琐屑的仁之方，显然这种说法不失为对孔子一贯之道的中肯解释。但何晏并没有明确孔子之道的"元"是什么，也就是说没有找到"一"的确切含义。清儒对孔子"一以贯之"注曰：贯即行，孔子恐子贡只以多学而识学圣人，而不于行事学圣人，故告子贡曰"一以贯之"，亦谓圣门之教，行尤为要。① 如果以此解孔子之"一以贯之"恐有不妥。如果以"行"来解"贯"，孔子的道就是"行道"，也就是以伦理行为来作为孔子一以贯之的"道"，此道只能是行为方式，因为只有行为方式方可以有

---

① 刘宝楠：《论语正义》，中华书局 1990 年版，第 613 页。

一定的普遍性，如果"道"只是一个个具体的行为，除非这些行为完全一样。同时，即使是行为方式，其普遍性也是很有限的，因为一种行为方式的合理性，或者其所被赋予的价值意义只是在一个群体、一个时期是固定的，时空改变后其行为就失去了当时的意义。因此，行为方式，很难作为孔子终身行为的基础。朱熹对孔子"一以贯之"注曰："贯，通也。……圣人之心，浑然一理，而泛应曲当，用各不同。曾子于其用处，该已随事精察而力行之，但未知其体之一耳。"① 朱熹对孔子之道之解释才是正确的。"浑然一理"之说形容孔子之道之"一"从逻辑形式上说也是通的。很明显，朱熹是用自己的理学架构来解释孔子的"一以贯之"。朱子说："'一'只是一二三四之'一'。一只是一个道理。"② 朱熹说："一以贯之，犹言以一心应万事。'忠恕'是一以贯之底注脚。"③《朱子语类》载有程端蒙关于"一"的观点：一是纯一静虚，是此心如明鉴止水，无一毫私欲填于其中。另外，《朱子语类》还提到朱熹弟子陈淳也对"一"有所体会：一者，是表里俱一，纯彻无二，少有纤毫私欲，便二矣；内一则静虚，外一则动直，而明通公溥，则无时不一。程、陈二人都将去除私欲作为致"一"的重要前提。

　　南宋书院由先贤之"仁"关联到人的心性，心性即理。"心"的本义是指人的心脏，在生理学不发达的中国古代被视为人的思维的器官，进而引申为一个哲学概念。"心"之作用在于扩大了人的知觉活动之自觉，使人甚至认识到了人之"性"。而人的知觉，则使人能认知外在事物。同时，"心"又显现为一种对外在事物的反应。因为事物能刺激人的感受，而人又能发出行为，所以人会自然表现出对事物有所反应的状态。这是一种既基于"性"又基于"心"的知觉而产生的状态，这种状态就叫作"情"。因此，对于朱子而言，"情"就是"性"之用，两者之间形成了体用关系，也就是性体情用。而"心"、"性"、"情"三者的关系，张载认为"心主性情"，即"心"是主导，"情"是反应，"性"是存在所凭依的动能。朱子在张载《西铭》的基础上有这样的论述：心性情其实只是一个物，虚明而能应物者便是心，应物有这个道理便是性，会做出来的便是情。朱子改张载的命题为"心统性情"，既表"统合"，也表"统

---

① 朱熹：《四书章句集注》，中华书局1983年版，第72页。

② 黎靖德编：《朱子语类》，中华书局1986年版，第670页。

③ 同上书，第669页。

一"。如此，朱子理气思想与心性思想就融通了——朱子《仁说》即完成了这项理学建构工作。"心"与"性"、"情"，本是就人而言的。假如天地有其"性"、有其"情"，那么自然也当有其"心"。天地源于无极而太极、太极而阴阳之理，所以天地是一种具有创生力的存在，是创生万物的基础。能"创生万物"，可谓是天地的"性"之所在。此"性"有其价值，有其自然的主导性。这样一来，"心统性情"又可被视为理解宇宙的一种结构。其实，"心统性情"和太极创生万物之间具有密切的内在关系，因此可以圆融地说明世界的发展情况，说明人何以能面对、表达和理解世界，说明人如何凭此理解而有所行动。朱子的仁学，就是通过"心统性情"的心性之学来说明天地所具有的生物之心，把天地看成一体，谓其具有自然之心性。从现象角度来看，主宰天地的即是其"生物"之"心"。这就涉及易学的基本理念，《周易》已有相关的表述：天地之大德曰生。这种"生"之大德，具有一种主导的力量，这就相当于"心"。这样一来，就把"心"变为宇宙化之"心"了。这也合乎复卦《象传》的"复其见天地之心乎"之辞，足见朱子对易学思想的融会贯通。当然，这种思想也是从张载的气学和二程的理学发展而来的，而三位先贤思想的形成同样基于他们对易学的掌握，故他们能从天地之理气出发而了解人之性情。这里隐然透露出一种天人相通的基本认识。在朱子的仁学中，"心"是"德"之起源。而朱子在对此进行论述时，一直保持着天人贯通的立场。"天地之心"有四德，即乾卦卦辞中的"元亨利贞"；与之相应地，"人之为心"亦有四德，即孔孟所一再强调的"仁义礼智"。其中，天地的"生生不已"之"心"对应了人的"仁"之"心"。"仁无不包"，因此，人之"心"具有了"仁"，也就兼而具有了全部的人心四德。在"心"具其"德"之后，又能发挥出具体的情感，即"爱、恭、宜、别"之情。仁之情即是"爱"，礼之情即是"恭"，义之情即是"宜"，智之情即是"别"。由此，乃能从具体的情感活动来实现"心"之四德。在天人并论的过程中，朱子便将"仁"之善从理气心性之学推向了宇宙本体之学，借天地生生不已的理气来说明人之心性情的宇宙性，这是一种深刻的卓见。在《仁说》中，朱子先从人心出发说明天心，再以天心彰显人心，从而强调了与天地之"生生"相对应的人之"仁"作为"爱之理"的价值。这即是《仁说》的理路，朱子从理气心性之学中开出了一种

"理气天地仁学"。① 在南宋书院那里，朱熹与胡宏、张栻、陆九渊的仁说都主张克己、去私、知存，都是在一理的前提下说心性情。但朱子以心之德爱之理为仁之两面，而张栻则只言爱之理而不言心之德。

南宋书院气论仁学终究归于理的命题，被朱熹书院门人很好地付诸于教育活动中，张扬了南宋书院的大学精神。例如，黄榦，字直卿号勉斋，福建闽县人，深得朱熹嘉许。朱熹弟子众多，黄榦是跟随朱熹时间最长的弟子，又因是其女婿，故和朱子最为亲密。朱熹临终托道于黄榦而无憾。黄榦《袁州萍乡县社仓絜矩堂记》说，己欲立而立人，己欲达而达人，因其分殊原其理一，方之所以为教；稽之天理，验之人心，参之帝王之制，质之圣贤之训，最终都归于仁之理的法则；若夫横目自营，拔一毛不以利天下充其小己自私之心，非推及天下的仁爱之心。拂天理逆仁慈，圣贤之所必弃。这是正面地强调抑制私心弘扬天理则是仁。黄榦《复刘师文实学》说，数十年来，风俗日异，谋身之意多于谋国，为私之心急于为公；此无他，义理不明而人心不正。这是从反面讲士风没有正气，源于失去君子之仁。针对某人凭借太学生资历而为富不仁横行霸道，黄榦说，如果不善待别人，即使是读破万卷书，也终归不过是有害天理。为了改变士风、教化百姓，他勤勉于书院教育。嘉定元年（1208 年）知临川时，黄榦捐俸与李壁同创名莪峰书院。黄榦亲自讲学其间，翰林学士王克勤曾为之撰记。嘉定五年（1212 年）五月，黄榦被调任为江西新淦县令。同门友人杨楫时任江西运判，延请黄榦讲学于隆兴东湖书院。他准备的讲义直截了当，提出做学问要博学、审问、慎思、明辨、笃行。他还给杨楫提议要立学规，使学生懂得尊师重道。黄榦主讲东湖书院时，饶鲁前来肄业于其门下。一次，黄榦问饶鲁：《论语》首论时习，习是如何用功？饶鲁回答：当兼二义，绎之以思虑，熟之以践履。黄榦对他的回答很满意，于是"大器之"。嘉定八年（1215 年）十一月黄榦在汉阳建凤山书院，馆四方士，立周、程、游、朱四先生祠。嘉定九年（1216 年）四月，黄榦奉祠还乡，先到建阳考亭书院。黄榦在此撰写了《竹林精舍祠堂讲义》，并开始草撰《朱文公行状》。七月，新作草堂三间于考亭之寓舍，取名环峰精舍。嘉定十年（1217 年）三月，黄榦写了一篇《南康军新修白鹿书

---

① ［美］成中英：《从朱子理气、心性之学到朱子〈本义〉〈启蒙〉易学》，《朱子学刊》2015 年第 1 辑。

院记》纪念先师朱熹。次年四月，黄榦回到闽县老家讲学于城南张氏南园，并构书楼以建阳"云谷"命名以示不忘先师之训。嘉定十三年（1220年）春，黄榦在闽县建高峰书院，专事讲学著述，诸生从学于山间。黄榦的书院教育活动重视伦理教育，以仁为体，以气为用。他同意朱熹的观点：读书人之患，在于志卑气弱、度量浅狭、规模褊陋，则虽与之细讲，恐终无任道之意；故须是在大规模，又有细工夫，方成个人物。

第二节　南宋书院天命人性教化终合于理

在南宋书院那里，天命赋予人性，人性决定教化。南宋明道书院学者程必贵《中庸讲义》（1262年）说，"自然而然者，天也；非令之令者，命也；与生俱生者，性也"，"率即循也。率性之仁，则父子有亲矣；率性之义，则君臣有敬矣；率性之礼，则长幼有序矣；率性之智，则是非有别矣"，"唯圣人能全天地不全之功，尽君师当尽之职，即是道。而品节之为法于天下，可传于后世，是之谓教。然其为教，亦不出乎三纲、五常而已。因其所有而不强其所无，故曰修道之谓教"①。南宋书院依据《中庸》"天命谓之性，率性谓之道，修道谓之教"的说法，把天命、人性、教化演绎在"理"的逻辑框架里，为大学精神注入了伦理理性的内容。

在南宋书院那里，"所谓天者，理而已"②，"天者，安天理者也"③；"理之自然段然，谓之天命"④，"知天命，是达天理也"⑤。王应麟认为，天与地是相对而言的。其《困学纪闻》中的《天道》篇罗列了前人关于天地之间数学距离的一些说法。陆九渊对天的经纬度、南北极与赤道的距离作过描述。两位学者所讲的"天"是客观物质形态的天空，不是宗教意义的"天帝"和道德意义的"天理"。实际上，所谓"天命"，从天之命的发出者而言，人要受自然规律、上帝与帝王、伦理关系的限制；从天

---

①　陈谷嘉、邓洪波主编：《中国书院史资料》，浙江教育出版社1998年版，第242—243页。

②　张栻：《张栻全集》，长春出版社1999年版，第192页。

③　同上书，第258页。

④　同上书，第464页。

⑤　程颢、程颐：《二程集》，中华书局1981年版，第161页。

之命的受体者而言，人的生命以及生活有道德理性。宗教认为宇宙有一个最高的主宰者，称为"帝"、"上帝"或"天"。这个主宰者能够发号施令，指挥自然界的变化，决定社会的治乱以及个人的祸福。他的号令叫作"命"或"天命"，作为听从命令的人只能顺从。即使到了孔子那个时代，这个意义并没有失去。① 殷商和西周世界观的重要区别，不在于商人是否以"天"为至上神，因为如果"天"只是有人格的"皇天震怒"的天，那么在信仰实质上与"帝"的观念并无区别。事实上，在许多文献中二者是等同的，或可以互换的，很难明确区分。商周世界观的根本区别，是商人对"帝"或"天"的信仰中并无伦理的内容在其中，总体上还不能达到伦理宗教的水平。而周人的理解中，"天"已经有了确定的道德内涵，这种道德内涵是以"敬德"和"保民"为主要特征的。天的神性的渐趋淡化，"人"相对于"神"的地位的上升是周代思想发展的方向。用宗教的语言来说，商人的世界观是"自然宗教"的信仰，周代的天命观则已经具有"伦理宗教"的品格。② 在周公的制礼活动中，"天"并没有失去其宗教的特征。到了孔子那里，"天"仍有上帝主宰的内涵，但孔子讲"天"有时也指自然之天。到了宋代，"天"成为哲学的最高概念，与理、乾、上帝、鬼神成为实同名异的概念。在南宋书院那里，"天"有三个义项：苍苍者天，属于自然规律范围；主宰之天，属于宗教信仰范围；天即理，属于人伦准则范围。三者之中，以最后一项为主。南宋书院理学家以理为最高概念，又以天为最高概念，看似矛盾，其实不然，因为"天理"是个同义复词，"天"、"理"同义。朱熹说："天者，理而已矣。大之事小，小之事大，皆理之当然也。自然合理，故曰乐天。不敢违理，故曰畏天。"③ "天，即理也。其尊无对，非奥、灶之可比也。逆理，则获罪于天矣。岂媚于奥、灶所能祷而免乎？"④ "天者，理势之当然也。"⑤ "天"观念是南宋书院"理"观念的基础。在先秦儒家那里，"天"与"人"之间沟通是"命"。"命"字作始于西周中叶，盛用于西周晚期，与"令"字仅为一文之异形。"命"脱胎于"令"字。既然已经有了

　① 冯友兰：《中国哲学史新编》，人民出版社 1998 年版，第 171—172 页。

　② 陈来：《古代宗教与伦理——儒家思想的根源》，三联书店 1996 年版，第 168 页。

　③ 朱熹：《四书集注》，岳麓书社 1985 年版，第 26 页。

　④ 同上书，第 89 页。

　⑤ 同上书，第 47 页。

"令"字，而"令"本身又包含着"王令"和"天令"，为什么还必须要有"命"字呢？这是因为，"令"只指"发号"主体，且具有明显的主动色彩，而"命"具有明显的使动色彩，这可能就是"命"字形成的逻辑根源。另一方面，随着西周人文精神的跃动以及从自然宗教向伦理宗教的转型，尤其是殷周政权更替这一重大的社会历史事件，也使人们不得不从对"发号"主体的关注转向"受令"主体。这正是"命"字出现的文化背景。① "天命"一词最早出自《尚书》："天命明威，不敢赦。……天命弗僭，贲若草木，兆民允植。"② "先王有服，恪谨天命。"③ 这两则材料中的"天命"是指上帝和君王之命。《尚书》和《诗经》中还出现了对上帝和君王之命的怀疑甚至是反抗。这是受"命"者的态度，呼唤"天命"以"德"。由于"天命"之"命"本来就含有"生命"、"命运"的内涵，所以"天命"观转向对生命个体以及人生的思考是理所当然的事情。道家对"命"全然采取委心任化、安时而顺的态度。儒家则恰恰相反，它高扬起人的主体性，以"知其不可而为之"的精神，乐天知命，改造社会。《论语》谈到"天命"一共两处三见，也还没有啥明确的道德意义。至于把"天命"与伦理道德联系起来，是后来汉唐儒家和宋儒所做的诠释工作。宋儒认为，如果所行不能安分，不守礼，不循理，甚至心中起不正之念，就"获罪于天"。南宋书院继承和发扬了先秦的"天命"观，赋予了它丰富的理学内涵，尤其是通过对《中庸》的理学化将天命的道德意义落实在人性论和教化论中，从而由天命走向了天道人道合而为一的理。

　　在南宋书院那里，由"天命谓之性"引发出理学维度的人性论。"人"什么？《尚书》说："唯天地万物父母，唯人万物之灵。"④ 人是天地创造的最神灵的动物。许慎《说文解字》注释："人，天地之性最贵者也。"⑤ 人最高贵。人在天地之中以生，赋气成形，故言人之性必本于天。南宋书院"性即理"的理论格局，实际上可以引出以理为最终本体和以性为天命全体的性理组合。"性"与"生"互训，"性"字由"生"字孳

---

① 丁为祥：《命与天命：儒家天人关系的双重视角》，《中国哲学史》2007 年第 4 期。

② 李学勤主编：《尚书正义》，北京大学出版社 1999 年版，第 200 页。

③ 同上书，第 225 页。

④ 同上书，第 270 页。

⑤ 许慎：《说文解字》，中国书店 2011 年版，第 1225 页。

乳而来。百姓之"姓"也是由"生"字演化而来的，百姓最初就是"百生"。"生"之本义为"象草木生出土上"①，故作动词用则为自无出有之出生，作名词用则为出生以后之生命。"性"是指"人之阳气，性善者也，从心，生字"②。既然这些汉字有亲缘关系，那么当然就有意义上的联系。与此同时，后产生的汉字既然从母字当中分化出来，那么当然就有其独立的意义。性字保留了事物初生之意，尤其是物性之"性"；而教学活动中的"先生"、"学生"之"生"字除了含有人的生物本能之意外，恐怕更多地指向"人性"的道德意义了。"人生"是指：（1）人出生，《礼记》说，"人生"十年曰幼，学；（2）人的生存和生活，《左传》说，"人生"实难；（3）人的一生，如曹操《短歌行》说，对酒当歌，"人生"几何?③"人性"是指"人区别于其他动物的共性"④，人不同于其他动物的特性是德性。性是万事万物的属性，人与物都是天的产物，物性是物的特征，人性是人的特征。《朱子语类》中有段教学对话可见朱熹的物性之谓。学生问："'性即理'何如?"朱子答："物物皆有性，便皆有其理。"学生问："枯槁之物，亦有理乎?"朱熹答："不论枯槁，它本来都有道理。"朱子于是指案上花瓶说，花瓶便有花瓶的理，书灯便有书灯的理，水之润下，火之炎上，金之从革，木之曲直，土之稼墙，一一都有性，都有理；人若用之，顺着它，若把金来削做木用，把木来铭做金用，便不懂其理。⑤物之为物的道理就是物性。真德秀说，凡天下之物有形有象者，皆器也，其理便在其中；以身言之，身之形体，皆形而下者，曰性曰心之理，乃形而上者。物性都有理，它是客观的、自然的，不以人的主观意志为转移，人只能顺应而不能违背它。如果违反事物的固有属性，人为地改变它，就是违背道理。性虽抽象，但有迹可寻。朱熹在孟子的立场上批判了告子"生之谓性"自然论观点，认为"生"不是性，只是自然的外在表现。性是人和物所以生的道理，万事万物生生不息的根据。物性与人性的本然之理是同一的，二者自然合乎天理。但人与物同中有异。朱熹说："性者，人之所得于天之理也；生者，人之所得于天之气也。性，

---

① 许慎：《说文解字》，中国书店 2011 年版，第 943 页。

② 同上书，第 1677 页。

③ 夏征农主编：《大辞海》（语词卷），上海辞书出版社 2011 年版，第 2903 页。

④ 辞海编辑委员会：《辞海》，上海辞书出版社 2010 年版，第 1564 页。

⑤ 朱熹：《四书章句集注》，中华书局 1983 年版，第 2484 页。

形而上者也；气，形而下者也。人物之生莫不有是性，亦莫不有是气。然以气言之，则知觉运动，人与物若不异也；以理言之，则仁义才庸之享，岂物之所得而全哉？此人之胜所以无不善，而为万物之灵也。告子不知性之为理，而以所谓气者当之，是以杞柳湍水之喻，食色无善无不善之说，纵横缪戾，纷纭舛错，而此章之误乃其根本。所以然者，盖徒知知觉运动之蠢然者，人与物同；而不知仁义礼智之粹然者，人与物异也。孟子以是折之，其义精矣。"① 人与物都是自然的造化，有本能的知觉运动，人与物莫不得天理而生。人之所以不同于物，人有仁义礼智之全德，而物则不备，因此人是万物之灵。从人的本质上讲，人的存在不在于自然的物质属性，而在于人的伦理道德。人对物不知则少见多怪。吕祖谦说："怪生于罕而止于习。赫然当空者，世谓之日；灿然遍空者，世谓之星；油然布空者，世谓之云；隐然在空者，世谓之雷；突然倚空者，世谓之山；渺然际空者，世谓之海。如是者使人末尝识而骤见之，岂不大可怪耶？其所以举世安之而不以为异者，何也？习也。焄蒿悽怆之妖，木石鳞羽之异，世争怪而共传之者，以其罕接于人耳。天下之理，本无可怪。吉有祥，凶有祲，明有礼乐，幽有鬼神，是犹有东必有西，有昼必有夜也，亦何怪之有哉？夫子之不语怪者，非惧其惑众也，无怪之可语也。"② 人的智慧也是人性之善。人的资质之潜在能力虽有差异，但不同人都有学习仁义礼智信的倾向性和能动性。

人性是善的，因为人性受之于天，受之于理；至于那恶，不属于人性，而属于浊气附于人的气质之性。作为大学的南宋书院应该维护人性之善，变化气质。郭店楚简中的《性自命出》篇给人性以生成论的说明：人性既源于命，根于天，又具有凡人共同的性质；至于其善与不善则缘于人生的不同及其不同的干扰因素，如势、教、习等。③ 在朱熹看来，性是人得于天之理，生命则源于受命之气，性与气之间乃是作为形而上下的双方组合在一起。性作为理，作为仁义礼智，是当然的善。人与物异，不在气上而在性上，人性全而粹而物性偏而杂。但是，二程却认为"人生气禀，理有善恶，……善固性也，然恶亦不可不谓之性也"④。朱熹对此虽

---

① 朱熹：《朱子全书》（第六册），上海古籍出版社 2002 年版，第 396 页。

② 吕祖谦：《吕祖谦全集》（第六册），浙江古籍出版社 2008 年版，第 120—121 页。

③ 丁为祥：《命与天命：儒家天人关系的双重视角》，《中国哲学史》2007 年第 4 期。

④ 程颢、程颐：《二程集》，中华书局 1981 年版，第 10 页。

颇感踌躇，但又不愿和程氏发生正面冲突；在他对二程以来性论的重新审视中，另外提出了自己对理、性范畴的新的阐释。一方面，对"理"而言，朱熹是将"理"字虚说，将不符合自己原则的"理"字化掉。这既在于维护本体之理的绝对性，也在于反对性理有恶之说的不是。另一方面，对"性"来说，则是将此解作为气质之性，因气禀不善而影响到性有恶。性与气双方混杂不分，不再是原来的性本体，所以又可说"不是性"。他说："人物未生时，只可谓之理，说性未得，此所谓'在天曰命'也。'才说性时，便已不是性'者，言才谓之性，便是人生以后，此理已堕在形气之中，不全是性之本体矣，故曰'便已不是性也'，此所谓'在人曰性'也。"① 性之本体是理，性之现实却是理气混杂即所谓气质。朱熹说，孟子亦只是大概说性善；至于性之所以善处，也少得说。朱熹对孟子"性善"说的回护，披露了他之力挺天命之性的至善，但存在着理论的困难。因为从本体论自身的逻辑来说，性本善的观点实际上是没法得到证明的。朱熹实际上也承认，性本善的判断其实只是一种经验推论而非先天必然。如果严格界定，就只能说先天本无善，能说善者，或者是后天人性之善，或者是经由人性善而推出本性善。但是，本性善既然可以推出，那就说明本性善与现实善是一脉相承的，所以朱熹将重心转移到人的道德践履上。他说："人性本善而已，才堕入气质中，便熏染得不好了。虽熏染得不好，然本性却依旧在此，全在学者着力。今人却言有本性，又有气质之性，此大害理。"② 善之本性虽然会被气质熏染，造成本性被遮蔽。教育家所当做的便是着力去除气质污染而发明本有的善性。朱熹坚持性善不仅仅是说性，更是在说理，所以决不能有丝毫的动摇。可以说，程颢的"理有善恶"与朱熹所持的性善论实际上是有矛盾的。但出于对程学的尊信和维护，朱熹总是通过不同的解释而使其与自己的思想保持一致，亦要求学生莫据己见，便认为前辈说的不是。③ 朱子于是有天命之性和气质之性的划分。天命之性全是好的，符合天理。气质之性就很复杂了。气质之性并不是指气质自身的属性，而是综合反映理气影响的人性概念。朱熹认为仅仅从天命之性这一方面并不能解决儒家人性论所要说明的问题，所以必须从理与气两方面进行考查，说明现实人物之性不是纯粹由理或纯粹由

---

① 　朱熹：《朱子全书》（第十七册），上海古籍出版社 2002 年版，第 3196 页。

② 　朱熹：《朱子全书》（第十四册），上海古籍出版社 2002 年版，第 3199 页。

③ 　向世陵：《理气性心之间——宋明理学的分系与四系》，人民出版社 2008 年版。

气所决定，而是受到了理与气共同的制约。"气质之性"的提出是为了对现实中人各不相同的道德品质做出说明，并按照气质之性的不同把人划分为各种类别。在朱熹看来，虽然每个人都可以禀赋到天理以为性，但是由于组成人形体的质料不同，亦即承载理的气不同，所以人的气质之性便有天然的差异。气质之性不仅决定了人的善恶，甚至是决定了人的贤愚、寿夭、贵贱、贫富等一切自然状态和社会状态。日月清明，气候和正之时，人生而察气，则为清明浑厚之气，须做个好人。若是日月昏暗，寒暑反常，皆是天地之戾气，人若禀此气，则为不好的人。禀得精英之气，便为圣为贤，便是得理之全，得理之正。禀得清明者便英爽，禀得敦厚者便温和，禀得清高者便贵，享得丰厚者便富，禀得久长者便寿，禀得衰颓薄浊者，便为愚、不肖，为贫、为贱、为夭。正是由于人禀到的气不同，人的气质之性便不同，所以可以在现实中品分出各种不同类型的人来。魏了翁说："人物之生有刚柔，于是乎有善恶。刚之善也，其言直以畅；恶也，其言廋以厉。柔之善也，其言和以舒；恶也，其言刚以弱。是则言也者，命于气禀之刚柔。刚柔既分，厚薄断矣，虽他日事业之广狭，时位之穷通，亦未有不由之，此诚非人力可以升沉者。然则为士者，果无所用其力乎？曰：不然也。志有所守，而大本先立，则气得其养，而生生不穷。夫如是，可以变化气质，愚明柔强，虽引为圣贤可也。"① 南宋书院大学教育的任务就是长善救失，变化气质。

在南宋书院那里，遵循人性就是回归天道，传授天道就是"教化"。教育与教化先秦典籍中已经出现了。"教育"一词最早出自孟子之口。韩愈《上宰相书》说："孰能教育蒸蒸天下之英材，将非吾君与吾相乎？"② 范仲淹《上张右丞书》说："如得其诚，愿预教育，然天下之道，可得而明。"《上执政书》说："重名器者，在乎慎选举、敦教育，使代不乏材也。""当太平之朝，不能教育，俟何时而教育哉？"③ 张载《张子语录》："圣人设学校以教育蒸蒸之，岂不欲使知善道？其不知，愚也。"④ 苏轼《代普宁王贺冬表三首》："臣猥以屑虚，叨承教育蒸蒸。"⑤《与参寥子十

---

① 黄宗羲：《黄宗羲全集》（第六册），浙江古籍出版社 2012 年版，第 136—137 页。

② 韩愈：《韩愈集》，黑龙江人民出版社 2005 年版，第 225 页。

③ 范仲淹：《范仲淹全集》（上），凤凰出版社 2004 年版，第 180—182 页。

④ 周德昌编：《北宋教育论著选》，人民教育出版社 1998 年版，第 233 页。

⑤ 苏轼：《苏轼全集》，上海古籍出版社 2000 年版，第 1321 页。

一首》:"窃惟教育獉獉成就,义均天属,割慈忍爱,如何可言,奈何!奈何!"① 朱熹《答何叔京》:"至今若存若亡,无一的实见处,辜负教育獉獉之意,每一念此,未尝不愧汗沾衣也。"② 以上几条引文中的教育指由专职人员和专门机构进行的学校教育,接近狭义"教育"的当今意义:"指以影响人的身心发展为直接目的的社会活动。"③ 许慎《说文解字》说,"教,上所施下所效也"④,"育,养子使作善也"⑤。"教育"辞源学表明,"善"是"教育"最重要的内涵。中国古代,"教育"与"教化"意义相同。"教化"最早出自《诗经》,《辞海》"教化"条目云其有二义:(1)政教风化。《诗大序》:"美教化,移风俗。"也指教育感化。(2)比喻环境影响。《史记·三王世家》:"传曰'蓬生麻中,不扶自直;白沙在泥中,与之皆黑'者,土地教化使之然也。"⑥ 教化是教育者对人们进行思想观念和行为方式的改造。从政治学的意义上看,教化是治国、平天下的手段。从教育学的意义上来看,教化则是一种促进个人生命成长、成就人们生命意义的主要方式。教化是人获得社会性、完成社会化的过程。人类的社会性并非与生俱来,而是经过了千百年的文化发展和文明演进之后而逐渐形成的。通过"教化",个体获得了适应社会的思想观念和行为方式,完成了社会化的过程,并最终获得了人之为人的角色。从泛教育的立场看,一切对个体产生影响的人类社会中的事物、活动等都是教化的施行者;相对而言,个体就是这些教化影响的接受者。当然,个体并非始终处在完全被动接受的地位,在其获得必要的社会角色之后,在其参与到正常的社会生活中之后,个体便能够为社会的主导理念、制度建设和行为模式等发表自己的意见,就是说,个体能够在参与中变革既有的社会存在方式和现成的教化模式。教化使人获得了最基本的社会属性和社会的价值思想体系。没有教化,人的精神价值将无法展现,优秀的品格将无法形成,追求美好生活和实现生活的幸福将不可能,一个社会积极健康的风尚将不可能形成。每个人的成长都既是教化的结果,同时又是逃离教化的

---

① 苏轼:《苏轼全集》,上海古籍出版社2000年版,第1965页。

② 朱熹:《朱子全书》(第二十二册),上海古籍出版社2002年版,第1802页。

③ 李学勤主编:《孟子注疏》,北京大学出版社1999年版,第361页。

④ 许慎:《说文解字》,中国书店2011年版,第471页。

⑤ 同上书,第2459页。

⑥ 辞海编辑委员会:《辞海》,上海辞书出版社2010年版,第912页。

成果。完全接受教化，未必都是理想的，因为这种完全的被动是以消解个体的主体性为条件的，而主体性一旦丧失，人类社会将失去发展的不竭动力。完全拒斥教化以保持自身的独特性和个体性，也不见得理想，因为失去了群体规范和前人智慧的保驾护航，很难想象这样的个体能够存在多久。因此，每个人的生命成长都是接受"被教化"和拒斥"被教化"的双向建构过程，二者间保持恰当的、平衡的张力是生命成长健康的关键。① 在南宋书院那里，"教化"也称为风化、王化、道化、风教、德教、训导，是书院教育家通过教导感化的方式去改变和转化人们的身心世界，在内容上强调符合统治阶级利益和意志的道德规范，突出的是政治性和伦理性，与现在一般所指的知识与能力、过程与方法、态度与价值观的教育内容有着显著的不同。南宋书院所谓"教化"是封建意识形态对人们的规范，毫无疑问属于"方式文化"的范畴。"政教合一"是其根本性的、贯穿传统文化全过程的特征。南宋书院的教化首先是一种政治文化。道德与政治本来是两回事，孔子却用仁政将二者奇迹般地焊接在一起。这样做，使"教化"占到一个突出的地位，使"重教化"成为南宋书院的重要属性，即"伦理型"理性。南宋书院的教化是施教于学生辐射民间的综合型活动。这种综合性变成了一种"结构"，既显现于道德哲学著作、体现于乐教的创作原则，也涵括了诗教的宗旨，也是"移风易俗"之社会教化指针。由于南宋的产业结构、文明类型决定了南宋书院不可能是工程型的，更不可能是科技型的，只能是伦理文化与政治文化交融的教化综合型的大学。

基于天命人性的南宋书院的教化，首先是指书院的主导者以书院为阵地，以理学对书院学生进行的训导，其次是通过书院人的道德品质而表率社会，再次是书院人直接参与规训社会成员的活动。南宋书院师生认为，教化与社会风气的养成相辅相成。社会风气的败坏与教化的缺失有关。对于任何一个时代，文化土壤都首先是作为一种给定的现实出现的。每一个个体都生长在这样的土壤当中，因此，只能在这一既定的前提下有所作为。与此相应，不论何等贫薄的时代，人都是可以有所作为的。除了各尽其才、各尽其分以外，通过教化以养成风习则更是关键所在。而风习之培

---

① 王晴：《从"教化"到"培育"——中国重教传统的演变及当代困境》，博士学位论文，华东师范大学，2011年。

养，还是要从个人成德上入手。陈淳说："盖道原于天命之奥，而实行乎日用之间。在心而言，则其体有仁义礼智之性，其用有恻隐、羞恶、辞让、是非之情。在身而言，则其所具有耳目口鼻四肢之用，其所与有君臣、父子、夫妇、兄弟、朋友之伦。在人事而言，则处而修身齐家，应事接物，出而莅官理国，牧民御众；微而起居言动，衣服饮食，大而礼乐刑政，财赋军师，凡千条万绪，莫不各有当然一定不易之则，皆天理自然流行著见，而非人之所强为者。自一本而万殊，而体用一原也。合万殊而一统，而显微无间也。"① 在这个概括中，陈淳清楚地用"理"将心（性与情之统合）、身（自然生理与社会关系之统合）、行（个人行为与社会责任、日用琐事与家国大事之统合）统合为一体，使朱熹哲学呈现出结构完整而有机、层次清晰而相因的面貌。南宋书院关于教育生活的学问虽然见之于人生日用之常，但人生需要对这个日用之常作出合理性的论证或解释，使人不仅知其然，而且知其所以然，从而令自在的生活成为自觉的生活，并因此而不迷失道路。袁甫《重修白鹿书院记》说，伊洛诸先生书院讲道之功，当时未见，而后见效："天理人欲之分，南轩、晦庵二先生剖析章明，而喻义喻利之论，象山先生敷阐精至。所以续洙泗之正传行，日星炳炳。而所以淑诸人者，大要忠君、孝亲、诚身、信友，用则泽及天下，不用则无愧俯仰。"②南宋书院的教化不仅是针对学生而言的，而且还指向当时的民众以及统治者。其意义远远大于当今技术化的大学教育。例如文天祥以书院为载体来教化百姓，收到了很好的效果。咸淳十年（1274年），文天祥知赣州。赣州位于江西、广东、福建交会之处，民风虽淳朴却也不失鲁野，难以管辖。文天祥决定采取"诗书柔强暴，衣冠化刀剑"的方式来治理此地，收服人心。文天祥《赣州兴国县安湖书院记》说："夏四月，即其地得山水之胜，议建书堂，以风来学。召其豪长，率励执事，堂庭毕设，讲肆有位。汇试馆卜，录为生员凡二十八人，又拔其望四人为之长。……于是山长谷荒，人是用劝，咸愿进向文事，率由训程。"③赣州衣锦乡是历任官员治理地方的一大难题，此地若治理得井然有序，其他地方民众就会归顺朝廷。文天祥决定以德为主、辅以刑的措施来加以治理，而不是像前任那样采取简单的武力镇压的方式。文天祥认为书院教育

① 陈淳：《北溪字义（附补遗严陵讲义）》，中华书局1985年版，第77页。
② 陈谷嘉、邓洪波主编：《中国书院史资料》，浙江教育出版社1998年版，第77页。
③ 同上书，第161—162页。

制度齐整，与民间感情笃深，乡土气息浓郁，可以很好地对百姓施以教化。又如，南宋时期，广西的书院有 12 所。南宋任职广西的理学家达 20 人之多，如张栻、廖德明、詹体仁、吴猎、舒璘等人。贬谪入桂的理学家有 20 人，如胡寅、林光朝、汪应辰、李孟传等人。还有些人士虽然不是理学家，但也有深厚的理学背景，如林出、朱祀孙等人。这些人物参与广西书院建设的主要方式有两种：创建、重修。清湘书院，内设柳侯祠，于柳侯祠北建率性堂、燕居楼。宣成书院内设张栻吕祖谦二先生祠、藏奎阁讲学堂以及斋舍等建筑。后加建戟门、东西明道、止善二斋和栖凤亭。龙溪书院中塑周公、孔子、孟子像，立黄庭坚祠。内有讲堂、斋室、亭阁、水池。江东书院前有双槐堂、桂山堂等。从这些建筑设施以及到过广西的理学家可以发现，南宋书院的教化思想已经落地生根。南宋书院的"会讲"，不仅宣传了理学各派的思想，而且促进了地方的教化。例如，南宋学者熊禾《乙巳元日鳌峰书院会拜五十五人》一诗曰："晓日曈曈一岁初，乡间盛会说吾庐。运当尧历三千六，数协羲图五十余。修竹岁寒欣得友，野花春色且携书。大篇听取艰贞训，万古天心定不虚。"[1] 熊禾记载的这次会讲发生在大年初一，仅邀请的著名学者就达 55 人，附近乡邻也纷纷前来参加这场学术盛宴。学者们轮番登场演讲，听众则"大篇听取"，台上台下互动热烈，会讲效果十分理想。这也是一场盛大的教化活动。南宋书院知识精英不仅教化学生，而且教化来书院听课的群众。

　　南宋书院人的教化，实际上是一种社会教育，比当今的教育概念的内涵要丰富得多。广泛地影响社会，这也是书院的功能。官学、私学以及书院等学校，都可以说是从社会教化中分离出来的教育机构，虽然在育人方面有其特殊性，但其社会教化的特征依然没有改变。一个书院教育家，他所提出的道理，如果不能在老百姓人伦日用之间发生作用，对他来说是一个讽刺。如果他讲的一套东西离开了教室，外面的人就听不到，对他是一种囚禁。在南宋社会里，书院教育家的一套道理有没有说服力，要看百姓人伦之间有没有实际的作用，不局限于教室。南宋书院教育家采用的教化方式有：劝谕文、乡饮酒及堂会、宗族规训、民间话本及文艺活动、印行图书、立庙碑祠坊。书院人教化的类型有：伦理教化、风俗教化、劝学教化、劝农教化、法制教化、军事教化。书院人教化的目的是让人们抑制私

---

[1]　傅璇琮主编：《全宋诗》，北京大学出版社 1996 年版。

欲，使社会具有理性主义的秩序。例如，书院大师杨简（1141—1226年），浙江慈溪人，学者称慈湖先生。陆九渊门下，他年辈最长，从游最早，寿年最高，造诣最深，影响最大，而传衍亦最久远。杨简的主要著作是在书院讲学时完成的。慈湖之学，以"不起意"为宗。其教人"不起意"，不是要人槁木死灰，做个痴呆，而是要人"复本心"、"由仁义行"而已。他说："吾心中自有如是十百千万散殊之正义也。'礼仪三百，威仪三千'，非吾心外物也。故曰：'性之德也，合内外之道也，故时措之宜也。'言乎其自宜也，非求乎宜者也。"① 杨简任职江西乐平县时，目睹学宫隘陋，便号召民众集资修葺，旨在使读书人发明本心，还要使邑人都为君子。他说，设学校欲教养实能，使进于科目，非具文而已；通过读圣人书，培养起"仁义"之心，而不是"利禄"之心。当时江西乐平杨、石二恶少结纳盗贼，勾通胥吏，祸害良民，杨简于是将其诱捕入狱。杨简对其谕以祸福，讲明大义，使二人感动不已，愿立功自赎。经过他的努力说教开导，邑人以讼为耻，夜无盗警，路不拾遗。

第三节　南宋书院理欲划界及其相应例证

南宋书院理学家大学精神的第一命题是理欲关系，理性战胜欲望则精神境界高，欲望淹没了天理则精神堕落。"大抵人能于天理人欲界分上立得住脚，则尽长进在"②，"学者须是革尽人欲，复尽天理，方始是学"③。南宋时期，"新禅宗对新儒家的最大影响不在'此岸'而在'彼岸'。……儒家自始即在'此岸'，是所谓'世教'。……但是自南北朝以来，佛教徒以及一般士大夫几乎都认定儒家只有'此岸'而无'彼岸'。……有'用'而无'体'，有'事'而无'体'"④。按照佛家的观点，儒家的世界其实是缺乏本根的。为此，新儒家必须努力建造自己的"彼岸"，也即"心性"之学，不仅应对佛、道二家的挑战，也是为知识精英建立安身立命的形上根据。"'天理'是超越而又实有的世界，它为

---

①　黄宗羲：《黄宗羲全集》（第五册），浙江古籍出版社 2012 年版，第 962 页。

②　朱熹：《朱子全书》（第十四册），上海古籍出版社 2002 年版，第 389 页。

③　同上书，第 390 页。

④　余英时：《士与中国文化》，上海人民出版社 2003 年版，第 425 页。

儒家的'人伦近事'提供了一个形而上的保证。"① 因此，南宋书院把"天理"作为本体概念。南宋书院"天理"与"人欲"两个概念最早出自《乐记》，内涵来自理学家的解释。关于欲的学说，先秦有节欲说、苦行说、无欲说、纵欲说。先秦儒家是主张节欲的。南宋书院主张存理去欲，实际上也是一种节欲说。在先秦，与欲相对的概念是道；在南宋，与欲相对的概念是理。② 理是"天理"的简称，欲是"人欲"的简称。二者是对立统一的关系，当二者不可得兼，存天理而灭人欲。真德秀《明道书院记》（1216 年）说："人心者，人欲之谓也；其曰道心者，天理之谓也。""物欲肆行，义理汩丧，于禽兽奚择焉!"③ 南宋书院所谓"天理"，是指必然的规律或准则，"人欲"是私欲之意。在南宋书院那里，凡有普遍满足之可能，即不得不满足的，即必须满足的欲，都不谓之人欲，而谓之天理。如饥而求食，寒而求衣，以及男女居室，理学家皆谓之天理。凡未有普遍满足之可能，非不得不然的，即不是必须满足的欲，如食而求美味，衣而求美服，不安于夫妇之道而别有所为，则是人欲。宋代的天理人欲之辨，发端于张载，成立于二程，至朱子而大成。④ 张载说："上达反天理，下达徇人欲者与!"⑤ 天理人欲相对立，人应返天理，不应求人欲。天理是普遍的公众的而非一人私意的行为准则，而且是随时适应的行为准则。天理是二程哲学的核心概念。本是天理，末是人欲。宫室、饮食、刑罚、征讨都是天理所应有，峻宇雕墙、酒池肉林、淫酷残忍、穷兵黩武则是人欲。二程"天理"论的世界观有别于传统儒学。传统儒学一般不在经验世界之外追问第一因的问题，但又保留原始宗教神学的残余思想，含糊地承认经验世界之外有人格神意义的"天命"存在。二程以"天理"作为世界的本体和第一因，完全排除了人格神的意义。同时，二程"天理"论的世界观也与佛老的世界观划清了界限，它完全拒绝承认

① 余英时：《士与中国文化》，上海人民出版社 2003 年版，第 427 页。
② 张岱年：《中国哲学大纲》，江苏教育出版社 2005 年版，第 404 页。
③ 陈谷嘉、邓洪波主编：《中国书院史资料》，浙江教育出版社 1998 年版，第 100—101 页。
④ 张岱年：《中国哲学大纲》，江苏教育出版社 2005 年版，第 412—413 页。
⑤ 张载：《张载集》，中华书局 1978 年版，第 22 页。

有彼岸世界，理本体并不在现象界之外，而在现象自身。① 南宋书院以天理为第一哲学概念把人欲给灭掉，旨在表示与当时物欲横流的价值观不共戴天。

朱熹聚《论语》、《中庸》、《大学》、《尚书》相关论说，导出了"明天理，灭人欲"的命题。朱熹说："盖天理人欲之并行，其或断或续，固宜如此。至若论其本然之妙，则唯有天理而无人欲。是以圣人之教，必欲其尽去人欲而复全天理也。"② 朱熹依据儒经纵论天理人欲，意气豪迈，辞锋峻厉，有出师一扫之象。朱熹说，人之一心，天理存则人欲亡，人欲胜则天理灭，未有天理人欲夹杂者。天理人欲不两立，人须彻底存理去欲。朱熹详论天理之内容云："天理只是仁义礼智之总名，仁义礼智便是天理之件数。"③ 朱熹论天理与人欲之关系说：有个天理，便有个人欲，盖缘这个天理，须有个安顿处，才安顿得不恰好，便有人欲出来。朱熹说："人欲云者，正天理之反耳。谓因天理而有人欲则可，谓人欲亦是天理则不可。盖天理中，本无人欲；唯其流之有差，遂生出人欲来。"④ 朱熹又说，盖天理莫知其所始，其在人则生而有之矣；人欲者，梏于形，杂于气，狃于习，乱于情而后有者。天理是本来就有的，人欲则缘形气而有。有学生问饮食之间，孰为天理孰为人欲？朱熹回答：饮食者，天理也；要求美味，人欲也。又有学生问饥食、渴饮、冬裘夏葛，何以谓之天理？朱熹回答：这是天教我如此，饥便食，渴便饮，只得顺他；穷口腹之欲便不是，因为天只教我饥则食，渴则饮，何曾教我穷口腹之欲？南宋书院排斥人欲，其实并不是否认一切欲望，而是将最基本的欲视为合理不名为人欲。天理人欲之辨，至朱子，可以说讲得比较系统了。朱熹说："圣贤千言万语，只是教人明天理，灭人欲。天理明，自不消讲学。人性本明，如宝珠沉湖水中，明不可见；去了泪水，则宝珠依旧自明。"⑤

欲本来是人生命活动的自然原动力，生存欲是人最基本的欲，如果一个人连生存欲也没有，那就意味要自我结束生命。人类首先作为生物体而

---

① 姜广辉主编：《中国经学思想史》（第三卷上），中国社会科学出版社 2003 年版，第354—356 页。
② 朱熹：《朱子全书》（第二十一册），上海古籍出版社 2002 年版，第 1586 页。
③ 同上书，第 1838 页。
④ 同上书，第 1842 页。
⑤ 朱熹：《朱子语类》，中华书局 1986 年版，第 207 页。

存在，具有个体保存和种族保存的本能，前者表现为"衣食"之欲，后者表现为"男女"之欲。先秦儒家着重于社会伦常秩序的建立，因而提倡节欲以维护社会人伦关系的平衡。儒者将有无理义作为人与动物的区别，所谓理义即指仁、义、礼、智、信等，它反映人心的理性精神，而人欲只是感性的需求。理性精神高于感性需求。如果人无仁义礼智信的理性精神，不仅社会不能建立秩序，人也会堕落为禽兽。儒道两家在对待"欲"的问题上，前者是"即现实"的，后者是"超现实"的，后起的理学综合两者，是"即现实而超现实"的。① 理学创始者周敦颐说："孟子曰：养心莫善于寡欲。……予谓养心不止于寡焉而存耳，盖寡焉以至于无。无则诚立、明通。诚立，贤也；明通，圣也。"② 这是从"寡欲"到"无欲"的过渡，是儒者对老、庄的默契。理学家声称继承孔孟的道统，同时又尊周敦颐为理学宗主，但先秦儒家不讲无欲，周敦颐却以"无欲"立教，对此，理学应作何解释呢？大多数理学家对此避而不谈，只有少数理学家如魏了翁作出解释。魏了翁说："圣贤言寡欲矣，未尝言无欲也。所谓欲仁、欲立、欲达、欲善，莫非使人即欲以求诸道。至于富贵所欲也，有不可处；己所不欲也，有不可施，则又使人即其不欲以求诸非道。岁积月累，必至于从心所欲而自不逾矩，然后为至。曾子得之，明六欲之目，孟子传之，开六等之科，今曰'自寡欲以至无欲'，不其戾乎？曰：性不能无感，性之欲也，知诱物化，则为私欲，故圣人虽使人即欲以求道，而于季康子，于由、求，于申枨，曷尝以其欲为可乎？胡仁仲之言曰：'天理人欲，同行异情'，以此求之，则养心之说备矣。"③ 魏了翁的解释相当含糊。他没能揭示理学家为什么偏离孟子"寡欲"思想而主张"无欲"，也没能厘清理学家的"无欲"与孟子的"寡欲"及老庄的"无欲"有何异同。

从世界范围看，禁欲思想在古代尚是少数哲人（如斯多噶、老子、庄子等）的一种哲学见解和人生态度。到了 12、13 世纪，禁欲思想几乎成了其时代的特产（如基督教、佛教、道教、理学等），这是为什么呢？中世纪等级制度已经定型并日益完备，社会的秩序被说成是上帝的安排或"天理"的体现。为了维护这种社会秩序，人们必须最大限度地压制自己

---

① 张岱年等：《中国观念史》，中州古籍出版社 2005 年版，第 486—488 页。

② 周敦颐：《周敦颐集》，中华书局 1990 年版，第 52 页。

③ 黄宗羲：《黄宗羲全集》（第六册），浙江古籍出版社 2012 年版，第 137 页。

的欲望，于是禁欲思想以某种信仰形式（宗教的或道德的）成为社会教化的思想模式。南宋书院的无欲论是对当时社会多欲的抑制。南宋时期，统治者骄奢淫逸。不少读书人追名逐利，机关算尽。"欲"被南宋书院视为一切祸乱的根源。为了社会安定，就必须克制人欲。当等级制度中不同阶层的欲求形成强烈反差，社会上理智、道义的力量已经很难以合理的原则对之加以调节、改良的时候，要想使人们心理得到平衡，要么逃避现实将思想寄托于虚幻的境界中，要么将现实人生归之于命分而安之若素，或者两者兼而有之。这几种思想路数都通向"无欲"的主张。"无欲"是对现实人生的精神超越，它总与某种神圣的信仰相联系。佛教、道教作为出世的宗教，其"无欲"主张只能对其信徒发生影响，对世俗社会并无太大影响。中国古代社会长期以儒学作为指导思想，但传统儒学没有"无欲"的主张。为了弥补这个不足，理学家便不能不借助于佛教、道教的"无欲"思想。理学创始人出入佛教、道教，在长期心性修炼的实践中，当进入超觉入静的"无欲"状态时，有可能体验到"空阔洁净"的境界，得到类乎"禅悦"的感受。但理学家不名此为"禅悦"，而说成是"天理"的本体显现。尽管对它解释不同，这种"体道"方式无疑是从佛教、道教那里借鉴来的。但是理学对佛教、道教的"无欲"主张又有重大的改造。理学将老庄"欲"与"道"的关系转化为"欲"与"理"的关系，但后者又包括了前者，这意义不仅表现在对超越现实的永恒者的体认，同时也表现在对社会纲常伦理的维护。此一转化，标志"无欲"思想已由出世转为入世。张栻讲到理学"无欲"说与佛教、道教"无欲"说的区别。他说："无欲者，无私也，无私则可欲之善著。……若异端之谈无欲，则是批根拔木，泯弃彝伦，沦实理于虚空之境，何翅霄壤之异。"[1] 理学讲"无欲"，不废伦常，佛教、道教讲"无欲"，却废伦常。理学与传统儒学在维护社会伦常方面有一致之处，但与传统儒学也有很大不同。传统儒学教人"学做人"，教人"寡欲"，对人欲并不十分苛责。理学教人"学作圣人"，设置"天理"、"人欲"的对立，严肃律人。理学严分理、欲，形成既不同于佛教、道教，又不同于传统儒学的特殊的"存理灭欲"说。南宋书院所谓"存理灭欲"，概括起来讲，就是安于命

---

① 黄宗羲：《黄宗羲全集》（第四册），浙江古籍出版社 2012 年版，第 976 页。

分而不越分，为"公"而不是为"私"；违此，即谓之"人欲"或"私欲"①。"无欲"即安于命分。理、欲之分视个人命分（身份）和思想动机不同而不同。应该看到，肯定尊卑贵贱的等级差别是"存天理，灭人欲"的思想前提。如朱熹说："父安其父之分，子安其子之分，君安其君之分，臣安其臣之分，则安得私?""天分"就是天理，"安分"就是"存天理"，人一生下来就落在一定的"天分"之中，要逾分，那就是人欲。正是因为承认尊卑贵贱的等级差别，所以对不同品级的人来说，"天理"、"人欲"的具体内容也就不同。对于帝王而言，二程是这样区分其天理、人欲的：按照先王之制行事者，天理也；骄奢淫逸者，人欲也。对于士大夫而言，又自不同。陈淳说，如名位爵禄，得之以道，非出于私意计较，是当得而得，便是义；若得之不以道，出于私意计较，是不当得而得；如鬻爵鬻举，左道图荐，章苞苴，营差遣等类，皆是利。士大夫乃至一般人的利欲在于"私意计较"。理学家认为，人都有希求富贵的质性，但能否得到却属于命分，人若作非分之想，不安于命分去强求，那就是"欲"。富贵者应满足于既有的财帛子女，若不安现状，贪得无厌，那就是"欲"。贫贱者要安于命分，否则，啼饥号寒，犯上作乱，那就是"欲"。理学"存天理，灭人欲"思想所给予人的教诲就是乐天知命，安分守己。按理学家的解释，"人欲"与"性之欲"有所不同，"性之欲"未见不善，而"人欲"则因人"好恶无节"而"流为不善"。因此"人欲"不反映"性之理"，只反映"己之私"。因而理、欲关系也就是"公"与"私"的关系。对此，张栻解释得很明晰："静者，性之本然也。然性不能不动，感于物则动矣。此亦未见其不善。故曰'性之欲'，是性之不能不动者然也。然物之感人无穷，而人之好恶无节，则流为不善矣。此岂性之理哉，一己之私而已。于是而有'人欲'之称，对天理而已，则可见公、私之分矣。"② "公"主要是指以君父为代表的等级集团的利益，"私"是指自营其利。古代中国是以家族为本位的伦理型社会，为适应这一社会，儒家主张人的物质生活必须时时事事合于纲常伦理，如人要"饮食"，应"先事后得"，首先想到敬事君亲，这是"公"的原则，"若从躯壳上起意"，只想填饱自己的肚子，那就是"私"，就是欲。

---

① 张岱年等：《中国观念史》，中州古籍出版社 2005 年版，第 490 页。

② 黄宗羲：《黄宗羲全集》（第四册），浙江古籍出版社 2012 年版，第 967 页。

南宋书院存天理灭人欲的主张，一定是有它出现的社会背景的。仅以衣食宴请为例，当时确实存在有违天理的奢侈之风。虽然南宋政府有规定官员和百姓服装的等级制度，但民间往往突破有关制度，以至于帝王百官与士子平民之间"衣服无章，上下混淆"，等级差异被突破了。有研究者指出，这显然与高涨的市民意识有关。南宋社会商业繁荣，商品流通较之以往更加扩大。商品经济的空前发展给市民带来的首先是日趋膨胀的消费意识和人生态度，也带来了贫富差异的日趋明显和扩大，这些无疑会强烈地刺激人们对金钱的渴求。原先"平静和谐"的社会一下子变得不安了，对金钱的追求成为人们生活的重心，整个社会表现出一种强烈的功利主义的价值取向，市民阶层对发迹充满强烈的向往。奢华之风甚炽，服饰逾制现象是全民功利主义观念得到强化后的一种折射。与之相伴随的，是纵欲主义的思想意识。市民及商人阶层的富有改善了自身的形象与地位，他们在渴求幸福的同时，也表现出对欲望的赤裸裸的追求，这种追求我们可以说是对禁欲主义的道德观的长期横行造成的一种病态社会现象的反思与批判。统治阶层的禁锢恰好说明他们也觉察到新思想意识可能会对自己的威权与地位形成挑战，对正统意识形态是一种解构。民间华丽的服饰在统治者眼中是产生悖逆忤伪之心和犯上作乱之事的根源之一。南宋社会一方面是活力空前增长，市民意识与思想情感日趋解放，另一方面则又有所谓"道德沦丧，纪纲荡然"的感叹。这相当典型地展露出伦理理性与现实欲求的文化冲突。① 例如，南宋的饮食风尚用"奢侈无度"四个字来概括，一点也不显得过分。南宋时期，杭州之地，太平日久，人物繁阜。垂髫之童，但习鼓舞；斑白之老，不识干戈。时节相次，各有观赏。灯宵月夕，教池游艺。雕车竞驻于天衢，宝马争驰于御路。新声巧笑于柳陌花街，按管调弦于茶坊酒肆。四海之珍奇，皆归市易。寰区之异味，悉在庖厨。萧鼓喧空，几家夜宴。法国汉学家简述南宋城市生活时说，杭州城内居民"永无止境地渴求娱乐，对任何种类的消遣、社交和饮宴均十分热衷"②；"直至兵临城下之前，杭州城内的生活仍是一如既往的悠哉闲哉"③。中国的享乐文化追求着醉生梦死，却将外部世界的危机过滤掉了。由此我们可以联想起世界消逝的文明，其最终消亡的原因与其说是"他杀"，还不如说是"自杀"。诚

---

① 何俊、范立舟：《南宋思想史》，上海古籍出版社 2008 年版，第 435 页。
② ［法］谢和耐：《蒙元入侵前夜的中国日常生活》，江苏人民出版社 1995 年版，第 166 页。
③ 同上书，第 4 页。

然，禁欲主义的生活方式不是与时俱进的。但是，宋人享乐的错误可能就潜隐于过度的消费导致的财政赤字，城乡差异的扩大和城市贫富分化的加剧。宋人对美好生活的愿望与当时物质财富分配不充足不均衡有可能是南宋灭亡的最主要的原因。如果是符合"天理"的规矩，那么"享受"当不在"奢侈无度"之列；既然这些"奢侈无度"于社会属于负能量，当在有违"天理"之列。当大学精神面临危机的时候，提出限制人欲回归天理的教育主张未为不可。南宋书院禁欲主义的产生，最有可能是针对社会物欲横流发出的声音，从反面警示书院学生。作为社会形态中生活的人，要做到清心无欲，这是要有很好的修养才行。人是活生生的肌体，为生存不得不有种种物质欲望，也常有在"利"的驱动下进行的各种活动。尽管"绝欲"是不现实的，但必须把人们对"利"的追求限制在社会的伦理与法律的范围内，才可能保证社会的正常运转和发展。实际上，历史上任何时期的道德哲学，都会在不同程度上带有"禁欲"倾向。哲学家认为正义的人应是以理性为主导的，放纵受到谴责也是正确的，因为这种感觉不是我们作为人独有的感觉，而是我们作为动物所具有的感觉，沉溺于这快乐，最喜欢这些快乐而不是别的快乐，是兽的表现。我们的欲望应当是适度和少量的，并且不违背于情理的逻辑。思想家之所以强调普遍的道德原则的重要性，就在于他们认为个人的欲望是不可泛滥的，放纵欲望就是放弃了人的理性自主能力，这也恰是南宋书院的理欲观的价值所在。

历史告诉我们，即使是南宋书院大师的衣食住行、业余爱好、喜怒哀乐之类的日常生活，无不是在对天理增加注释，对人欲自觉地抑制。论及朱熹的日常生活，黄榦《朱子行状》曰："其可见之行，则修诸身者，其色庄，其言厉，其行舒而恭，其坐端而直。其闲居也，未明而起，深衣、幅巾、方履，拜于家庙以及先圣。退坐书室，几案必正，书籍器用必整。其饮食也，羹食行列有定位，匕箸举措有定所。倦而休也，瞑目端坐，整步徐行。中夜而寝，既寝而寤，则拥衾而坐，或至达旦。威仪容止之则，自少至老，祁寒盛暑，造次颠沛，未尝有须臾之离也。行于家者，奉亲极其孝，抚下极其慈，闺庭之间，内外斩斩，恩义之笃，怡怡如也。其祭祀也，事无纤巨，必诚必敬，小不如仪，则终日不乐，已祭无违礼，则油然而喜。"① 此一代书院大师的日常生活形象。朱熹春夏着深衣，冬则戴漆纱帽。朱熹饭食并不讲究，提倡

---

① 朱熹：《朱子全书》（第二十七册），上海古籍出版社2002年版，第561—562页。

勤俭过日子。朱子乃一介寒士，想给女儿家修建点简单的房子也因拮据作罢。数十年间，朱熹大多靠主管庙观名誉，祠禄甚微。朱熹一度好酒，但终于醒悟，决心戒酒，也劝门人赵昌甫千万止酒。朱子之意，止酒，亦非全然不饮，只是不要过量而已。朱子出行，或游览，或专程访友，或讲学。因路途与目的，或步行，或乘船并用车马，或乘轿。陆九渊说："常人汨没于声色富贵间，良心善性都蒙蔽了。"①"宇宙之间，如此广阔，吾身立于其中，须大做一个人。"②"若某则不识一个字，亦须还我堂堂地做个人。"③陆九渊批评有的读书人不做志于道的大丈夫，偏偏要做个一心求利的"小儿状"。其《养心莫善于寡欲》曰："将以保吾心之良，必有以去吾心之害。何者？吾心之良吾所固有也。吾所固有而不能以自保者，以其有以害之也。有以害之，而不知所以去其害，则良心何自而存哉？故欲良心之存者，莫若去吾心之害。吾心之害既去，则心有不期存而自存者矣。夫所以害吾心者何也欲也。欲之多，则心之存者必寡，欲之寡，则心之存者必多。故君子不患夫心之不存，而患夫欲之不寡，欲去则心自存矣。然则所以保吾心之良者，岂不在于去吾心之害乎？"④人贤，多欲则损其志；人不贤，多欲则增其过。吕祖谦说："多欲者，畏人亦多。少欲者，畏人亦少。无所不欲者，无所不畏。无所欲者，无所畏。"⑤南宋书院不仅有朱熹、张栻、陆九渊、吕祖谦之类的大师的言行符合天理，而且南宋书院的门人也对如何处理天理人欲关系的哲学问题提供了言行一致的证据。

第四节　南宋书院道统赋予族统政统灵魂

道统给南宋书院大学精神提供了最直接的理论基础——道学，族统给南宋书院大学精神提供了存在的血缘单位，政统给南宋书院大学精神提供

①　陆九渊：《陆九渊集》，中华书局1980年版，第450页。

②　同上书，第439页。

③　同上书，第447页。

④　同上书，第380页。

⑤　吕祖谦：《吕祖谦全集》（第一册），浙江古籍出版社2008年版，第714页。

权力的支持——"圣天子尊崇道统，表彰正传，学校之外，书院几遍天下"①。道统、族统、政统三者的关系可以表述为：国家当郅隆盛治之时，其英才多萃于豪门大族，相与左右，先后而出，翼卫道统，其盛衰升降与国运相为终始。② 三者当中，道统具有相对独立性。儒者之统，孤行而无待；天下自无统，而儒者有统。道存乎人，故斯道亘天垂地而不可亡。③这种相对独立性体现在道统可以脱离政统而存在，因为政统是相对的、短暂的，天下总是治乱、分合，无亘古不变的政统；而道统则是绝对的、永恒的。当然，政统之乱，小人窃之，盗贼窃之，夷狄窃之。其幸而数传者，则必有日月失轨、五星逆行、冬雷夏雪、山崩地坼、雹飞水溢、草木为妖、禽虫为蠹之异以应之不爽。道统之窃，沐猴而冠，教猱而升木，尸名以掠利，为夷狄盗贼之羽翼，以斯文伪装为圣贤。虽声称守先王之道以化成天下，但行为妄佞，终究旋踵而亡。④ 相对于道统而言，族统兴衰起伏不定故民间有"富不过三代，穷不过三代"之说，而道统永远在否定之否定中得到肯定。所以，政统、族统要想正常化，需要接受书院道统赋予的儒家义理这个灵魂。道统是本，族统、政统是末。

南宋书院所谓"道统"即儒家学术思想的传承关系。在南宋书院学者看来，汉代经学家们埋头于经学章句的微观分析，似乎忘记先秦儒家"言必称先王"立志传扬商周礼乐文化的精神。到了唐宋，面对强势的佛老，儒家奋起反击。韩愈《原道》说："斯吾所谓道也，非向所谓老与佛之道也。尧以是传之舜，舜以是传之禹，禹以是传之汤，汤以是传之文武周公，文武周公传之孔子，孔子传之孟轲，轲之死，不得其传焉。"⑤ 韩愈特别强调儒家之"道"是古圣相传之"道"，但没有提出"道统"这一概念。朱熹《中庸章句序》（1189 年）不只是首用"道统"这个概念，而且以道心人心释"道统"，使之具有确定的哲学意义。朱熹说："盖自上古圣神继天立极，而道统之传有自来矣。"⑥ "道统"是道学人物的传承谱系，"道学"是这些人物传承的儒学内容。照朱子的说法，道统之传始

① 王柏：《上蔡书院讲义》，见《丛书集成》初编本，商务印书馆 1936 年版，第 171 页。

② 李清馥：《闽中理学渊源考》，凤凰出版社 2011 年版，第 25 页。

③ 王夫之：《船山全书》（第十册），岳麓书社 1996 年版，第 569 页。

④ 同上书，第 549 页。

⑤ 韩愈：《韩愈集》，岳麓书社 2000 年版，第 147 页。

⑥ 朱熹：《朱子全书》（第六册），上海古籍出版社 2002 年版，第 29 页。

自尧舜，这是依据于《论语》："尧曰：'咨！尔舜！天之历数在尔躬。允执其中。四海困穷，天禄永终。'舜亦以命禹。"① 《论语》这段是追述尧禅让于舜时对舜说的话。照《论语》此段最后一句的说法，舜后来禅让于禹的时候也对禹重复了这些话，但没有具体记述舜说的话。《尚书》记述了舜将要禅让给禹时所说的话："人心惟危，道心惟微，惟精惟一，允执厥中。"② 因此，朱子认为，尧、舜、禹三代是以"允执其中"为内容形成道统的；以后，圣圣相传，直至二程。这就是朱子所肯定的道统早期相传的系谱。黄榦认为，汤得统于禹为礼义，文王得统于汤以礼制心，武王、周公得统于文王敬以直内，孔子得统于周公为《论语》博文约礼与克己复礼。颜子承《论语》之教，曾子得《大学》之义。子思承《中庸》之教先以戒惧谨独，次以仁知仁勇，终之以诚。孟子得统于子思求放心。黄榦对于尧舜以至孔孟的列述，与韩愈、朱熹的论说大体上相吻合，其特别之处在于否定孔子传曾子、曾子传子思的说法，对孟子及其以后的儒家少有肯定，尤其对北宋以来的道学家也不以为然。南宋书院的学者大都以继承道统自居，而且他们把重心转向当世的道学家。例如，朱熹四传弟子黄震《岱山书院记》（1275 年），从程朱理学的线路来论述道统。这篇道统论建立的谱系是：尧、舜、禹、商汤、周文王、周武王、孔子、孟子、韩愈、周敦颐、程颢、程颐、朱熹一脉相承。司马光、王安石、欧阳修、三苏不在其中。这篇道统论特别强调朱子理学是书院断断乎不可易之正理，由此突出朱子学派在谱系中的地位。黄震是第一个自觉以"理学"概念来梳理道统的思想家。黄震的道统论中，自然也没有胡宏的位置。黄震的"理学"道统传承未提张载，但并不等于他否定张载的理学地位。他曾经把周敦颐、二程、张载并称"四子"。黄震"理学"的道统范围虽以程朱为主干，但又不是仅限于程朱，他从程学的传承出发，给陆氏心学也留下了一席之地。黄震《黄氏日抄》排出了以濂学、洛学、关学、闽学为主轴的理学各派的位序：始于周敦颐，终于朱熹所传之黄榦，以究正学之终始焉；次以杨时、谢上蔡，以见其流虽异而源则同焉；又次以尹焞，以见源虽异而其流有不变者焉；次以张九成、三陆，以见其源流之益别焉。道统论的创立，作为宋代理学兴起的一个基本的理论前

---

① 　朱熹：《朱子全书》（第六册），上海古籍出版社 2002 年版，第 239 页。
② 　李学勤主编：《尚书正义》，北京大学出版社 1999 年版，第 93 页。

提，其意义可以说是双重的：一方面，在儒学外部，它要与佛老争中国学术的正统，以便从事实层面论证并解决上千年名不副实的"独尊儒术"问题，即要论证的中心问题是儒学独占正统性。要复兴儒学，就必然要去除异端，排诋佛老，对佛老之"破"与新儒学之"立"，是同一思想潮流在正反两面的效应。另一方面，在儒学内部，则是在接续自尧舜周孔而下绵延数千载的儒家道统的基础上，与杂于佛老、杂于功利的儒家各派争儒学的代表权，解决谁是儒学主流的问题。在这潮流之中，朱熹发扬光大的道学一系，后来成为中国封建社会的统治思想。当然，这并不意味着其他的学派就不能传道。不论各派之间有多么大的差异和冲突，传承和接续至孟子而中绝的儒家心性之学的传统，则始终是他们的共识。因而，理学各派之争儒学正宗，换一个角度看，则表现为各家都共守孔孟的纲维，以孔孟为自己的思想源头，追求圣人气象，辨析道心人心，强调存理去欲，以重振纲常人伦，从而形成声势浩大的思想潮流。理学各派所以能够一致，是因为都自觉维护纲常人伦的共有基础和遵循共同的价值原则。

南宋书院道统以外的宋儒大致可分为两种。一种是参与儒学复兴运动的其他宋学人士，包括欧阳修、王安石、苏轼等和他们的门人。另外一批学者是在宋学的范围外，可以被称为因袭守旧的世儒，因为他们似乎没有参与宋代儒学的复兴运动，包括陈公辅、林栗等人，这批南宋儒士曾经使用政治的手段反对或打击道学。12世纪使用道学概念，其范围包括那些与二程有基本相同的观念。14世纪纂修的《宋史》用道学表彰经过严格甄选的程朱学派思想家。而道统则是表示道学人物之间的一种学术关系。道统虽然不像现代社会的协会或团体具有严格的组织，但这些专门致力于传道的儒者还是形成一个群体（或称为社群、团体、同道）。他们共同努力形成社会的、政治的，以及文化的纽带，以改进社会政治文化，复兴道德价值，匡正儒学。书院是道学群体重要的活动中心，他们在书院推行各种礼仪规范，意图加强团体的责任心和凝聚力。学生在先生面前行弟子礼成为正式的学生后，也变成这讲经传道群体中的一分子。学生每天早起行礼，在祭坛前向儒家圣贤及先师上香致敬，加强道学内部的连续性和凝聚力。他们与以前儒学团体的不同在于特别重视个人道德修养，强调要以修养成为君子。与注重文学和政治的儒者相比，道学人士能更紧密地团结。道学中人不但互相劝勉，而且非常重视墓志铭的撰写，如果拒绝为亡友撰写墓志铭，表示他认为亡友不是道学中人。道学人士的选集也说明哪些人属于道学的范围，而哪些人被排除在道学团体外。道学群体的规模很难估计，因为士人的数目在南宋由于空前的经济发展而急剧增加。① 南宋书院道学人物叙述的"道统"意味着其统系合法地传承为正统。这是一个双重的借用：一方面借用了历史编纂中表示王朝合法承续的概念，即人们所知的"政统"或"治统"；另一方面借用了佛家特别是禅宗从一位始祖到下一位的衣钵传承惯例。从学术思想上说，南宋书院道学学派在不只一个方面优于它同时代的竞争者、异端者。道学在宣传普及方面的贡献也是它大获知名度的一个重要原因。道学学派的教学活动并不局限于规范的课堂讲授。许多道学家在居家、行旅或贬迁中都曾解说由学生、朋友、来访者或他们自己提出的问题。他们向民众，主要是文人学士和其他较富裕者，提议应如何行事，如何自我修养，如何纠止过失，如何治家，如何适当地遵行礼仪。他们推动了个人和团体在亲族和社群关系上的良性发展。尽管存在等级障碍，道学家们还是力求将一种新生的活力注入到整个社会当中去。与此相反，在许多官学里，作为教授的低阶官员不学无术，学生则像一群食客，享受食宿供给，领取薪俸，而根本无心向学。这样，教育领导权转到了知识精英特别是理学家们手里。许多大儒重组了现存的学校，改造官学和私学。当他们觉得对现存的学校不满的时候，于是恢复和新建了大批书院。书院确实有利于静坐沉思、专心研习、强化阅读和严肃讨论。有些门人来自附近社区，其他的从远地而来。书院的热心追随者结成了一种知识与道德的伙伴关系。② 南宋书院的道学家们不断地锤炼自己的思想，不断地根据中国国情向族统和政统渗透，担负起改造中国的文化使命。

如果说南宋书院道统是儒学发展史，那么族统则是家族发展史。道统给族统赋予的灵魂是——天理是家族兴旺的唯一标准，即家族讲天道人道则兴，趋向人欲则家族必衰。按先秦儒家规定，家庭是同居共财的血缘团体，包括父、己、子三代，最广可推广到同出于祖父的人口；家族是五服（斩衰三年、齐衰期、大功九月、小功五月和缌麻三月）以内、共曾高祖而不共财的亲属；宗族则是五服以外，虽共远祖但疏远无服的同姓。因此，家族就是由许多家庭构成的，同一男性祖先的以血缘关系为纽带结合

---

① ［美］田浩主编：《朱熹的思维世界》，陕西师范大学出版社 2002 年版，第 4—6 页。

② ［美］田浩主编：《宋代思想史论》，社会科学文献出版社 2003 年版，第 232—239 页。

而成的社会组织。家庭与家族之关系，是个体与群体的关系；家庭是同居、共财、合灶的单位，而家族则一般表现为别籍、异财、各灶的许多个体家庭的集合体。①《大学》认为，"齐家"是个人修养与治国平天下的中间环节。张栻说，不能保家，焉能保国家？南宋书院理学家认为，许多同一祖先的家庭累世居住在一起有利于行孝，也有利于对国家行忠。中国文化有重祖籍、重祖坟、重祖宅的成分，具有凝聚亲缘关系的作用。尽管随着外出谋生的职业变化、内部贫富的分化以及家族各种矛盾的出现，几世同堂的家族终会解体，但累世居住的家族还是被当时称为"义门"，表示对其中一些人放弃个人之私行孝道之义的赞扬；被后人怀念以作为对身份来源的血缘认知。据各个时期正史孝义、孝友传统计，数世同居大家族数量分别为：南朝 16 例、北朝及隋代 19 例、唐 41 例、五代 2 例、宋 52 例、元 17 例、明 39 例、清 55 例。② 其中，宋代累世同居的数量明显高于除清朝外的其他朝代。赵宋王朝曾经采取了许多办法提倡同居共财，反对异财别居，希望家族组织作为一种辅助手段，达到巩固封建统治的目的。如此，就沟通了族统与政统的关系。民族精神是各家族文化性格抽象出来的中国民族的哲学品质，自然与南宋书院的大学精神有内在的联系。家族有谱，犹如民族之有史。所以，不难理解南宋书院理学家重家谱："世有族谱之传，犹树之有根水之有源，如人之有祖宗及耳目也。至于金银珠玉，李白言'千金散尽还复来'；若族谱，子孙不珍藏爱护，如有损失，不可复得矣。若后人不知根本源流，如人耳聋目瞽，朦然不知祖宗之盛德，世次名位，人伦昭穆之道。虽饱食暖衣，与禽兽何异？"③ 中国古代社会，家庭以夫父为宗，各家以族长为宗，各族以官吏为宗，臣民以君王为宗，所有人以上帝为宗，由此构成稳固的宗法社会。按生存方式，南宋家族大致可分为政治家族、经济家族、军功家族、文化家族等类型，其中尤以文化家族备受我们关注。靖康之变对宋代社会的影响十分广泛，其中之一便是造成了望族格局的变化。一方面，北方政治家族如相州韩氏（韩琦等）、东莱吕氏（吕夷简、吕公著等），文学家族如檀州晁氏（晁迥、晁说之、晁补之、晁冲之等），都为战火所迫而南迁。虽然进入南宋

---

① 徐扬杰：《中国家族制度史》，人民出版社 1992 年版，第 5 页。

② 常建华：《宗族志》，上海人民出版社 1999 年版，第 203—204 页。

③ 四川大学古籍研究所：《蔡氏九儒书》，见《宋集珍本丛刊》第 106 册，线装书局 2004 年版，第 324 页。

之后，这些家族依然不乏其人，但相对南迁之前逊色不少。另一方面，一些南方家族则利用宋室南渡带来的新形势趁机崛起。例如，四明（今宁波市）一地诞生了不少新的望族。南宋四明望族数十家，其中史氏家族居首。史家三相（史浩、史弥远、史嵩之）如日中天的时候对于南宋理学家及其书院的支持是值得肯定的。他们的得势时间，也是南宋书院发展良好的时段。《宋元学案》说："至其有昌明理学之功，实为南宋培国脉，而惜乎旧史不能阐也。忠定（史浩）再相，谓此行本非素志，但以朱元晦未见用，故勉强一出耳。既出而力荐之，并东莱、象山、上斋、慈湖一辈，尽入启事。乾淳诸老，其连茹而起者，皆忠定力也。"① "文元（杨简）之讲学于碧沚，以史氏也。先是，史忠定王馆端宪（沈焕）于竹洲，又延文元于碧址，袁正献公（袁燮）时亦来预。湖上四桥，游人如云，而木铎之声相闻。忠定既逝，端宪、正献亦下世。忠定之孙子仁（史守之）不满其叔弥远所为，退居湖上，复请文元讲学，故其居碧沚也甚久……子仁受文元之教，终身不应召命。"② 史家为沈焕、杨简、袁燮三人设立碧沚书院，礼遇备至，推动了理学在浙西的传播，同时给史氏家族注入了理学灵魂。南宋家族与书院融合为有机体的家族书院是血亲组织所创建、所共享的书院，包括一个家庭创建供其一家使用、一个家庭创建供其整个家族使用、合族创建合族使用等三种基本类型。第一种类型的家族书院很多，如周奕在江西安福一个风景秀丽的溪流边创建了一所书院，取名"秀溪"，请杨万里作记。秀溪书院请名师以训其四子曰伯纪、承勋、伯仍、大同。第二种类型的家族书院是第一种类型的推广，教育之泽由一家而推及一族。例如，金坛县申义书院由太府寺丞张镐创建，合族之子弟而教，院名来自《孟子》"申之以孝悌之义"。第三种类型的家族书院，是家族成员共同创建共同享用的书院。如新田书院，是绍兴年间由侍郎李椿年创建的，到嘉定年间李大有率族人新之，请李德俊教家族子弟。家族书院具有这样的共同点：经费都是家族提供的，主持院务者为家族成员或受聘于家族成员。家族书院旨在培养下一代，使其具有较高的文化知识、良好的道德素养，从而提高家族的总体素质。而且在族统中南宋书院的理学思想通过父子兄弟之间的关系得以传承，这既是一种特殊的师生传承，

---

① 黄宗羲：《宋元学案》，中华书局 1986 年版，第 1329—1330 页。
② 全祖望：《全祖望集汇校集注》，上海古籍出版社 2000 年版，第 1046 页。

也是一种环境熏陶和习染。这样的例子不胜枚举。洛阳人郭雍，父忠孝为《易》学名家，雍传其父学，父子皆以《易》名于世。陆九龄与弟九渊相为师友，学者号"二陆"。临江人刘清之，受业于兄靖之，甘贫力学，博极书传。建阳人范如圭，少从舅氏胡安国受《春秋》。这种子承父业，兄弟相接，代代言传身教，不失为学术传承的重要渠道。

　　事实上，南宋书院道统与族统在某些区域融合成"理学家族"这个特殊的社会群体。这是一个学统与血统异质同构的群体。理学家族之间有着血缘、姻亲、师生等交织在一起的复杂关系，形成了一个严密的区域理学关系网络。例如，从《宋元学案》、《闽中理学渊源考》可以发现，南宋福建路的理学家族有 70 家。家族传承理学，依靠的是家族成员之间的血缘关系，这是一种天然的传承关系，也是最直接的传承方式。例如，蔡氏九儒（蔡发、蔡元定、蔡渊、蔡沆、蔡沈、蔡格、蔡模、蔡杭、蔡权）在理学的发展过程中，尤其是在朱熹创立和发展书院的过程中起到了至关重要的作用。蔡家子弟始终信奉理学，道统的灵魂在。蔡氏家族的书堂是书院，由最初蔡家人读书之处演变而来。蔡氏书堂共四处：（1）南山草堂。位于崇安县武夷二曲兜鍪峰下。蔡发在此创书堂三间，名为"牧堂"。这里是蔡元定的理学启蒙之地。1208 年，蔡渊、蔡沈兄弟在旧址上构建书堂，更名为"南山草堂"，在此论道、著书，还聚徒讲学。蔡沈还在书堂附近的水光石畔，留下"千岩万壑"的石刻。后蔡杭官至参知政事，1239 年，在六曲响声岩上题刻"积雨心霁，山川呈秀，吟哦而归"，把南山书堂扩建并改名为"咏归堂"，内祀其父蔡沈，故又被称为"九峰书院"。（2）显庆堂。位于建阳永忠里麻沙镇北象岩晴雪山下。绍兴间，蔡发创书堂三间，作为教授其子蔡元定读书的地方。1161 年，蔡元定在此作《推衍后世休咎》，预测蔡氏后世发展：子孙绍复承吾书，四传学业家还在，五世因贪人产，除续缵流风，六七代继兴遗迹，八九渠数终轮奂，犹有待御史尹仁为吹嘘。据说其中句句应验，且连御史尹仁的名字都可以精确预测。估计这篇预测之文或为后人假托，或被明代的人篡改，旨在神化元定，或讨好时任明代朝廷大官的蔡氏家族的后人得到捐款。（3）西山精舍。位于建阳崇泰里浑头林，与云谷相距八里，对峙如门。1154 年，蔡元定筑室于西山之巅，忍饥啖荠，乐道不倦。1170 年，蔡元定帮助朱熹在云谷建立晦庵草堂。1175 年，蔡元定建西山精舍，内设"疑难堂"。蔡元定与朱熹二人在西山、云谷山上构筑灯塔，夜间悬灯相望，灯明表示学习正常，灯暗表明学有难处，翌日往来论学解疑。1255
年，理宗皇帝御书"西山"二字，颁赐蔡杭，刻于西山的西北崖。
(4) 大名堂。位于建阳崇泰里，云谷庐峰之下。庆元间，蔡沈受朱熹之
命，在此作《书集传》。1255 年，理宗皇帝御书"庐峰"二大字，颁赐
给蔡杭，并刻于云谷山之岩。后山的书院敕建为庐峰书院，蔡权曾担任该
书院山长。庐峰书院左立遵道堂，祀孔圣，配十哲像，以志道统之所由
始。右立思敬堂，祀周程张邵杨游罗李朱吕及曾祖牧堂公等贤像，以别道
统之所由传。后立传心堂，祀祖西山、伯父节斋、复斋、父九峰公四贤，
以报其著述之功。① 福建理学家族因理学而兴旺，福建南宋时期的书院因
族统而道统根深蒂固。南宋家庭教育比较发达，主要承担初级阶段的文化
知识教学任务，是书院教育的重要基础。书院理学家朱熹继承并发展了程
颢、程颐和张载的教育思想，在家庭教育实践的基础上编纂了《家训》、
《古今家祭礼》、《家礼》、《小学辑说》、《小学书题》等书，沟通了家庭
教育与书院教育的联系。二陆、袁采、吕祖谦等理学家关于家庭教育的思
想，与南宋书院的思想也是相辅相成的。

　　南宋书院所谓道统代表理，政统代表势，学术与政治的关系难舍难
分。从是非、正邪、天下论政统，这是中国道统的历史胸怀。政统即正统
或治统，因为《论语》有"政者，正也"的说法，且名之正伪缘理之逆
顺，义之离合由事之是非。"正统"一词不见于六经，而滥觞于汉代公羊
寿所撰之《春秋公羊传》：何言乎"王正月"，大一统也。这句话的意思
是说，王者受制正月以统天下，令万物无不奉之以为始，故言大一统。换
言之，就是君子居大正、王者大一统，简称"正统"。它作为一个政治概
念，是指统一天下，一系相承的政权，反之则称为"闰统"或"潜窃"。
作为政治哲学的正统之辨的核心内容，始终贯穿着君主权力授受关系的封
建专制主义原则。用民主的观点来考察，与"正统论"相对立的范畴应
当是"人民主权论"。对于宋代政统论，南宋学者周密《论正闰》一文的
总结是："正闰之说尚矣。欧公作《正统论》，则章望之著《明统论》以
非之；温公作《通鉴》，则朱晦翁作《纲目》以纠之。张敬夫亦著《经世
纪年》，直以蜀先主上继汉献帝。其后庐陵萧常著《后汉书》，起昭烈章

---

① 刘亚聪：《南宋福建地区家族与理学的研究——以建阳蔡氏为中心》，硕士学位论文，河
北大学，2015 年。

武元年辛丑（221 年），尽后主炎兴元年癸未（263 年），又为吴、魏《载记》。近世如郑雄飞亦著为《续后汉书》，不过踵常之故步。最后，翁再又作《蜀汉书》，此又不过拾萧、郑弃之竹马耳。盖欲沽特见之名，而自附于朱、张也。"① 南宋书院道统中正统观念之较强者首推张栻。张栻从文化伦理的原则出发，严于华夷之别，倡以复仇主义，号召人们共赴国难。朱熹著《资治通鉴纲目》，以道德性命之"天理"将纷繁复杂的历史现象贯穿起来。虽然他把"天下为一"作为衡量封建政权取得正统的标准，强调大一统和尊王攘夷，但朱熹更强调明顺逆、斥篡贼、立纲常、扶名教，以张正统。南宋书院道学人物论正统，多数都是承袭张栻和朱熹的看法，按照道德形象看待政权的合法性，价值判断常常淹没了事实判断。

　　南宋政道统与政统，尝相为盛衰而终始。二者产生联系的最直接的产物是皇族书院，是集中培养皇室子弟的书院，是家族书院中比较特殊的一类。皇族书院又有宗室书院、藩府书院、皇家书院之别。② 第二种书院在南宋还没有出现，第三种书院在南宋只出现过 1 所。第一种书院——宗室书院，在南宋也不多见。周必大《筠州乐善书院记》（1204 年）说："人知为善之乐，以荡陵德者鲜矣。"③ 这交代了乐善书院命名的原因。筠州在南宋宝庆初年（1225 年）改名瑞州，时距乐善书院之创建仅 22 年。周必大《筠州乐善书院记》又说："先下尊属司选宗子幼而未命者，以二十人为额。既望，帅郡僚延处六斋。斋各有名。择老成之士训以经史，教官总其课程。别立一斋，待不率教者。市田千亩，用足岁计。"④ 这里交代乐善书院的性质是宗室书院。又据光绪《江西通志》卷八十一记载，乐善书院在府治西，宋宁宗时，州守王淹建以训宗室子弟，赵不黥崇祀于此。赵不黥是太宗赵匡义后裔。因此，乐善书院是南宋地方政府官员为宗室成员创建的教育机构。这所书院富有儒学的灵魂，受到道统的影响。

　　不难发现，南宋书院第一流的学者从来就没有放弃用"道统"来引领"政统"的努力，孜孜以求成"帝王师"，教导皇帝以儒家经典来引领整个社会所有族统的发展；同时道统人物得到重用，他们的理学大本营——书院得到皇帝重视。当然，这个过程绝不是一帆风顺的。道统讲的

　① 饶宗颐：《中国史学上之正统论》，中华书局 2015 年版，第 144 页。

　② 陈谷嘉、邓洪波主编：《中国书院制度研究》，浙江教育出版社 1997 年版，第 11 页。

　③ 陈谷嘉、邓洪波主编：《中国书院史资料》，浙江教育出版社 1998 年版，第 210 页。

　④ 同上。

是学术权威，政统讲的是政治权威，二者对立又统一。更为重要的是，没有道统的介入，正统就是抢得天下是王、抢不到天下就是贼的轮回。南宋书院的大学精神以天理衡量一切，不以成败论英雄。敌对者称道学为"伪学"。1173 年 5 月，道学家胡安国听说陈公辅呈请禁止程颐的学说，就上奏支持儒学，希望朝廷重视邵雍、程颢、程颐、张载的道学主张。①奏疏进入朝廷，陈公辅与中丞周秘、侍御史石公揆相互写文章评论胡安国的学术观点颇为偏邪。胡安国愤然辞职。此后，道学雪上加霜。宁宗初登大宝，宠信朱熹。朱熹为宁宗讲《大学》，深得赏识。朱熹曾高兴地对门人说，皇帝可与为善，愿常得贤者辅导，天下有望。但事隔不久，由于韩侂胄的影响日益扩大，朱熹被迫离开杭州。韩侂胄起自外戚，因拥立宁宗有功而被任命为枢密院都承旨，受到朝廷重用。朱熹、赵汝愚等人对此强烈反对，于是双方结成怨党，矛盾不断激化。庆元元年（1195 年），李沐上奏，谓赵汝愚以宗室身份居相位，将不利于社稷。赵汝愚因此被罢相出朝，流放永州。与此同时，韩侂胄愈加受宠，权重一时，便展开对朱熹理学的抨击，演出了反理学的"庆元党案"。庆元二年（1196 年）初，叶翥上书皇帝，指责道学人物以匹夫窃人主之柄，鼓动天下，败坏社会风气；请求科举取士凡稍涉经训者悉见排黜，文章议论根于理义者并行除毁。这一年，理学被朝廷斥为伪学，悬以厉禁，规定必须声明"非伪学之人"才能参加科举考试、做官、升迁。朝廷又发布伪学逆党党籍，名单上有 59 人，有些人被发配驱逐。这种严峻的形势下，许多读书人背叛师门，朱熹遭到前所未有的孤立。作为道学家大本营的书院倍受冷落，庆元年间只有 3 所书院创建，即湖南安乡深柳书院、江西浮梁长芗书院、四川泸州五峰书院。庆历党禁六年时间，朱熹除了最危险时曾应学生友人之邀到福建古田县蓝田书院、溪山书院、螺峰书院、福鼎县石湖书院避禁讲学之外，大部分时间都坚守在考亭书院著述讲学。庆元四年（1198 年）冬天，在浙江东阳，"逆党"首要及其追随者们合谋干了一件富有象征意义的事情，那就是为石门书院作记，倡导"性命之学"于严禁之中。曹彦约《跋东阳郭氏石洞书院记》记载："此郭氏《石洞书院记》，叶水心之所作，楼攻愧之所书，朱晦翁之所题，为当代三绝矣。希吕继先志而述其事，求其文与笔而皆得之，近无此比。然方庆元戊午之冬，党论方炽，

---

①   陈邦瞻：《宋史纪事本末》（第三册），中华书局 1977 年版，第 869 页。

士大夫恐挂名三公间，若将浼己。希吕独于此时不以冷暖随世道，取三公于摈弃中，而曰'吾欲为门户，重资章甫，而适越人，当笑之而居之不疑'，其高见远识，笃信好学，余子万万不侔也。"① 文中叶水心、楼攻愧、朱晦翁即叶适、楼钥、朱熹，皆是列名"逆党党籍"中的首要分子。希吕为石洞书院第二代主人郭津之号，在党禁之中，自标门户，其追随理学的忠勇之气，其坚守书院讲学的远见卓识，皆令人钦佩。正是这些人，使理学和书院薪传不断，维命于危难之中。中国社会各个时代都会出现汹涌的逆流或阴暗的毒流，但由于它们本身不具有真理并与历史潮流不相一致，因而终究为历史唾弃。相反，那些为真理而战斗的人，尽管暂时不被人理解接受甚至要付出生命的代价，但终究会得到历史的承认。许多思想家在逆境中并没有放弃对道的坚守，这是人类文化最励志的记忆。

1202 年，政治形势发生变化，统治者对道学的态度明显朝好的方向转变，书院的春天也随之而来。1211 年 12 月，道学家李道传上奏说：（1）本朝大儒相继出现，孔子、孟子的学说又倡明于世上，用途虽然没有最终明白，但功用已经很多。近来社会上的儒学学者，又获得这种学说并加以推广。诚能让这学说进一步推行，那将人才更加众多，朝廷会更加端正，而天下也会出现治理太平了。过去某些有权有势的大臣禁止这种学说，十多年间，士风也一天不如一天败坏，有识之人对此无不忧心如焚。今天伪党的禁令虽然已经废除，但还需明白告示天下废除有关伪学的不公正的说法。（2）现在有人入则顺从亲信，出则信赖朋友，对上不欺骗皇上，对下不欺压百姓，义不允许进就不肯勉强要求进，并因此改变终身的操守，义不允许生不忍苟生，以损害其本心之德。这种人，平时可以任用，缓急可以依靠，这不是皇上所希望的吗？希望皇上下诏，崇尚这种学说，指出以前禁止此学说的错误，让天下万众都明白圣人之学的所在。学问没有不急于获得知识，获得知识没有大于读书的，书没有再比圣人的经书应当读的，至于经书中应当先读的再没有比《大学》、《论语》、《孟子》、《中庸》应当先读的。朱熹有《四书章句集注》，对儒学解释得当。愿皇上下诏官吏采用这四书，颁布于大学，让诸生按顺序诵习，以教育天下人才，为国家使用。（3）希望皇上显明圣朝崇尚儒家正学之意，以告示学者所宗，这样的益处特别大。皇上如果能够颁布周敦颐、二程、张

---

① 陈谷嘉、邓洪波主编：《中国书院史资料》，浙江教育出版社 1998 年版，第 145 页。

载、朱熹的著作，确定各位儒家的祭祀，那么天下人心定会振奋，人才会日盛一日，天下的整治也会一年比一年好。①

几乎就在朱熹死后不久，随着韩侂胄的身败名裂，党禁解出，统治者根据自己的需要不断塑造朱熹的"圣人"形象。嘉定五年（1212年），朱熹《四书集注》被列为国学。淳祐元年（1241年），理宗下诏学宫将朱熹从祀庙堂，朱熹取得与周张二程并列的五大道统圣人的地位。有人甚至认为，理宗的名号缘于"圣性崇尚理学，而天下道理最大"②。从南宋末年开始，朱子理学作为国家意识形态统治中国达九百年之久，而且影响着中国当今社会生活尤其是大学人的精神世界。南宋书院道统的命运同南宋统治集团内部政治派别斗争的胜负有着密切的关系。政治各派总想各以一个学派作为制造舆论、争取人心的工具，借以反对或压制另一学派。书院往往成为这种思想斗争的策源地或不同学派活动的中心。南宋宁宗时赵汝愚为相，依靠的是"道学派"，韩侂胄为排挤赵汝愚，则宣布赵汝愚、朱熹、杨简、蔡元定等人为"伪学党"。史弥远为了排斥异己，则抬高书院理学家的地位。史氏得势的宁宗、理宗两朝，是南宋书院发展的高峰时期。所以，元儒在《宋史》中，对其劣迹几笔带过，而对于其"功绩"不惜笔墨。书院教育的发展有其自身的内在规律，但政统的政策对书院教育的发展产生巨大的影响。南宋书院的兴衰可以证明这点。

第五节　南宋书院主流理学与事功学派之争

南宋书院主流理学（主要指朱子学）的"存天理"之论受到了南宋事功学派的挑战。事功学派是南宋乾、淳年间崛起在浙东的一个唯物主义学术派别。该学派的学术特征是：勇于批判，学以致用，倡言功用。它既包括陈亮创立的专讲王霸之学的永康学，又包括叶适创立的以经济世的永嘉学。陈亮（1143—1194年），字同甫，号龙川，浙江永康人。叶适（1150—1223年），浙江永嘉人，晚年定居家乡水心村讲学，人称水心先

---

① 陈邦瞻：《宋史纪事本末》（第三册），中华书局 1977 年版，第 877—878 页。

② 周密：《齐东野语》，中华书局 1983 年版，第 297 页。

生。《宋元学案》说，永康无所承接，然其为学以读书经济为事，嗤黜空疏随人牙后谈性命者；永嘉以经制言事功，推原以为得于程氏。二人作为事功学派的开山之祖，在反对南宋书院的理学思想的立场上是一致的。陈、叶二人与书院也有直接的联系。陈亮曾回忆自己常与好友陈傅良及其弟子蔡幼学之间的学术讨论："吾常与陈君举极论，往往击杯案，声撼林木。行之在旁，邈若无闻。客散，忽语吾：'道一尔，奚皇帝王霸之云。'吾方数辨，而行之横启纵阖，援古证今，抵夜接日，若悬江河。吾谢不能，乃已。"① 两位事功学派的大师讨论的地点是浙江的仙岩书院。前文说过，叶适当过浙江石洞书院的山长，还给远在四川的魏了翁创建的鹤山书院的楼宇题过字。陈、叶二人本是吕祖谦丽泽书院的学生，其事功学当是从金华学中分化出来的学术派别，走向了吕祖谦实学的极端。二人之学说与南宋书院推崇天理的总体精神背道而驰。

　　南宋书院主流理学与南宋事功学派的第一个分歧是：道理与事物的关系各有偏向，道统存在与否各执一端。朱熹理学认为，"道理"就是天理，是超绝的独立存在的精神实体，是先天地而生并派生万事万物的。它不仅是自然界的最高原则，也是社会的最高原则。朱熹理学认为"道心"与"人心"、"天理"与"人欲"是不能并立的；与天命之性相应的是"道心"，是纯然天理，是至为完善的；与气质之性相应的是"人心"，人心有违背天理的可能，违背天理就是人欲，人心是最危险的，人欲则是罪恶。同时他还断定天理存则人欲亡，人欲胜则天理灭。因此"存天理，灭人欲"便成为理学教育中极为重要的事，修养之道则是静坐涵泳，内向治心，以求灭尽人欲，上通天理。陈亮、叶适都反对理学这种唯心论的说法。他们主张道理在事物之中，道理是事物的道理。关于道物关系，陈亮的基本看法是道在天下，无物非道。他说："夫道，非出于形气之表，而常行于事物之间者也。……唯理之徇，唯是之从，以求尽天下贤者之心，遂一世人物之生，其功非不大，而不假于外求，天下固无道外之事也。"② "道之在天下，无本末，无内外。"③ 也就是说，道存在于事物之中。因而当政者只要遵循理，充分听取和采纳贤者的意见，让生民顺遂长养，这样的事功不必向外寻求所谓道，而是道在事中。叶适说："古诗作

---

①　黄宗羲：《黄宗羲全集》，浙江古籍出版社 2012 年版。

②　陈亮：《陈亮集》，中华书局 1987 年版，第 100 页。

③　同上书，第 108 页。

者无不以一物立义，物之所在，道则在焉。物有止，道无止也。非知道者不能该物，非知道者不能至道。道虽广大，理备事足，而终归之于物，不使散流，此圣贤经世之业，非习为文词者所能知也。"① 这就是说，有物即有道，物在道在。物有固定的处所，道则没有固定的处所，因而道可以兼该万物，物则有限定性。如果固执于物，则不能达到对道的了解和把握。道虽然广大，具备众理，统摄万事，但道要发挥作用，则终究需要落实在物上。圣贤经世之业，也就表现在能够很好地处理道与物的关系，以道兼该万物。由于叶适把道和物当成同时存在，并不认为道可以先于物而存在。叶适还说，上古圣人之治天下至矣——其道在于器数，其通变在于事物；无验于事者，其言不合，无考于器者，其道不化，论高而实违者，是不对的。叶适和陈亮一样，都主张道理存在于器物中，不是什么形而上的东西。

朱熹说他自己的理学是继承儒家的道统，并演绎出道统授受之迹。这样，理学便取得了法统的地位，谁也不应该反对了。但是，陈亮、叶适对理学家的道统论也提出了质疑。他们明确指出朱熹的道统之说不符合事实，理由是：（1）朱熹引用的《尚书》中的"人心"、"执中"都是看得到的、容易说容易行的事，舜并没有把这些说成是性命。说舜始有执两端用中之论，孟子尤多，皆推称所及，非本文也。（2）孔子传道，主要在周道既坏，上世所存皆散失，诸子辩士，人各为家，孔子搜补遗文坠典，《诗》、《书》、《礼》、《乐》、《春秋》，有述无作，唯《易》著《彖》、《象》，然后唐虞三代之道赖以有传，所传是周公、召公一代的治道，而非性命之道。（3）说孔子传曾子，更不可信。孔子四科弟子，自颜渊以下十人没有曾参，而说"参也鲁"，这是有明据的。如果说孔子晚岁独进曾参或曾参于孔子殁后独任孔子之道，则没有明据，而且曾参之学，以身为本，容颜辞貌之外未暇问，于大道多遗略，也胜任不了传道。（4）朱熹说子思作《中庸》是"推本尧舜以来相传之意，质以乎日所闻师父之言"而成的，这里便有个家学之秘的问题，但证之《论语》所载，陈亢问于伯鱼曰："子亦有异闻乎?"对曰："未也。"故家有秘传就不能成立。如果说《中庸》是凭子思自己意思作的，那就不是什么"上世所传"了。（5）孟子称尧舜禹汤文王周公，所愿则孔子。但古之圣贤无独指心者，

---

① 叶适：《叶适集》，中华书局 1961 年版，第 437 页。

舜言人心、道心，不止于治心。孟子始有尽心知性贵心官贱耳目之说，"以性为善"亦自孟子始。孟子以心为宗主，只能说是创立新论，乱尧舜以来内外相成之道。（6）宋代理学家争言传千载绝学，实际是发挥子思、孟子的新说奇论，并把老庄浮屠之说混杂进去，怎能说是传尧舜以来的道统呢？他还否定有什么传"绝学"的事。陈亮指出，朱熹说他自己闻不传之绝学，意在用"道学"垄断一切学术，认为只有他的天理论才是头等学问，其他学者都应放弃所学，投入他的门下。陈亮、叶适对朱熹这种态度，极为不满而加以责斥。陈亮、叶适的批评反映出南宋书院理学的不足。

南宋书院主流理学与南宋事功学派的第二个分歧是：书院理学的天理人欲说重仁义之王道，南宋事功学派重功利之王霸，前者的历史依据是"三代"，后者的历史依据是"汉唐"。朱熹用行天理与行人欲为标准来区分三代与汉唐的社会，竭力美化三代之治。陈亮、叶适极力赞美汉唐的王霸之学。朱熹以醇儒自居，尊王贱霸，卑视功利之学，认为三代专以天理行，三代以下则专以人欲行，所以三代以上之治是王道的、光明的，而汉唐以下之治是霸术的、黑暗的。至于汉唐之君也能建功立业，但未免乎"利欲之私"。因此，朱熹断言自尧舜三代、汉祖唐宗终不能合而为一。陈亮驳斥了朱熹这种说法："汉唐之君本领非不宏大开廓，故能以其国家与天地并立而人物赖以生息。"① 从根本上讲，朱熹、陈亮二人的分歧在于应该依据什么样的尺度来评价历史。而对于这个问题的争论恰恰不是历史的，而是现实的。因为用什么样的标准来评价历史，也就意味着从何种价值观出发来设计和塑造理想的人格形象，以能动地参与到历史的创造过程中去。朱熹是从道义论的立场出发来评价历史的。他认为，评判历史的功过是非，不应根据历史人物的事功，而应根据其不同的行为动机，看他是出于义还是出于利，是天理还是人欲。朱熹认为，出于义，就是王道；出于利，就是霸道。如果是出于利，即便能取得像唐宗、汉祖那样的事功伟业，也是不足称道的。陈亮则认为，以天理和人欲来划分历史阶段，谓"三代以道驭天下，汉唐以智力把持天下"，"三代专以天理行，汉唐专以人欲行"，这是荒谬的、不符合历史实际的。事实是，三代的所谓天理中也有人欲，根本不存在专以天理行的历史时期；所谓汉唐的人欲中也有天

---

① 陈亮：《陈亮集》，中华书局 1987 年版，第 340 页。

理，任何时代天理和人欲可以并行，二者可以并行不悖。① 叶适赞成"以利和义"而不主张"以义抑利"。他说："仁人正谊不谋利，明道不计功，此语初看极好，细看全疏阔。古人以利与人而不自居其功，故道义光明。后世儒者行仲舒之论，既无功利，则道义者乃无用之虚语尔。"② 他认为，聚天下之人，则不可以无衣食之具；古之人未有不善理财而为圣君贤臣者也；后世之论以为小人善理财而圣贤不为利，这给小人牟利留下了机会。叶适慨叹，在"以不言利为义"的口号下，君子避理财之名，小人执理财之权，而上之任用亦出于小人而无疑，民之受病，国之受谤，何时而已。叶适用大禹、周公之业贬道学家不言利，可以说是善于运用"以子之矛，攻子之盾"的方法了。正面而言，叶适主张道德义理与治教人事相结合，道德义理通过事功得以体现出来。叶适对朱熹那种要求后世之君向尧舜汤武看齐的历史观表示不满，并认为是极有害的。事功学派反对以古人的尺度要求今人，反对用天理人欲把历史割裂成互不相连的片段。

南宋书院主流理学与南宋事功学派的第三个分歧是：抗金与治国的策略不同。南宋时民族矛盾突出，对抗金的看法最能表现各个学派的政治态度。孝宗即位之初，诏求直言，朱熹应诏上封事，其中讲到修攘之计（即抗金之计）。他说："修攘之计不时定者，讲和之说误之也。夫金人于我有不共戴天之雠，则不可和明矣。愿断以义理之公，闭关绝约，任监使能，立纪纲，厉风俗，数年之后，国富兵强，视吾力之强弱，观彼衅之浅气徐起而图之。"③ 隆兴元年朱熹奏事垂拱殿，认为古先圣王制御夷狄之道，其本不在于威强，而在于德业，其备不在于边境而在于朝廷，其具不在于号令，而在于纲纪。这时朱熹的言论，还是主张抗金的，只是不十分积极。到了隆兴十五年后，朱熹的言论就改变了。他说：盖天下之大本者，陛下之心也，今日之急务则辅翼太子、选任大臣、振举纪纲、变化风俗、爱养民力，修明军政六者是也；凡此六事，皆不可缓，而其本在于陛下之一心。此说没有突出提抗金之事。朱熹说当时士大夫有两种人：乐因循之无事者；思奋厉而有为者。前者指的是当政的朝臣，后者则指的是事功学派。他对这两种人都有批评，而特别反对事功学派。朱熹认为，其思

---

① 张瑞璠主编：《中国教育哲学史》（第二卷），山东教育出版社 2000 年版，第 307—308 页。

② 叶适：《习学记言》，上海古籍出版社 1992 年版，第 201 页。

③ 朱熹：《朱子全书》（第二十七册），上海古籍出版社 2002 年版，第 516 页。

奋厉者，徒知恢复之不可忘，颓堕之不可久，然不知不世之大功易立，而至微之本心难保，中原之夷寇易逐而一己之私意难除；诚能先其所难则其易者将不言而自办，不先其难而徒然侥幸于其易，则虽朝夕谈之不绝口，是亦徒为虚言，以快天下之意而已。陈亮、叶适对朱熹抗金不积极以及用正心诚意来制敌的主张是十分不满的。陈亮《上孝宗皇帝第一书》说："始悟今世之儒士，自以为得正心诚意之学者，皆风痹不知痛痒之人也。举一世安于君父之雠而方低头拱手而谈性命，不知何者谓之性命乎！"[①]陈亮《上孝宗皇帝第二书》说："论恢复则曰修德待时，论富强则曰节用爱人，论治则曰正心，论事则曰守法，君以从谏务学为美，臣以识心见性为贤，论安言计，动引圣人，举一世谓之正论，而经生学士合为一辞以摩切陛下者也。夫岂知安一隅之地，则不足以承天命，忘君父之雠，则不足以立人道。民穷兵疲而事不可以常理论，消息盈虚而与时偕行者不可以常法拘。为天下之正论而不足以明天下之大义，宜其取轻于陛下也。"[②] 朱熹以东南未治为理由来反对恢复故疆，陈亮在《戊申再上孝宗皇帝书》中也加以抨击。淳熙十四年叶适上孝宗皇帝书说，今日人臣之义当为陛下建明者，一大事而已，二陵之仇未报，故疆之半未复，此天下之公愤，臣子之深责也；或知而不言，或言而不尽，皆非人臣之义。陈亮、叶适把抗金提到第一位而反对找任何借口苟且偷生。对抗金的策略，朱熹讲得比较空泛，而陈亮、叶适则论得实在。陈亮、叶适不仅抗金的旗帜始终鲜明，而且援历代兴亡之迹，考当前各方面的形势，从战略到战术都提出具体可行的切实办法。陈亮早死，未能展其抱负，但他对抗金的策划，是殚精竭虑的：既有军事上的策略，又有政治上的要求，而且研究历史和亲自到建康一带观察地理形势提出战术。在抗金军事部署上，他主张东（江苏，山东）西（四川）两臂并举，面以襄汉为中心。他建议迁都南京。叶适则有过与金人开战的经历，主张"备成而后动，守定而后战"[③]。凡此种种在朱熹看来，只不过是好大言的功利之说，不是制敌的根本。抗金是政治的一部分。从整个治理国家的策略说，事功学派和书院理学在许多方面都有针锋相对的分歧。朱熹对陈亮的创皇帝王霸之说、叶适所作的系统改革当前实政的议论，都作了不点名的否定。陈亮、叶适与朱熹在治国见解

① 陈亮：《陈亮集》，中华书局 1987 年版，第 8—9 页。

② 陈亮：《陈亮集》，中华书局 1974 年版，第 10 页。

③ 叶适：《叶适集》，中华书局 1961 年版，第 6 页。

上的不同，是显而易见的。① 具体而言：（1）政治大本不同。朱熹以正心诚意、纲常之道为政治大本，轻视事功；陈亮、叶适则以开物成务为政治大本，重视民生日用，反对高谈性命。（2）佐治人才标准不同。两派都主张培养人才佐皇帝治理国家，但对佐治人才标准的看法是互异的。朱熹要培养的是所谓"醇儒"式的卫道之士，侧重内向治心和外在容颜辞气的讲求。陈亮、叶适要培养的是有多方面艺能的通经达用之士，着重的是实学实事，有开阔的心胸和善于察古今之变的才智。（3）变与不变的主张不同。朱熹是主张道不变的，三代之治尽美尽善，只可照着行，不可标新立异。陈亮、叶适则主张因时制宜，该变就要变。（4）民主与专制的主张不同。朱熹是竭力抬高君主地位，维护封建专制制度的。陈亮、叶适虽不主张推翻封建君主统制制度，却反对统治者擅作威福，而在政论中提倡民为贵的地方比比皆是。

实际上，南宋书院主流理学与南宋事功学派的分歧是道器之间、体用之间、本末之间偏向的不同。前者重道、重体、重本，后者重器、重用、重末。因此，二者的大学教育观不同。以陈亮和叶适为代表的事功派与以朱熹为代表的理学家的教育哲学的主要分歧有如下几点：（1）在价值观上，是道德理想主义与社会功利主义之间的分歧。南宋的理学，不管是朱熹之学还是陆九渊之学，都对道德作了超越化的理解，从而把人的价值实现最终归结为内在心性的自我超越。虽然他们从"性即理"或"心即理"出发，引向了道德主体性的确立，引出了道德修养和实践中的自律原则，但在他们的心性之学中不仅没有社会功利的地位，而且还从动机论出发，将功利和道义对立起来；与此同时，他们还把义与利的对立，简单地还原为人的心性中理与欲的对立，从而对人的感性欲求采取了贬抑乃敌视的态度。这不是一种健全的价值取向。事功学派则反其道而行之，把道德引向对于现实的社会群体功利事业的关怀，强调道德价值的实现不仅应以社会功利为依托，而且应落实在社会功利事业中。他们也反对在人的本性中制造善与恶的对立，在更大程度上肯定了满足社会的共同欲求的正当性与合理性。同时，在立己而不病物的前提下，对个体的私欲采取了比较宽容的态度。尽管事功学派并没有在道德价值与物质价值之间作出准确的区分，但他们对于道德与事功的联系的强调，对于纠正理学心性之学的过度膨

---

① 章柳泉：《南宋事功学派及其教育思想》，教育科学出版社 1984 年版，第 55—60 页。

胀，具有重要的历史意义。（2）在成人之道的追求上，理学从其道德理想主义的价值观出发，把纯粹的道德人格的养成视为成人之道的根本甚至是唯一的方面。这里面固然包含着提升人的精神境界的作用，但他们重德而轻才、重心术而轻艺能，这很可能使理想人格、精神境界的追求，成为一项脱离社会实际的空疏事业，"醇儒"之醇一方面走向人格的单一化，另一方面也走向了忽视社会整体超越的虚幻的自我超越。事功学派之重视才智和艺能的倾向，则逻辑地蕴含着突破单一的道德人格的束缚，在丰富多彩的社会功利事业的追求中，实现人格的丰富性与多样性的精神。（3）在方法论上，就是理性主义与经验主义的分歧。以朱熹为代表的理学修养方法论，展开为一种穷理与涵养相互作用的过程。其中，穷理即知其所当然与所以然，由于穷理必即物而行，所以穷理的过程离不开经验对象的限定作用以及认识主体经由感性经验到理性本质的认识飞跃，但穷理在本质上并不是经验知识的积累为特征的外入之学，而是在对象性认识的活动中所实现的内外之理的合一，即认识主体朝向形而上道德本体的复归，以便进入豁然贯通的纯理性化境界。其所谓涵养，也是通过日常的依礼而思、而行、而持敬，使感性的生命体与内在于己身的形而上本体在体验中的合一。这体现了道德理性主义的特征。事功学派则不同，他们重视经验知识的基础作用，认为人们对于道的认识是在见闻的基础上，通过对感性材料进行加工而获得的。在自我修养的方法上，事功学派没有赋予礼以形而上的超越性质，而是像荀子那样，重视礼的示范作用，提倡"克己复礼"，但他们不把"克己复礼"理解为对形而上道德本体的涵养，而是理解为通过依礼而行养成合理的行为习惯，也就是把外在的行为规范化作个体的内在心理品质。这显然是一种与其功利主义价值观相一致的经验主义的修养方法。①

　　由于南宋书院主流教育家与事功学派理欲观的不同，导致了二者的众多分歧，也导致了二者教育哲学的不同。自然，在教学内容上也就不同。虽然二者都主张学生要学习儒家典籍，但对待的态度是不同的。事功学派主张读书要经世致用，要把儒经当史来读。陈亮《三国纪年序》指出，《易》是上古史，《书》是唐虞、三代史，《礼》载周代礼物供后世考察，

---

　　①　张瑞璠主编：《中国教育哲学史》（第二卷），山东教育出版社 2000 年版，第 331—332 页。

《诗》记兴亡和各国风化，《春秋》是世变之砥柱。叶适说，六经主要是讲治道的历史，并不是什么神圣不可侵犯的东西。他们认为将经书作为教材，主要是要求学生从经书所载的治迹治道中得到启发，研究眼前情况，改革实政。书院理学家认为，学生读儒家经典在于收获义理，体悟天理；即使是史书，也是体现纲常名教的事例。事功学派认为百家杂流都是学的内容，反对书院理学家废耳目之实而讲道义。事功学派把一些兵农实用的知识都列入教学内容，而书院理学家认为一艺一能皆不足以自通于圣人之道。需要指出的是，事功学派的基本思想是在民族危机的刺激下形成的，其核心问题是要解决赵宋王朝在政治、经济、军事等方面的困境。这就使其理论具有明显的应时、实用色彩。因此，他们所提出的深刻的命题往往难以展开深入的论证，与高度发达的书院理学相比，还是显得单薄而肤浅。民国学者说："统观适（指叶适）之学说，批评为其特长，经纶实所不逮。世人每言永嘉学者，慨然以天下为己任，其豪情盛概，诚有足多。惜其气虽盛而学不充。"① 此论用于整个事功学派也是恰当的。其实，就个人私交而论，朱熹与陈亮一直保持着友好的关系。二人多次在金华、杭州、建阳见过面，就有关学术问题进行了研讨。绍熙三年（1192 年）十一月，朱熹将长子葬于闽北，陈亮为学生朱塾写墓志铭，入闽到考亭书院与朱熹相见。这次朱陈考亭之会，两人谈论的问题十分广泛。为了避免因论辩引起当面的不愉，两人回避了义利王霸、道德性命等问题，转而讨论了一些社会现实问题，二人看法多能相合。尽管朱熹与陈亮两人的思想对立并没有消除，陈亮也不会轻易放弃自己的事功学，但这次相会朱熹却对陈亮的思想产生了微妙的影响。考亭之会后陈亮的思想中隐约出现了非功利主义倾向的增长。朱熹在他眼里从一个世儒变成了一个鸿儒，在做"人"方面陈亮更相信"儒"。

---

①　陈钟凡：《两宋思想述评》，东方出版社 1996 年版，第 287 页。

第五章

道理：南宋书院大学精神之此在

大学是个最讲道理的地方。宋太祖问过臣下：天下什么最大？宰相赵普回答：天下道理最大。只不过，朱熹讲的道理是，天即理，所以他办的大学（例如考亭书院）讲究服从法则；陆九渊讲的道理是，心即理，所以他办的大学（例如象山书院）讲究生命个体是一切的裁判；张栻讲的道理是，性即理，所以他主持的大学（例如岳麓书院）讲究从本性出发经世济用；吕祖谦讲的道理是，万物即理，所以他创立的大学（例如丽泽书院）讲究博学实用。大学学术思想的承传与发展赖于其自身的活力：在宽松的文化氛围下，各种学术思想并存，相互竞争、相互补充。若"人于道理不能行，只是在我之道理有未尽耳。不当咎其不可行，当反而求尽其道"①。在南宋书院那里，"圣人教人，立个门户，各自不同"②；但是，都以儒家义理作为衡量是非的尺度。

第一节　考亭书院朱熹卓越的教学领导

朱熹（1130—1200 年），字元晦，号晦庵，晚称晦翁。祖籍徽州府婺源县（今江西省婺源），出生于南剑州尤溪（今属福建省尤溪县）。朱熹是中国大学精神史上的一座高峰。《宋史》说："自周以来，任传道之责者不过数人，而能使斯道章章较著者，一二人而止耳。由孔子而后，曾子、子思继其微，至孟子而始著。由孟子而后，周、程、张子继其绝，至熹而始著。"③ 就朱熹学说之特色而言，在网罗古今，融会贯

---

① 朱熹：《朱子全书》（第十四册），上海古籍出版社 2002 年版，第 387 页。

② 同上书，第 645—646 页。

③ 脱脱：《宋史》，中华书局 1985 年版，第 12769—12770 页。

通，自成系统。① 就其对书院的贡献而言，朱熹是中国书院第一人，对南宋书院大学精神贡献最大。朱熹对南宋书院的影响极大，不仅自己创建书院，复兴白鹿洞书院，而且他的门人弟子也在各地广建书院。南宋时期，江西、福建、浙江书院繁多，特别是江西、福建的书院大多与朱熹及其门人弟子热心创办有关。② 与朱熹生平有关的书院 67 所，其中朱熹创建的 4 所，修复的 3 所，读书讲学的 47 所，题诗题词的 13 所。③ 朱熹的大学精神最终是在考亭书院完成的。

考亭书院虽然建于小地方而不是繁华城市，但是由于它与朱熹及其教学活动联系在一起，因而成了南宋著名的大学。考亭书院地址在福建省建阳县三桂里考亭村，为朱熹所创建。该书院草创于 1192 年 6 月，初名竹林精舍，两年后更名为沧洲精舍。1244 年，宋理宗御书"考亭书院"四字。许多书院都如此，创建时与后来的名称并不一致，今人叙述往往使用最有教育史意义的一个名称。考亭书院地处建阳城西南面，距城关约五华里，风景优美，适宜读书。考亭书院藏书阁楼匾有张栻手迹"藏书"两字，阁内壁上挂有他生前的题词："于穆元圣，继天测灵；闻此谟训，惠我光明。靖言保之，匪金厥篆。含英咀实，百世其承。"④ 1191 年 4 月，朱熹离漳州知府任，5 月抵建阳，暂寓建阳童蒜桥，开始实施定居考亭的计划。由于朱熹的影响力，各地莘莘学子登门求学者纷纷来到考亭书院。曾先后就学于寒泉、云谷、武夷的蔡元定、黄榦、刘爚、林择之、詹体仁、廖德明等一大批弟子也聚集于此。至今有姓名、生平可考的考亭书院的朱熹弟子有 215 人。其中，1192 年，考亭书院建成之前已从学于朱熹（但未曾在武夷精舍从学），此书院建成后又续学于此者的就有 57 人。⑤ 朱子说："永弃人间事，吾道付沧洲。"⑥ 考亭书院是朱熹对自己的思想做最后总结的地方。考亭书院除了四书五经、史传、词章等课程外，还有自然科学课程。其中以经学课程为首要。朱熹和陆九渊一样都认为，学生不要以文害意，辞章是载道的工具而已。相对于吕祖谦的丽泽书院过于注重

① 陈钟凡：《两宋思想述评》，东方出版社 1996 年版，第 200 页。
② 王炳照：《中国古代书院》，商务印书馆 1998 年版，第 106 页。
③ 方彦寿：《朱熹书院与门人考》序言，华东师范大学出版社 2000 年版。
④ 黎靖德：《朱子语类》卷一百零七，岳麓书社 1997 年版。
⑤ 方彦寿：《朱熹书院与门人考》，华东师范大学出版社 2000 年版，第 136 页。
⑥ 朱熹：《朱子全书》（第二十册），上海古籍出版社 2002 年版，第 560 页。

史传课程而言，朱熹强调读书须以经为本而后读史，读经与看史两者是本末关系。要史学依附于经学从而也就不认为史学本身是一门独立的科学，故有"史什么学，只是见得浅"的说法。至于自然科学课程，朱熹认为它也是为探索经书的义理服务的，属于边缘课程而非核心课程。

在考亭书院，师生探究理学奥秘，过着一种崇高与平凡的教育生活。书院和学生存在一种双向选择关系。一方面，作为学生，在他心里有一个尺度，中意则进，不合则退。另一方面，作为书院也有一个取舍的标准，不希望不合自己要求的人留在院中，以免出害群之马。如此，在大家共同认可的一个目标之下，个体的学生就结合在同一个书院，这就是所谓的学人和书院的结合。书院整合学人而成为学派，做得最成功的要数朱熹。南宋时期，州县学腐败，学校只管课试，发膏火，并不悉心进行教育过程的管理，诸生与教师往来甚疏。有的因课试几个月才见一面，路远的往往终岁一面也不得见，学生目师儒为路人。原因在于官学性质的学校变成了沽名钓誉之所，师生身陷于嗜利之诱。书院则不同，师生共处一堂，具有良好的师生关系。在学术上持门户之见是尊师的最好表现，而死守师说也不是高明之举。只有对学派的精神有所发扬，才能算得上是尊师。朱熹的学生很多，多立书院，传朱学。其中有谨守朱子成说的，也有对朱子学作进一步发挥的，有些学生有时所持议论竟与朱熹不一致。书院学生一贯是尊师的，不仅在书院时执礼甚恭，离书院后仍对老师执弟子之礼。书院教师爱生主要表现在关心生徒德行学业进步方面。大师罄其所知诲人不倦，同时也讲究启发诱导。朱熹在书院内与学生关系比较融洽，感情相当深厚。黄榦《朱子行状》说："从游之士，迭诵所习以质其疑，意有未喻，则委曲告之，而未尝倦。问有未切，则反复戒之而未尝隐。务学笃，则喜见于言；讲道难，则忧形于色。讲论经典，商贯古今，率至夜半。虽疾病之离，至诸生问辩，则脱然沉疴之去体。"[1] 朱熹教人孜孜不倦，一日不讲学，一日不快乐。朱熹对学生的要求非常严格。朱熹晚年讲学不辍，弟子陈淳《竹林精舍录后序》回忆在朱熹病榻旁听讲的情形："晚过竹林精舍止宿，与宜春胡叔器、临川黄毅然二友会。而先生日常寝疾十剧九瘥，每入卧内听教，而谆谆警策，无非直指病痛所在，以为所欠者下学，唯当专致其下学之功而已，而于下学之中，所谓致知必一一平实，循序而进，而

---

① 朱熹：《朱子全书》（第二十七册），上海古籍出版社 2002 年版，第 563—564 页。

无一物之不格；所谓力行亦必一一平实，循序而进，而无一物之不周。要如颜子之博约，毋遽求颜子之卓尔；要如曾子之所以为贯，毋遽求曾子之所以为一。而其所以为人，痛切直截之意，比之向日郡斋从容和乐之训，则又不同矣。"① 朱熹晚年重病，只能忍痛在病榻上讲学，学生环列周围，汇报所学所悟；朱熹指出每个人的不足之处，指出继续努力的方向和方法，强调循序渐进，注重力行。

朱熹在考亭书院教学活动中特别强调学生自学，学生自学中遇到了障碍，就采用集体讨论法和个别辅导法。在考亭书院，大体是白天或升堂讲学，或学生自学；夜晚则个别请益，或集体讨论。集体讨论有时又与升堂讲学紧密结合在一起。朱熹在学生自学、集体讨论的基础上还采用"个别辅导"教学法对学生各自不同的疑点难点问题进行回答。其特点是：（1）教师反思以劝诫。朱熹经常以自身经历劝诫学生，为学须专心。他说，读书或贪多求快，不求甚解，或心猿意马，心不在焉，这是许多学生的通病。对此，朱熹用自己早年是如何克服这些缺点的体会劝诫学生，使学生避免走类似的弯路。（2）生动比喻以启发。朱熹以撑上水船来激励学生努力向学：为学正如撑上水船，方平稳处，尽行不妨；及到滩脊急流之中，舟人来这上一篙，不可放缓，直须着力撑上，不得一步不紧。放退一步，则此船不得上矣。朱熹以自己手臂疼痛需不停地按摩止痛来比喻为学贵在坚持，不可间断。朱熹以农夫耕田阐明温故知新的道理：所谓"温故"，如人有多田地，须自照管，曾耕得不曾耕得；若有荒废处，须用耕垦。朱熹在讲学中还经常虚拟一些生活中不可能出现的事来批评某些读书人的学风。他说，人饿了要吃饭，这是正常事；但有饭不拿来自吃，只管铺摊在门前，要人知道我家里有饭，这就不正常了——虚夸好名者、讲学不着实者，就和把饭铺摊在门前用以炫耀一样可笑。（3）古今集验作比较。绍熙四年（1193 年），他对门人林学蒙说：凡看文字，诸家说异同处最可观，如谢上蔡之说如彼，杨龟山之说如此，何者为得？何者为失？所以为得者是如何？所以为失者是如何？要使用比较的方法，就有一个积累的功夫；没有对历代儒学大师精辟见解的采集和吸收，比较也就无从谈起。通过比较鉴别，才能扬长避短，择善而从。如朱熹《孟子集解》，是取程颐、程颢及其门人众家之说而成，《论语精义》则取张载、

---

① 陈谷嘉、邓洪波主编：《中国书院史资料》，浙江教育出版社 1998 年版，第 188 页。

范祖禹、吕希哲、吕大临、谢良佐、游酢、杨时诸家之说。网罗众家，则知优劣，则有所创造。在考亭书院的教学过程中，读书法最为重要。朱子一生以教书为乐，教学中对读书方法有很多精辟的论述，脍炙人口的有《观书有感》、《读书之要》、《沧洲精舍谕学者》等。但他生前并没有写出一部系统完整论述读书方法的著作，今日所谓《朱子读书法》其实是后人根据朱子的言论编辑整理出来的。宋元明清出现的《朱子读书法》虽然很多，但不外乎两类：一类是汇编朱子文集或语录中论读书法的内容，但没有明确的主题或纲要。如宋黎靖德《朱子语类》卷十、十一的《读书法上下》。另一类是以六条四字成语为纲，将朱子论读书的内容分类集于后，体例类似于纲目体。这种纲目体由于便于查阅和记忆，因此流传很广。两类《朱子读书法》的源头来自朱子考亭书院弟子辅广的归纳。《朱子读书法》大约编撰于辅广考亭书院学成回浙江在传贻书院讲学期间。《宋元学案》专门为辅广设《潜庵学案》，但没提到辅广辑《朱子读书法》一事。从宋儒齐熙、元儒程端礼等的记述中略知辅广辑录了《朱子读书法》。齐熙《朱子读书法序》说："读书法者，文公朱子之所常言，而门人辅公汉卿之所编集也，嘉惠后学，可谓至矣。巴川度侍郎正属遂宁于和之校而刻之。"① 由此可知此书是辅广辑录朱子谈读书法而成，后由礼部侍郎度正（也是朱熹的书院弟子）命四川人于和之校订刊刻。辅广辑录、于和之校刻的《朱子读书法》今已不存，尽管此后张洪、齐熙的《朱子读书法》和程端礼《读书分年日程》都说是在辅广本的基础上修订的，但其中哪些是辅广辑录的文字，哪些是后来增入的文字，难以区分。张洪、齐熙同编的《朱子读书法》，成书于 1266 年。据序言可知，齐熙在岳父张先生家见到辅广《朱子读书法》，于是借回家与张洪同看。二人增补了一些朱子论读书的文字，调整了辅广原本的条目顺序，然后定纲领，根据朱熹言论撮要为六条：循序渐进、熟读精思、虚心涵泳、切己体察、着紧用力、居敬持志。1265 年，张洪在鄞县执教，此时齐熙在会稽，两人相隔不远，于是《朱子读书法》得以最后定稿。1266 年春，由张洪在鄞县县学付梓。张洪、齐熙编的《朱子读书法》成书后，影响并不大。《朱子读书法》六条目广泛流传，深入人心，得力于元儒程端礼在《读书分年日程》一书中的推崇。程端礼将朱子读书法的条目确定为：居敬持

---

① 朱熹：《朱子全书》（第二十七册），上海古籍出版社 2002 年版，第 823 页。

志、循序渐进、熟读精思、虚心涵泳、切己体察、着紧用力。为什么要采取这样一个读书顺序呢？程端礼《江东书院讲义》的解释是：为学之道，莫先于穷理；穷理之要，必在于读书；读书之法，莫贵乎循序而致精；而致精之本，则又在于居敬而持志，此不易之理。

朱熹对于不在身边的书院学生采取远程教育的函授教学方法。按照求学方式分类，考亭书院的学生分为在学者、离学者、远程者。对他们，朱熹采取随机教育的方法。对在学者（在朱熹身边的学生），朱熹了解其学业情况、专长和兴趣，安排其相应的课程。对离学者，根据其在书院学习的具体情况，安排其离学后继续学习的课程，以保持其学习的延续性。学生因故暂时离学，并非学业的中断，而是书院学习的另一种形式的延续。对远程者（在外地暂时不能前来面授的学生），朱熹要求他们在自学的过程中，写信前来问疑，以便进行远程书函教育。如辅广在考亭书院学习三月，辞归之日，朱熹对他说：有疑便问。辅广回答：今亦未有疑；自此做工夫去，须有疑，却得写信请问。漳州朱飞卿来信请问持敬、穷理、诗传等，朱熹一一予以答复。这是古代书院典型的远程函授教育的原始资料。《朱文公文集》中朱熹撰写的书信共约2300多通，其中写给门人的有1600多通。在从学考亭的215位门人中，朱熹与他们有书信往来的有97人，其中数量最多的如蔡元定、黄干等多达一百多通；数量较多的如林择之，55通；黄灏，40通；方士繇，24通；廖德明，18通；郑可学，17通。其余多则十几通，少则一二通不等。[①] 朱子通过书信的方式，扩大了教育范围，加大了宣传理学的力度，培养了许多人才，在我国古代教育史上独树一帜。朱子函授教学方法有如下特点：一是引导弟子致力理学。如程洵初喜眉山苏氏之书，自认为读之心开目明。朱熹因而对程洵很认真地教诲，结果程洵认同朱熹，致力于孔孟濂洛之书，剖析推明，入圣学之门。由于程洵的理学受到朱熹影响，故凡登程洵之门的士子、朋友如出文公之门。二是排佛老，捍卫儒学的地位。滕璘曾一度喜释氏之说。朱子写信指出，释氏之说如你所谓有所喜，则已是中其毒，若不立即警觉，恐已无济于事。滕璘也曾一度读庄周书，认为泛观无害。朱子给滕璘书信指出，恐为所飘荡而无以自立。三是对弟子既以礼相待，也耐心说服甚至批评。朱子

给弟子的书函，用语客气礼貌，以礼相待。如"熹扣首启叔耕茂材乡友：辱书并示诗文""熹与足下为同郡人……无从面讲，临风怅然。异时因来，有以见语，千万甚望。""同郡朱熹顿首复书汪君太初茂材足下……匆匆，不宣。熹再拜。""仆与足下虽幸获同土壤。"朱子对学习目标不明确以及认识模糊或有观点错误的，施以引导说服甚至批评。滕璘在朱子的指教下作《论语说》，朱子虽然"善之"，但也指出，为学以变化气质为功，而不在于多立说，若一向只如此立说，即不济事。滕璘为之悚然，自是谨慎著书立说。四是从朱子书函的内容可见其教人认真严谨，从朱子给一个弟子几十函到给弟子朋友几千函，可见其诲人不倦。

朱熹在考亭书院的教学中尤其重视祭祀活动。祭祀是书院礼教的重要内容。针对当时"以理易礼"的风气，朱子重申了孔子"克己复礼为仁"的儒家要义，认为"克己"与"复礼"对于"为仁"来讲是同等重要的，不可将"克己复礼"当作"克己复理"取消"复礼"工夫。因为在朱子那里，只有通过"复礼"这一桥梁，才能真正实现归仁的目的。同时，也只有通过作为规矩准则的礼才能检验出一个人是否已经克去己私。虽然朱子有"礼即理"的说法，但由于"理"易被悬空，所以就需要能切实可循的礼仪来落实。同时，祭祀礼仪中到底要祭祀哪些人物，朱子有自己的道统标准。众所周知，朱子的道统谱系跨越汉唐诸君，尊崇周敦颐、二程为新儒学之正宗。但陆九渊不承认二程在道统中的地位，认为二程对儒道的贡献尚不足以与曾子、孟子等相提并论，并暗示继承和发展孟氏心性之学的自家心学学派才是孟子之后的儒学正宗。在如此繁杂的争论下，道统谱系的实在性就成了朱子完善道统理论和争夺儒家正宗的重点，也是其引导学术走向与捍卫自己对于儒学本质理解的关键。但是道统的实在性并不能仅仅停留在理论证明，而不延伸至能获得知觉验效的礼学实践，因为若非现成的历史真实，再完善的理论也极容易导致一种无物寄托的空虚，所以朱子将道统的实在性诉儒学人物书院祭祀。朱熹说："国家稽古命祀，而祀先圣、先师于学宫，盖将以明夫道之有统，使天下之学者，皆知有所向往而几及之，非徒修其墙屋，设其貌像，盛其器服，升降俯仰之容以为观美而已也。"[①]祭祀是书院规制的重要内容。《礼记》认

---

① 朱熹：《朱子全书》，上海古籍出版社2002年版，第3860页。

为，祭之为物大矣，其兴物备矣，顺以备者也，其教之本也。南宋书院祭祀所表达的信仰是一种深刻、牢固的心理认同，它在道德人格的塑造、道德品质的形成过程中具有强烈的、持久的作用。书院祭祀的对象主要分为三类。第一类是祭祀儒家的先圣、先贤，主要是孔子、孟子、颜回等。孔子及其弟子备受推崇，凡是学校讲贯切磋之处，往往肖其像，庋其书，聚成学之士敬事而传习焉。第二类是祭奠本学派的创始人及代表人物。第三类是祭祀与书院有关的人物。有的书院以大儒或对当地人文有突出贡献的学人为祭祀对象。南宋书院和官学一样也祭祀孔子，不同的是还要祭祀先贤以正道统。书院祭祀一方面借助祭祀本派重要人物以区别佛、道教的祭祀，另一方面借此宣扬本书院的学术渊源、风尚以及特色，以区别于其他学派，并强化其他学派对本学派的认同。1194 年 12 月，考亭书院举行了一次规模较大的祭祀活动。考亭书院学生叶贺孙记录了祭祀过程："新书院告成，明日欲祀先圣先师，古有释菜之礼，约而可行，遂检《五礼新仪》，令具其要者以呈。先生终日董役，夜归即与诸生斟酌礼仪。鸡鸣起，平明往书院，以厅事未备，就讲堂行礼。宣圣像居中，充国公颜氏、部侯曾氏、沂水侯孔氏、邹国公孟氏西向配北上。并纸牌子。濂溪周先生，东一。明道程先生，西一。伊川程先生，东二。康节邵先生，西二。司马温国文正公，东三。横渠张先生，西三。延平李先生，东四。从祀。亦纸牌子。并设于地。祭仪别录，祝文别录。先生为献官，命贺孙为赞，直卿、居甫分奠，叔蒙赞，敬之掌仪。堂狭地润，颇有失仪。但献官极其诚意，如或享之，邻曲长幼并来陪。礼毕，先生揖宾坐，宾再起，请先生就中位开讲。"① 考亭书院此次祭祀第一个阶段的工作主要包括人员设位、神座设置、祭器摆放、祭品陈列、人员就位等。第二阶段是具体的献祭阶段。首先，主献官（朱子）以下的其他行祭者要按照行祭次序站在东廊下，接着掌仪引导执事人员升堂盛酒于馔。然后一赞者引导献官升堂点阅，完毕，返回堂下。待到分奠官和诸生各就各位，祭奠正式开始。另一赞者离位，上前祭拜，完毕祭拜完毕后，立于主献官右侧，面朝西，唱：再拜。所有行祭者都再拜。接下来轮到掌仪、祝、司尊登堂了。掌仪立于东墙处（正殿外墙的东面）面向西；祝立于堂前的台阶处，也面向西；司尊立于置尊处的南边，面向北。然后，主献官（朱子）就在赞者的引

---

① 朱熹：《朱子全书》（第十七册），上海古籍出版社 2002 年版，第 3028 页。

导下正式登场了。赞者引导献官到东阶盥洗处立南朝北，洗手，擦手，升堂，焚香，再拜，返回原位。献官面朝北边的神位而跪，赞者跪授爵于献官，献官执爵三拜，并献爵于祭品之间，行礼，起身，少立。祝者至于献官的左边，坐西朝东而跪，读祝文，起身，复位。最后，献官再拜，然后到盥洗处将爵清洗如初。接着开始祭拜配位（先贤），在祭拜前还是要将置于配位前的爵清洗干净，再由赞者用盘捧入正殿，献官要像祭拜先圣一般对先师行祭拜礼，但这时不必读祝文，祭拜完毕后，献官返回到原位。当献官至于配位前酌献时，两赞者各领分奠官分行于东西两房对从祀的理学先师行祭拜礼。盥洗后的仪节程序与祭拜先贤时一样。祭奠先贤完毕后，复位。参与祭祀的人都需再一次行礼祭拜，然后依次退位。以上就是朱子考亭书院祭祀仪式的全过程。不管是前期的准备工作，还是具体的献祭过程，都可看出，朱子对祭祀时的仪式、程序非常重视。在他看来，祭祀时外在行为动作的合乎规范和内心的虔诚恭敬有助于献祭者与圣贤感通。考亭书院受祭的人物有孔子、颜渊、曾子、孟子、周敦颐、程颢、程颐、邵雍、张载、司马光、李延平。此乃朱熹所弘扬的道统谱系，书院祭祀是为儒家道脉做出礼学实证行动。朱熹开启了祭祀学派先贤的先河。考亭书院祭祀后，书院祭祀落实、宣扬道统的功能不仅得到朱熹后学的推崇，还逐渐为其他学派所效仿成为一种社会共识。

　　朱熹在自己创办的书院中，注重以学术研究带动教学，培养学生的创造力。在考亭书院完成《仪礼经传通解》的过程中，朱熹学生就参与其中。黄榦负责其中《丧礼》、《祭礼》两部分，直到嘉定十三年夏才完成。在朱熹建立学说的过程中，学生既是受教育者，也是学术研究者。如蔡元定是他重要的商榷者和著作的编定、校订者，朱熹一系列重要著作就是同蔡元定讨论而定稿的。蔡元定也常常是朱熹著作的撰写者。如朱熹《西铭解》就是多次同蔡元定商讨定稿的。在《孟子集解》的修改中，朱熹集思广益，召弟子何镐、柯翰、范念德、林用中、许升、陈齐仲、徐元聘等一起参与。何镐向朱熹提供了一种《孟子遗说》，多被采用。朱熹在一封给何镐的信中谈论《孟子遗说》得失和《孟子集解》取舍的达31条。淳熙十二年草成《易学启蒙》。次年三月初次审定，之后主要由精通易学的蔡元定修定。朱熹在《易学启蒙》撰写过程中，蔡元定提供的建议是：一是以十为《河图》，以九为《洛书》；二是奇三偶二说。这些研究成果，朱熹在《易学启蒙》中都用"蔡元定曰"标明，将属于蔡元定的见解严格区分开来，没有掠人之美。朱熹以其"课题带徒"模式完成了一批著述的撰写、修改、审查工作。朱熹将他完成的著作作为书院的教材。朱熹《资治通鉴纲目》的编撰，得到了书院学生的支持。编修过程分为前期自作、中期邀作与后期修改三个时期。自作节本时期，蔡元定、李宗思介入修撰与审改。邀作全本时期，学生积极响应，也有不承担者。汇总分注，已具稿规模，修改工作进行多年。参与分注的学生主要是蔡元定、李宗思和詹体仁。按朱熹提供的《凡例》与《纲目提要》的规定要求，分注者各领任务，完成稿件，陆续汇总到朱熹手里，再由朱熹审阅，改定，最后由人抄正，汇总成册。功在垂成，再托学生完善，赵师渊接棒而行有所贡献。朱熹刻意编著《通鉴纲目》，就是要以理述史，以史证理，扶正纲常，劝善惩恶，有补于世教。这是朱熹引领学生撰述史学的愿望。朱熹与蔡元定、李宗思、詹体仁、赵师渊、朱在、李方子、黄榦、吴人杰、陈孔硕，以及再传弟子真德秀、王柏等人，贡献了自己的智慧与才华，让朝廷和百姓都从《资治通鉴纲目》中得到好处。① 从撰写到刊行的过程中，朱熹的书院弟子也得到了学术研究的锻炼。

　　1200 年，朱熹逝世于考亭书院，与其妻刘氏合葬于建阳唐石里后塘的大林谷，一代理学大师就此陨落，但考亭书院的大学精神因朱熹而不朽。熊禾《考亭书院记》说："周东迁而夫子出，宋南渡而文公生。"② 朱子是中国书院制度的实际开创者，他提倡的大学精神为后世中国高等教育的发展提供了宝贵经验。

第二节　象山书院陆九渊心学及简易法

　　象山书院原址在江西贵溪县南 80 里的应天山，因山形如象，故更名象山。绍定四年，宋理宗赐额"象山书院"。陆九渊时期的象山书院自有特色："自力自重，不可随人脚跟学人言语。"③ 象山书院的创立者陆九渊（1139—1193 年），江西抚州金溪人。其父亲陆贺有六子，其中，陆九渊（子静，号象山居士）、陆九龄（子寿，号复斋）、陆九韶（子美，号梭山

---

① 陈国代：《朱子门人参修〈通鉴纲目〉之考察》，《朱子学刊》2015 年第 2 辑。
② 陈谷嘉、邓洪波主编：《中国书院史资料》，浙江教育出版社 1998 年版，第 346 页。
③ 陆九渊：《陆九渊集》，中华书局 1980 年版，第 461 页。

居士）颇有成就。《宋元学案》说："三陆子之学，梭山启之，复斋昌之，象山成之。"① 从某种意义上讲，象山心学可以说是陆氏兄弟共同心血的结晶。陆九渊"心学"，即所谓"存心、养心、求放心"②。心作为一个哲学概念，是指产生宇宙一切的主观唯心主义的意识。袁甫说："先生之学，得诸孟子。我之本心，光明如此。未识本心，如云翳日；既识本心，元无一物。"③ "故有宋一代思想，实以宇宙论为中心，谓为宇宙思想时期，无不可也。至九渊言'宇宙便是吾心，吾心即是宇宙'，乃以自我为其研究之中心，变前人客观的宇宙，而为主观的宇宙，启明代陈献章、王守仁自我主义之先声，实近代思想之一大转捩。"④ 心学滋养的象山书院自有其张扬自我的大学精神。

陆九渊在象山书院讲学之前，有过在槐堂书屋教导弟子的经验。乾道八年秋，陆九渊及第后回家候职，因求学者甚多，便将自己的东房屋"槐堂"改造成书屋，开始授徒讲学。《象山年谱》称："秋七月十六日，至家。远近风闻来亲炙，初以'存'名读书之斋。与曾宅之书云：'某旧亦尝以存名读书之斋。'家之东扁曰'槐堂'，槐堂前有古槐木，至今犹存，乃学徒讲学之地。又堂东有陋室，西有高轩，北窗南窗，东有隐室，又曰'留轩'，西有'王渊'，又近家之西有'茅堂'。"⑤ 同乡朱桴及其弟朱泰卿年长于陆九渊，但都来向其讨教，他们在给好友的书信中深有体会地说："近到陆宅，先生所以诲人者，深切著明，大概是令人求放心。其有志于学者，数人相与讲切，无非此事，不复以言语文字为意，令人叹仰无已。其有意作文者，令收拾精神，涵养德性，根本既正，不患不能作文。"⑥ 弟子陈正己自槐堂归，同为弟子的傅梦泉曾问其"先生所以教人者"，他感慨地说："首尾一月，先生谆谆只言辨志，又言古人入学一年，早知离经辨志，今人有终其身而不知自辨者，是可哀也。"⑦ 弟子傅梦泉

① 黄宗羲：《宋元学案》，见《黄宗羲全集》（第五册），浙江古籍出版社 2012 年版，第250 页。

② 陆九渊：《陆九渊集》，中华书局 1980 年版，第 64 页。

③ 陈谷嘉、邓洪波主编：《中国书院史资料》，浙江教育出版社 1998 年版，第 194 页。

④ 陈钟凡：《两宋思想述评》，东方出版社 1996 年版，第 262 页。

⑤ 陆九渊：《陆九渊集》，中华书局 1980 年版，第 488 页。

⑥ 同上书，第 489 页。

⑦ 同上。

本一向看重举业，在陆九渊指引下静心读书，收获颇丰。《象山年谱》记载："一日，读《孟子·公孙丑章》，忽然心与相应，胸中豁然苏醒。叹曰：'平生多少志念精力，却一切着在功利上，自是始辨其志。'虽然如此，犹未知下手处。及亲见先生，方得个入头处。尝云：傅子渊自此归其家，陈正己问之曰：陆先生教人何先？对曰：辨志。复问曰：何辨？对曰：义利之辨。若子渊之对，可谓切要。"① 陆九渊在槐堂书屋持续办学两年时间，可以说，他在讲学的同时，也在着力构建他的"心学"思想体系，在如何探究"本心"的过程中，也就初步形成了他的书院教育目标、教育方法及教学内容。因慕名前来槐堂师从陆九渊的学生越来越多，因而要建规模更大的书院。

据《象山年谱》记载，门人彭兴宗、彭世昌，访旧于应天山麓张氏，因登山游览，则陵高而谷邃，林茂而泉清。乃与诸张议，结庐以迎先生讲学。先生登而乐之，乃建精舍居焉。陆九渊说："兹山之胜，尤在瀑流，……精舍之前，两山回合，又自为一涧，垂注数里，喷薄飞洒于茂林之间，……木石自为阶梯，可沿以观。两崖有蟠松怪石，却略堰赛，隐见于林秒。时相管领，令人忘归。"② 陆九渊既居象山书院，又得胜处为讲堂及部勒群山阁，又作圆庵。学生裹粮而来，结庐而居，相与讲习。学生之庐，亦各有名称。张伯强有居仁斋、由义斋、养正堂，张行已有明德堂，两人又共建储云斋。张少石建佩玉斋，倪伯珍建愈高堂，祝才叔建规斋，周元忠建蕙林斋，朱干叔建达诚堂，吴子嗣创斋于濯缨、浸月二池之间，彭世昌建批荆堂，周孚先建志道堂。各因山势之高、原坞之佳处而筑。九渊常居方丈，每旦精舍鸣鼓则至讲堂，会揖而升讲座。九渊容色粹然，精神炯然。从学者继各以一小牌写上自己的姓名、年甲，按顺序进谒，约数百人，皆齐肃无敢喧哗、交头接耳。九渊首诲以涵养德性，虚心听讲。其讲经书，每启发人之本心，间又举经语为之论证。音吐清响，闻者莫不感动。初见者或欲质疑，或欲致辩，或以学自负，或立崖岸自高者，闻诲之后，多自信服，不敢复发。其有欲言而不能自达者，则代为之说，宛如其所欲言，乃从而开发之。至有片言半辞可取，必奖进之，故诸生皆感激振奋。九渊在山间，平时或读书，或抚琴。天气好则徐步山崖观

---

① 陆九渊：《陆九渊集》，中华书局1980年版，第489页。
② 同上书，第122页。

瀑，或登高山处诵经训，歌楚辞及古诗文。形态雍容自适，虽盛暑，衣冠必整齐严肃，望之如神。诸生常谒方丈请诲，九渊教态和气可掬。或者教之以涵养，或者晓之以读书之方。未尝涉及闲话，亦未尝令其看先儒语录。九渊升堂讲说，每讲得痛快，则顾傅子云说："岂不快哉！"傅最年少，九渊间或令其代说。九渊大约二月登山，九月末始归青田槐堂，中间往来无定。居山间前后五年，著录门人达数千人。[①] 象山书院门人毛必强说："先生之讲学也，先欲复本心以为主宰，既得其本心，从此涵养，使耳聪目明。读书考古，不过欲明此理，尽此心耳。其教人为学，端诸在此，故闻者感动。"[②] 用陆九渊自己的话讲，象山书院教人"明理"、"立心"、"做人"。陆九渊在象山精舍的教学活动，采取了如下几种教学形式：一、严肃认真的升堂讲说；二、颇似禅宗"机锋"的谈话；三、切己自反，迁善改过的修养；四、重专精、勤创新的读书指导；五、寓教于乐的优游山林。[③] 象山书院对学生的要求非常严格，要求在校住宿学习的学生，黎明就要起床，晚上读书要至二更，学生可以延长自己学习的时间，而不能随意缩短学习的时间。即使在夏天也不能赤脚，不能随便嬉笑、外出游玩。如果要回家省亲，要向堂长禀明，按规定时间回来。书院日常教学活动如下：（1）每月朔望，先是地方官焚香祭祀先圣先贤，然后在讲堂偏右的地方，设置方桌一张，地方官席地西南向坐，每年一至二次，由监院首事中择一人东面立，宣讲《圣论广训》一条，务宜曲畅旁通，随时劝导，不独学者有所遵循，庶使环听愚人皆知所感。自甄别定有名次后，则令前列超等诸生中宣讲。听讲之后，堂长、监院及诸生均充冠诣讲堂，监院答如礼；诸生分班，交揖而退。（2）住院诸多有着淘汰机制。主要是以每年的甄别为准。超等十名，特等二十名，上取十名，中取二十名。他们可以住院。一等以及次取者，叫"在院"，只能预课，不得住院。可以住院者由于各种原因不住院，要禀告堂长，然后在"在院"诸生依次选择，直到选满 60 人为止。可以住院而没有住院且不禀报者，三个月之后自动取消资格。住院资格每年一甄别，今年的住院诸生如果在下一年甄别中没有在住院名次之列，则不准住院。这一方面是公平的，另一方面也是一种激励的手段。每逢课期，住院者限两日交卷，在院者限三

---

① 陆九渊：《陆九渊集》，中华书局 1980 年版，第 499—533 页。

② 同上书，第 502 页。

③ 李才栋：《江西古代书院研究》，江西教育出版社 1993 年版，第 155 页。

日交卷，卷子由司事收集并且隐去姓名。列在前三名的文章，由司事抄贴门外，对于抄袭者，住院者取消住院资格，在院者也要除名。杂凑成文者，由院长严饬记过一次，累计至三次者，则除名。目的很明确，那就是：盖时文虽小道，亦须自出心裁，思所以代圣贤立言之意；自古江西制艺冠绝天下，诸生取乎法上，不可不勉。(3) 诸生除每月两个课期之外，每天必须有功课日记，主要攻读经、史，不必专门研习时文。因为经、史读好了，作文自有根柢。治经治史的评判标准：以有心得者为上，能够综合前人诸说者次之，能致疑难者又次之。从为学来说，这个顺序应反过来：首先以质疑问难者为始。具体做法：每天要记录自己读了什么书，有什么疑问、难点是什么、有什么想法，积累十天之后，呈送山长鉴定审核。年终送到县里判定等次，最优秀者给予奖励。最差者由山长随时指点。这些人中半年以后仍无长进，不准住院。但仍然能孜孜不倦者，可以继续留院。由此可见，象山书院对于知识要求松弛，而对于求知的过程要求严格。象山书院的教学特色是：庄严肃穆的讲学气氛，尽废学规的管理办法，直指思想矛盾症结处的逼问谈话，漫游胜境、歌诗抚琴的陶冶之道。这种有程序，而不注重死板的学规，注重教学环境，通过交流，简化著作，正是陆九渊教学的特色所在。书院的教学可以多元化，对于讲学之人，只要有能力教学，就可以胜任，而不问出处。而对于学生学习而言，必须严格要求。陆九渊"平时未尝立学规，但常从本上理会，有本自然有末。若全从末上理会，非唯无益。今既为本上所知，可略略地顺风吹火，随时建立，但莫去起炉作灶"①。这也表现了陆九渊对书院其他学派的包容性和对学习的严格性。据记载，朱熹曾向陆九渊推荐了一位学生前往象山书院受教，尽管这位学生言行令人生厌，但陆九渊还是耐心加以点拨。该生拜跪语言颇怪，每日出斋必有陈论，陆九渊应之亦无他语。至四日，此学生所言已罄，力请诲语。陆九渊答曰：今世人，浅之为声色臭味，进之为富贵利达，又进之为文章技艺，又有一般人都不理会，却谈学问；吾总以一言断之曰"胜心"。此学生默然。后数日，其举动言语颇复常。对此学生喋喋不休的"陈论"，陆九渊虽"应之"但不置可否，在此学生"言已罄"的情况下，陆九渊才因势利导，将自己对学生的要求以及个人的"心学"主张告诉了他。学生有所触动，开始服膺其学说，安

---

① 陆九渊：《陆九渊集》，中华书局 1980 年版，第 479 页。

心学习。陆九渊将象山书院的教学法推及老家城镇，每诣城邑，环坐率一二百人，至不能容，徙寺观；县大夫为设讲座于学宫，听者贵贱老少，溢塞途巷，从游之盛，未见有此。陆九渊将象山书院的教学法推及京城，曾经赴京担任国子正，为国子生讲《春秋》，"诸生叩请，孳孳启谕，如家居教授，感发良多"①。

研究表明，象山书院的教育哲学即心学。陆九渊34岁借孟子之言提出"本心"这个观念。"心"就其普遍实质言，就是仁义之心，来自孟子所谓四端或四心，是指人内在固有的道德观念和所应当遵循的道德原则。就存在状态言，"心"就是良知良能，即是道德认识和道德践行融为一体；本心即是天所赋予，是先验的。在陆九渊，本心是对心、理关系的表述。陆九渊"心即理"，指心、理有一个渐融渐合的过程，此境状之心指个体之心，理则有外在于主体的特性。同样，理也是普遍一般的公共之理，也即是独一的理；充满宇宙的只是这个理，人所要认识、认同的也是这个理。事物固然千差万别，人人所得的具体认识也固有差异，然大处不能不一致，理即是所同处。对理的认识离不开心。陆九渊的思想特质区别于闽学之处在于他融"理"于"心"，一方面"理"充塞宇宙，具有"吾心"而存在；另一方面"吾心"与"理"通融为一，心与理合，则此心与"理"一样，同是宇宙万物的终极本体。陆九渊心学即实学的命题，给象山书院的实践教育思想奠定了理论基础。陆九渊说："为学有讲明，有践履。"② 陆九渊把儒家学说分为讲明和践履二端，并认为只有将二者结合起来，务求实学，才算是符合圣人之学。讲明之学，若不究到实理或不能见诸践履，即为空疏之学。实学的根据在于"宇宙间自有实理"，实理的特点是以人自身为根本和发端，扩充周边，则与往古来今之圣贤庶民、天地鬼神都可相互参证而没有任何差谬。从这个意义讲，实理又可称为正理、常理、公理。得到实理的学术便有实行，有实事。实理与实学、实行、实事一体相关；不得实理，则无实行实事，只是口耳之学。《象山语录》说："古人皆是明实理，做实事。"③ 照陆九渊的理解，实学与实行（践履、践行）合为一体，不可割裂；也是心学的固有内容。

陆九渊的心学所讲的道理是如何在象山书院传授的呢？他靠的是

①　陆九渊：《陆九渊集》，中华书局1980年版，第493—494页。

②　同上书，第160页。

③　同上书，第396页。

"简易"功夫。陆九渊据《周易》"乾知太始，坤作成物，乾以易知，坤以简能。易则易知，简则易从"立论说："圣人赞易，却只是个'简易'字道了。"① "简易"不等于简单，而是发明本心的方法论和教学方法。"简易"法的主要内涵是：辨志以明规矩，剥落以去人欲，格物以去"意见"，"六经注我"以创新。陆九渊首重辨志。陆九渊说："志向一立，即无二事。"② 言语辨析只是枝末，立志则是根本。辨志就是要达到知性的高度觉解，从而真正确立大方向。陆九渊认为，心含具众理，兼备万物，没有欠缺，根本上用不着向外索求。重要的是要能收拾精神在内，明白道德规矩，则仁者无敌。陆九渊指出，人心之病，盖有两端："愚不肖者之蔽在于物欲，贤者智者之蔽在于意见，高下污洁虽不同，其为蔽理溺心而不得其正，则一也。"③ 又说："愚不肖者不及焉，则蔽于物欲而失其本心。贤者智者过之，则蔽于意见而失其本心。"④ 蔽于物欲和蔽于意见二病，表现虽有不同，其后果则是一致的，即导致本心丧失。陆九渊认为，对治物欲之病，须用剥落手段："剥落得一番，即一番清明，后随起来，又剥落，又清明，须是剥落得净尽方是。"⑤ 打消物欲，则义理纯淳，本心清明。而对于"意见"，解决的办法就是"格物"。"意见"包括：固执己意的成见、以偏概全的偏见、利便自己的私见、人云亦云的俗见。"意见"的反义词是"正见"。陆九渊所谓格物，是指直接观察事物获得真知。读书要少而精，尤其是不能淹没"传、注"，因为"学者疲精神于此，是以担子越重"⑥。经过格物和剥落，陆九渊认为，可以实现本心自立，做到自然自在。陆九渊说，科举与利禄相联系，戕害士人身心；埋头书堆而不悟本心，也会使书院的学生成为两脚书橱，人形鹦鹉。因此，陆九渊在书院教学中反对"我注六经"，主张"六经注我"。陆九渊认为六经乃是圣人先得我心之所同然的产物，是人的主观精神的外在表现形式。既然人同此心、心同此理，那么也可以说六经就是我心的外在表现。因此，作为道德价值根源和道德评价标准的，就不是经典而是人之本心：

① 陆九渊：《陆九渊集》，中华书局 1980 年版，第 429 页。
② 同上书，第 158 页。
③ 同上书，第 11 页。
④ 同上书，第 9 页。
⑤ 同上书，第 458 页。
⑥ 同上书，第 441 页。

"学苟知本，六经皆我注脚。"① 相对于朱熹而言，陆九渊读书理论的主观情调更浓。一方面，读书并不是穷理的根本大法，而是日常修养中的"闲暇事业"。另一方面，书本只能起一个鞭策、警悟其心的作用，从根本上讲，还要自得、自成、自道，不倚书籍。这就突出了读书者在读书过程中的自我确证、自我判断和自我选择的能动精神。在读书的方法问题上，有些书院注重字求其训句索其旨、铢分毫析。在陆九渊看来，部分的总和不等于整体，于细枝末节劳神则是累吾心。见于此，陆九渊提倡"识其大体"的读书法。他主张读书者应从注疏之学中解放出来，直视经文，把握经典的精神实质。儒家经典中最重要的是展现人的道德本心的基本原则，一旦掌握了这些基本原则，自己便可随时加以印证和补充，完全没有必要寻章摘句。他说，读书要有自出精神："他人文字议论，但谩作公案事实，我却自出精神与他批判，不要与他牵绊，我却会斡旋运用得他，方始是自己胸襟。"② 这是对主体独立思考的肯定。

　　综上表明，象山书院和考亭书院的异同，根源在于陆九渊、朱熹的高等教育哲学同中有异。朱熹理学与陆九渊的心学，都是通过沟通本体论与心性论来建立其道德形而上学的。这一道德形而上学一方面把人的价值提高到宇宙本体的高度，确立了人在天地之中的崇高地位；另一方面，它又把人的本质化约为人的道德本质，通过对人的主观能动精神的强调，来树立人在道德实践中的主体性，一切经验活动、修养活动，无不被看作人性的自我实现与自我复归，以此强调道德的自律原则。在理欲、公私、义利之辨中，都把道德理性、群体意识和道义原则，放在对于感性自然、个体意识和功利原则的优先位置上。但是，由于心性观的不同，理学的两个流派在如何确立人的道德主体性方面，又存在着明显的差异。朱熹理学，是从理本体出发来建立其道德主体性哲学的。他所理解的人性，都是把人性理解为人的理性本质，暗含着对于人的感性存在、经验意识和个体意识的贬抑。一言以蔽之，就是要使人理性化。相对于朱熹理学来说，陆九渊的心学可能显得不够成熟，但却代表了理学的一个潜在的发展方向。从心出发首先意味着道德行为主体是道德价值的根源，这在一定程度上是对天理权威化的消解。而"发明本心"说，则把一切为学工夫归结为道德主体

---

① 陆九渊：《陆九渊集》，中华书局1980年版，第395页。

② 同上书，第88页。

的自我挺立和自主选择，这就更加突出了道德实践的主体性和自律性特征。虽然陆九渊对于良心作为道德源头和根本动力的强调，导致了他对于读书穷理工夫的相对忽视，从而也就对人的情感的理性化有所忽视。但以良心的清纯取代理的清纯，凸显的正是情感的逻辑对于理性的逻辑的优先性。就人的道德实践而言，单纯从良心（如恻隐之心、爱亲之心）出发的行为虽然有时可能是不恰当的，但它总比从单纯的"理由"、"原则"和"主义"出发更加可靠。一切道德原则都是在对良心的保存、补充和提升中，获得其道德的意义的。从这个意义上讲，良心不仅是道德的源头，也是一切道德原则和规范的最后裁判者。心学之所以有其独特的魅力，部分原因可能就在于此。① 象山书院把心作为万物的主宰，希望书院学生不要骑驴去找驴，一切要从"我"去考量，把生命的主体性当成头等大事。

第三节　岳麓书院张栻播种湖湘学及教学法

　　岳麓书院的大学精神源出理学一脉，大江东去不过潇湘余波。张栻赞美岳麓书院："扶疏古木蠹危梯，开始至今几摄提。还有石桥容客坐，仰看兰若与云齐。风生阴壑方鸣籁，日烈尘寰正望霓。从此上山君努力，瘦藤今日得同携。"② 张栻《答朱元晦书》说："（岳麓）书院相对按山，颇有形胜，累为有力者睥睨作阴宅。昨披棘往看，四方环绕，大江横前，景趣在道乡碧虚之间，方建亭其上，以'风霄'名之，安得杖履来共登临也？"③ 岳麓书院位于长沙岳麓山下。麓山为南岳七十二峰之一，是衡山之足，因而得名"岳麓"。其主体南北长四公里，与长沙城隔江屏立，中浮橘子洲，碧波烘托。主峰周围，前有凤凰、天马、玉屏诸山；后有桃花、绿峨诸岭；南有金盆、金牛诸峰；北有圭峰、云田等山。名山多佛道，岳麓山也早已成为宗教活动的中心。西晋以前，这里成为道教福地。自西晋麓山寺创建以后，此山道教逐渐为佛教所取代。岳麓书院正式创立

---

　　① 张瑞璠主编：《中国教育哲学史》（第二卷），山东教育出版社 2000 年版，第 267—268 页。

　　② 欧阳厚均辑录：《岳麓诗文钞》，湖南人民出版社 2009 年版，第 12 页。

　　③ 张栻：《张栻全集》，长春出版社 1999 年版，第 852 页。

以前，这里已有办学的基础了。欧阳守道说："往年予长岳麓，山中碑十余，寻其差古者，其一李北海开元中为僧寺碑，其一记国初建书院志撰者名。碑言书院乃寺地。有二僧，一名智璇，一名某，念唐末五季湖南偏僻，风化陵夷，习俗暴恶，思见儒者之道，乃割地建屋，以居士类，凡所营度，多出其手。士得屋以居，得书以读，其后图入职方，而书院因袭增拓至今。"① 欧阳守道所记是可靠的。士大夫们因岳麓书院的前身为和尚办学，不愿谈及此事，显然是因儒佛之争的偏见。北宋时期岳麓书院已经是著名书院了。南宋时期，岳麓书院的辉煌是与胡宏、张栻、朱熹等伟大教育家联系在一起的。更为重要的是，南宋时期的教育家张栻亲自在岳麓书院播下了湖湘学的种子，湖湘学派浇灌了它的伦理精神。湖湘学派是一个以书院为基地形成的学派，"岳麓书院是湖湘学派的发祥地"②。"湖湘学派"是胡安国、胡宏、张栻等人创建的一个地域性理学学派。最早为湖湘学派命名的是朱熹及其弟子，他们称胡、张一派为"湖南一派"。《宋元学案》正式称之"湖湘学派"。湖湘学派是个人才群体，它包括一大批学有卓识的理学家，所见经传者不下几十人。它在学术思想上有自己的特色：一是以性为本体的哲学思想，二是重践履的经世务实学风，三是融合众家学术之长。③ "湖湘学" 即湖湘学派的学术思想。南宋，最先将理学和书院结合到一起的是湖湘学者，而始开其风者为胡安国父子。在理学史上，胡安国与杨时并享南传洛学之功。二程之学，龟山（杨时）得之而南，传之豫章罗氏（罗从彦），罗氏传之延平李氏（李侗），李氏传之考亭朱氏（朱熹），此一派也。上蔡（谢良佐）传之武夷胡氏（胡安国），胡氏传其子五峰（胡宏），五峰传之南轩张氏（张栻），此又一派也。1130 年，胡安国从荆门避居湖南，在湘潭创立碧泉书堂，后又在衡阳创建文定书院。他于绍兴八年（1138 年）逝世后，其子胡宏因朝廷未能答应其兴复岳麓书院之请求，遂以湘潭、衡阳两地书院为阵地传播理学。那时，张栻、彪居正、胡大原等人云集胡宏门下，切磋学术，开创湖湘之学统。

要论湖湘学与岳麓书院之关系，最好先从胡宏这位理学家开始。《宋元学案》说："绍兴诸儒所造，莫出五峰之上，其所作《知言》，东莱以

①　陈谷嘉、邓洪波主编：《中国书院史资料》，浙江教育出版社 1998 年版，第 53 页。

②　杨金鑫：《朱熹与岳麓书院》，华东师范大学出版社 1986 年版，第 28 页。

③　杨慎初、朱汉民、邓洪波：《岳麓书院史略》，岳麓书社 1986 年版，第 34 页。

为过于《正蒙》，卒开湖湘之学统。"① 其《知言》宣称，道之体曰性，道之用曰心；先识仁之体是逆觉工夫，逆觉是自觉地进行道德实践的工夫。南宋时期，朱子学派、象山学派分别以"理"、"心"作为宇宙本体，而湖湘学派以"性"作为宇宙本体。胡宏《与秦桧书》云："长沙湘西岳麓山书院元是赐额，祖宗时尝命山长主之，今基址皆在，湘山负其背，文水萦其前，静深清旷，真士子修习精庐之地也。至道二年，潭守李允则修而广之，乞降书史以厚民风。天圣八年，漕臣黄总奏乞特授山长进士孙胄一官，当时皆从之。今若令潭守与漕臣兴复旧区，重赐院宇，以某有继述其先人之志，特命为山长，依州县监当官，给以廪禄，于以表朝廷崇儒广教之美。"② 他的愿望虽然没有实现，但毕竟体现了这位理学大师对岳麓书院教育事业的关心。他的这一愿望后来由其学生张栻完成了。

张栻（1133—1180 年），字敬夫（一作钦夫），号南轩，汉州绵竹（今属四川）人。绍兴三十一年（1161 年），张栻遵父张浚之命往碧泉书院拜胡宏为师。胡宏讲到敬夫拜谒一事："敬夫特访陋居，一见真如故交，言气契合，天下之英也。见其胸中甚正且大，日进不息，不可以浅局量也。河南之门，有人继起，幸甚！幸甚!"③ 可见，胡宏对张栻非常器重。而张栻对于受学于胡宏，也感触颇深：顷获登门，道义之诲，浃洽于中。胡宏在学术思想上对张栻的影响，突出在"求仁之方"，包括识仁之体，居敬涵养，先察识后涵养等。尤其先识仁体而后涵养成为湖湘学派的一个共同主张。问学胡宏之后，张栻学术日益走向成熟，形成了较系统的理学思想，成为湖湘学派的核心人物。黄宗羲说："南轩之学，得之五峰。论其所造大要，比五峰更纯粹，盖由其见处高，践履又实也。"④ 吕祖谦评价张栻学术："纲举领挈，明白严正。"⑤ 朱熹评价张栻："盖公为人坦荡明白，表里洞然，诣理既精，信道又笃，其乐于闻过而勇于徙义，则又奋厉明决，无毫发滞吝意。以至疾病垂死而口不绝吟于天理人欲之间，则平日可知也。……公之教人，必使之先有以察乎义利之间，而后明

---

① 黄宗羲：《黄宗羲全集》（第四册），浙江古籍出版社 2012 年版，第 669 页。
② 胡宏：《胡宏集》，中华书局 1987 年版，第 105 页。
③ 同上书，第 147 页。
④ 黄宗羲：《黄宗羲全集》（第四册），浙江古籍出版社 2012 年版，第 981 页。
⑤ 吕祖谦：《吕祖谦全集》（第一册），浙江古籍出版社 2008 年版，第 135 页。

理居敬，以造其极。其剖析开明，倾倒切至，必竭两端而后已。"① 张栻在各地任地方官期间，必大兴学校，吸纳学子，相与讲学论道。这为他办好岳麓书院积累了教学经验。

张栻于碧泉书院学成而归长沙后，即利用书院作为研究、传播理学的基地。他前后主教岳麓书院长达七年之久，使岳麓书院名振天下。张栻《潭州重修岳麓书院记》（1166年）说："侯之为是举也，岂将使子群居佚谭，但为决科利禄计乎？抑岂使子习为言语文词之工而已乎？盖欲成就人才，以传斯道而济斯民也。唯民之生，厥有常性，而不能以自达，故有赖于圣贤者出而开之，是以二帝三王之政，莫不以教化为先务。至于孔子，述作大备，遂启万世无穷之传。其传果何欤？曰仁也。仁，人心也，率性立命，知天下而宰万物者也。"② 乾道元年（1165年），刘珙任湖南安抚使知潭州，以崇儒重道为己任，认为圣王之学所以明理正心，为万事之纲。知潭州期间，他十分重视教育，命郡教授郭颖主持修复在战火中被毁灭的岳麓书院。不到一年，岳麓书院建成，有屋五十楹，并供奉先圣。刘珙认为张栻学问醇正，希望朝廷委任张栻执掌岳麓书院。从张栻《潭州重修岳麓书院记》（1166年）看，其湖湘学的教育哲学主张有二：以理为性，性有已发与未发的特征；仁兼该体用，贯通动静。张栻并不是以"山长"的身份来主教岳麓书院。尽管史书上无一例外地记载他主教岳麓书院，但从不称张栻为岳麓书院山长。因为乾道初年，张栻正为父亲居丧而住在长沙，他曾婉言拒绝了朝廷的复职命令。因而，不适宜担任此职务。且胡宏早有担任岳麓书院山长的请求而没有得到朝廷的首肯，作为弟子的张栻自然感到不宜为山长。但张栻实际上主持了岳麓书院的工作。如果说胡安国、胡宏父子主要是靠重建一种新型的书院来研究、传播理学，那么张栻则主要改造了这所闻名一时的书院，使它由一所传习经学的学校转变为一所传习理学的学校，由一所单一化教学方法的学校转变为一所多样化教学方法的学校，由一所仅仅具有教学功能的学校转变为一所具有教学和学术研究双重功能的学校，由一所官学代替者的学校转变为一个真正独立于官学之外的闻名全国的学术基地。③

---

①　朱熹：《朱子全书》（第二十四册），上海古籍出版社2002年版，第4139页。

②　张栻：《张栻全集》，长春出版社1999年版，第693—694页。

③　朱汉民：《湖湘学派史论》，湖南大学出版社2004年版，第185页。

从教育实践看，张栻对岳麓书院的贡献在于：（1）教育宗旨的转变。张栻反对像许多官办学校那样，以科举考试为教学目的，提出岳麓书院应该以培养出"传道济民"的人才为唯一宗旨。（2）教学内容、教学方法的转变。岳麓书院初创的北宋时期，基本上和官学一样依附于科举，在教学内容方面仍限制在汉唐传注经学和文辞章句之学，在教学方法上仍是那种诵习辞章的呆板而单一的方式。张栻主教岳麓书院后，使之在教学内容、教学方法上发生了根本的转变。在教学内容上，虽然仍以儒家经典为主，但他显然不像汉唐诸儒那样重视对儒家经典的笺注训诂，而是注重其中的义理阐发。他在为岳麓书院的学生讲授《论语》、《孟子》、《大学》时专门写了阐发义理的讲义。在教学方法上，张栻主张：不仅可以由教师以讲课的方式解经传道，也可以在师生之间展开学术论辩；不仅可以由老师发问以启发思考，也可以由学生问难以探讨疑点；不仅要求泛观博览以积累知识，而且要求躬行践履而不务空谈；老师尤注重学生自学，并给学生自学以方法上的指导。（3）学术研究功能的发挥。张栻为学生编写的讲义、讲课的语录等成为他的学术著作。张栻在教学过程中，还经常和学生讨论或讲解一些学术思想争论较多、分歧较大的问题，如无极太极、理一分殊、中和之辨、察识持养等问题。

　　相对而言，胡宏是岳麓书院的理论家，张栻是岳麓书院的实践家。在湖湘学的影响下，岳麓书院的大学教育理论具有两个突出的特征：（1）明体达用，尤其强调"用"。"传道"即明体，"济民"即达用。所谓"明体"，意指通过道德教育而成就为自觉体认封建道德的圣人君子。所谓"有用"，即是指在经邦济世、伦常日用中的致用。湖湘学派反对那种一味高谈心性本体而不究实用的人才和学风，他们认为儒者之道和释、老的最大区别是"得其体必得其用"。胡宏说："然闻公（指孙正孺，胡宏的学生）每言才亲生产作业便俗了人，果有此意乎？古之人盖有名高天下，躬自锄菜如管幼安者；隐居高尚，灌畦粥蔬如陶靖节者。使颜子不治郭内郭外之田，则擅粥丝麻将何以给？又如生知将圣，犹且会计升斗，看视牛羊，亦可以为俗士乎！岂可专守方册，口谈仁义，然后谓之清高之人哉！正孺当以古人实事自律，不可作世俗虚华之见也。"① 有些学者多寻空言，不究实用，于居高谈性命之际，亹亹可听，临事茫然，不知性命

---

① 胡宏：《胡宏集》，中华书局1987年版，第145—146页。

之所在者多矣。此为胡宏所反对的。张栻说："凡天下之事，皆人之所当为。君臣、父子、兄弟、夫妇、朋友之际，人事之大者也。以至于视听言动、周旋食息，至纤至悉，何莫非事者。一事之不贯，则天性以之陷溺也。然则讲学其可不汲汲乎？学所以明万事而奉天职也。"①《宋元学案》评说，南轩弟子多留心经济之学。所谓"经济学"，即是指经邦济世的致用之学。明体达用正是湖湘学派教育思想的特色所在，体现了湖湘学和正统的程朱理学的分野。（2）不偏于一隅，辩证地处理事物。其一，知与行之间。所谓"知"，是通过教学而获得的知识（主要是伦理知识）。所谓"行"，是事亲从兄的道德践履，是知的实行。胡宏把为学划分为三种境界：学，行之上也；言之次也；教人又其次也。他肯定行才是最高的学习境界。他主张知行之间"互相发明"，反对执于其中一偏。其二，学与思之间。"学"的内容包括书本知识的学习和生活日用的学习，它偏重于教学内容的外在、直观的把握。"思"则是对学习内容深刻理解，偏重于教学内容的内在领会和思考。其三，居敬与穷理之间。"居敬"属道德涵养，"穷理"属道德认识。其四，博与约之间。他认为如果只讲"博"，即"专于考案"，则会产生遗失根本、掩溺心体的弊端；如果只讲"约"，即"骛于高远"，则非循序渐进而流于空疏浅陋的弊端。在博与约的关系上皆应注意到既要居其博，又要守其约。首先要以"博文"为主，学习天下之事，阅读各种文献典籍；由于要学的东西太多，而人的时间精力有限，故而要由博返约，即所谓"趋乎要"。在博取之时，即要注意"趋约之意"，在趋约之时，又要以博为基础。其五，存养与省察之间。"存养"是指应事处物之前、喜怒哀乐"未发"之时涵养心性的方法，省察则是指应事处事之中、喜怒哀乐"已发"之后时辨析义利、理欲的方法。这两种方法都是重要而不可偏废的，如果执于一偏，都会给道德教育带来不良后果。

岳麓书院"践履务实"、"经世致用"的大学精神在南宋就产生了明显的效果。主要表现在：（1）直谏。由于南宋朝政不振，君主昏庸，使不少头脑清醒的士大夫感到失望，有的甚至要求退出政治舞台，躬耕田园以洁身自好。岳麓诸儒不赞成这种独善其身的道路，他们深知国家危亡之机，正需一大批忠贞仗义之臣，才能振兴国家和民族。吴猎即敢于直言力

---

① 张栻：《张栻全集》，长春出版社1999年版，第678页。

谏，身体力行自己所提倡的叩头流血、牵裾折槛的"忠臣"形象。张忠恕也是如此，他常常陈言弊政。在宁宗时的一次轮对中，他极言时事，抨击了荐举科墨之弊、互送苞苴之弊，认为这样下去，苛敛虐征，贿讼粥狱，剥夺民产，势所不免。因而主张自朝廷而下，应肃纪纲以示观所，申宪度以警贪蝓。彭龟年更是以对皇帝敢于直言颊谏而著称。他规劝光宗近君子、远小人。宁宗曾欲重建泰安宫，受到彭龟年的反对。他这种刚直不阿、直言力谏的举动，连宁宗本人也由衷地赞叹：彭龟年忠鲠可嘉，宜得谥，使人人如此，必能纳君于无过之地。（2）理政。岳麓学生在政治生涯中，显示出善理政务的政治才能。例如，赵方知青阳县时，曾提出：催科不扰，是催科中抚字；刑罚无差，是刑罚中教化。在赋税繁重、刑法严酷的当时，这种不扰农时、体察民情的态度是一种十分清醒的政治见解，时人皆以为名言。彭龟年安抚湖北时，采取了一系列安定民心、发展生产的措施，从而推动了社会生产的发展。游九言在读书肄业时，就锐志当世，熟南北事，因而他在以后的仕途生涯中，政绩颇著。人称其律己严，莅事敏，抚民仁。岳麓诸儒善理政务，同湖湘学重经济之学，不尚空谈的学术特色有关。（3）抗金。南宋在政治上有一个最大的任务，即抵御金兵入侵，收复沦于金军铁蹄之下的国土，使国家获得统一。岳麓诸儒表现出抗金复仇的热情，特别是在抵御金兵的军事斗争中，充分表现其依靠人民战胜金兵的战略思想和灵活机动的军事才能。张栻曾对孝宗提出，首先应做好备战工作，主张修德立政，用贤养民，选将帅，练甲兵，通内修、外攘、进战、退守为一事。张栻曾刻写《孙子兵法》，亲为作跋，号召学生学习兵法。张栻说："盖君子于天下之事，无所不当究，况于兵者，世之兴废，生民之大本存焉，其可忽而不讲哉！兵政之本，在于仁义，其为教，根乎三纲。然至于法度、纪律、机谋、权变，其条不可紊，其端为无穷，非素考索乌能极其用？"[1] 岳麓诸儒中不少都是能带兵打仗的军事家。如赵方就是开禧北伐中的一位卓越将领。他战胜完颜赛布率领的十万金兵，并守坚城，袭敌后，杀敌三万，迫使主帅讹可单骑逃遁。另如吴猎亦在开禧北伐中以湖北路安抚司节制本路兵马，也成功地指挥战役，取得了中路西部战区的胜利。他们皆表现出卓越的军事才能。（4）抗元。1273年，元军攻克襄阳，尔后进逼潭州。1275年9月，湘阴失陷，元右丞相

---

① 张栻：《张栻全集》（中册），长春出版社1999年版，第1016页。

阿里海牙兵围潭州，军情十分危急。湖南安抚使李芾率军民固守数月，矢尽粮绝，以致罗雀掘鼠充饥。最终难以支持，除夕元兵登城。时已授官衡州尚未赴任的尹谷也参入守城战斗，最后举家自焚。李芾亦全家自杀。岳麓书院诸生也投入了这场严酷斗争。战事发生前，潭士以居学肄业为重；兵兴时，州学、湘西书院、岳麓书院的学生聚居州学，犹不废业；尹谷死，诸生往哭；城破，岳麓书院学生多舍生取义。长沙沦陷，岳麓诸生荷戈登陴，死者十之有九，惜死者姓名多不可考。以后，岳麓诸生继续坚持抗元斗争。1277 年，张栻后代张唐联合赵璠、张虎等人在邵阳、永州一带起兵，收复衡山、攸县、湘潭等县。第二年，张唐等人兵败被俘。元行省参政崔斌劝降，张唐严厉痛斥：今日降，何以见我祖先张浚于九泉之下。这些志士的气节虽得益于中国文化的熏陶，然岳麓书院的理学浸润也不可忽视。（5）续学。受湖湘学派陶冶，湖南士习好文、士风纯古、尚节义而耻为不义。宋亡之后，作为南宋遗民的湖南人，许多儒者不仕新朝，志在延续理学道统。例如，方敏中，巴陵人，私淑南轩之学，自年十二，辄通《春秋》。厉志以传坠绪，书其室曰"明轩"，高尚不仕，从学者教以克己为要。方敏中因念岳麓诸生大多在抗元斗争中壮烈牺牲，南轩之教不得再传，因此不与元朝统治者合作，潜心研究南轩学说，在书院衰败后意图使岳麓之教继续发扬光大。如攸州人谭渊，家世尚义，其先祖谭介之忠节著称于靖康年间，曾被张栻奉祀于岳麓书院。他自己年轻时又从游于吴子良、叶梦鼎、江万里等讲学名儒。元贞二年（1296 年）创建凤山书院讲学，学者称古山先生。常宁人刘恢，避于静江，为宣成书院山长，有学行，竟以老终。临武人衡阳石鼓书院学生李如雷，宋亡而隐居办学，自号贝溪居士。慈利人田希吕，宋末守节，不仕，居天门山，创书院以讲学，诱掖后进。龙阳人丁易东，号石坛，宋咸淳进士，官枢密院编修。元初，屡征不仕，筑石坛精舍教授生徒。浏阳人欧阳龙生，元初居文靖书院，任山长，祠龟山杨时，升堂讲《孟子》，承道统。其子浩曾任龙洲书院山长，孙贞任石林书院山长。茶陵人陈仁子，咸淳十年（1274 年）漕试第一。国亡，绝意仕进，营东山书院。博学好古，著述甚富。

综上表明，张栻与朱熹大学精神的不同，根源在于二者教育哲学的不同。朱熹与胡宏、张栻之间，二者虽同属南宋时期的理学劲旅，但由于学术源渊的不同，它们在学术倾向上确有一定的差异。表现在：首先，在心性本体论上，是如何看待已发与未发及人性的善恶问题上。除张栻部分地接受了朱熹的观点外，湖湘学者大都坚持胡宏的"性为未发，心为已发"、"性无善恶"的立场，并由"性无善恶"进一步引申出"天理人欲同体异用"、"好恶性也"等论断。这当然不意味着湖湘之学走的是崇尚人的自然本性的自然主义道路，因为他们与朱熹之学一样，最终都通向由道德理性来统制人的感性欲望的共同结论，不过，他们的思想确实比朱熹之学更多地体现了对于人的感性欲望的价值肯定，这正是朱熹不遗余力地对其加以批评澄清的原因。与此同时，正如在朱、张仁说之辨中所表现出来的那样，湖湘之学以仁为人心，其所谓人心，虽主要是指本然之心而非经验之心，但这个命题本身没有作出相当明确的区分，而是强调仁与心的一体性，从而比朱熹之学更突出了仁的主体性精神。这一点，又使湖湘之学与心学派的思想更加接近。其次，在心性修养方法论上，湖湘之学以"先察识后存养"而独树一帜。在与朱熹的辩论中，张栻对自己偏重于察识的倾向有所纠正，但以察识为先、以存养为后的用功程序上，张栻并没有完全改变湖湘之学的一贯立场，而与朱熹重涵养而以之为先的立场不相协调，更不用说与其同时的其他湖湘学者了。这一方法论导致了两个结果：湖湘之学比朱熹之学更重视践履；其动察倾向与象山学派的扩充良知的方法论更加接近。所以，总体上讲，湖湘之学包括张栻在内，更具有心学派气质。因此，朱熹常批评湖湘学者好高骛远，几同于对象山学派。如朱熹论胡宏《知言》疑义，大端有六——性无善恶，心为已发，仁以用言，心以用尽，不事涵养，先务察识。朱熹评张栻：南轩之学疏略。朱熹也曾追本溯源，将湖湘学派的此一学风上溯至程颢、谢良佐。陆九渊也说，朱熹似伊川，张栻似明道；伊川蔽锢深，明道却疏通。湖湘学以及岳麓书院的缺点，朱熹《答詹体仁》说，他们只讲践履而不务穷理，亦非小病。应该说，从朱熹的立场来说，上述评价都是相当中肯的。张栻在世时，湖湘学派以岳麓书院为主要教育基地，与闽学派、象山学派等并驾齐驱，仍保持着很大的社会影响。但自张栻去世后，湖南弟子纷纷从学于闽学、事功学及江西学诸大师。岳麓书院的弟子分崩离析了。因为湖湘学虽然在思想倾向上接近心学一派，但其思想倾向不如后者明显，且张栻作为继胡宏之后该学派的主要代表人物，徘徊于朱、陆之间，有靠近朱熹理学的倾向。正因如此，黄宗羲说："朱子生平相与切磋者，东莱、象山、南轩数人而已。东莱则言其杂，象山则言其禅，唯于南轩，为所佩服。"①　岳麓书院培养的湖湘学人士重躬行践履，少有理论创获。看来，大学重术轻学会导致自身严重贫血。

第四节　丽泽书院的吕祖谦及其婺学教育

吕祖谦（1137—1181 年），字伯恭，浙江婺州（今金华）人，学者称东莱先生。吕氏家族历来是望族。《宋史》所谓吕祖谦之学有"中原文献之传"，本义应该是指吕祖谦继承北宋先贤之学术思想并传播至南方，其特点是以广大为心，以践履为实。吕祖谦曾亲炙祖父吕弸中、外祖父曾几，尤其是受父亲吕大器影响大。吕祖谦 19 岁师从林之奇受《论语》，24 岁从学胡宪、汪应辰。后来，又与朱熹、张栻、陆九渊交往密切。吕祖谦又为浙学领袖，薛季宣、陈傅良、陈亮、叶适等都不同程度地受到吕氏的影响，并形成以史学和事功为核心的浙东学派。吕祖谦一生多病，几任妻子均先他去世。他自己享年也不高。但这位书院大师，为人厚道，做事认真。这无疑给南宋书院的大学精神作了最好的注解。吕祖谦创立了婺学和丽泽书院。婺学推动了丽泽书院的诞生，而丽泽书院成为婺学传播的基地。"婺学"是南宋理学的一个派别，因形成于婺州而得名。南宋婺州州治即之浙江省金华市。故"婺学"又称"金华学派"。《宋史》云："晚年会友之地曰丽泽书院，在金华城中。"②　丽泽书院之名来自《周易》兑卦的"丽泽"之意。《年谱》云："（乾道六年闰五月）八日，会诸生于丽泽，有《规矩》七事。九日，复还严陵。"③　这是《年谱》中关于"丽泽"的最早记录，但是不能因此认为农历五月八日是命名"丽泽"的时间。由于吕祖谦大会诸生后于五月九日复还严陵，所以可以确定，命名"丽泽"必然早于这个时间。吕祖谦《与朱侍讲》："某官次粗安，学宫簿领之烦。又张丈在此，得以朝夕咨请。……科举之习，于成己成物诚无益。但往在金华，兀然独学，无与讲论切磋者。闾巷士子，舍举业则望风自绝，彼此无缘相接。故开举业一路，以致其来，欲就其间择质美者告语之，近亦多向此者矣。自去秋来，十日一课，姑存之而已。至于为学所当

---

① 黄宗羲：《黄宗羲全集》（第四册），浙江古籍出版社 2012 年版，第 981 页。

② 脱脱：《宋史》，中华书局 1985 年版，第 12874 页。

③ 吕祖谦：《吕祖谦全集》（第一册），浙江古籍出版社 2008 年版，第 742 页。

讲者。则不敢怠也。伊川学制亦尝与张丈参酌，如改试为课。岁时归省皆太学事，郡庠则初无分数利诱，而归省者固往来不绝也。增辟斋舍，俟秋间郡中有力乃为之。尊贤堂之类，但当搜访有经行之人，延请入学，使诸生有所矜式，则已不失先生之意，恐不必特揭堂名也。婺州《易传》已毕工，今先用草纸印一部拜纳。告更为校规，标注示及，当令再修也。吉州士人刘德循，朴实，有志于学，冒暑专往扫洒门墙，幸与之进。渠与郡中人偕发，恐徒步不及健步之驶。后此书三两日到亦未可知。此间详悉当能备道也。"① 吕祖谦写给朱熹的这封信的时间当在乾道六年四月。吕祖谦在信中婉拒了朱熹将书堂命名为"尊贤堂"的建议。因为吕祖谦已有心仪之名称——"丽泽"。所以，命名"丽泽"的时间当在吕祖谦写这封信的前后，即乾道六年五月八日之前的春天。信中还说到"增辟斋舍，俟秋间有力为之"，故乾道六年秋间，丽泽书堂有扩建的活动。吕祖谦主讲丽泽书院时，这所大学欣欣向荣，金华被称为"小邹鲁"。

根据丽泽书院所有权的归属不同将其沿革分成民办与官办两个时期。民办时期是书院最为辉煌的时期，分为孕育期、创业期、弱势期和家塾期。吕祖谦于乾道三年至四年在武义明招山办学，孕育了创办书院的想法；归城后于四年九月在婺州正式创办丽泽书院，此时书院建设和规章渐趋完备；后吕祖谦于乾道九年至淳熙二年在明招山守墓，讲学中心重归明招山，丽泽书院地位下降；吕祖谦淳熙三年归城之后，丽泽书院为吕氏家塾，进入平缓发展时期。吕祖谦去世后，家塾由吕祖俭继承，书院于庆元年间卷入党争而关门歇业。官办时期则风光不再，除了南宋末年有一个回光返照似的学术中兴，其余时间不是寂寥无闻，就是忙于祭祀和重建。官办时期分为祭祀期、中兴期、式微期和重建期。开禧三年至淳祐五年的祭祀期，丽泽书院重建于吕氏旧居，突出对于先贤吕祖谦的祭祀；淳祐年间，丽泽书院迁移至金华城外双溪，不久后王柏执掌书院，开始了丽泽书院的中兴期，在学术上得以复兴；王柏死后咸淳十年，丽泽书院迁移至离城更远的印光寺故址，开始了跨越宋元明三代的式微期，二百余年间丽泽书院十分衰弱；从明代中期开始的重建期，进行频繁的重建和修缮，祭祀对象上增加了朱熹和张栻。丽泽书院拥有完备且层次分明的管理机构：山长为书院总负责，掌事负责书院具体行政事务，斋长对于书院具体行政事

---

① 吕祖谦：《吕祖谦全集》（第一册），浙江古籍出版社 2008 年版，第 397—398 页。

务负有协助的职责。丽泽书院教育事业的内容可分为三部分：教育的主客
体，包括作为教育传授者的老师和作为教育接受者的生徒；教育的规则，
包括吕祖谦为书院订立的学规；课程内容，包括书院选用的教材，对学生
知识的培育和对生徒德行的培养。吕祖谦是一个典型的实用主义教育家。
他批评有些人读书全不作有用看，花二三十年读圣人书，一旦遇事与闾巷
人无异。

　　就丽泽书院的教育哲学而言，尽管吕祖谦并没有像朱熹、张栻那样系
统地讨论理学的一系列重大问题，也没有对陆九渊的心学表现出特别的认
同，但对于"理"的重视，对于程氏理学的认同，则是毋庸置疑的。吕
祖谦说，天下唯有一理；理不离外物，物不移理。他向学者所特别揭示的
书目为程氏《易传》、范氏《唐鉴》、谢氏《论语》、胡氏《春秋》，认为
这些书是学生应该朝夕捧读的。这个书目基本属于程氏理学系统。吕祖谦
对于理学的论说虽未有系统，然不乏高见。例如，他说："气无二气，理
无二理。然物得气之偏，故其理亦偏；人得气之全，故其理亦全。惟物得
其偏，故茈之不能为薰，茶之不能为荈，松之不能为柏，李之不能为桃，
各守其一而不能相通者，非物之罪也，气之偏也。至于人，则全受天地之
气，全得天地之理。今反守一善而不能相推，是岂非人之罪哉？"① 以
理、气的结合及其交互变化来说明万物的生成，这是吕祖谦解释人与物之
所以有差异的前提。人与物差异的根源在于，物得气之偏，因而所得之理
亦偏；人得气之全，因而所得之理亦全。物所得的理、气皆偏，也就决定
了物各不同，诸如李不能为桃，松不能为柏，茈不能为薰，茶不能为荈，
这是物的本然，不是物自身的原因所导致的，当然也就不是物的罪过。人
所得的理、气皆全，理因为人所际遇的对象不同而体现为不同的伦理原则
和行为规范，对亲体现为孝，对君体现为忠，对兄弟体现为友，对朋友体
现为义，对宗庙体现为敬，对军旅体现为肃。吕祖谦的论说也存在一些语
焉不详之处，如理怎样随着气化进入万物，理在物是否即是性，理气有无
先后或何者更为根本，都没有展开。这或者与吕祖谦不太注重讨论"性"
的问题有关。吕祖谦的儒学思想是以阐明儒家圣学，造就真儒为宗旨，强
调实地上做工夫，突出为学为人的大纲，为人以孝悌忠信为本，诚实种子
即是其大纲，言事则辞气为大纲，为学中识见众理是大纲。尽管吕祖谦的

_____

① 吕祖谦：《吕祖谦全集》（第六册），浙江古籍出版社 2008 年版，第 58—59 页。

学术思想确有杂博的一面，但对于大纲的强调和贯彻，则是始终如一的。①

就婺学教育实践而言，吕祖谦主持过的书院有丽泽书院、严州书院以及湖南醴陵的莱山书院等。但时间最长、成就最大的还是丽泽书院。吕祖谦认为，教育在上可以美政，在下可以移俗。吕祖谦在丽泽书院的婺学道德教育中主张明理躬行。"理"是自然界和人类社会的最高原则，封建伦理道德都出于"理"，孝悌忠信是"理"在人际关系中的具体体现，每个人都可以做到，而且必须做到。人心皆有理，唯讲说则能兴起。道德教育的目的就是"兴起"每个人心中固有的"理"，即通过讲说经书主旨，使本来存于人心中的"理"激发出来，这是"明理"的具体含义。吕祖谦在进行道德教育时，特别强调"躬行"。"躬行"的意思就是认认真真地去做，去实践。当然，这里讲的实践是指思想道德修养方面的实践。在"躬行"问题上，吕祖谦经常鼓励学生勇敢地去实践，不要怕犯错误。他说，事情做出来以后才知道是与非，文章也只有写出来才知道"工"与"拙"。做总要比袖手旁观什么事情都不干强得多。因为只要亲自动手去做，才会找到失败之根源，纠正起来也才有下手的目标，否则连纠正都不知如何纠正。在说和做的关系问题上，他希望少说多做。在进行道德思想教育时，老师应该少讲一些，而要让学生多实践。

吕祖谦在丽泽书院的婺学道德教育中也主张"矫柔气质"，改过迁善。吕祖谦对人性的认识主要是继承孟子的性善论的观点。但为了进一步说明人性既善，恶从何来的问题，他又吸取了张载和二程的"气质之性"的理论。他认为，性本善，但气质有偏，故才与情亦流而偏耳。"矫气质"便是改"恶"从"善"的重要途径。吕祖谦指出，凡人之为学，最当于矫柔气质上做功夫，如懦者当强，急者当缓，视其褊而用力焉；暴戾者必用力于和顺，鄙吝者必用于宽裕。吕祖谦反复强调的"矫柔气质"的含义与我们今天讲的心理素质的训练有些类似。吕祖谦所强调的"矫柔气质"另一层含义便是"改过"。在整个道德教育过程中，如何对待犯错误，如何改正缺点和错误是非常重要的内容。对于封建的伦理道德的学习过程本身也就是不断发现和改正错误的过程。学习的好坏也可以从他改

① 汤一介、李中华主编：《中国儒学史》（宋元卷），北京大学出版社 2011 年版，第 470—474 页。

过的情况来检验。吕祖谦说，为学须于平日气禀资质上验之，如滞固者疏通，顾虑者坦荡，智巧者易直；苟未如此转变，要是未得力耳。对于自己的缺点改得好，说明学得好；改得不好，说明下的功夫还不够。这个标准作为衡量思想教育效果的标准应该说还是有道理的。要改正缺点错误，就免不了要开展批评，如何对待别人的批评以及如何批评别人，吕祖谦都有一些值得大家借鉴的意见。当听到别人批评自己的时候，即使对方态度不好，也应该遇事平心，无先怀抑强扶弱之意，唯视理之所在而已。接受意见的标准是"理之所在"。而在与学生谈到如何批评别人时特别强调应该尽诚规劝，不可萌责望心。一个"诚"字，不仅是表面上态度好，而且必须是从内心深处真诚帮助别人。如何开展批评是处理好人际关系的大问题，如果大家都能像对待自己亲人一样真诚有情，事情就好办多了。吕祖谦说，与人交际须通情，若直以言语牢笼人情，岂能感人？须是如与家人妇子说话则情自通。吕祖谦在对丽泽子弟讲解儒家经典的过程中，对于"改过"的问题有许多论述，这些论述之中还包含了一定的辩证法成分。他认为要"改过"，首先必须敢于承认自己有错，否则人之有过必成二过。何也？人唯恶其过也，是以求以盖其过，唯求盖其过则非为妄言以自饰，必为巧计以自蔽，故本是一过，遂成二过。因此，学者之患在于讳过自足；使不讳过不自足则成其德。他甚至大胆声称：今有短处可数便是第一等人。这一认识是符合客观实际的，因为每个人都有缺点和错误，但这并不可怕，从某个角度看，倒还是一件好事。在讲《孟子》时他说，人恒过，然后能改，且如无事时戒酒，皆非实见，因一次酒失，方知酒真不可饮。无事时岂不知江河之险，经一次遇风涛几覆舟后必须相风色。犯了错误，有了教训，这虽然不好，但却可以变成好事，使你下决心改，这便成了一件好事。要想改过必须清楚错在哪儿、为什么错，否则也很难真正改。吕祖谦指出，人须深思欠缺在甚处，然后从而进之；苟泛然以我有所未足，夫何益哉？改错还须有恒心、有毅力。人但能常存初悔时一念则岂至贰过？唯其失此悔心故为危。刚犯错误时，追悔莫及，对于改正缺点的决心也比较大，随时间的推移，此决心便淡漠起来，致使再犯同类错误。"改过"还须坚决彻底：大凡做事须是拔本塞源，然后为善；且如人改过，断得九分，一分未改，此一分恶终久必发见，不特发见，又且支离蔓延，未必不连此九分坏了。总之，吕祖谦关于"改过"的论述非常多，其中不乏精辟者。

吕祖谦在丽泽书院的婺学道德教育中还主张学有规、行有矩。从《丽泽讲义》中我们不难发现，吕祖谦在丽泽讲说儒家经典时常结合日常生活中的具体言行进行教育，告诉学生怎样做是对的，怎样做是不对的，在道德教育中这属于晓之以理的正面教育。此外，规定一些日常行为的规范以督促检查也是使思想教育落到实处的重要一环。他认为学者必以规矩，大抵小而技艺，大而学问，须有一个准则。吕祖谦重视制定学规便是这一思想的具体体现。

吕祖谦在丽泽书院的婺学教育中注意教学内容的选择。可知丽泽书院的教学内容是以儒家经典为主的，其次是有关文史方面的。在教学内容的选择上，吕祖谦非常推崇古代的做法："教国子以三德、三行，立其根本，固是纲举而目张。"① 这里说的"三德"是：至德以为道本，敏德以为行本，孝德以知逆恶。"至德"是溥博渊深、精粹而不可名的最好的德，只有以它为本则有所据。"敏德"即行动起来就不要间断。提倡"孝德"的目的是使子弟知道不应该犯上作乱。"三行"指的是孝行以亲父母，友行以尊贤良，顺行以事长。推崇"三德三行"的教学内容，其核心仍然是以"忠孝"等为代表的封建伦理道德。这并没有什么新意。但是与其他理学家所不同的是，他非常重视"实用"。他认为，百工治器，必贵有用，而不可用工费也；学而无所用，学将何为？因此，除教以"三德三行"以外，吕祖谦还"教以国政，使之通达政体"②。所以，丽泽书院教学内容突出的特点就是：儒学为宗、兼习文史。丽泽书院门人中兼习文史并有一定成就者不少。如潘景宪，日游吕氏之门，诵诗读书，旁贯史氏。时少章，博极群书，谈经多出新意，而子史学尤精，诗由盛唐而追汉魏。吕祖谦的后学王应麟亦搜罗摘抉，穷幽极微，于经传子史、名物制度贯串旁骛。王应麟的门人胡三省也博学能文章，尤笃于史学。

丽泽书院的婺学教育具有兼取并包、不立崖异的特色。学派间的相互渗透，取他人之长补自己之短是一个历史的必然。婺学不仅兼取朱陆，而且还吸取了事功学派的一些学术思想。婺学"兼容并包"的特色在丽泽书院则表现为一种不持门户之见、互相取长补短的学风。例如，乾淳之际，婺学最盛：东莱兄弟以性命之学起，同甫以事功之学起，而说斋则为

---

① 黄宗羲：《黄宗羲全集》（第五册），浙江古籍出版社 2012 年版，第 11 页。

② 同上。

经制之学。说斋先生唐仲友开创的"经制之学"是婺学的重要一支，其得意门生是傅寅。傅寅曾前往丽泽书院宣传自创学说，与吕祖谦所倡的"性命之学"相互磨砺激荡。傅寅于天文地理、封建井田、学校郊庙、律历军制之类，世儒置而不讲者，靡不研究根穴，订其讹谬，资取甚博，参验甚精。每事各为一图，号曰群书百考。吕祖谦见其《禹贡图》说，此书可谓集先儒之大成。吕祖谦尝延之丽泽书院中，列坐诸生，揭其图，使申言之，而且说，以所能者，教人所不能者；理之所在，初无彼此。诸生弗以门户之见耻受教，傅寅亦乐为之尽。吕祖谦抛弃门户之见，师生在此次讲学活动中如沐春风，获益良多。吕祖谦经常教导他的学生，希望他们多和与自己意见不同的人接触，同他们共同讲习。他认为只有这样，学习才能有进步。丽泽书院子弟中受吕祖谦的影响，不持门户之见。如徐文清，先师吕祖谦的高弟叶邦，后来又成为朱熹高弟，但对叶始终执弟子礼。又如詹仪之，是吕祖谦的学生，可是又尝从朱熹问学。同师朱陆二人的还有王介等人。王瀚师吕祖谦亦逮事朱熹，而他的儿子王柏是何基的门人，何基又是黄榦的高足，学宗朱熹，但也有不少与婺学相通之处。吕祖谦逝世后，南宋时期担任过丽泽书院山长的有吕祖俭、王柏、时少章、袁桷等人。他们继承了丽泽书院的传统。尤其可贵的是，他们用自己的实际行动乃至生命去力挽国家的狂澜。一所大学的学术，如果不经众人的共同努力难以积淀为一种足以影响后人乃至一个地区的力量。正是丽泽书院几代师生诸儒的共同努力，使吕祖谦开创的婺学教育借丽泽书院这一场所而发展扩大，在中国大学发展史上谱写了光辉的一页。

综上表明，丽泽书院和考亭书院的异同，根源于吕祖谦、朱熹的高等教育哲学同中有异。朱、吕早年都曾拜胡宪为师，当时虽未谋面，但有以相知。现存《朱子文集》中所存朱熹答吕伯恭书就有 104 封，比给其他任何人的书信都多；而吕祖谦文集中所保留的与朱侍讲之书，也多达 67 封，超过了其所有书信的三分之一。二人在不断往返的书信中所言及的主要是学术问题，但也广泛地涉及上至国家大事、下至个人生活细节的许多内容。朱、吕在学术上的合作，主要有四项：两人共编了《近思录》、共与"鹅湖之会"、受朱熹请托作《白鹿洞书院记》、研讨胡宏的《知言》篇。吕祖谦和朱熹高等教育哲学的异同可以从以下三个方面来看：（1）就二人的理学思想而言，可谓大同小异。金华之学与洛学有一定的渊源关系，再加上吕祖谦广收博取，又与南宋主要理学流派保持着密切的关系，所以吕祖谦对洛学的心性之学还是有所继承的。但他总的倾向是合汇朱、陆，在知行关系上偏向朱熹理学。朱、吕在理学教育思想上最大的差异，恐怕在对"变化气质"与为学关系问题的看法上。朱熹主张，一切后天的经验活动，无非都是变化气质的工夫，并通过气质的变化间接地去恢复本然之性。吕祖谦主张，变化气质方可言学，即做事须是踏实做，而后可以言学。朱熹把读书穷理看作自我修养的重要前提，吕祖谦则把自我修养看作读书穷理的前提。他们共同之处在于强调自我修养与读书穷理的关联性。当然，在理学思想的深度上，吕祖谦远不及朱熹，因为吕学所长在史而不在经。（2）就二人对于经史关系的看法而言，可谓小同大异。穷经观史是古人治学的基本思路。朱熹在处理经史关系问题上主张先经后史。这意味着，经为本，史为末，史不过是经的注脚，不承认离开了经学还有什么史学；另一方面，在为学的程序上，应该先读经书，后读史书，否则，学习历史就会如"看人相打"一样，不仅无益，亦且有害。而吕祖谦主张以史为先。他很强调历史学习的道德教育价值。他把读经也纳入"多识前言往行"的为学过程中来，这也暗示出，经其实也是史。（3）就二人对于"异端"的态度而言，可谓大相径庭。南宋时期学派林立，彼此相知相辩。对于当时任何一个知名学者来说，都有一个如何看待不同的学派及其思想观点的问题。吕祖谦采取宽容态度，主张"泛观广接"，尽量吸收对方的长处；即使对于错误的观点，也不轻易地采取极端抨击的做法。就连当时最受攻击的佛教，吕祖谦也采取了比较宽容的态度。与吕祖谦相比，朱熹对于"异端"的态度非常严厉。对于佛、道二家，他采取了彻底的不妥协的态度。其斥永嘉、永康之学，则说，坐在利欲胶膝中；其斥象山之学，则说，全是禅学。即使对于同道讲友的异端倾向，他也往往针砭得一针见血。其于金华之学，则说，东莱博学多识则有之矣，守约恐未也，其弊尽在于巧。这也反映出朱熹较真的性格特点。有此一差异，故朱熹对于吕祖谦的人品虽很赞赏，但在学术上，常以含糊其辞、袒护异端、缺少狂者气象等言辞讥之。① 不过，正因为二人同中有异，才形成了南宋书院大学精神上的互补关系。

---

① 于述胜：《朱熹与南宋教育思潮》，山东大学出版社 1996 年版，第 201—206 页。

第五节 南宋书院三次"会讲"和而不同

会讲是南宋书院高级层次的讲学形式。讲会是一种与书院教学、学术活动相联系的学术组织，而会讲是与书院教学、学术活动相联系的一种聚会教育形式。朱熹认为"会讲"是"会友讲学"，张栻认为"会讲"是"会见讲论"。胡宏《碧泉书院上梁文》说，"穷理既资于讲习，辅仁式藉于友朋"，书院是讲习之所，"寻绎五典之精微"，才能改变"斯文扫地，邪说滔天"、"干禄仕以盈庭，鬻词章而塞路"的学术风气，以期"远邦朋至，近地风从，袭稷下以纷芳，继杏坛而跉跰"。①南宋书院会讲坚持的原则是"和而不同"。朱熹对《论语》"君子和而不同，小人同而不和"注释："和者，无乖戾也。同者，有阿比之意。尹氏曰：'君子尚义，故有不同。小人尚利，安得而和₎'"②南宋书院的"会讲"体现了这种"和而不同"的大学精神。南宋书院的师生把"会讲"视为持不同学术观点的论敌或学友聚会围绕某个问题进行辩论的一种学术活动的组织形式，同时把"会讲"视为书院内部学派之间相互讨论、辨析异同的一种教学方法。南宋书院著名的会讲有三次：一次是乾道三年（1167年）朱熹、张栻的岳麓之会，一次是淳熙二年（1175年）朱熹、陆九渊、吕祖谦等人在江西信州鹅湖寺举行的鹅湖之会，一次是淳熙八年（1181年）陆九渊、朱熹的白鹿洞书院之会。这三次会讲分别对太极、为学、义利三大问题进行了论辩，南宋书院几个学术流派的道理进行了磨合。

朱张岳麓之会开创了书院会讲的先河。吴澄《重修岳麓书院记》云："当张栻无恙时，朱子自闽来潭，留止两月，相与讲论，阐明千古之秘，聚游岳麓，同跻岳顶而后去。自此之后，岳麓之为书院，非前之岳麓矣，地以人而重也。"③朱、张二人都是二程之学的四传弟子，理学思想接近，故彼此是亲密的道友关系。但是，朱熹传承的是伊川之学，张栻传承的是明道之学，朱熹重学理，张栻重践履，故彼此又是论敌关系。据王懋竑《朱子年谱》记载："南轩《赠行》之诗云：'遗经得抽绎，心事两绸缪。

---

① 胡宏：《胡宏集》，中华书局1987年版，第201—202页。

② 朱熹：《朱子全书》（第六册），上海古籍出版社2002年版，第185页。

③ 陈谷嘉、邓洪波主编：《中国书院史资料》，浙江教育出版社1998年版，第322页。

超然会太极，眼底全无牛。'先生《答诗》云：'昔我抱冰炭，从君识乾坤。始知太极蕴，更妙难名论。谓有宁有迹，谓无复何存。唯忘酬酢处，特达见本根。万化自此流，千圣同兹源。'"①　"太极"之说源于《周易》，为书院理学家们所共同关注和探讨的问题，构成了理学体系的一个基本范畴。两人对"太极"问题讨论得很契合，都认为太极即理。围绕太极问题，二人会讲对若干议题进行了讨论。此次会讲始于乾道三年（1167 年）八月中旬，朱熹由范伯崇、林择之侍行，从福建崇安启程。这次赴湘远行在道近一月，朱熹一路同闽、赣、湘的士子讲论接触，于九月八日到达长沙。就在岳麓山下，他们经由古渡（后改为张渡）往返于城南书院和岳麓书院之间，进行学术交流活动。两人就如何编订二程著作进行了商榷。朱熹将收集到的二程语录根据材料来源的可靠程度分编为《遗书》和《外书》，得到了张栻的赞同。朱熹在长沙还寻求程氏《经说》的版本，同张栻一起拜访了法帖古刻收藏极富的湖湘学者刘芮，向他借到一种胡家改写本程氏《经说》。朱熹从长沙归后不久就正式编成《遗书》印行，重编《经说》刻板。后来事实表明他们对二程著作的全面收辑、编定和商讨，加深了他们对二程理学的共同认识和两人思想上的靠拢。在长沙，朱熹和张栻就"仁"进行了讨论。后来郑可学问：先生以前与南轩反复论仁，后来毕竟合否？朱熹回答：也有一二处未合，张栻之说本出胡氏，当为守师之说，在长沙正与他辩此。这次关于仁的当面论辩是围绕两人的《论语》、《孟子》著作进行的。朱熹在长沙认真阅读了张栻的《论语说》，认为其所见卓然，气质醇粹，志趣确实，但驰骋空言而远实理。湖湘派的仁说认为性无善恶（但有好恶），因此主张先察识仁体；朱熹却认为性无不善，以仁为性，以爱为情。两人在仁说上异大于同，只是这时两人的仁说还没有完全最后确定，几年以后才形成一场争论。此次在长沙，朱熹和张栻一样都着重以《孟子》中的"道性善"和"求放心"二章对症开导岳麓学子，两人在"求仁之功"上的讨论取得了一致的意见。两人在《中庸》学上也进行了重点讨论。在长沙陪侍朱熹的弟子范伯崇亲眼目睹他们两人论此书之义，三日夜而不停。对朱熹来说，这次长沙之行的特殊意义还在于他向张栻全面了解了湖湘学派，同湖湘学者进行了广泛接触。岳麓和衡山下新老著名学者彪居正、刘芮、吴

---

① 　朱熹：《朱子全书》（第二十七册），上海古籍出版社 2002 年版，第 428 页。

翌、陈明仲、吴猎，继承胡氏家学的胡实、胡大原、胡大本、胡大时，以及深受湖湘学影响的张孝祥、王师愈等名士，朱熹都同他们讲论问学，岳麓山下，四处都留下他同张栻为首的湖湘士子讲学唱酬的踪迹：在岳麓书院讲堂他不朽的"忠孝节廉"四大字，成为岳麓书院代代遵行的校训，他为湘中"九君子"书写了"存忠孝心，行仁义事；立修齐志，读圣贤书"十六字，刻石于文庙戟门外。在岳麓书院贡水池上清幽佳境，建起了百泉轩，成为朱张燕居论学之所。朱熹又和张栻泛舟湘水。他把岳麓顶改名为"赫羲"。为山下二亭书额"极高明亭"、"道中庸亭"，为张栻在岳麓寺侧山谷建造的道乡台题"道乡台"三字刻石。他同张栻、张孝祥一起登览了定王台，三人赋诗抒怀。朱熹在同湖湘学者的广泛讲学接触中，在心里对湖湘学风隐隐产生了一种意外的失望，竟使他很久以来推崇湖湘学的热情开始冷却了。湖湘学者给朱熹的总印象是株守师说，流于说禅，只有张栻深得五峰的真传，不为字句言语所拘泥束缚。但也未免好高虚谈之病，对湖湘学者学风的弊坏负有一定的责任。在经过两个月的岳麓讲学后，朱熹和张栻两人依旧感到意犹未尽，有许多问题仍需继续讨论，于是两人又共游南岳。20天的衡岳之游实际是他们的一次特殊的讲论学问，是在一路游山唱酬中继续对理学问题的即兴探讨，构成了这次朱张长沙之会的乐章。十一月二十四日，朱熹同张栻在褚州分手告白。朱熹在同范伯崇、林择之东归的28天中一路更迭唱和，直到十二月二十四日才回到福建家中。①

此次会讲，朱熹与湖湘学派人物互动，留下了很有理学意义的教育活动踪迹。朱熹与张栻在太极论方面的认识是一致的，但除了在仁说方面分歧较大之外，在中和说方面差异颇大。由于各自的中和观不一致，导致了张栻的大学精神偏重"动"，故强调经世济用；朱熹的大学精神偏"静"，故强调敬以沉思。从源头上讲，"中和"二字出自《中庸》："喜怒哀乐之未发谓之中，发而皆中节谓之和。中也者，天下之大本也，和也者，天下之达道也。致中和，天地位焉，万物育焉。"② 此是要求人们在性情方面加以克制，使之言行合乎道统。朱熹的中和说的形成是个漫长的过程。在隆兴元年李侗卒后，朱熹一面是声色俱厉地挞伐佛老，一面却又是惶惶然

---

① 束景南：《朱子大传》，商务印书馆2003年版，第258—277页。

② 朱熹：《朱子全书》（第六册），上海古籍出版社2002年版，第33页。

如盲人摸索前行。他在"已发""未发"中和说上茫然无所适从，在新的理学自我反思中产生对李侗默坐澄心论的欲信还疑。他意识到李侗的主静有两个弊病：一是流于佛家的禅定，二是偏于静。他追求一种能总摄动静、融贯本末，从而能同佛老完全划清界限的更高的理学大旨。所以李侗卒后他苦苦在中和说上展开了六年探讨，似乎是在进行迂阔的心性空谈，实质还是一个逃禅归儒的问题，湖湘学成了他由主静向主敬、由中和旧说向中和新说过渡的桥梁。① 听说张栻得衡山胡氏之学，则前往拜访。隆兴二年（1164 年）张栻的父亲张浚病故，张栻扶灵柩过豫章（今南昌）时，朱熹便登船吊唁，并送至丰城。这是二人第一次见面。在船上，二人谈了三日，互相切磋。此后，二人常有书信往来。朱熹《中和旧说序》说："敬夫告余以所闻，余亦未之省也，退而沉思，迨忘寝食。一日，喟然叹曰：'人自婴儿以至老死，虽语默动静之不同，然其大体莫非已发，特其未发者为未尝发尔。'自此不复有疑，以为《中庸》之旨果不外乎此矣。"② 这总结的朱熹旧中和之说的形成当在二人第一次见面至乾道四年之间。朱熹起初以"不与事接"为"未发"，而于"泯然无觉"的寂然中求未发之中，其实正是李侗说的默坐澄心，朱熹否定了这种"未发"工夫，他把"未发"不再看成是一种"未发"工夫，而是理解为"寂然之本体"，这显然是本自胡宏以未发为寂然不动的思想。他转而求之于日用之间，辨察操存于已发，这也是奉自胡宏先察识、后存养的思想。在先察识、后涵养上，朱熹以格物为察识工夫同湖湘派有别，但以居敬为涵养工夫却直接来自湖湘派。由胡安国父子到张栻的湖湘学以程颐的主敬为一脉相传的指诀，而同由杨时到李侗的闽学以大程的主静为一脉相传的指诀分流对峙。但"敬"和"静"这两种求仁之方能否统一呢？这是朱熹在长沙会讲通过发现湖湘学之弊怀念李侗学问之利提出的问题。朱熹中和新说的产生于对湖湘学的失望后，径自越过了湖湘学而直接求之于二程，从二程著述中自求答案，不惜把二程的著作全部校正一遍。他在再一次阅读二程著作中终于获得了建立中和新说所需要的最后的顿悟灵感；乾道五年春，他正同蔡元定进行问辩，忽然大悟到中和旧说原来非唯心性之名命之不当，而且日用工夫全无本领。他马上又用"涵养须用敬，进学则在致

---

① 束景南：《朱子大传》，商务印书馆 2003 年版，第 247—248 页。

② 朱熹：《朱子全书》（第二十四册），上海古籍出版社 2002 年版，第 3634 页。

知”思想为指导去重读二程全部著作，原来总觉矛盾抵牾的各种说法竟
然无不贯通，一无滞碍。他先把自己的新中和说系统写成《已发未发说》
一文，然后修改成一篇精要的《与湖南诸公论中和第一书》，寄给了张栻
和湖湘学者。在书中，他对自己的中和新说作了概括。在这里，李侗
“未发”的涵养工夫又得到了肯定，但朱熹却用“敬”代替了“静”，
“静”被扬弃同时又包含在“敬”中；湖湘派的“先察识，后操存”遭
到了否定，他代之以“涵养须用敬，进学则在致知”，但随事省察却被保
留下来，“察识”被扬弃同时又包含在“致知”中，所以他的中和新说是
一种融合闽学与湖湘学、明道主静与伊川主敬两家指诀的理学思想，它以
敬、知双修为特点：持敬的涵养与致知的察识的统一，道德修养方法与认
识方法的统一，既克服了李侗一偏于静的缺少察识工夫，又克服了湖湘学
一偏于动的缺少涵养工夫。他把这种思想确定为二程思想的“大要”和
自己生平学问的大旨。中和新说的确立，宣告了朱熹漫长曲折的主悟—主
静—主敬的逃禅归儒思想演变历程的终结。[1]由上可知，长沙会讲无疑对
中和新说的产生起到了引擎的作用。所以，淳熙七年（1180 年）张栻卒
于江陵府时，朱熹写了两篇祭文，对双方在学术上的交往关系进行了全面
的总结，对湖湘学砥砺促进自己新中和说的诞生充满谢意，充分肯定他们
相厉以死守、同归而一致的道学关系。

在南宋书院会讲中，正如朱熹与张栻的关系一样，朱熹与陆九渊的关
系也如此。尽管有研究者认为鹅湖之会不是一次“会讲”活动，但本书
不以为然。尽管朱、陆会聚时不是在书院，但这不是判定其是不是会讲的
标准。而且后来，这里也被南宋朝廷命名为书院了。从鹅湖之会的主题
看，这是书院师生关于为学之方的一次学术交锋会议。淳熙二年（1175
年）朱熹、陆九渊等人鹅湖之会在信州铅山县的鹅湖寺。鹅湖寺实有两
处：山顶的鹅湖寺为峰顶寺，山脚的鹅湖寺为大佛寺。峰顶寺地处隐蔽的
山林，交通不便，但非常清静。而山脚的大佛寺地处日夜都有人们来往的
官道旁，便于收藏租谷，接待香客。朱、陆等鹅湖之会是在山脚的鹅湖
寺。当年鹅湖之会，朱陆学术各言其理。据《象山语录》记载，会讲之
前，陆氏兄弟多有谋划。陆九龄作诗云：“孩提知爱长知钦，古圣相传只
此心。大抵有基方筑室，未闻无址忽成岑。留情传注翻榛塞，着意精微转

---

[1]　束景南：《朱子大传》，商务印书馆 2003 年版，第 277—287 页。

陆沉。珍重友朋勤切琢，须知至乐在于今。"① 陆九渊说，诗甚佳，但第
二句微有不妥。及至鹅湖，吕祖谦首问陆九龄别后新功，陆九龄举诗才四
句，朱熹对吕祖谦说，陆九龄早已上陆九渊的"贼船"了。举诗罢，轮
到陆九渊发表意见了。陆九渊说，途中和得家兄之诗一首："墟墓兴哀宗
庙钦，斯人千古不磨心。涓流积至沧溟水，拳石崇成泰华岑。易简工夫终
久大，支离事业竟浮沉。"② 举诗至此，朱熹面容失色，大不怿。朱熹之
所以有如此之大的反应，是因为此诗表达了与他完全不同的本体论。朱熹
认为真正永恒和绝对的存在是先验存在的天理，而陆九渊却说"心"才
是真正千古不灭的永恒存在。接下来，陆九渊又把两人的认识论分为
"支离"与"简易"，即是说朱熹教人每物必格只会增加人在认识上的负
担，却无法获得对天理的认识，而自己教人直接认识本心，方法简易，是
正确的认识方法和为学之方。据《象山年谱》记载："朱以陆之教人为太
简，陆以朱之教人为支离，此颇不合。先生更欲与元晦辩，以为尧舜之
前，何书可读？复斋止之。赵刘诸公，拱听而已。先发明之说，未可厚
诬。元晦见二诗不平，似不能无我。"③ 鹅湖之会朱子与二陆是双方的论
主，但会讲的发起人和主持人是吕祖谦。吕伯恭秉承门第家风，喜和不喜
争，喜通融不喜矫激。他热心想要调和朱陆异同。他既是朱子最亲密的朋
友，而对象山又极为称赏。当象山 34 岁应进士试时，伯恭为考官，他看
到象山的易卷，击节叹赏。读其天地之性人为贵论，对主考官尤袤说：此
卷超绝有学问者，必是江西陆子静之文，此人断不可失也。同时又叮嘱考
官赵汝愚留意。尤、赵二人亦嘉赏象山之文，遂中选。后来，伯恭与象山
见了面，还特别说起当年科考之事。伯恭既与朱陆双方皆敬重相知，当他
发现二人讲学宗旨有所不同时，自然要设法疏通调和。根据朱子、象山二
人年谱可知，鹅湖之会必是伯恭借入闽之便，特地穿针引线而促成的。而
伯恭之所以选择鹅湖为朱陆相会的地点，一因信州是江西入闽入浙以及闽
浙入江西的交通站，又正好是朱、陆、吕等人居地的中心点；二因信州鹅
湖是唐朝以来的名山，伯恭选择这个地方为论道之所，盖亦有名山贤哲、
地灵人杰之意。淳熙二年的鹅湖之会究竟是在什么时间举行的呢？在武夷

---

① 陆九渊：《陆九渊集》，中华书局 1980 年版，第 427 页。
② 同上。
③ 同上书，第 491 页。

山的响石岩崖刻中有朱熹与吕祖谦同游的记载，从中可知何叔京、朱仲晦、连嵩卿、蔡季通、徐宋臣、吕伯恭、潘叔昌、范伯崇、张元善同游武夷山，最后留下墨迹的时间是淳熙乙未五月廿一日。大约数日后，朱熹送吕祖谦出分水关，经官道抵鹅湖寺以待二陆到来。此时当在五月末。对于这件事朱熹《答王子合》说："前月末送伯恭至鹅湖，陆子寿兄弟来会。讲论之间，深觉有益，此月八日方分手而归。"而吕祖谦《答潘叔度》则说："某以五月半后同朱丈出闽，下旬至鹅湖。诸公皆集，甚有讲论之益。"① 朱、吕、二陆于五月底会于鹅湖"留止旬日"，六月八日分手。此说比较可靠。那么有哪些人参加了鹅湖之会呢？除吕祖谦、朱熹、陆九渊、陆九龄之外，还有各方面的人士：一批是与朱熹、吕祖谦同游武夷山，同出分水关赴鹅湖寺等待二陆的几位。随二陆前往铅山的有陆氏门人邹斌、朱桴、朱泰卿。邹斌为临川县人，二朱为金溪人，二朱都曾对鹅湖之会的实况有所传布。闻讯而来的有抚州知州赵景明，还有赵景明邀来的其兄赵景昭及宜黄知县刘清之。此外尚有信州知州吕祖谦门人詹仪之、陆九渊铅山弟子傅一飞，宜黄学人刘适。②

　　鹅湖正式论道达三天，议论的内容应该不少。首日见面，朱子对二陆的诗歌不高兴。象山畅论九卦之序，朱吕二人佩服。第二日，朱吕二人商量数十折（内容不详，意谓前后提出数十论点）。朱熹与象山论辩，都为象山所破斥。第三日，继续论辩。朱子方面的议论随说随屈，而象山占了上风。据象山说，伯恭很有虚心相听之意，而为朱子所阻。鹅湖之会，在朱子，大概意不得申。所以除了会后致书二陆说了些客气话之外，朱子对这次书院会讲几乎绝口不提。而在二陆方面，则似乎以鹅湖之会为得意之笔，所以《象山语录》中津津乐道。二陆认为，吾人必须通过仁心之自觉、以开辟这个简易之本源，然后，万物之生化，人间之事业，人生之行为，乃能得其条理而畅通，而成为易知易从、可久可大之价值创造。吾人若不知此简易之本源，而只是歧出去落于外在之知解上，则对于"自觉地相应道德之本性而作道德实践"，便将成为两不相干。象山有所谓"辨志"，有所谓"辨义利"，有所谓"先立其大"，有所谓"尊德性"，这些话，就直接相应道德本性而作道德实践的第一义而言，都是本乎孟子之义

---

① 吕祖谦：《吕祖谦全集》（第一册），浙江古籍出版社 2008 年版，第 493 页。

② 李才栋：《中国书院研究》，江西高校出版社 2005 年版，第 327—329 页。

而说的。朱子何以对象山兄弟之诗不高兴呢？因为他误会二陆之学为无言之教，唯恐二陆脱略人间古今之事，而入于空疏。① 鹅湖之会的中心议题是"为学之方"。此时，朱陆二学的主要分歧是博与约、简与繁、道问学与尊德性之间的次序关系。为学之方包括治学、讲学和道德修养三重工夫。朱陆二学各有其所长，也各有其所短。在见闻之知即经验知识方面，朱熹的日积月累、泛观博览方法，具有一定的合理性。其由博返约、化繁为简和致广大而尽精微的内化逻辑思路，比较符合人类科技知识发展的一般规律。其不足在于，过于依靠经验知识来提高人的道德觉悟——这有可能形成说教而达不到好的教育效果。在德性之知即道德类先验意识方面，陆九渊的剥落心病、发明本心等工夫，有极其深刻的理论洞见。其由约统博、以简驭繁和尊德性而道问学的外化逻辑思路，比较贴近人类伦理道德进步的普遍要求。内化与外化是两条并行的逻辑有序化思路。其中内化思路重伦理价值本体对道德实践主体的他律性约束，外化思路则重道德实践主体对伦理价值本体的自律性认同，二者方向相反，功能互补。前者是经验知识的添加法门，能使求知之心日益充实，告别蒙昧，走向文明。后者是道德意识的减省法门，能使觉悟之心日趋虚灵，不断进步，渐臻佳境。内外和合，则可相得益彰。可是，由于受大一统思维和文化价值的惯性影响，朱陆都力求征服对方，使其适从自己的定论，结果使盛况空前的学术自由辩论不欢而散，这是鹅湖之会给我们留下的历史教训。② 据赴会的朱亨道记载："鹅湖之会，论及教人，元晦之意，欲令人泛观博览而后归之约。二陆之意，欲先发明人之本心而后使之博览。"③ 朱陆鹅湖论争，从教学法的角度看，都是各执一端，将教学过程中某一方面、某一环节的经验，片面夸张，从而走向了极端。但对于如何处理教学中的读书与践履、直接经验与间接经验、传授知识与发展智力之间的关系还是有启发作用的。

对于鹅湖这场争论，后来的理学家们也有加以调和、折中的。陆氏后学袁甫既赞象山也赞朱熹。朱陆鹅湖之争之所以便于调和，在于他们的主要分歧是在教学方法论方面不同，而教育目的方面并不矛盾。朱陆鹅湖之

① 蔡仁厚：《宋明理学》（南宋篇），吉林出版集团有限责任公司 2009 年版，第 150—154 页。

② 祁润兴：《陆九渊评传》，南京大学出版社 2011 年版，第 106—107 页。

③ 陆九渊：《陆九渊集》，中华书局 1980 年版，第 491 页。

争所以便于调和，黄宗羲说得明白："二先生同植纲常，同扶名教，同宗孔孟，即使意见终于不合，亦不过仁者见仁，智者见智，所谓学焉而得其性之所近，原无有背于圣人。"① 在鹅湖之会后朱陆之间保持了一段时间的沉默，之后双方又开始靠拢。从淳熙四年陆九龄写信给朱熹问及礼制至淳熙五年夏陆氏兄弟两次致书朱熹检讨昔日的"偏见之说"，双方恢复了学术往来。直接播下和解气氛的，是二陆的弟子刘淳叟。经吕祖谦引荐，淳熙五年秋刘氏到崇安屏山访朱熹。朱熹偕蔡元定、江德功、廖子晦、方伯休、刘彦集陪刘淳叟登天湖，览云谷，游武夷，倾谈共论和游山唱酬异常融洽。这为陆九龄与朱熹的相晤做好了铺垫。淳熙六年二月，朱熹赴南康任途中寓居信州铅山崇寿僧舍。陆九龄偕刘淳叟在三月从抚州来访，会于铅山观音寺，相谈三天。两人各有一些自我批评。陆九龄在鹅湖之会以后的四年中已感到自己学问的空疏，承认不读书是一种"偏见"，所以虚心问学于朱熹。朱熹在相会中为当年鹅湖之会上二陆写的诗作了一首和诗："德业风流夙所钦，别离三载更关心。偶扶藜杖出寒谷，又枉蓝舆度远岑。旧学商量加邃密，新知培养转深沉。只愁说到无言处，不信人间有古今。"② 此诗赞扬陆九龄旧学"加邃密"，新知"转深沉"。讨论中，两人取得一致的意见是在学问上共同主张克服"好高"之弊而转向"就实"。有一名铅山士子余大雅以弟子礼来向朱熹问学，亲眼目睹了朱熹同陆九龄论学和谐的一幕。朱熹承认自己有舍近求远、学问支离之病，同意陆九龄说的简易工夫。陆九龄承认自己鹅湖之会旧说为非而转向朱熹，但并不讳言在具体问题的看法上仍有分歧。观音寺之会后，陆九渊显然受到陆九龄的影响，承认读书求知不可废，自觉地把它作为一种方法论吸收到心学体系中。

　　如果说鹅湖之会朱陆议论不合，那么可以说白鹿洞书院之会二人深为投契。据《象山年谱》记载，淳熙八年辛丑，陆九渊43岁，春二月，访朱熹于南康。当时朱熹为南康守，与陆九渊泛舟，请陆九渊登白鹿洞书院讲席。陆九渊于是讲《论语》"君子喻于义，小人喻于利"一章。陆九渊《白鹿洞书院论语讲义》（1181 年）说："此章以义利判君子、小人，辞旨晓白。然读之者苟下切己跻省，亦恐未能有益也。某平日读此。不无所

---

① 黄宗羲：《黄宗羲全集》（第五册），浙江古籍出版社 2012 年版，第 280 页。
② 陆九渊：《陆九渊集》，中华书局 1980 年版，第 490 页。

感，窃谓学者于此，当辨其志。人之所喻由其所习，所习由其所志。志乎义，则所习行必在于义，所习在义，斯喻于义矣。志乎利，则所习者必在于利，所习在利，斯喻于利矣。故学行之志不可不辨也。"① 这就是白鹿洞书院历史上最成功、最著名、影响最大的一次讲学。白鹿洞书院前后有许多《讲义》，每篇《讲义》皆冠以定语，以示区别。唯此篇没有冠以定语，因为它已不是"陆九渊"的，而是"白鹿洞书院"的，甚至可以代表整个南宋书院大学精神的价值取向。朱熹称此篇《讲义》为"陆子静义利之说"。孔曰成仁，孟曰取义，陆氏独言"义"。这等于说，书院是"义"学，科举是"利"学；天理是义学，人欲是利学。用教育的眼光看，孔子"君子喻于义，小人喻于利"这两句话中，只有"喻"字是教育活动过程，"君子"、"小人"是既定的主体，"义"、"利"是既定的对象。陆氏提出"志—习—喻"三环节的公式，很有教育认识论的意义，翻成现代汉语，就是"志向—实践—认识"。照陆氏所说，志于义，习于义，故喻于义；志于利，习于利，故喻于利。换言之，出发点就包含目的地，主体就包含对象。② 据《象山年谱》记载，当时天气微寒，朱子听了，汗出挥扇，还有人感动得流泪。讲毕，朱子离席说，他不曾说到这里，惭愧！惭愧！当与诸生共守，无忘陆先生之训。朱熹后来还回忆并称赞陆九渊在白鹿洞书院讲《论语》：至其所以发明敷畅，则又恳切明白，而皆有以切中学者隐微深痼之病，盖听者莫不竦然动心焉。义利关系问题，既是一个伦理学问题，也是一个重要的教育哲学问题。因为可以根据对义利关系的看法，来规范道德实践（其中包括道德教育和道德的自我修养），并对道德实践诸问题（目的、内容、方式、方法等）作出伦理判断。所谓"义"，是出于普遍的道德法则而又符合道德法则的思想和行为。所谓"利"，是为了满足个人的私欲或其他与道德无关的外在目的去思想和行动。道德行为必须是符合道德法则的，且同时又是手段与目的相合一的。有所为而为，如有所慕而为善，有所畏而不为恶，皆是利；无所为于前，无所观于后，此方是义。也就是说，如果一个人做好事，是为了某种外在的目的，如为了名声或赢得别人的好评；不做坏事，是因为怕受到惩罚或怕影响自己的名声，那么，尽管其做好事而不做坏事，但因其动

---

① 陆九渊：《陆九渊集》，中华书局 1980 年版，第 275 页。

② 涂又光：《中国高等教育史论》，华中师范大学出版社 2014 年版，第 154—155 页。

机和目的与道德原则相违，所以从根本上讲仍是不道德的。如果教师通过表扬或惩罚的手段来引诱人做好事或不做坏事，那么，这个教育的行为本身就是不道德的，因为它不可能使学生实现目的与手段的合一。

　　三次会讲说明，由于书院学派之异所讲道理不同，因而存在分歧；由于书院各学派都秉持儒家学说，因而能够走向融合。为了更好地进行融合，促进各自的道理逼近真理，袁甫提出了"书院联盟"的教育思想，即几所书院各自独立的条件下互派教师讲课、学生学完基础课程后根据自己的兴趣到心仪的书院选修的联合办学模式。袁甫批评朱陆后学"以口耳之学争夸竞胜"，"执言论辩说，以妄窥诸先生之门墙，而于其实德实行，植立修身，有益于人之家国者，乃不能取为师法，则不足为善学矣"①。他分析这种现象产生的原因是："师友道丧，士习日驳，慕超诣者，无深实详缜之功；骛辨博者，乏通贯融明之趣，转相依仿，诸老先生之本旨愈晦不明。方且徇偏见，立异同，几有专门名家之弊。"② 他希望看到的大学气派是："凡士愿处象山若白鹿者，各随其行辈与其望实，或界领袖之职，或在宾讲之选，衿佩成集，彬彬可观矣。"③ 因此，他提出了一个"群居书院，相与切磨，亦求其所以为人者如何"的办法，在白鹿、象山两书院之间的饶州鄱阳县新建番江书堂，"选通经学古之士，率生徒而课之"，并教"学为人"之道，"俟其有立，乃分两书院而肄业焉"④。也就是说，先让学生在番江书堂学习如何做人，后据各自性情，分送白鹿、象山书院深造。为此，袁甫作《番江书堂记》告诫学生："在家庭则孝友，处乡党则信睦，莅官则坚公廉之操，立朝则崇正直之风。果若是，奚必问其自白鹿乎，自象山乎？不然，饱读旧书，熟习遗训，孝友信睦，公廉正直，一有愧怍，自白鹿，则白鹿之羞也，自象山，则象山之玷也。可不惧哉！"⑤ 在朱陆门户纷争之时，他提出并实施了三书院联合办学、以兴趣分专业、强帮弱的方案，实为对书院制度的创新。事实上，南宋各个书院之间，虽然在教育思想方面存在较大的差异，但彼此还是摒弃门户之见，相互学习的。陆九渊要求弟子，应该服从真理，而不应该囿

---

① 陈谷嘉、邓洪波主编：《中国书院史资料》，浙江教育出版社 1998 年版，第 77 页。

② 同上书，第 146 页。

③ 同上。

④ 同上。

⑤ 同上。

于门户之见。他说："学者求理，当唯理之是从，岂可苟私门户！理乃天下之公理，心乃天下之同心，圣贤之所以为圣贤者，不容私而已。颜、曾传夫子之道，不私孔子之门户，孔子亦无私门户与人为私商也。"①　朱熹也告诫自己的弟子要兼取两家之长，不要互相诋毁。可见对于学术之争，两人都显示出大家风范。当时也正是这样的，几位大师主持的书院之间存在着事实上的大学联盟关系，门人往来交叉学习，流动频繁。例如，陈刚，字正己，江西建昌人。《宋元学案》说："正己早与刘淳叟同师陆子，甚称许之。已而先生游浙中，师同甫，又师东莱。陆子贻止斋书，叹其半涂异志，慕用才术者也。朱子亦深不喜之，言其轻薄资质本自劳攘，又为同甫、伯恭教以权数，其叛陆子于诸人为最甚。"②　陈刚的事功思想使他与"浙学"阵营走得更近，所以朱子、象山不悦。不过，这陈刚后来还是很有出息的，中进士，当过州学教授，当过地方官。又如，刘尧夫，字淳叟，江西抚州金溪人。17 岁即师陆九渊兄弟。淳熙五年四月，吕祖谦向朱熹推荐刘尧夫：其有志而质美，士人中不易得也。后来刘尧夫问学于朱熹。朱熹认为他功利，受吕祖谦等人的浙学影响大。陆九渊也对刘尧夫的浙学倾向表示不满。其实，此人后来在政治、文学方面的成就不小。南宋时期，这种一个学生辗转多个书院向诸位名师学习的情况很多。文化的繁荣本来就需要交流融合，唯我独尊的文化很难培养出知识精英。南宋任何一所好的书院都是在坚持自己道理的前提下倾听别的书院的道理，然后同归理学。

---

① 陆九渊：《陆九渊集》，中华书局 1980 年版，第 196 页。
② 黄宗羲：《宋元学案》，中华书局 1986 年版，第 2580 页。

第六章

事理：南宋书院大学精神之践履

如果说物理这个概念侧重于反映主体与客体之间的关系，那么事理这个概念则侧重于反映主体认识与实践结果之间的关系。在南宋书院那里，知是一个主观性的范畴，行则是主观见之于客观的外在行为的范畴。南宋书院认识论意义上的知行范畴，指认识与实践的关系，如"致知"与"力行"对举；道德修养论意义上的知行范畴，特指道德认识与道德实践的关系，如"明理"与"操守"对举、"理会"与"践行"对举、"思索"与"躬行"对举等；作为前两者的合体，是探讨认识活动与修养活动的关系的，如"进学"与"涵养"、"穷格"与"持敬"、"穷索"与"主敬"、"讲明"与"居敬"对举。这三个层面的知行关系要由事理来统摄、联结与检验。

第一节 南宋书院格物致知的知识论

如果说知识是人类认识的结果，那么知识论则是对人类认识成果的再认识。南宋书院未曾产生出"知道如是"的知识论，而发展出了"知道如何"的知识论。从教育哲学上讲，"格物致知"是南宋书院的知识论。南宋书院的理性之知（真）及德性之知（善），被视为相通及相辅相成的，比西方传统知识论有更丰富的内涵。人与自然同出一源，打破了西方式认知中"主体—客体"的二元格局，儒家道德理性中知识主体同时超然同时受场境影响的特殊活动，有别于西方知识论中强调客观性地接受。

南宋书院那里，"格"训至或即，"物"指事物。"格物"是接近事物，"致知"是推广事物之理到极致。格物愈多探究理愈彻底，不断反省方可明白事物蕴含的天理。格物是物上穷其至理，致知是心中无所不知；

格物是零细说，致知是全体说。王柏《上蔡书院讲义》说："知者，心之神明，妙众理而宰万物者也。物之理有所未明，则心之知有所未尽。大学所以使人穷物之理，极吾之知。程子言格物之道，或读书讲明道义，或论古今人物而别其是非，或应接事物而处其当否，皆穷理也。虽此三言，包括已尽，先后之序，又有不可紊者，必以读书居于先，应事接物居于后。盖应事接物之当否，此一节最未易到，初学者且当以读书为主，虽事事物物，固皆有当然之理与其所以然之故。不读书，则无以识其事事物物之则也。自尧舜以来，圣贤千言万语，载在方册，皆经世之准度，为学之纲领。若凭虚而暗索，躐等而要求，无由可以致其知，必随章而玩味，必逐句而精考，胸中主权度稍定，是非邪正之大分渐明，然后可以评古今，论人物，参伍而观，错综而证。而后应事接物。"① 南宋书院继承二程的思想，认为格物致知之"物"包括圣贤之书、古今人物、现实事事物物。三者当中，特别强调圣贤的典籍。

南宋书院认为，理在物，知在我；格物者究其物之理，致知者以心将物理整体统摄成道理。朱熹说："所谓致知在格物者，言欲致吾之知，在即物而穷其理也。盖人心之灵，莫不有知，而天下之物，莫不有理；唯于理有未穷，故其知有不尽也。是以大学始教，必使学者即凡天下之物，莫不因其已知之理而益穷之，以求至乎其极。至于用力之久，而一旦豁然贯通焉，则众物之表里精粗无不到，而吾心之全体大用无不明矣。此谓物格，此谓知之至也。"② 朱熹对格物致知的解释是在主、客二分的前提下，心通过即物穷理的活动，并经由一日一格所得具体事物之知的积累最终达到对天理的认识。总体上看，朱熹所谓"物"是指客观事物；但有时他又把主观心性方面的意识归入"物"的范围。这反映了其格物致知知识论的矛盾性。陆九渊对"格"解释为至、穷、究。这与二程、朱熹的见解是一致的。他质疑的是，朱熹即物穷理所得之知是否真的就是对理的认识。陆九渊说，所谓格物致知者，格此物，致此知也，故能明明德。他认为这才是格物致知的本义。如果这个问题搞不清，那么就若迷其端绪，易物本末，谬事之始终，杂施而不逊，是谓异端，是谓邪说，非以致明，只以掩明；非以去蔽，只以为蔽。陆九渊认为，致知在格物，格物是下手

① 陈谷嘉、邓洪波主编：《中国书院史资料》，浙江教育出版社1998年版，第229页。
② 朱熹：《朱子全书》（第六册），上海古籍出版社2002年版，第20页。

处。学生李伯敏问：如何格物？陆九渊回答：去体会物理吧。李伯敏问：天下万物不胜其烦，如何尽研究得？陆九渊回答："格物"是心里下工夫的求理于内，而不在于向外考索的求理于外。① 将南宋书院大师们格物致知的知识论总结起来说，南宋书院先不说穷理只说格物，是要人就事物上理会，如此方见得实体。所谓实体，即非就事物上见不可。比如作舟以行水、作车以行陆，令试以众人之力共推一舟于陆，必不能行，方见得舟果不能以行陆。南宋书院先说格物不说穷理，因为空言理则无可捉摸。言物，则理自在。佛教徒只说见性，结果寻得一个空洞无稽的性，于事无补。格物之义固要就一事一物上穷格，即事事物物上便有大本。不知大本，就不会穷得。若只说大本，便是释老之学。"格物"是学者始入道处，当如何着力？遇事接物之间，须一一去理会，自然分明。物存在于日用间应事处，用心者易见。如树，初见其先斫倒在这里，逐旋去皮，方始出细，难晓易晓的，一齐都要理会。理会一重了，里面又见一重；一重了，又见一重。以事之详略言，理会一件又一件。以理之深浅言，理会一重又一重。只管理会，须有极尽时。如果视而不见，听而不闻，食而不知其味，那么就不是真正的格物。格物的过程其实就是致知的过程。非是今日格物，明日又致知。格物，以理言。致知，以心言。如读书，便就文字上格。听人说话，便就说话上格。接物，便就接物上格。精粗大小，都要格它。久后会通。世间之物无不有理，皆须格过。且如事亲事君之礼，钟鼓铿锵之节，进退揖逊之仪，皆目熟其事，躬亲其礼。及其长大，不过只是穷此理，因而渐及于天地鬼神、日月阴阳、草木鸟兽之理，所以用工也易。如草一木，一禽一兽，皆有理。草木春生秋杀，好生恶死，仲夏斩阳木，仲冬斩阴木，皆是顺阴阳之理。书院人毕竟生命有限，而天下物理无限，故要靠先圣遗经自去推究。书院人要借助书本，去体会古人之理，循而行之。

南宋书院格物致知的知识论，在伦理知识方面的成就是举世瞩目的，而在科学知识方面的成就为我们注意不够。宋代儒学继先秦、汉唐儒学而来，大师辈出，学派林立。在宋代儒学进入新阶段时，中国科学技术在宋代也得到了迅速发展，可谓人才辈出、硕果累累。当我们在中国文献中查阅任何一种具体的科学科技史料时，往往会发现它

---

① 陆九渊：《陆九渊集》，中华书局 1980 年版，第 440 页。

的亮点就在宋代。宋代是中国古代科学技术发展的高峰期。以南宋郑樵为例,可以说明宋代儒家格物致知的知识论在自然科学方面的成就。郑樵(1104—1162 年),字渔仲,福建莆田人,以《通志》与唐代杜佑的《通典》、元代马端临的《文献通考》并称"三通"而成为著名的史学家。同时,郑樵还是个成一家之言的经学家。他所著《昆虫草木略》被认为是一部内容丰富、集中反映动植物本身特性的专著,因而被列为科学家。绍兴十八年(1148 年),郑樵献书宋高宗。在《献皇帝书》一文中,郑樵叙述了他以往 30 年为学的大致经历。他对自己研究的学问作了大致的分类:经旨之学、礼乐之学、文字之学、天文地理之学、虫鱼草木之学、方书之学、讨论之学、图谱之学、亡书之学。虽然这个分类不等于学科分类,但这里把属于自然科学的"天文地理之学"和"虫鱼草木之学"分别单独列出,并称之为"学",表明郑樵对于自然科学的重视,至少说明他所研究的自然科学在他整个学术研究中具有不可忽视的重要地位。《通志》二百卷,其中"二十略"共五十二卷。二十略分为:氏族略、六书略、七音略、天文略、地理略、都邑略、礼略、谥略、器服略、乐略、职官略、选举略、刑法略、食货略、艺文略、校雠略、图谱略、金石略、灾祥略、昆虫草木略。郑樵研究自然科学目的不在科学本身,而在于"会通",即会天下之理,通古今之道。为了实现"会通",除了研读儒学经典以及文史典籍,也必须研读科学著作。

南宋儒家普遍对自然发生兴趣,研究自然,并撰写科学著作,有些还成为科学家。在中国科学史上,有不少既研究儒学又研究科学并最终以儒学为依归的"儒者科学家"。在中国传统文化中,并没有"科学家"这一概念,更没有"儒者科学家"这一说法。但既然有伟大的科学成就,当然就有做出这一成就的科学家;同样,既然有儒家学者做出了重要的科学成就,当然也就应当有儒者科学家。不过,这只是一种抽象的理论设定,还需要做进一步的论证。值得注意的是,在宋代确实出现过与"儒者科学家"较为相近的概念,那就是"儒医"。宋代最早所说的"儒医",指的是习儒术者通黄素、明诊疗而施于疾病的人。"儒医"的"医"可以是从事实际工作的医生,也可以是从事医学研究的医学家,或二者兼备。如果把"儒医"的"医"限于那些在医学上颇有成就的医学家,并且从所涉及的医学领域推广到自然科学的各个领域，这自然就形成了"儒者科学家"这一概念。① 就科学而言，宋代科学是在宋代儒学的背景下得以发展的。事实上，不少科学家首先是儒家学者。因此，他们的科学研究乃至整个科学都会在很大程度上受到宋代儒学的影响，甚至有些科学研究直接就是从儒学研究延伸而来的。宋代科学与儒学的关联性，不仅在于科学精神和科学方法上，而且还表现在知识的相互变换上。宋代儒学的形成是有其自然科学基础的；宋代儒家提出的一些概念，原本就具有自然科学的内涵，比如"理"、"气"、"阴阳"、"五行"、"数"等概念。这些概念被儒家运用于解释自然现象，形成了一定的知识体系。与此同时，在宋代科学的发展过程中，这些概念又被科学家所汲取，并且通过不同程度的变换，进一步赋予了科学的内涵，而运用于自然科学的研究。研究宋代科学在科学精神、科学方法乃至科学概念、科学知识上与宋代儒学的相关性，对于理解宋代科学与宋代儒学的关系，是大有裨益的。就儒学而言，既要看宋代儒家对于科学说了些什么，也要看他们做了些什么，并且相互印证。由于儒家所要研究的对象是儒学，而不是科学，因此在儒学体系中，科学的地位不可能高于儒学，这是不言而喻的。所以，在儒学体系中，科学只是"小道"。但是，儒学讲天道、地道与人道相统一的"三才之道"，因而在关注人道的同时，也重视对于自然的研究；同时，儒家重学，讲"博学"，因而也包括学习自然知识；而且儒家重致用，以民为本，所以也需要科技。因此，儒家虽然视科学是"小道"，但仍然强调要研究自然，研究科学。南宋书院大师说，小道不是异端，小道亦是道理，只是小，如农圃、医卜、百工之类却有道理在，只一向上面求道理便不通了。科学与儒学只是探讨的道理不同，一是探讨形而下的小道理，一是探讨形而上的大道理；科学在形而下的领域里是有道理在的，但一向上面求道理便不通了。这里并没有贬低科学之意，而是说科学对于探究理学之理虽有帮助，但比不上四书五经的作用。②

我们已经注意到了南宋书院许多大师，如胡宏、朱熹、张栻、陆九渊、吕祖谦、真德秀、魏了翁、王应麟、黄震、何基、王柏、金履详等人

---

① 乐爱国：《宋代的儒学与科学》，中国科学技术出版社 2007 年版，第 68—81 页。

② 同上书，第 7—8 页。

在科学研究上花了很大的工夫，并有所创见。所以，从儒学的角度看，儒家把科学摆在次要的位置，并不等于贬低科学，更不是要排斥科学。例如，朱熹讲求实际调查观测，反对因袭臆想。他见高山石中生有螺蚌壳而作出海陆变迁、沧海变桑田的结论；为把历法的问题搞清楚详尽，他不仅观测还在家里安了一个浑天仪。朱熹重视实地观察，使他能够纠正前人的错误，而不简单因袭旧的说法或凭主观臆想，从而作出较符合实际的结论，而很多同时代以及后来的哲学家都没有做到这一点。朱熹讲求认识事物的客观规律，才能反对神秘主义。朱熹认为，从宇宙的结构，宇宙的演化，以及天文的气候气象、天体运行，都有一定的规律，否则就要混乱无序。特别对于自然界怪异现象的解释，他都从事物本身或阴阳二气的运动变化来解释，决不采取儒家传统的"天人感应"目的论，即使对鬼神，也把它解释为屈与伸，同时也不同于谶纬迷信。基于他对宇宙学、天文学的研究观测和计算，认为自然界的怪异现象，都是天象的自然变化。日食不是狗咬日，不是灾异；下雨非龙所为；雷电不是神物所为。朱熹不是离开事物本身去寻找事物的规律，而认为只能从事物运动变化的本质联系和必然趋势中求得。自然界的道理，便是指自然界事物必然的、相对稳定的联系，即规律，这里并不存在什么神秘主义。但是，在朱熹的哲学逻辑结构中，"理"是其最高的范畴，是世界万物的本体。当"理"在化生万物时，作为事物之"理"便是其本体"理"的表现，这便构成了一理与万理的关系。朱熹的不足在于：规律（万理）是作为"一理"（本体的"理"）强加于自然万物的，而不是首先从它们当中概括出来的。即使这样，朱熹丰富的自然科学思想，以及他对自然科学提出的精辟的见解，不能不说是两宋时代科学知识的时代精华的结晶，是科学研究成果的升华。朱熹对科学成果、科学知识，是采取兼容并蓄、广为吸收的开放态度。他对《黄帝内经》、《灵宪》以及历代《天文志》作了广泛的研究，对宋代著名科学著作《梦溪笔谈》和《正蒙》中的科学知识钻研尤勤。① 又如，吕祖谦《庚子辛丑日记》，从淳熙七年（1180 年）正月初一日始记，至淳熙八年七月二十七日病逝前两天止。日记中有他观察到的金华地区的物候情况，诸如腊梅、杏、李、桃、莲、菊等 20 多种植物的开花时间，还有春禽、秋虫的第一声鸣叫及第一次春雷、冬雪和雨、虹出现的日子。这

---

① 张立文：《朱熹评传》，长春出版社 2008 年版，第 123—141 页。

是世界上现存最早的实际观测物候的记录，对研究我国的物候学和气象学有很高的参考价值。推而广之，南宋书院为了格物穷理，不仅要通过读书学习间接知识，而且要与客观事物相接触，观察其由来，周遍其道理。只是这些科学知识，在南宋书院理学家看来，只是小道，与新儒学的伦理修养目的关系不是很大。

南宋书院格物致知的科学知识论与书院教育有密切关系。例如，《家山图书》是朱熹书院门人的教科书。其中，有"九数算数图"，并有非常详细的文字说明。这显然是朱熹书院门人使用的数学教材。在朱熹众多弟子中，对自然科学最感兴趣者，当属蔡元定和蔡沈父子。蔡元定（1135—1198 年）《皇极经世指要》对邵雍的象数思想作了阐释和发挥，论证天地化生万物的自然法则。蔡元定还撰《律吕新书》，讨论乐律问题。他在计算律长的时候，采用了九进制的算法。蔡元定根据"三分损益法"按照九进制的算法对十八律的律长值进行了计算。此外，蔡元定还撰医书《脉经》，其中有脉论 8 篇。蔡元定的儿子蔡沈（1167—1230年）《洪范皇极内篇》认为，世界万物是阴阳之气相互作用而化生。"理"化生"气"，"气"化生"形"，进而化生万物。而且"理"与"数"有密切的关系：理之所始，数之所起，微乎微乎，其小无形，昭乎昭乎，其大无垠。为此蔡沈提出"理之数"的概念，作为万物之本源。至于蔡沈的《书经集传》是奉朱熹之命而作。《书经集传》在注释《尧典》时，阐述了一些基本的天文学概念以及天文现象，讨论了岁差的形成、宇宙结构以及置闰法；在注释《舜典》时，对浑仪的结构以及不断改进的历史作了详细的描述。《书经集传》还对《禹贡》作了注释。《禹贡》把全国划分为冀、兖、青、徐、扬、荆、豫、梁、雍九州，根据各州的自然状况规定田赋和进贡。蔡沈在注释《禹贡》时将自己的地理学见解融会其中。

南宋书院格物致知的科学知识论与南宋书院大学精神的内在联系在于：第一，与南宋书院的为学动机有关。宋代理学家以天下为己任，从范仲淹"先天下之忧而忧，后天下之乐而乐"，张载"为天地立心，为生民立道，为往圣继绝学，为万世开太平"，到南宋朱熹强调把"格物致知"与"治国平天下"联系在一起，无不体现出宋儒的济世精神。既然是以天下为己任，那么就需要有为了天下的实用知识；不仅需要有管理国家、道德教化方面的知识，更需要有造福于天下、涉及各个领域的科技知识。所以，南宋书院理学家从科技的有用性出发，重视科学教育。第二，与南宋书院的为学方式有关。儒家一直有一物不知儒者所耻的传统。这就需要研究儒家经典形成时期的整个社会的思想文化，更需要研究自然知识。他们对于儒家经典中的自然知识的研究，并不局限于书本，而是要更多地面向自然界本身。宋代理学家从儒学研究的需要出发，研究自然知识，同时也培养了对于自然知识的兴趣并研究自然的学生。第三，与南宋书院研究的问题有关。宋儒所讲的"道"不仅仅是伦理道德，而且是天地人三才会通的道，因此他们需要通晓与人相关的那部分自然知识，了解天文、地理、植物、动物等方面的知识。同时，宋儒的"道"也不仅仅是形而上之道，而且贯穿着形而下之器。在南宋书院理学家各个派别中，"道体"与"器用"之间往往会有所偏重，因而会产生不同程度的分歧。比如，程朱理学一派以及张栻、吕祖谦、陆九渊等学派偏重"道体"，他们以建构理论体系为目的，以自然知识为基础。叶适、陈亮等偏重"器用"，因此，他们从实用的角度大力推崇科技知识，甚至把技术与"道"联系在一起。无论偏重"道体"还是偏重"器用"，在需要自然知识这一点上，各派是一致的。南宋书院理学家以形上学的方式研究自然知识，体现出儒学的自然观与人道观的统一。由此可见，南宋书院儒家对于自然知识的研究，在很大程度上是出于理学建构的需要，是建构大学精神的需要。

第二节　南宋书院教学变革聚焦事理

南宋书院教学是其师生传播、创造理学的活动。南宋书院的"教学"与"讲学"是同义词。"教学"一词最早见于《学记》，含义相当于"教育"、"教化"，是指施教者影响受教者的活动。"讲学"始出《论语》，是指影响社会的传道活动。讲学若无个人发自内心的见解而只是东奔西跑的嘴头功夫，那么是有害于学术思想的传播的。陆九渊说："最大害事，名为讲学，其实乃物欲之大者。所谓邪说诬民，充塞仁义。质之懿者，乃使之困心疲力，而小人乃以济恶行私。……然近来讲学，大率病此。"①因此，陆九渊的讲学理念是："吾与人言，多就血脉上感移他，故人之听

---

① 陆九渊：《陆九渊集》，中华书局1980年版，第69页。

者易，非若法令者之为也。"① 讲学既是出于个人的道德修养、学术探讨的需要，同时也是积极参与社会现实改造的需要。南宋书院的教学类型，根据学术能力的不同分为四个层次：第一个层次的教学属于学术原创性教学。由各个学派的大师主持，或大师自讲，或大师与同谊会讲，或大师与论敌开讲会辩难质疑，其特点是阐发儒家经义，创建学派理论体系。第二个层次的教学属于学理传播性教学。由大师的弟子、再传弟子们主持，其主要目的在于传播大师的学说，发挥本学派的精义，尽量使学派的发展空间扩大、时间延长，着眼点在培植学术种子，壮大学者队伍。需要指出的是，这个层次的教学有信守师说与创发新义之别，前者有不变而死之险，后者有流变至末之虞，互有短长，而理想的景况则是各派后学兼取别家之长，另辟新绪，再开盛局。第三个层次的教学属于学术普及性教学。由懂得儒家理论的学者主持，听众则为初学之人或平民百姓，讲学词多平实，浅显易懂，所重不在理论阐发，而是课之以实践，将先贤的理念、大师的观点具体化作一般民众可以理解的日常行为准则，并使之成为一种生活习俗。这实际上是一种宣传教化活动，其目的是将学术普及于广大的民众之中。② 第四个层次的教学属于技艺性质的教学，也就是面向科举、民生的教学。这类教学讲究实用性。学习应试文章的制作、医学、农事、军事等方面的东西。在中国教学理论史上，历代儒家遵循《中庸》"尊德性"和"道问学"相辅相成的观点，只不过南宋理学家对于前者的态度更为彻底。他们主张在儒家经典教学中培养学生的道德。理学教学理论是一种关于身心性命的道德修养论。南宋书院表现出尊德性的教学规律。

　　南宋书院的教学目的是培养醇儒。朱熹说："绌去'义利双行、王霸并用'之说，而从事于惩忿窒欲、迁善改过之事，粹然以醇儒之道自律，则岂独免于人道之祸，而其所以培壅本根、澄源正本、为异时发挥事业之地者，益光大而高明矣。"③ 醇儒是相信儒学、志在建立社会伦理秩序的人。醇儒有三个境界——诚、仁、乐三个相互补充、有机统一的精神品位。其中，"诚"代表了真的方面，是一种真理境界；"仁"代表了善的方面，是一种道德的境界；"乐"代表了美的方面，是一种审美的境界。④

① 陆九渊：《陆九渊集》，中华书局 1980 年版，第 395 页。

② 邓洪波：《中国书院史》，武汉大学出版社 2012 年版，第 165 页。

③ 朱熹：《朱子全书》（第二十一册），上海古籍出版社 2002 年版，第 1580 页。

④ 张瑞璠主编：《中国教育哲学史》（第二卷），山东教育出版社 2000 年版，第 222 页。

杨允恭《濂溪书院御书阁记》说:"国家之建书院,宸笔之表道州,岂徒为观美乎?岂使之专习文词为决科利禄计乎?盖欲造就人才,将以传斯道而济斯民也。士之由是路出人是门者,盖亦果确用工希贤希圣,庶不负圣天子立道作人之意。"① 圣贤和君子即醇儒,是南宋书院坚持道统之理的人。姚勉《西涧书院换新梁文》说:"伏以习先圣之术,当为道闱之栋梁;育天下之英,要作明堂之柱石。"② 南宋书院教育家认为,从应然而论教学可以使任何一个学生成为醇儒,但从实然看学生才有不同因而教学必须量力而教。

　　南宋书院的教学内容是授受儒家经典的义理系统。"经典"一词最早出自《三国志》。但此前"经"与"典"二字分开使用的语例很多。"经"的本义,许慎《说文解字》训为织物的丝线,后来引申为儒家典籍以及它包含的义理。"典"的本义,许慎《说文解字》训为"五帝之书也"③;而《尚书》、《尔雅》将它解释为常道、法则、规范。所以,经典不仅指儒家留下的书籍,而且指其中蕴含的道德意义。对于儒家经典产生的时期问题,归纳起来大致有四种看法:有八卦始有经典,相传伏羲始作八卦;有周公始有经典,经古文学派崇此说;有孔子始有经典,经今文学派主此说;汉武帝独尊儒术才有经典。④ 从教育史的立场看,儒家经典始于孔子删定的六经,这个加工后的教科书肯定不同于原来的一堆原始材料,即赋予六经以道德教育的意义;至于后来朝廷以及知识精英的态度,是个价值判断问题,而不是儒家经典诞生的时间问题。儒家经典是文化精华的传输器,有助于学生洞察真理、提升境界;直接释放仁政思想,体现国家意志,促进学生对意识形态的认同。儒家经典因蕴含深刻的义理而深入人心,因获得权力的支持而坚挺。儒家经典不断接受自由主义者对权威的挑战、商品消费主义者对精英文化的怀疑,随着社会实践的变化以及时代的需要随时得到新的解释而产生新的思想,所以在现实舞台上不会缺席。张栻说:"唯四德之在人,各具于其性,人病不能求之耳。求之之

---

① 陈谷嘉、邓洪波主编:《中国书院史资料》,浙江教育出版社 1998 年版,第 109 页。

② 同上书,第 156—157 页。

③ 许慎:《说文解字》,中国书店 2011 年版,第 708 页。

④ 刘麒麟:《斯文、儒士、天下——四库全书总目提要经部总叙读记》,《现代中国文化与文学》2011 年第 2 辑。

方，载于孔孟之书。"① "所谓讲学者，宁他求哉？致其知而已。知者，吾所固有也。本之《六经》以发其蕴，泛观千载以极其变，即事即物，身亲格之，超然会夫大宗，则德进业广有其地矣。"② 南宋书院的教学内容虽然来自四书五经的儒学义理，但实际上是自己理学家义理的概念系统。南宋书院教育家以自己的理学立场在教材建设上完成了对先秦儒家传统的继承与创新，最终完成对学生伦理理性的自我塑造。南宋书院对儒学的传承，主要是讲授四书五经之内容。如四川的云山书院，邑人杨子谟致仕后来此主讲《论语》、《孟子》、《大学》和《中庸》，听者充然有得。朱熹官同安时，专程到南塘书院拜访杨时弟子徐存，就孟子的"求放心"之说发问，徐存作《潜心室铭》馈之；朱熹还在福建屏山书院讲《易》。朱熹弟子龚梦锡与张栻弟子王习隐，在双蹲书院专究义利之旨动静之符。南宋学者对当时明道书院的教学内容有过记载：如理宗淳祐十一年（1251年）山长胡崇开堂讲《大学》中"大学之道"一章；淳祐十二年（1252年），山长吴坚开堂讲《论语》中"吾十有五"一章。理宗宝祐二年（1254年），山长宋貔孙开堂讲《周礼》中"大司徒以三物教万民"一章；宝祐三年（1255年），山长赵汝酬开堂讲《大学》；宝祐四年（1256年），山长潘骥开堂讲《周易》中"复卦象辞"。理宗开庆元年（1259年），山长周应合开堂讲《论语》中"学而时习之"、"鲜矣仁"二章；张显开堂讲《中庸》中"博学之"五句。理宗景定元年（1260年），山长胡立本开堂讲《大学》中"大学之道"一章；景定三年（1262年），掌仪程必贵开堂讲《大学》中"大学之道"一章、《中庸》中"天命之谓性"三句等。③ 大多书院在传承儒学的同时，也极力弘扬学派思想。如曾师事朱熹弟子的饶鲁，教学中既以《五经讲义》和《语孟纪闻》为教材，又传授程朱之学要旨。象山书院要求诸生讲习《陆象山文集》，丽泽书院则指定《东莱左氏博议》和《近思录》为教材等。

南宋书院经过课程整合将儒家经典形成知识结构与活动序列。南宋书院学者滕巽真说："教养分而职任专，课程严而工效速。"④ "课程"这个概念虽然在晋代的佛经中就出现了，但在南宋以前，不仅普通私学没有专

---

① 张栻：《张栻全集》，长春出版社 1999 年版，第 680 页。

② 同上书，第 766 页。

③ 周应合：《景定建康志》，南京出版社 2011 年版，第 770—787 页。

④ 陈谷嘉、邓洪波主编：《中国书院史资料》，浙江教育出版社 1998 年版，第 113 页。

门、系统的课程安排，就是官办学校大多也没有课程的系统安排。北宋书院并无专门的课程，南宋书院制定了专门的课程。周必大《筠州乐善书院记》（1204 年）中不仅出现了"课程"这个概念，而且有具体的课程设置。在南宋书院课程中，对儒家经史典籍的学习不仅有先后之序，更有主次之别。南宋书院的核心课程有三门：一是四书，二是五经，三是史书。与核心课程相对的是"延展课程"，例如，有志性理之学的读《近思录》，有志学礼之士的读《朱子家礼》、《仪礼》和《周礼》。这些延展课程并不游离于核心课程之外，相反，是核心课程的延伸拓展。① 南宋后期，出现了微观的课程设置。例如，徐元杰《延平郡学及书院诸学榜》（1232 年）提出了我国最早的"日课表"：一、早上文公四书，轮日自为常程，先《大学》，次《论语》，次《孟子》，次《中庸》。六经之书，随其所已，取训释与经解参看。二、早饭后编类文字，或聚会讲贯。三、午后本经论策，轮日自为常程。四、晚读《通鉴纲目》，须每日为课程，记其所读起止，前书皆然。五、每月三课，上旬本经，中旬论，下旬策。课册待索上看，佳者供赏。六、学职与堂职升黜，必关守倅。② 这是南宋书院比较规范的教学计划，是教学制度化的具体体现。虽然南宋书院对自然科学、实用知识、军事知识也有一定的重视，但不是课程设置的重点。

　　南宋书院有别于官学和私学的教学方法有：（1）分斋施教法。南宋书院的分斋，旨在将学生分为若干个团队，或学习小组，每组居住一斋，斋名从儒经中选取，颇有文化内涵，每斋设斋长一人，以协助院方管理生徒和组织教学。一般来说，登堂会讲之类的大课要在一起上，温经及实践课则分斋来进行，以训练学生的自律品质。（2）转相传授。在诸生日益增多，主讲时间措置不开或者外出办事时，则由高足代为传授。如光宗绍熙二年，陆九渊要赴荆门军任职，象山精舍的教学之事务全由高足傅季鲁代理，由其居山讲学。（3）升堂讲说法。这是一种集体授课方式，类似于今天的"讲课"、"上课"，一般都由山长或主讲招集生徒升堂讲解经书。听讲者可以当堂质疑问难，师生关系融洽。例如，陈文蔚做官以后，有一次路过白鹿洞书院，拜谒朱熹祠。正好遇到李梦开应邀到白鹿洞书院讲学，当时场面宏大，音韵缭绕。李梦开学识渊博，讲课水平高，能将圣

---

① 余闻婧：《书院课程整合的基本范式与当代启示》，《全球教育展望》2018 年第 9 期。

② 陈谷嘉、邓洪波主编：《中国书院史资料》，浙江教育出版社 1998 年版，第 202—204 页。

贤之道深入浅出地讲出来，学生深受感染、启发。讲课结束后，学生还回味无穷，久久不肯离去。讲课的教学效果取决于教师的儒学造诣和教学艺术。（4）日记教学法。即书院要求学生每日记录自己的所学所感于薄册或者管理者每天记录教学情况的教学方式。如吕祖谦丽泽书院《乾道五年规约》要求："肄业当有常，日记所习于簿，多寡随意。""凡有所疑，专置册记录。同志异时相会，各出所习及所疑，互相商榷，仍手书名于册后。"① 这主要是指学生自己每天记录疑问于纸张，以便后续的师生讨论。这是目前最严格意义的日记教学法最早记载的一则文献。文天祥《赣州兴国县安湖书院记》要求："置进学日记，令躬课其几，督以无怠。"② 这主要是指从日记看学生学业的进步状况，使之日日不可懈怠。这也是严格意义的日记教学法。《明道书院规程》五次出现"书于簿"或"书簿"的言辞，对师生谒祠、听讲、请假等情况予以记录。③ 许多研究者将此作为日记教学法的证据。但我们从整个规程看，它交代的是书院管理者对师生情况的记载，记载的时间范围是师生"春秋"、"每旬"、"每月"、"逾三月"，似乎没有明确"每日"记录的含义。所以，判断这则材料有日记教学法的思想是相当勉强的。（5）游学法。游学是中国古代读书人远道寻师受学的教育活动。在春秋战国就开始兴起，此后各代都不同程度地存在游学现象。北宋时期鉴于游学有游手好闲之弊，因而官学对它加以禁止，但那时书院的游学还是没有终止。南宋书院对游学是提倡的态度，认为它是理学授受、陶冶情操的活动。一般来说，名师硕儒主持或创办的书院是游士瞩目的焦点，游士多是慕名师而来，并将从师学习与个人学术志趣紧密结合。例如，周南跟随恩师叶适辗转于石洞书院、仙岩等书院游学，深得永嘉事功学派的事理。南宋书院学术具有较强的开放性，游士一般不会只固守某一书院，在求学的不同时期，随时选择适合自己发展的学者为师，为师者一般也不会介意这种现象，有时还会主动向游士推荐更为合适的老师。例如，浙江奉化人舒璘先拜张栻为师，后从陆九渊游，朱熹、吕祖谦讲学于婺，舒璘徒步往谒，虽然游学生活十分艰苦，但他在给家人的书信中却说敝床疏席，总是佳趣；栉风沐雨，反为美境。许多游士在多位书院大师的雕琢下终成大器，并形成了自己的学说体系。南宋书院

① 陈谷嘉、邓洪波主编：《中国书院史资料》，浙江教育出版社1998年版，第199页。

② 同上书，第162页。

③ 同上书，第204页。

的游学弥补了地区之间教育发展的不平衡，推动了教育的平民化。南宋书院游学的兴盛推动了儒家道德教化的重心下移和尊师重教社会风尚的形成。当然，南宋书院游学也有其消极方面。对游士来讲，虽然有许多人通过游学实现了自己的理想与抱负，但失意者也不计其数。这些知识分子因出路问题则有可能成为社会的不安定因素。南宋时期，一直有一批失意的游士游走于州县之间，成为把持州县大权的猾吏，少部分人甚至通过聚众闹事、点评时政、叛国投敌、揭竿而起等方式来发泄不满。同时，在科举入仕的导向下，南宋一些士子的游学不可避免地带有一定的功利色彩，他们借游学之名，奔走于权贵名流门下，媚颜屈膝以求进，借以谋得科举成功，一定程度上增加了科举的不公平性，败坏了士风。但整体而论，南宋书院的游学还是利大于弊。

南宋书院的教学评价是评价者对被评价者的教学效果的价值判断。南宋书院有一套考试制度对教学质量进行评价。"考试"一词，最早见于董仲舒《考功名》一文："考试之法，合其爵禄，并其秩，积其日，陈其实，计功量罪，以多除少，以名定实，先内弟之。"① 董仲舒所言"考试之法"就是要求根据德、勤、能、绩，论功行赏，量过治罪，升黜进退。后来考试便逐步被用来作为进行学生学业成绩评定、区别学识高下的手段，进而作为教学过程中一个独立的基本环节。考试有水平测定与选拔两种功能。考试包括口试与笔试，开卷考试与闭卷考试，入学考试、学年考试与终期考试等多种形式与类型。书院的考试起于唐代。② 《唐六典》规定：集贤殿书院的学士、直学士、侍讲学士、修撰官、校理官、知书官等，不管是刊辑古今之经籍还是辨明邦国之大典而备顾问的，不论是征召遗逸贤才还是校理经籍的，每个人都得参加考试，月终则进课于内，岁终则考最于外。这是中国书院考试的最早记载。考试成为书院的一种制度，则是南宋的事情。如江西新余县的蒙山书院，它由宋代国子监司业黎立武创建，院中礼请先达主试，月讲季课。这是请有名望的学者为已入院的学生讲学并进行考试。书院考试是用以对学生进行德行与学业考核，评定成绩优劣、给予奖惩的一种制度。例如，明道书院，入学考试的制度规定：不拘远近，诣山长入状帘，引疑义一篇，文理通明者，请入书院，以杜其

---

① 董仲舒：《春秋繁露》，黑龙江人民出版社 2003 年版，第 105 页。

② 田建荣：《中国考试思想史》，商务印书馆 2004 年版，第 1—2 页。

泛。学习过程中的考试制度是：每月三课，上旬经疑，中旬史疑，下旬举业，文理优者，传斋书德业簿；诸生德业修否，置簿书之，掌于直学，参考黜陟。可见，明道书院既有招生考试，也有平时过程性质的教学评价。南宋书院对学生学习成绩的评价，不仅有时间、地点、内容的规定，而且有学官和教师参与的要求。延平书院规定，"每月三课，上旬本经，中旬论，下旬策，课册得索上看，佳者供赏"，"（学官）与诸生一月一相聚于学或于书堂，必欲亲扣每日所习何事，所读何书，所作何文"，"（教师）凡所讲习，当先就本心本身上理会，使之鞭辟入里。有不善，自觉而改可也；有所觉，自知而充可也；有所知，自爱而守可也"①。有关于南宋书院的考试试题，记载较少。王义山曾建稼村书院，有《稼村书院策问庚午义试》、《稼村书院策问甲戌课试》等留世。前者宋咸淳六年（1270年）作，主要是介绍科举的由来及制度严格，文末提到"设若有司以科举条例为问，当思所以对"②。后者作于咸淳十年（1274年），为考试题目，该考题主要讲《大学》身心之辨，和南宋时期的很多策问差不多，可见是在模拟科举考试。南宋书院的考题主要考核对四书五经等的理解把握以及对圣贤之道的领会。书院教师认真对待考试试卷。学生考试的文章做得好，书院老师就给予记录表扬，并且分发给学生共同学习。

南宋书院教学变革的特征可以归纳为：德行与学问并重，做人与治学结合；博约结合，精思善疑；注重学术交流，提倡论辩争鸣；学生自学为主，教师讲授为辅。

第三节　南宋书院与科举制度的关系

南宋书院与科举制度存在对立统一的关系。一方面，南宋书院的那些理学家无一不是进士，是科举制度的受益者；另一方面，南宋书院对把科举当成教育的全部内容又是十分反对的。求功名与求学问在南宋书院那里始终存在矛盾。这种既应试又批判的矛盾心理在南宋书院那里是根深蒂固，是某种潜在的不安全感所致。无疑，仕官文人为了效忠朝廷而试图卓

---

① 陈谷嘉、邓洪波主编：《中国书院史资料》，浙江教育出版社 1998 年版，第 202—204 页。

② 同上书，第 264—265 页。

有成效地完成自己的职责，不得不作些妥协。这种尴尬局面极似一个想做清官的学者为了功名而不得不应试的情形。诚然，书院大师对以科举考试为中心的教育的抗议已不是什么新鲜事了。不过，尽管是尝试性的，南宋书院将兴办学校与其蔑视为科举而读书的一套学习方法联系在一起，则是与众不同的。一方面，强调广泛学习理解消化的书院学习方法，另一方面对科举强化记忆甚至折磨身心的一些方式的态度相当暧昧。这种模糊态度的典型例子是，1180 年 9 月朱熹邀请 28 位举人和一些准备应试者到白鹿洞来学习，但他们不是在此为在临安举行的科举考试做准备，而是预习着将自己培养成未来的官员。无独有偶，陆九渊 1181 年在该书院所作的演讲中论及科举考试时，也同样对科举考试表示不满。朱陆两人都发现他们自己对科举考试标准的苛求，但又不能改变它，于是只好提倡将考试转向素质教育。他们认为，如果能将学习由为科举考试而做准备的做法，修正为对自我修养的理性追求和对义理的探索的话，那么通过考试也就可以产生"君子"，至少这一点是他们的希望。[1] 在南宋书院的势力还不强大的时候，理学家不得不迁就科举，但南宋书院形成运动或者师生们意识到科举的某些弊端的时候，终究要发出改造科举甚至要用纯洁的书院教育取而代之的声音。但这种反对甚至取而代之的态度，对政府有着潜在的威胁，因为它代表了一种书院式的对文化自治权的要求。一旦这种要求是由理学的领导者提出的话其威胁就会更大。许多书院接近官府甚至恳求加入官学行列，主要还是减少官府的怀疑或者主动增加对自己的一种保护。所以，我们分析南宋书院与科举制度关系的时候，不能因为书院师生的某一篇文章或某一方面的观点，认为南宋书院要么一切为了科举考试，要么完全与科举决裂，必须注意书院师生的矛盾心理。

我们知道，科举制即分科考试选拔成绩优秀者充任官吏的制度。刘清之说，宋廷举天下之人才限于科目之内，入是科者，虽梼杌必官之；出是科者，虽周公必弃之。习之既久，上不以为疑，下不以为怒。[2] 在两宋，要做官必须进士及第。即使你道德再高，不通过科举你也无法当官；即使当上了官，也会被下属小瞧。在宋代，有进士出身的官员的迁升比荫补出身要快，而且最重要的是有进士出身是当上高级官员的必备资格。在南宋

---

①　[美] 查非：《朱熹与白鹿洞书院的复兴（1179—1181）》，《湘潭大学学报》1993 年第 2 期。

②　徐松：《宋会要辑稿》，中华书局 1997 年版，第 4312 页。

共有宰相 63 名，其中进士出身者 48 人，靠荫补入仕做到宰相的只有贾似道一人。① 宋代科举制度大体沿用唐制，但一般程式同前代相比更为细致周密。宋代 320 年，共举行了 118 榜科举考试，产生 41040 名登科人。② 南宋沿用了北宋科举考试做法。自建炎二年开科取士以来，南宋平均每年有 334 人进士及第，尽管较北宋每年少了 23 人，但由于南宋的疆域比北宋大约减少了五分之二，其户数及人口也大约减少了五分之二。由此可见，南宋士人的科举录取比例数无疑是大大提高了。不仅如此，南宋贡举中还增加了特奏名的人数，如绍兴二十一年，御试得正奏名 400 人，特奏名 531 人。跟北宋一样，南宋大部分科举登第者出身于乡户，即一般地主和殷富农民，一部分为工商的子弟，几代为官的子弟甚少。例如，宋高宗绍兴十八年，《题名录》载有这一年中榜的 330 名进士的姓名、籍贯，其中官僚出身者不到 30 人、宗室 25 人，绝大多数出身普通百姓家。宋理宗宝祐四年《登科录》，也载有这一年中榜的 601 名进士的详细情况。其中除少数情况不明和宗室以外，大多数出身于乡户，其中县坊出身者不到 20 人；祖或父有一代做官的有 113 人，祖、父两代做官的有 23 人，曾祖、祖、父三代都做官的有 8 人，这三部分进士合计为 144 人。此外，宗室 73 人，在这些人中，祖、父两代都不曾做官的 33 人，祖或父有一代做官的有 23 人，祖和父两代做官的 3 人，曾祖、祖和父三代都做官的 14 人。这就是说，在 601 名进士中，平民家庭出身的有 417 人，官僚家庭出身的有 184 人。③ 这些数据显示在科举登第者中，世代为官的子弟属少数，大多数进士来自平民。这给了普通百姓家的子弟以知识改变命运的机会，也促进了社会阶层的变化。

应该说，南宋科举制度还是体现了教育公平的原则，对后世的影响还是积极的。其一，科举取士满足了大多数士子的心理需求，刺激了士子求学的积极性，从而刺激了书院的发展。众所周知，社会是有阶层的，人们的职业、学历、收入、财产、家庭状况和生活式样，在社会上有着不同的地位，而职业则是判断社会地位的代表性指标和区分社会阶层的重要依据。在中国封建社会，什么是士子最理想的职业呢？是入仕做官，学而优则仕是士子人生价值的最高实现，而参加科举则是入仕做官的重要途径。

---

① 倪士毅：《宋代宰相出身和任期的研究》，《杭州大学学报》1986 年第 4 期。
② 龚延明主编：《宋代登科总录》，广西师范大学出版社 2015 年版。
③ 朱瑞熙：《宋代社会研究》，中州书画社 1983 年版，第 77—78 页。

南宋科举制度将学校教育与人才选拔结合在一起，摒弃了过去的世袭制与荐举制，为人们取得社会公认的理想职业、官阶提供了最便捷的道路。如果教育机构不能为士子获得好职业提供方便的话，那么这种教育机构又有什么吸引力呢？它必然缺乏生命力与社会基础，最终受到冷落。从某种意义上讲，书院受科举的制约，是书院要完成其作为教育机构的社会任务，满足读书人选择的必然结果。科举能满足士子的心理需求，书院为科举服务则是不言而喻的。其二，南宋的文教政策重考不重教，也在客观上刺激了书院的发展。南宋州县学学生数量很少，与地方人口不成比例，从一个侧面说明朝廷并不愿或无能真正举办教育。而书院主要还是自筹经费，无需国家解囊，然后用科举考试统一节制就可以了。政府允许书院生徒参加科举考试，这对生徒来讲是求之不得的，而对朝廷来说，则省事省钱。其三，南宋科举考试的政治性、权威性、统一性导致了书院的官学化，而官学化又促进了书院的发展。书院官学化几乎是与书院的发展同步进行的。书院接受科举的节制，使书院成为国家机器的一部分，既保证了朝廷对教育机构的控制，也保证了文化教育机构不受残害。从某种角度上说，官学化与科举化最终使书院得到政府的保护，发展更加平稳。书院科举化促使朝廷人才选拔的多元化，有利于扩大封建统治的阶层基础。为了巩固统治，封建朝廷需要从不同的社会阶层寻找为自己服务的成员，需要尽可能多的士子参与国家的选拔。南宋的学制体系由官学、私学、书院组成，地方官学数量少，人数不多。小型私学，教学程度参差不齐，质量不高，星散四野，兴废无常，难以管理。因此，仅凭官学和私人讲学，很难完成向国家输送大量人才的任务。而书院大多有稳定的校舍、师资、经费来源和健全的管理规制，因此，书院是向朝廷输送人才的重要基地。书院科举化又保证了国家指导下的主流文化得以有效地传播与传递，有利于民族文化传统的形成。①

　　南宋书院与其他教育机构一样，都为科举考试提供了生员。王柏《上蔡书院讲义》说："学校之外，书院几遍天下，何其盛哉！在昔先朝，以安定胡先生之书院推广其规模，设为州县之学校。今虽有州县之学校，又收敛其规模，为四方之书院。同师孔孟，同尊周程，同为国家长育人才

---

① 胡青：《科举制是古代书院发展的基础和动力》，《湖南大学学报》2005年第6期。

之地，初无异也。"①陆九渊肯定了科举制度的作用。他说："人才之不足，或者归咎于科举，以为教之以课试之文章，非独不足以成天下之材，反从而困苦毁坏之。科举固非古，然观其课试之文章，则圣人之经，前代之史，道德仁义之宗，治乱兴亡得丧之故，皆粹然于其中，则其与古之所谓'学古入官'，'学而优则仕'者何异？困苦毁坏之说，其信然乎不也。"②陆氏认为科举制度与士人所尊奉的"学而优则仕"本质上是相同的。宁宗嘉泰二年，杨万里在回答秀溪书院创建者周奕的科举与"道问学"是否相矛盾的问题时，详细阐述了所谓科举之学与儒家所谓的为己之学是有内在关联的。周奕问杨万里："奕也闻先生之于后学，勿之有拒焉尔矣。盖有不可教而教，未有可教而不教也；盖有未尝问而告，未有有问而无告也。奕将俾诸子之学唯理义乎？或曰，若是哉，其左也，今之仕者非此其出也。繄文辞乎？或曰，若是哉，其洿也，古之学者非此其入也。愿先生擒张谢公大书书院之旨以启其衷。"杨万里回答："子之言皆是也，抑汉高帝所谓公知其一，未知其二者也。我今告子。予以为圣人之经、君子之学端奚事乎？道之以人之理，齐之以人之纲，如是而止耳。纲焉在？曰亲曰君而止耳。理焉在？曰孝曰忠而止耳……昔者孔子尝谓古之学者为己矣，欲知古人为己之学，此其是也。曰左，可乎？若夫学文者，孝悌之余力也；修辞者，立诚之宅里也。故四教首文，黎献先言：昔者子张尝学干禄矣，欲知今人干禄之学，此其是也。曰洿，可乎？将由夫或者前之说乎，是木植而斫其柢也。将由夫或者后之说乎，是谷茹而讪其耘也。子于斯二者，唯勿后乎子之所先者，勿先乎子之所后者，勿讪其耘，左者其不右乎！勿斫其柢，靡者其不隆乎！"③ 在这段对话中，周奕担心的问题是书院教授儒家的义理之学与科举之学之间是否存在矛盾，科举之学是否会影响生徒掌握义理之学的内容。杨万里的回答是不学习义理之学将失去为学的根本，而不学习科举之学则是只耕耘不收获，二者完全可以在书院教学过程中并肩而立。在长期的书院活动中，南宋书院也考中了不少进士。其中，朱熹书院门人 276 人，进士及第者 24 人，比例为 8.6%；张栻门人 69 人，进士及第者 23 人，比例为 33%；吕祖谦门人 86 人，进士及第者

---

① 陈谷嘉、邓洪波主编：《中国书院史资料》，浙江教育出版社 1998 年版，第 230 页。

② 陆九渊：《陆九渊集》，中华书局 1980 年版，第 297—298 页。

③ 陈谷嘉、邓洪波主编：《中国书院史资料》，浙江教育出版社 1998 年版，第 152—153 页。

35 人，比例为 40%；陆九渊门人 81 人，进士及第者 25 人，比例为 31%。① 尽管囿于史料缺憾，只能将四位书院大师的部分有名的门人统计进来，导致其门人进士及第的比例相当高，可能没有完全反映历史的真实。但确实能从一个角度说明，频繁的禁止道学并未明显地影响理学家及其门人参加科举考试。同时，这也意味着理学家开始逐渐向主流意识形态靠近，以传播理学为主的书院与科举制度的对立也存在一致性。朱熹认为书院必须协调学习儒家经典和读书应举直接的矛盾。福建南安士人黄谦音父亲要求其入官学学习举业，内心相当矛盾，来向朱熹征求处理意见时，朱熹指出："既是父要公习举业，何不入郡学。日则习举业，夜则看此书，自不相妨，如此则两全，应要咈父命，如此则两败，父子相夷矣，何以为学！读书是读甚底？举业亦有何相妨？一句便做五日举业，亦有五日得暇及此。若说践履涵养，举业尽无相妨。"② 朱熹认为掌握儒家经典，其实也有助于做好应举时文。门人问："今日科举之弊，使有可为之时，此法如何？"朱熹说："也废他不得。然亦须有个道理。"③ 在朱熹看来，士人参加科举是当时社会条件下的必然选择。他说："父母责望，不可不应举。""居今之世，使孔子复生，也不免应举，然岂能累孔子邪！"④ 他甚至认为习举业与学习圣贤之道并不矛盾，"圣贤千言万语，只是教人做人而已。前日科举之习，盖未尝不谈孝弟忠信，但用之非尔，若举而反之身，见于日用，则安矣"⑤。书院的出现虽晚于科举，却如同官学、私学一样深受其影响，南宋时更甚。基于科举的巨大诱惑，在官学教育资源严重不足的情况下，诸多学子便纷纷涌入书院求学问道，温习举业也便成为书院教学的重要内容。当时不少书院还是鼓励学生走举业之路的。如江苏明道书院的春风堂前筑一土台，台上植四棵桂树，希望诸生能潜心举业，来日折桂。有的书院以培养出科甲名士而引以自豪，如浙江淳安的瀛山书院，原名双桂书堂，北宋名士詹安建于县西北银峰之麓，在此躬教五子皆登科第。高宗绍兴二十一年（1151 年），就学于书院的詹仪之（詹安之孙）中进士，且与朱熹来往较多，相与讲学论道。孝宗淳熙二年（1175

---

① 李兵：《书院与科举关系研究》，华中师范大学出版社 2005 年版，第 79—80 页。

② 黎靖德：《朱子语类》，岳麓书社 1997 年版，第 220 页。

③ 同上书，第 2429 页。

④ 同上书，第 219 页。

⑤ 同上书，第 216 页。

年），因院生詹骙殿试第，故取"登瀛"之义，改银峰为瀛山，书堂亦改名"瀛山书院"，后人还建"登瀛亭"纪念。有的书院因培育科甲之士众多而引起社会的关注，如浙江象山的缨溪书院，自宁宗嘉定间赵善晋重修后，科甲皆出于此。尤其是，南宋书院的许多创办者、主讲人都是科举出身，或在书院学成后通过科举走上仕途，又应邀赴书院讲学或亲自创办书院，或金榜题名后去办理书院。以他们的身份和地位，在与书院学生接触过程中，言谈举业是无法回避的一个普遍的社会问题。[①] 在书院教育活动中，吕祖谦认识到："科举之习，于成己成物诚无益。但往在金华，兀然独学，无与讲论切磋者，闾巷士子舍举业则望风自绝，彼此无缘相接，故开举业一路以致其来。"[②] 在举业教学上，吕祖谦让学生古文十日一作，大量时间则用于学生的理学教学。这是一种迁就科举而又不失书院教育主流的办法。南宋书院学者不排斥学生科举取胜，其实还在于提倡一种竞争场域里的敢为天下先的精神。姚勉《正谊书院祭魁星》（1252 年）说："科第当作状元，仕官当作宰相，学术当至圣人，言皆当第一也。士之远大自期，立志要当若是，此吾正谊师友平日之所讲明也。"[③] 这种君子自强不息的精神与南宋书院的大学精神也是一致的。例如，宋理宗绍定五年（1232 年）书院弟子徐元杰的状元答卷主张远声色，节人欲，排外患，修内政，保境安民，他后来又将这种儒家文化的价值取向实施在书院的课程管理中。朱熹、张栻、吕祖谦、陆九渊都有过批判科举制度的言论，但他们是批判科举制度的弊端，并不是要否定整个科举制度。他们批判官学太看重科举技艺的教学而忽视道德的涵养，故主张书院的举业教学要以德业的教学为前提。在南宋书院看来，科举是实现"道"的手段之一而不是终极目的。

我们试以宗室应举来认识南宋科举制度的进步性以及宗室子弟与南宋书院的关系。宗室是与皇帝有着血缘关系的亲族，是封建王朝里的一个特殊群体。在两宋，宗室即赵匡胤、赵光义、赵廷美的赵氏后裔。有研究者据《宋史》宗室世系表统计，两宋宗室在三百余年的过程中，仅男性人口，太祖兄弟 3 人谱系中的子孙为 59495 人。这个人口总数中，宋太宗一系人数最多，有 23870 人，占总数的 40%，宋太祖和赵廷美位下子孙则分

① 苗春德、赵国权：《南宋教育史》，上海古籍出版社 2008 年版，第 213—214 页。

② 吕祖谦：《吕祖谦全集》（第一册），浙江古籍出版社 2008 年版，第 398 页。

③ 陈谷嘉、邓洪波主编：《中国书院史资料》，浙江教育出版社 1998 年版，第 194 页。

别占 32% 和 28%。① 这样庞大的一个群体单靠朝廷恩荫把他们养起来，一是朝廷负担太重，二是会使他们成为依赖朝廷的寄生虫。所以，允许宗子参加科举考试，这是给他们出路。南宋宗子科举在延续北宋之制基础上有了重大发展，相关规定日趋完备，录取人数也不断增加。宗子科举主要是改变了自古以来由国家圈养的方式，宗子必须通过科举考试以自己的能力来改善生活。这既减轻了国家财政的压力，也给了宗子施展才能的机会，但宗子登第入仕后的发展却依然受到限制。对于多数宗子而言，科举入仕也许只是使他们有了领取官俸的资格，以解决个人生计问题。从实际效果看，南宋时期宗室子弟是中国历代宗室子弟中文化修养最高的皇室血脉。南宋朝廷通过宗室应举考试，不仅选拔出了许多政治官员，同时也培养出了不少文学艺术方面的人才，众多的宗室举人在诸多的文化领域里取得了显著的成就。据统计，通过科举考试进入仕途的南宋宗室子弟中在绘画方面比较出色的有 4 人，有个人著作集的有 36 人，有诗词作品留世的有 63人。从史学成就上来看，宗室子弟中同样不乏较具影响者。太宗八世孙宗室宰相赵汝愚，不仅在政治上有着重大的作为，在史学方面也有着巨大的贡献。他在四川任职期间编纂出《国朝诸臣奏议》，多达 150 卷。南宋宗室进士与南宋书院也有不解之缘。宗室进士如赵汝愚、赵汝靓、赵不息等人与书院大师汪应辰、朱熹等理学诸子互为学侣、讲友，彼此谈经论道。至于宗室求学于书院大师者更是不胜枚举。如赵善谈、赵彦柜师事吕祖谦，赵师孟为胡宏门人，赵善佐、赵师恕、赵汝腾、赵崇度等并从学于朱熹，赵子新等问道于陆九渊，赵良淳学于饶鲁。这些宗室进士还不惮于在经学上著书立说，阐精发微，提出独到的见解。他们受益于南宋书院又反哺南宋书院。

　　南宋书院学者认为，科举制度有弊端，所以要改革。理学在没有成为科举考试的标准之前，曾试图放弃这一制度，但认识到无法如愿时，他们就主张对它进行改造，这种改造固然是以他们的伦理理性的价值观为目标，但理学家并非某些人想象的那样不切于事情，相反，他们在制度设计中所表现出来的智慧毫不逊色于现代考试改革论。朱熹说，科举考试对书院以及其他各类学校的教学活动乃至官员能力的不良影响是："教者，既不本于德行之实，而所谓艺者，又皆无用之空言。至于甚弊，则其所谓空

---

　　① 何兆泉:《宋代宗室研究》，博士学位论文，浙江大学，2004 年。

言者，又皆怪妄无稽，而适足以败坏学者之心志。是以人材日衰，风俗日薄，朝廷州县，每有一事之可疑，则公卿大夫，官人百吏，愕眙相顾，而不知所出，是亦可验其为教之得失矣。"① 所以，朱熹《学校贡举私议》（1195 年），提出了详细的科举考试改革建议：（1）均衡诸州之解额。南宋时，科举招考计划和录取人数在两个方面不均衡。一是地方乡举解额少而试者多，太学解额多而试者少；二是州与州之间人数不平衡。朱熹以为，所取员额不均，造成士子不安于乡举，数州之人独多躁竞。为了让士安其土而无奔趋流浪之意，朱熹提出按照现时每州三举终场人数，比照历年旧额总数"以若干分为率"，即定一个比率作为新额，再通过减少太学解额，使其与其他州不致有太大的悬殊。例如，某州应试终场人数为一万人，则其乡举解额或录取人数应为一百人。这样，按终场人数的比率分配解额，就能使各州解额均衡，实现考试招生的教育公平。（2）设立德行之科。在科目改革方面，朱熹建议取诸州解额之半而又减其半，即四分之一名额，以为德行之科解额，由各县令佐，从实察访，经州守审核后报送礼部，先选入太学的斋舍学习，免课试，至次年终，以次差充大小职事。又过一年，择其优异者特别推荐补官，其余的允许参加第二年的省试，二十取一，则此科十而取一，且殿试各升一甲，落第者仍可回太学读书。至于举荐不实者，连同被举者应受惩罚。朱熹坚持设立德行之科，主要是因为他认为德行是人性所固有的，对于人的发展意义重大。读书人假如在此用力，则不仅可修身，而且利于国家。（3）罢词赋，分年考试诸经、子、史、时务。鉴于隋唐以后发生了专以文词取士而尚德之举不复见的情况，为了使士人懂得实行之可贵而不专事于空言，朱熹认为必罢诗赋。这是因为诗赋空言之尤者，其无益于设教取士。如果有人以为习诗赋者众，未可遽罢，则可以三年之举为限，逐年递减录取人数，待习诗赋的人少了，再果断罢除，便不会惊骇世俗而尽革其弊。罢去诗赋这种考试内容和形式后，朱熹欲以经、史、子、时务代之。他认为，经是圣人之言，要全通；诸子之学，同出于圣人，可取其所长而辨其所短；至于诸史，则该古今兴亡治乱得失之变；而时务，如礼乐、制度、天文、地理、兵谋、刑法之属，亦皆当世所须而不可缺，皆不可以不习。当然，同时考试这么多的科目是不可能的，为此，朱熹提出了分年考试的办法。以《易》、《书》、

---

① 朱熹：《朱子全书》（第二十三册），上海古籍出版社 2002 年版，第 3356 页。

《诗》为一科，而子年午年试之；《周礼》、《仪礼》及二戴之礼为一科，而卯年试之；《春秋》及三传为一科，而酉年试之。另规定诸经皆试《大学》、《中庸》、《论语》、《孟子》，义各一道。论则分诸子为四种，而分年以附。诸史则《左传》、《国语》、《史记》、《两汉》为一科，《三国》、《晋书》、《南北史》为一科，《新旧唐书》、《五代史》为一科，《通鉴》为一科。时务则律历地理为一科，通礼、新仪为一科，兵法、刑统、敕令为一科，通典为一科，以次分年考试，试策各二道。如此，朱熹认为就可以使天下之士，各以三年而能精通经、史、子、时务等书的三分之一或四分之一，十余年即可成为通儒。这样，士无不通之经，无不习之史，皆可为当世之用。(4) 治经者必守家法。从思想统一的目的出发，也是为了纠正当时考试文风之弊，朱熹要求考生治经，必专家法。他说，近年以来，习俗苟偷，学无宗主，治经者不复读其经之本文与先儒之传注，但取近时科举中选之文，讽诵模仿，择取经中可为题目之句，以意扭捏妄作主张，明知不是经意而取便于"范文"。盖诸经皆然，如此习以成风，转相祖述，慢侮圣言日以益甚。这样做其实质就是名为治经而实为经学之贼，号为作文而实为文字之妖。所以必须加以纠正。为此，他建议考试诸经要名立家法，皆以注疏为主，兼采诸家解说。他还专门规定了各经宜采用的注者。如《春秋》就取啖助、赵匡、陆淳、孙明复、刘敞、程颐、胡安国的解说。命题者可以在卷子第一行内写明，提醒应试者答义必须以两家之说为主，而旁通他说。此警示举子不敢再妄作主张而曲解经文了。(5) 命题者必依章句。科举考试既久，命题愈加困难。于是主司命题，竞尚新奇，往往求出于举子之所不意，于经文所当断处而反连之，于所当连而反断之，如此难为考生，欲使其无理可解，无说可通，以观其匆忙之间，趋附离合之巧。朱熹认为，这既不利于考生信守家法，还助长了一种不良学风，使举子平居讲习，专务裁剪经文，堆砌辞藻，以求合乎主司之意。本来明立家法会有效地消除这种文风，但朱熹恐命题者不愿立改，所以建议诸路漕司，敕令所差考试官熟悉规定的各家注疏之学并向本州及漕司陈述，否则给予命题人以严肃谴罚，使主司不敢妄出怪题。(6) 答义者必通贯经文，条举众说而断以己意。当时的考试答题，不问题目大小长短，一定要分成两段，必须用两句对偶破题，其后申说千言，别无他意，不过是反复敷衍破题两句而已。朱熹认为，如此不唯不成经学，亦复不成文字，还使学者卒岁穷年，枉费日力。为此，朱熹要求变更答卷的形式。

首先，以三十余字疏解题目；其次，列所治之经说而论其意；再次，旁列他说，而以己意反复辨析。无论哪一节文字，务期直论圣贤本意，与其施用之实。（7）学校必选实有道德之人以为师。朱熹认为，选拔人才的科举考试改革必须与培养人才的学校（包括书院）改革配套进行。要有真可为人师者任教官，才能吸引天下之士不远万里来求师，使学生尊其师而信其道。然而，熙宁以来，所谓太学者，但为声利之场，而掌其教事者，不过取其善为科举之文，而尝得隽于场屋者耳；士之有志于义理者，既无所求于学，其奔趋辐辏而来者，不过为解额之滥，舍选之私而已。师生相视，漠然如行路之人，间相与言，亦未尝开之以德行道艺之实，而月书季考者，又只以促其嗜利苟得，冒昧无耻之心，殊非国家之所以立学教人之本意。要革除此弊，朱熹认为，按标准任命学官，又痛减解额之滥罢去舍选谬滥之法，考察诸州所解德行之士与诸生之贤者而特命以为师。① 上述七条是朱熹维护科举考试的公平公正提出的主张。

第四节　南宋书院斯文在兹气节不灭

南宋书院所在的地方，就是儒家经典及其义理的斯文所到之处，皆育人气节。斯文是气节的养料，气节是斯文的力量。气节是指守志不阿、敦品自励、刚毅有为的品格，表现为个人气节和民族气节。《论语》所谓，斯文是指粲然可见的典章、文物、礼乐、声名等文化形式。到了南宋时期，斯文的载体从先秦儒家传到了书院人。因此，书院在兹，读书人气节即在。

南宋时期，川人气节与四川书院的斯文大有联系。北宋咸平四年，今川渝地区分为益州（今成都）、梓州（今三台）、利州（今广元）、夔州（今奉节）四路，即"川峡四路"，简称"四川"。四川简称"蜀"，而蜀学是指当地的学术思想。狭义的宋代蜀学指北宋以三苏父子为代表的蜀学，广义的宋代蜀学指两宋时期包括三苏、周敦颐、二程及其在蜀后学、张栻、度正、魏了翁、谯定、阳枋等人物融合蜀洛、儒道释中而以儒学为主的四川学术。众所周知，理学早在北宋时期就已传入四川。周敦颐曾出

---

① 朱熹：《朱子全书》（第二十三册），上海古籍出版社 2002 年版，第 3355—3356 页。

任合州签书军事判官厅公事。程颐、程颢的父亲程珦于 1068 年秋至 1071 年秋知四川汉州广汉。二程得以到广汉，并游览成都一带，曾经向民间人士（篾匠箍桶匠）问《易》。关于这段历史，过去许多研究者只看到了二程理学对四川的影响，但很少注意到蜀学对二程理学的影响。此时到四川的二程及其学术思想尚不成熟，应该说更多的是在吸收蜀学的营养；至于程颐之理学对四川的影响，那是 1097 年他被贬涪州后的事情。保守地说，二程理学与蜀学是相互影响的关系。川人血性与书院斯文有不解之缘。至迟在唐代四川地区已有几所书院，例如张九宗书院（在今四川遂宁）、丹梯书院（在今四川巴中）、南溪书院（在今四川南溪）、青莲书院（在今四川盐亭）、南岩书院（在今重庆大足）。两宋时期，四川书院有 29 所，数量居全国第 6 位。其中，南宋时期 22 所，含高宗时 3 所（东馆书院、栅头书院、巽岩书院），孝宗时 3 所（龙门书院、云山书院、静晖书院），宁宗时 9 所（云庄书院、蟠龙书院、五峰书院、江阳书院、玉渊书院、鹤山书院、北岩书院、同人书院、沧江书院），理宗时 3 所（北园书院、瑞应山房书院、穆清书院），度宗时 1 所（宏文书院），不详 3 所（凤山书院、山阴书院、少陵书院）。① 南宋四川书院是作为研究儒学的阵地存在的。光宗至理宗宝庆年间（1190—1227 年），设于成都的沧江书院在张栻之学返传回蜀、促进洛学的传播和蜀学的转型上起了很重要的作用。沧江书院的建立者是南宋的虞刚简，四川仁寿人；士之请益，座无虚席，知与不知皆曰沧江先生。虞刚简邀请学者讲学于沧江书院，张栻门人范仲黼用力最甚。除岳麓书院外，南宋几百所书院像沧江书院建于大城市的大学是很少的。以此辐射，张栻门人杨云山之子杨子谟于宋光宗年间在四川三台建立云山书院，范子长于嘉定八年（1215 年）在泸州建立江阳书院，薛绂于开禧（1205—1207 年）初在四川汉源建立玉渊书院，从而使南轩之学在巴蜀广为传播，形成了蜀学之盛的局面。尤其是鹤山书院与北岩书院催生了鹤山学派与涪陵学派，培养了许多人才，加强了四川书院斯文与气节的联系。鹤山学派是以鹤山书院为依托发展起来的。这个书院的创立者是魏了翁（1178—1237 年），字华父，号鹤山，四川邛州蒲江人。魏了翁传播了代表当时宋学最高水平的朱熹学说，繁荣了蜀地的教育。据魏了翁《书鹤山书院始末》记载："会鹤山书院落成，乃授之馆。其秋试于有

---

　　①　胡昭曦：《四川书院史》，四川大学出版社 2006 年版，第 4—32 页。

司，士自首选而下，拔十而得八，书室俄空焉，人竞传为美谈。……负笈而至者，襁属不绝，乃增广。"① 四川邛崃的鹤山书院因位于白鹤峰的半山腰而得名，匾额由宋理宗题写。该书院有前堂、二堂，堂有廊庑、门墉。前堂旁有小室，名曰"立斋"，叶适为之铭介。二堂名曰"书舫"。堂之后有阁名"尊经"，用以藏书，此阁有相当规模。阁下又有一堂，名曰"事心"。阁之下又有花圃、房屋和水池。1209 年魏了翁购地一亩，除去尊经阁后的花园和原丰亭外，估计该书院建筑面积不足 600 平方米。此书院的地址，是魏了翁听从四川资中县风水先生王彦正的意见后确定的，在今四川浦江县鹤山镇樱桃村青龙水库水淹区内。魏了翁在此讲学的时间前后大概有四年半左右。他将从遥远的京城带回来并刊印的诸多朱熹著作定为蒲江鹤山书院主要的教科书，并在蜀地传播了朱熹理学。到底有多少人曾经在蒲江鹤山书院得到魏了翁的教授，现在难知其详。但从有关记载中了解到有几名著名学者曾在蒲江鹤山书院求学，包括王万里、吴泳、史绳祖、高斯得等。此外，其门人还有游似、牟子才、郭黄中、程掌、史守道、税与权、虞铣、唐季乙、蒋公顺、滕处厚、蒋重珍、蒋山、许月卿、叶元老、许价、严植、张端义等。据不完全统计，在魏了翁开创的鹤山学派中，有 8 人《宋史》立传，有 14 人考中进士。魏了翁的鹤山学派大部分成员是蜀人。在魏了翁的弟子里，有很多人都取得了不小的成就而成为闻名于世的人物，例如善于治理国家、官至丞相的游似，在学术方面成绩斐然的高斯得、税与权、吴泳以及牺牲在抗蒙战场上的高稼等。黄宗羲将魏了翁与真德秀比较："从来西山、鹤山并称……两家学术虽同出于考亭，而鹤山识力横绝，真所谓卓荦观群书者；西山则依门傍户，不敢自出一头地，盖墨守之而已。"② 此言充分肯定魏了翁杰出的理学造诣和他在宋代理学史上的地位。鹤山学派与涪陵学派在南宋时期也存在一些学术思想的交往关系。

涪陵学派是依托北岩书院而形成的学术思想。这个书院是在南宋宁宗嘉定十年（1217 年）由知涪州范仲武创办的，位于涪州（今重庆市涪陵区）长江北岸，其基础是北宋理学奠基人程颐贬谪涪州时讲授《易》的北岩"读易洞"。北岩书院的正堂奉程颐塑像，其左为尹焞祠，其右为谯

---

① 陈谷嘉、邓洪波主编：《中国书院史资料》，浙江教育出版社 1998 年版，第 176—177 页。

② 黄宗羲：《黄宗羲全集》（第六册），浙江古籍出版社 2012 年版，第 178 页。

定祠。刘光祖作记。这里需要评介一个与北岩书院密切相关的关键人物——谯定（1023—?），四川涪州玉溪（今重庆长寿）人，自号涪陵先生，据说活了120多岁。他是洛学传播到四川的最早的见证人与贡献者。他好佛，从郭曩学《易》，后赴洛阳师事程颐。绍圣四年（1097年）十一月，程颐贬涪州，二人联袂讲《易》于北山之穴，遂使"洛学"在巴蜀传播。程颐的言行，对谯定影响较大。谯定一生学问主要在易学。易学分义理和象数二派，程颐属于义理派，谯定虽然师从程颐学易，但并没有放弃渊源于蜀地象数易学的传统，他始终强调"见乃谓之象"的重要性。这在他教授胡宪、刘勉之的时候表露无遗。《宋元学案》说谯定学术思想是"程门一大宗"①。《宋元学案》列出其门人、再传、三传至四传约270人。谯定之学重《易》、《论语》，是程门涪陵系的开创者。谯定强调领悟易象，然后会通诸卦爻大义，学以明心克己，又与格物致知有密切关系。谯定《牧牛图》，以"学"、"礼"为修养手段，以敬为修养方法，以明心见性为根本，以"无我"为最高境界和追求，继承发挥蜀学无心、牧心思想，加以儒学化改造，形成独特的理学思想。②从一定程度上讲，谯定的学术思想就是四川人的哲学，它决定了四川人的认知与行为，也浇灌了四川人的气节。谯定的嫡系门人有胡宪（福建人）、刘勉之（福建人）、张浚（四川绵竹人）、李舜臣（四川井研人，李心传、李道传之父）等。

谯定开创的"涪陵学派"是南宋以易学见长传播程学的分支。其中，阳枋是个重要人物。阳枋（1187—1267年），号字溪，四川合州巴川（今重庆市铜梁）人，著有《字溪集》。阳枋一生不汲汲于功名，却对朱熹理学思想情有独钟，先后求学于朱熹的门人度正、暖渊、徐侨、李文子等人，与魏了翁及其门人严师夔、史绳祖、吴泳等交游，还与宗仰朱熹的罗东父、李性传等往来。他是朱熹嫡传，但不拘门户，受蜀学传统和朱陆会同的趋向所濡染，其学术有一定的心学色彩。③阳枋曾在广安军学、绍庆府学、大宁监学、夔州州学从事理学教育，主张教育活动中先德后艺。相比他于官方州县学的教育活动，他主持北岩书院建功甚伟。淳祐十年（1250年），知涪州赵汝凛在程颐和谯定讲学的旧地主持了北岩书院的重

修。淳祐十一年（1251 年）正月八日，赵汝懔观石鱼赋五十六言，把朱
熹写给暖渊、度正的四封书信以及理学家黄应凤的精要解读刻于北岩。阳
枋祝贺赵汝懔振北岩文风，阳枋同门好友黄应凤作《北岩重修书院记》。
在祠祀方面，在原有程颐及其弟子尹焞、谯定塑像的基础上，又将暖渊从
祀于书院。暖渊是朱熹门人，又是涪州人，故被请进书院从祀。在教学材
料方面，刊印了朱熹《易学启蒙》一书，阳枋作跋。阳枋是度正和暖渊
弟子。1251 年，阳枋从绍庆学官上离职，路经涪州，知州李震午以北岩
书院堂长相邀。阳枋决定留任。北岩书院当时以朱熹《白鹿洞书院揭示》
为学规。阳枋教育哲学要义有二：其一，主张为学先立大本，要在制心上
下功夫。他说，伦即理，散于百行万善，著于六经，明于学校，而根于人
心。人们之所以不能完全循天理之善除人欲之恶，其患在于不能制心；只
要能制心，既在平时涵养体认得明，又在临事时更加提醒，那什么"克
伐怨欲"四贼、什么"七情驰逐"之苦，都能得到很好调整。阳枋《求
放心箴》说，人秉良心，万理包括，心有动静，该贯事物。其二，注重
真履实践、著之于用。在阳枋生活的时代，许多读书人为求科举功名，只
会空谈心性，既不在自身上去"行"，也不用诸日用常行和国家事务中。
原因何在？他认为，时人读书，专用诸时文，身与经自为两途。所以，他
教育学生要持敬修养工夫，并且要在圣贤的雪泥鸿爪中为治国安邦找到良
策。① 阳枋的讲学则吸引了各方士人。远近信从者众，达官争延置礼而考
德问学焉，如赵汝懔令儿子师从阳枋。阳枋《广安旱代赵守榜文》（1244
年）以理学为标准在榜文中把广安军社会成员分成十个阶层，各类人员
之欲、之私、之利均违背书院理学家之天理。其中，军吏是当时广汉的最
高行政长官，苛政害民、办事拖拉、贪婪慵懒。士大夫即通过科考后当官
的职业官僚，满嘴仁义道德，实则不恤百姓，贪民膏民脂。普通读书人表
面衣冠楚楚实则不讲诚信，不讲孝悌，一心享乐。吏胥之类的公务员，工
于心计，巧法伤人，谋取私利。农民不按神农氏的教诲认真播种收割，不
关心身边他人的疾苦。百工制造工具，鲁莽不求精细。商人的问题主要是
赝品横流、以次充好、以假乱真、以粗为精、饰恶为良、机计巧算、欺行
霸市、颠倒黑白、短斤少两。宗教人士披道士佛徒外衣，赌博好酒肉，没
有虔诚念经。军士行鸡鸣狗盗之事贼害居民，不讲军纪。游手好闲之人不

---

① 胡昭曦、刘复生、粟品孝：《宋代蜀学研究》，巴蜀书社 1997 年版，第 189—191 页。

事产业，游戏聚财，影响治安。当旱灾到了广汉，这些人的弊端肯定不利于集体行动。怎么办呢？阳枋运用此时已经成为官方哲学的理学的"和气"抗灾论来鼓舞人心，因为"自古救荒只是两说：第一感召和气，以致丰穰；其次只有储蓄之计"①。阳枋的抗灾论与他的书院斯文培育气节的教育观念是一致的。

南宋时期，四川书院斯文与气节的关系，主要体现在抵抗外来侵略方面。据记载，蒙元军队在 13 世纪长达近半个世纪对四川攻掠，严重破坏了当地的经济发展、民众生活和文化教育。早在端平三年（1236 年）蒙古军队"火杀"成都，残毁四川大部分地区。昔之通都为瓦砾之场，昔之沃壤奥区为膏血之野。几年之后的淳祐元年（1241 年），以成都为中心的四川大部分地区再遭蒙元重创，河山再遭蹂躏。然而四川没有低头。在连续经过两次大祸以后，南宋朝廷决定将四川的政治中心由地处平原、破坏严重的成都东移至三江交汇、山势险峻的川东要地重庆，并在淳祐二年（1242 年）任命余玠为四川安抚制置使兼知重庆府。余玠曾经就学于白鹿洞书院。他到任后，大力整饬军政，发展生产。余玠围绕合州钓鱼山筑城布防的山城防御战略方案，在四川沿江修筑山城 20 座。余玠构建的山城防御体系对于四川抵抗与反击蒙元军队十分有效，书写了像折断"上帝之鞭"蒙哥汗、改变世界历史进程的钓鱼城之战等传奇。过去学界比较关注余玠创建的山城防御体系在抗御蒙元方面的巨大军事价值，而对它在维系斯文的贡献方面有所忽略。事实上，《宋史》在评论余玠治川业绩时也评价了他及其山城防御体系在"修学养士"方面的作用。理学家阳枋在为余玠生祠做记时，更是把他创建的山城防御体系与当时四川的教育联系起来。比山城防御体系更为坚固的是书院滋养起来的人心。例如，江西廉直官员师骙之女师氏，嫁给四川籍人士范孝纯。建炎初还蜀，"至唐州方城县，会贼朱显终掠方城，孝纯先被害，贼执师氏欲强之，许以不死。师骂曰：'我中朝言官女，岂可受贼辱。吾夫已死，宜速杀我。'贼知不可屈，遂害之"②。宋蒙交战，元军在四川合州受到抵抗最力，代价最大。

和川人一样，江西人有血性。狼的性格与人伦理性融合的心理特征，对认同之人彬彬有礼，真情相待；对异己分子，蔑视排斥，甚至刀刃相见

---

①　黎靖德编：《朱子语类》，中华书局 1994 年版，第 2643 页。

②　脱脱：《宋史》，中华书局 1985 年版，第 13484 页。

绝不手软，哪怕是粉身碎骨也绝不屈服。如果说川人血性与蜀学及四川书院理学的培育有关，那么江西人的血性与江西学以及江西书院理学的培育有关。"江西学"这个概念是朱熹在评论陆九渊心学的时候提出的，后来泛指江西的学术思想。江西学提倡自强自立批评自暴自弃，在文章与气节之间后者更受江西人看重。南宋时期江西人物之盛，斯文之灿，气节之烈，彪炳史册。吉州学派斯文及其气节尤其值得我们注意。吉州（今吉安）位于江西省中西部，地处赣江中游。宋代的吉州号称"文章节义之邦"和"江西望郡"。南宋时期，吉州就有"隔河两宰相、五里二状元"的美称。仅南宋宝祐四年一科，全国举进士 360 人，吉州就占了 39 人。吉州这些知识精英，多是理学名家，斯文流韵，气节可赞，形成了名正言顺的"吉州学派"。南宋末期，白鹭洲书院的教育活动契合了吉州学派的斯文与气节。

　　白鹭洲书院的创办人和首任山长是江万里（1198—1275 年），字子远，号古心，江西省都昌县人。南宋书院学生刘辰翁评价江万里："其志念在国家，其精神在庐陵。"[1] 1240 年，他知吉州军伊始，见州治庐陵县城东赣江之中有一沙洲，两水夹流，想起李白"二水中分白鹭洲"诗句，决意在此办书院。1241 年，白鹭洲书院竣工。创办过程中，江万里殚精竭虑。按照布局，白鹭洲书院设有文宣王庙、棂星门、云章阁、道心堂、万竹堂、风月楼、浴沂亭、斋舍。同时，首立六君子祠，祀周敦颐、程颐、程颢、张载、邵雍、朱熹六位理学大师。江万里广泛收集图书，设立田产，置田租八百石有奇，绕城濠池，岁入租银五十两赡学。江万里从吉州各县选拔年轻俊才到书院就读。最初没有合适的山长人选，他就亲自讲学。学生载色载笑，从容于水竹间，忘其为今太守、古诸侯。作为程朱理学的传人，江万里教学自然以理学为主，他将朱熹的《白鹿洞书院揭示》张贴于道心堂内，表明自己的教育宗旨。1242 年，江万里调离吉州，临行前延请名儒刘甫南执教。江万里刚直不阿，一身正气，被宋理宗称为"骨鲠之士"。1275 年饶州城被元军攻陷，江万里携家族 180 余人赴止水殉国。江氏家族成年子孙也大都随其弟江万载参加抗元义军，其中许多人战死在临安或崖山的路上，活下来的后人多隐居福建。有对联赞扬江氏家族舍生取义的气节——兄宰相，弟尚书，联璧文章天下少；父成仁，子取

---

　　① 陈谷嘉、邓洪波主编：《中国书院史资料》，浙江教育出版社 1998 年版，第 196 页。

义，满门忠孝世间稀。刘辰翁《白鹭书院江文忠公祠堂记》说："自鹭洲兴而后言义理者畅，又不唯文字而已。而后学者知矫其质习，存其气象，又不唯气象而已，而后立身、名节一以先生台谏为风采。推论人才长育之自，斯文一变而至欧公，再变而下先生。而先生又以身徇宇宙，与之终始，虽康之山、鄱之水，同光而共洁，而其道隐然增鹭洲之重，与欧公而并。"① 江万里当年的书院教育活动对江西吉州影响很大。读书风气成为吉州时尚。江万里之后，担任白鹭洲书院山长人名和执掌时间是：欧阳守道（1255 年前后）、陈著（1260 年前后）、黄嘉（1263 年前后）、方善夫（1265 年前后）。他们都是理学家。陈著是绍兴人。陈著《吉州白鹭洲书院讲义》说："唯白鹭洲实表江右，于此藏修，于此游息，于此讲习，于此饮食，必先践履，必后科目，必先器识，必后文艺，必自重毋自卑，必自立毋自馁，必自强无自画，必自反毋自恕，必毋夺于得丧荣辱，必毋怵于忧患变故，是皆学者之事也。虽然，学不知方，望道莫见，有大本领，其唯《中庸》乎？"（陈著《本堂集》） 陈著要求学生在书院要践行儒家的事理，要格物致知。刘绎《白鹭洲书院志》说："黄嘉，字亨父，严陵人。淳祐四年进士，授白鹭洲书院山长。时书院甫建，未有山长厅事，僦民舍以居，乃以请于州，度地建厅堂、门室，便坐数处，器物皆备，捐俸给佐其费，竭力如营私家。临诸生，横经讲授不辍。为人清苦，无所营，终日泊如也，以操守称。"② 白鹭洲书院注重的是义理的领悟和修养。师生讲究气节，注重义利之辩。1255 年，岳麓书院的副山长欧阳守道回到家乡吉州，执掌白鹭洲书院。他继承并发扬了江万里的书院教育思想，引导学生立身、敦品、养气。欧阳守道认为，知识分子如果沦为游末之士、盗窃之士、奸吏之士，乃读书人的耻辱与国家的不幸。他要求书院学子养孟子所谓浩然之气，做大丈夫。这种忧患意识，深深铭刻在白鹭洲书院弟子心灵之处，产生出信仰理学的气节力量。

例如，文天祥（1236—1382），号文山，江西庐陵人。1255 年，19岁的文天祥入白鹭洲书院求学，受到欧阳守道的耳提面命。文天祥思想抱负的形成，生活道路的选择，与他在白鹭洲书院受到的理学教育密切相关。宋宝祐四年（1256 年）正月，文天祥赴京城临安参加省试。二月初

---

① 陈谷嘉、邓洪波主编：《中国书院史资料》，浙江教育出版社 1998 年版，第 197 页。

② 同上书，第 156 页。

一日，礼部发放初榜，文天祥榜上有名。五月初八，20 岁的文天祥参加了集英殿殿试。在回答理宗皇帝殿试题中的"人才乏而士习浮"这一问题时，文天祥分析了士习不正、气节沦丧与国家衰败的关系。文天祥凭借这篇策论，被理宗皇帝钦点为状元。考官王应麟评论其殿试策论："是卷，古谊若龟鉴，忠肝如铁石，臣敢为得人贺。"① 理宗感叹白鹭洲书院培养了文天祥这样优秀的人才，特御书"白鹭洲书院"匾额。理宗又为白鹭洲书院写了一副对联：智水仁山日日当前呈道体，礼门义路人人于此见天心。自此，白鹭洲书院名扬五湖四海。文天祥《西涧书院释菜讲义》说："所谓德者，忠信而已矣。辞者，德之表，则立此忠信者，修辞而已矣。德是就心上说，业是就事上说。德者统言，一善固德也。"② 其言可信，其行也果。文天祥《过零丁洋诗》曰："辛苦遭逢起一经，干戈寥落四周星。山河破碎风飘絮，身世浮沉雨打萍。惶恐滩头说惶恐，零丁洋里叹零丁。人生自古谁无死，留取丹心照汗青。"③ 宋亡，文公被俘被囚，于北京狱中撰《正气歌》，志节弥坚，终遇害。其绝笔曰："孔曰成仁，孟曰取义，唯其义尽，所以仁至。读圣贤书，所学何事？而今而后，庶几无愧。"④ 文天祥是两宋历史中最光辉的人物。南宋末年，白鹭洲书院堪称气节师表的学生众多。有"天下第一奇人"之誉的刘辰翁，他跟随江万里多年，耳目濡染，矢志抗元，作为南宋遗民写下大量爱国诗歌；追随文天祥勤王的邓光荐，全家 12 人同时死于战火，而自己坚持抗元，辗转不屈；绝食而死的罗开礼，被元兵活烹的刘子俊，生祭文天祥劝其"可死"不辱节操的王炎午……这些人，都是具有理学信仰的气节之士，也是南宋书院之斯文培育出来的优秀人物。宋元之际，江西的书院人颇有气节。如玉山王奕、王介翁父子隐居斗山书院，不仕元朝；贵溪裴方润、龚霆松分建临清、理源二书院讲学；南丰刘埙建水云书院讲学，并作《补史十忠诗》、《思华录》、《哀鉴》以表彰忠义事迹；临江黎立武建蒙山、金凤二书院讲学而屡辞召请。此外，浮梁人赵介如，南宋进士，官饶州通判。入元不仕，后任双溪书院山长，学生众多。九江人黄泽，宋时以明经学道为志，元大德年间，曾任景星、东湖二书院山长，闭门授徒以养

① 脱脱：《宋史》，中华书局 1985 年版，第 12533 页。
② 文天祥：《文天祥全集》，江西人民出版社 1987 年版，第 412 页。
③ 文天祥：《文天祥诗选》，人民文学出版社 1979 年版，第 73 页。
④ 脱脱：《宋史》，中华书局 1985 年版，第 12540 页。

亲，不复言仕。张卿弼，咸淳四年（1268 年）进士。宋亡归老家江西弋阳，拒绝进入元朝为官。1280 年，求学者甚多，乃建学舍，次年建成蓝山书院。张俊始为山长，杨应桂继之。这些江西的南宋遗民捍卫伦理理性，保持气节，借书院传播理学。

　　虽然蒙元推翻了宋朝政权，但南宋遗民仍然坚持赵宋是正统的理学主张，充分显示南宋书院斯文所迸发的气节。南宋遗民是改朝换代之后传统文化的坚守者，出仕与否不是判断是否宋遗民的根本标准。南宋遗民是文化冲突的结果，是游牧文化与农耕文化交锋之下的产物。南宋遗民大多持夷夏大防的观念，认为夷夏之间应该是以夏变夷而非以夷变夏。所以，凡是坚持中原文化、夷夏有别观念的南宋亡国之民都属于"南宋遗民"的范围。大部分南宋遗民对元政权是采取不承认态度的。如王应麟纪年用干支纪年，不用元的年号，意在不承认元之统治。《困学纪闻》是王应麟入元以后所写，但他直称宋为"本朝"、"我朝"、"吾国"，称宋太祖为"我艺祖"，称宋太宗为"我太宗"。元朝灭宋后，元世祖下令只准称宋为"亡宋"，而《困学纪闻》中无一处称"亡宋"，最多的是称"本朝"。显然，王应麟是以宋臣自居，不承认元朝的统治。胡三省纪年不用元朝年号，而是用太岁纪年法，其《资治通鉴音注》表达了同王应麟一样的气节。他在注《通鉴》时提到宋朝或宋帝时就空一格，为宋朝、宋帝讳；在称宋朝时，也是称"我朝"、"本朝"。金履祥为表其志节，著述一律采用太岁或干支纪年，而不用元朝年号。南宋遗民中的郑思肖是福建人，他的父亲在苏州当过书院山长。他平时坐卧不朝北，听到北方人说话便捂住耳朵赶快离开。又将其书斋取名为"本穴世界"，意为"大宋"。他听说好友赵孟頫入元当官，即刻与之断交。其《心史》表达了深沉的思宋情结和强烈的反元情绪。南宋遗民恪守宋代君臣大义，立足书院延续道统。例如，熊禾（1247—1312 年）是朱熹学生辅广的门生，得理学真传。宋亡，保持气节，绝意仕途，遂束书入武夷山隐居，创建"洪源书室"，后来求学者日多，遂扩建为"洪源书院"。此书院与朱熹当年所建的"武夷精舍"隔溪相望。该书院前设"传衷堂"，后为"道源堂"，右为"渊源师友祠"以祭周敦颐、程颢、程颐、张载、朱熹等，左为"熊氏忠孝节义祠"。当时名士胡庭芳、詹君履等人常来书院与其论孔孟之道。熊禾在洪源书院讲学 12 年，完成《文公要语》、《诗说》、《春秋议考》等著述。赵复被元军俘虏到北京，主讲于汉儒姚枢、杨唯中创建的太极书院，主要讲述程朱理学的精华——道统论，他认为周、程而后，其书广博，学者未能贯通，乃原羲、农、尧、舜所以继天立极，孔子、颜、孟所以垂世立教，周、程、张、朱所以发明绍续者，作《传道图》以书目条列于后。郝经、许衡、刘因都是他的书院弟子。忽必烈尝召见曰："我欲取宋，卿可道之乎？"对曰："宋，父母国也，未有引他人之兵以屠父母者。"忽必烈"义之，不强也"。赵复是德安（今湖北随州）人，故虽在北方，常有江汉之思，故有"江汉先生"的称誉。① 南宋遗民的言行充分体现了南宋书院大学精神培植的民族气节。

宋元易代之际，江南宋遗民热心于书院建设。南宋遗民书院与其他力量创办的书院有着明显的不同，最突出的就是它的遗民性质。从书院的创建者，到邀请来的师长，再到前来求学的人，也多认同遗民身份；书院中，师生之间有着相同的气节、趋同的价值取向。南宋遗民以书院为平台，宣讲道统思想，传承儒家传统文化，不仅为南宋遗民这个群体提供良好的交友学习场所，而且还为民众提供教育场地。宋末元初，南宋遗民书院的大学精神超越了改朝换代的正统论，延续了理学家儒学授受的道统论。纵观宋遗民书院，有这样几种情形：第一种情形是自己创建书院讲学。这类遗民既要有一定的经济实力，可以建立院舍，甚至还能捐私田以赡生徒，又要学行兼善，或有名于时，或称闻于人，或博学好古，或学问精深，在地方享有声望，其节义操守对民众具有某种道德感召力，可以吸引招纳生徒来书院学习。经济、学行的双重实力使他们可以长期坚持讲学传道，甚至坚持强硬的非暴力不合作政治立场，即使遭到暴力摧毁，也能迁居讲学。第二种情形是遗民经济实力不够，由门人出资创建书院讲学。第三种情形是宋遗民或由民间聘任，或由官府简任，讲学于书院。这类遗民虽然没有实力创建书院，但其才学风范得到社会认可，或受邀于朋友，或为有力之家延揽，或为地方官举荐，得以主教书院，对元初书院的发展作出了同样不可忽视的贡献。无论哪一种类型兴学的遗民，以其对元政府态度的不同，又可以分成两大类别。一类是屡荐不应，至死不与元政权合作，以布衣讲学终老。另一类是先以遗民兴学民间，经历有年后，随着元代书院政策之变而改任书院山长，并转升学正、教授等职，食元之禄而施教于民，此即当初的遗民变为元代的学官。这部分人占遗民的大多数。在

---

① 黄宗羲：《黄宗羲全集》（第六册），浙江古籍出版社 2012 年版，第 524—525 页。

他们自己看来，他们仍然是遗民之身。因为儒官讲学传道，维系斯文，有功于圣贤一脉的传承，从大处讲能够以夏化夷，做的是征服"征服者"的工作。同时，切实的生计问题，也使得他们做不到"不食周粟"的决绝地步，但亡国的遗恨又使他们难以臣服元政权。两难之间，他们以传承儒家道统之词来减轻背负的心理压力，选择了书院教学。对此，后人也给予了充分的理解，认为他们仍然没有丧失气节。① 两类人三种书院的大学精神，在元朝继续充满活力。

第五节　南宋书院文体符号的教育事理

　　文体符号是文章体式音形义统一的语言系统。中国古代文体种类繁多，其中南宋书院的记、讲义、语录、学规是理学家在书院教育活动中使用的非常重要的四种文体符号，属于不押韵、不骈偶的散文，具有表达教育事理的作用。教育事理是指教育事件包含的理学教育思想。

　　南宋书院的"记"是以理学与书院的关系为内容，把记叙、议论、抒情等表达方式相结合的一种综合性质的文体。这种文体符号具有事理清新、平易质朴、短小精悍的风格。据统计，宋代书院记共有 74 篇，其中南宋书院记居多，更成熟。从现有材料来看，北宋南宋书院记的创作情况差别悬殊。北宋有 6 位作者创作了 6 篇书院记。作者分别是徐铉、王禹偁、杨亿、石介、郭详正、孔武仲，每人均只有一篇作品。南宋共有 45 位作者作了 68 篇书院记。从作者来看，作品数量最多的是刘辰翁，作有书院记 6 篇。朱熹和袁甫的作品数量并居第二位，各有书院记 4 篇。作品数量次之为真德秀和王应麟，均作有 3 篇，再次之为周必大、杨万里、程泌、刘宰、高斯得、林希逸、刘烨、欧阳守道，各占 2 篇。而其余 32 位作者均各有 1 篇。南宋书院理学家创作的记及其表达的教育事理，是对先哲的继承与超越。② 作为文体，"《禹贡》、《顾命》，乃记之祖；而记之名，则昉于《戴记》、《礼记》诸篇"③。宋代之前的记偏于叙事，宋代的记受理学的影响议论成分加重。书院的记是托书院之"物"以言理学家

之"志"的文体符号。中国最早的书院记是徐楷作于南唐开宝二年的
《陈氏书堂记》。稍后，较早的书院记是徐楷之兄徐铉的《洪州华山胡氏
书堂记》。这两篇书院记在结构上几乎相同，即"教育的作用—建书院之
事—作记理由"。北宋书院记几乎都以这样的模式成文，以叙事为主。南
宋书院记数量较多，创作情况相对而言比较复杂，既有对北宋书院记的因
袭，又有一些变化，除了叙事以外，写景抒情、议论说理也大量进入了文
中。虽然这一时期的绝大部分书院记仍保留了叙事的框架，但单纯记事的
却几乎没有了，或是记事之后议论说理，或是夹叙夹议，或写景叙事议论
说理融为一体。例如，汪应辰的《桐源书院记》是南宋较早的书院记，
记文首先简略叙述了书院的地理位置、办学人的情况、建书院的事实以及
作记原因，五个句子就概括了以上内容，接着追述夏、商、周三代学校教
育的兴盛及重要作用，并点明桐源书院"有古圣贤间塾之遗意"①，是读
书佳处，最后希望书院学生"当以古圣贤心学自勉，勿以词章之学自足，
他日有此而达于郡邑，上于国学，赫然名闻于四方，则书院不为徒设
矣"②。并交代撰记理由。这篇记文叙事比较简单，议论说理则占了大量
篇幅，然而从内容上看，仍然包括建造书院、论述教育、作记理由这三个
部分，只是顺序有所变化而已。吕祖谦受朱熹之托作《白鹿洞书院记》，
先写朱熹重建白鹿洞书院、自己受命撰记的事情，这只占了全文篇幅的三
分之一，另外三分之二则叙述了宋初该书院发展的概况，并历数理学源
流，昭示朱熹兴学的本意，内容仍没有根本的变化，也是书院、作记理
由、教育意义。朱熹《衡州石鼓书院记》也是如此，前一部分写书院的
地理位置、历史沿革、建书院的经过以及作记理由，后一部分论述前代书
院兴起的原因、对官学和科举的看法。之后的书院记基本上沿用这种
"教育的作用—建书院之事—作记理由"的创作模式。南宋书院记或为自
作，或为受人之托而作，后者为多。南宋书院记的基本内容主要包括书院
创办人、地理位置、建造时间、营建过程、建筑规模和布局、师资、生
源、办学目的、书院的历史沿革。南宋书院记很少写到南宋书院教育者和
受教育者，因为记文大都是作者受他人委托而写，作者对书院的师资和生
源情况并不了解或知之甚少。90%的南宋书院记都写到了书院的创办人，

---

① 陈谷嘉、邓洪波主编：《中国书院史资料》，浙江教育出版社 1998 年版，第 119 页。

② 同上。

主要原因就在于创办人是书院得以产生的最为重要的因素。大部分书院记只是简单提及创办人的姓名，也有少部分对书院的创办人写得非常详细。南宋书院记以景、人、事为铺垫，中心指向勉励后学。如朱熹的《衡州石鼓书院记》"愿记其实，以诏后人，且有以幸教其学者，则所望也"，汪应辰的《桐源书院记》"书以镌于石碑，来者勉焉"，黄震书院记"敢敬书以勉"。南宋书院记所言事理，核心不出一个"理"字。南宋书院的记是表达南宋书院大学精神的语言符号。南宋时期，岳麓书院、石鼓书院、白鹿洞书院、丽泽书院、武夷书院都有人作记。其他书院记都表明要学习这些著名书院的事理，延续道统。例如，袁燮在《东湖书院记》说："古者学校既设，复有泽官，今长沙之岳麓、衡阳之石鼓、武夷之精舍，星渚之白鹿，群居丽泽，服膺古训，皆足以佐学校之不及。此邦为今都会，而不能延四方之名流，讲诵磨切，殆非所以助成风教，请筑馆焉。"①东湖书院是以阐明陆学为目的。赵与沨《岱山书院作记》说："书院有记，固常闻之矣。朱文公于石鼓则曰，养其全于未发之前，察其机于将发之际，善则护而充之，恶则克而去之。吕成公于白鹿洞则曰，挹儒先淳固悫实之余风，服《大学》离经辨志之始教。张宣公于岳麓则曰，率性立命，知天地而宰万物也。尝试察乎事亲从兄应物处事，是端也，苟能充而达之，则仁之大体岂不可得乎？及其至也，与天地合德，与鬼神同用。至于武夷精舍，出于韩无咎之笔，亦曰，元晦儒者也，方以学行其乡，善其徒，非若畸入隐士遁藏山谷，服气茹芝以慕夫道家之流也。是数者，天下之名书院也，记之者，皆天下之名君子也。今岱山有书院，不范诸此，将奚范与？"② 这是十分明确提出要以石鼓、白鹿洞、岳麓、武夷四书院为楷模建设好岱山书院。该记文的末尾，由岱山推向天下，指出要"充石鼓扩充之善，固白鹿淳固悫实之风，率岳麓天地合德之神，宏武夷学行其乡，善其徒之学"③。所有南宋的书院记，都表达了大学弘扬道德理性的事理。有的书院记除了表明伦理事理的内容外，还有主张学习军事、医学等事功技艺的内容。例如，陈元晋《汀州卧龙书院记》是一篇难得的书院从事军事教育的文献。时当南宋后期，蒙古灭金已成定局，其南下之势亦极明显，国家安全受到更大的威胁。该书院记说，李华虽处闽西山中，

① 陈谷嘉、邓洪波主编：《中国书院史资料》，浙江教育出版社1998年版，第119页。
② 同上书，第138—139页。
③ 同上书，第139页。

但对大势看得比较清楚，因此他希望借书院培养一批有卧龙诸葛亮之志且懂得军事可以指挥作战的人才。该书院记说："夫灵于物而为人，秀于民而为士，凡宇宙内事，皆吾分内事也，苟一物之不体，则吾身为不仁。古之人视民饥溺由己所致，弗克俾后为尧舜，则若挞于市，盖士人之身其任重固如此，而非曰食君主禄则惧其以下任事为幸耳，而况大义末伸，四郊多垒，事会方来，顾沉酣于生死醉梦之境，顽然而弗之思可乎?"① 至于该书院设像祭祀，画八阵之图，书写"王业不偏安，汉贼不两立"的警语等，意在营造一个适合进行军事教育以救亡图存的环境。

相对汉唐讲授先秦儒家作品的方式而言，南宋书院的教师广泛以"讲义"这种文体符号来探寻其义理，建立理解者与经典作品之间的意义联系。"讲义"不仅是一种解经方式，而且是一种教育活动的原始记录。李延寿《南史》、李百药《北齐书》都出现了"讲义"一词，分别指佛教、儒家讲说经义的活动。隋唐时期也有此类记载。"讲义"作为宋代流行的经学体例与宋代盛行的重视经学原典、阐释经典义理的学术风尚、讲学旨趣有关。宋儒的"讲义"大体可以分成三种类型：给皇帝讲经的讲义，通常称"经筵讲义"；国子监、州县等各级官学的讲义；书院讲义。从现存的文献资料来看，作为理学学者创造的经学体例之一的"书院讲义"，基本上是出现于南宋时期。从中国教育史看，南宋书院讲义更能够体现理学家的学术思想在学生中的传播与精神追求。《宋元学案》所称道的乾淳"四君子"即张栻、朱熹、陆九渊、吕祖谦，他们均创办并主持书院讲学，与此同时他们均留下了书院讲义。他们的弟子及再传弟子在书院讲经、编著书院讲义者更多。较著者有朱熹门人陈文蔚。他曾担任几个地方的州学教授并主持、授徒于多所书院，包括丰城的龙山书院、宣春的南轩书院、景德镇的双溪书院、星子的白鹿洞书院并留下诸多书院讲义，包括《龙山书院讲义》、《白鹿洞讲义》、《南轩书院讲义》，这些讲义主要是阐发《孟子》、《中庸》大义。又如朱门后学王柏，曾受聘主持上蔡书院，著有《上蔡书院讲义》。南宋后期，"书院讲义"已经成为一个较为普遍的经学体例与教学体例，一些方志还将这些讲义搜集起来，刊印出版。如果与其他解经体例作一比较可以发现南宋书院讲义有如下特色：

---

① 陈谷嘉、邓洪波主编：《中国书院史资料》，浙江教育出版社1998年版，第208—209页。

（1）书院义理之学的特色鲜明。宋儒解经重义理，他们根据需要而采用不同的解经体例，包括传记、章句、训诂、注解、集解、集注、本义、大义、讲义、精义等体例。不管采用什么体例，他们解经的最终目的仍是阐发经典中的义理。如朱熹的《四书章句集注》即使用汉唐儒家常用的"章句"、"集注"体例，完成其建构义理之学的目的。但是，与这些"章句"、"集注"的体例相比较，"讲义"则是让宋儒能够更加方便、自由表达其义理之学的体例。一般来说，章句、训诂、集注均必须围绕经文作字、辞、句的注释，而讲义则往往从经文中提炼出大义，然后围绕"大义"作深入系统的阐发，所以，在讲义中，宋儒可以脱离经文而讲解大义。（2）书院为己之学与切己体认的内在精神人格追求。重视义理之学的不仅仅是宋儒，汉代今文学家也喜欢探讨儒经中的"大义"，但是宋儒探讨儒家经典义理时，特别强调这种求学的首要目标是内在的"为己之学"，求学的方法是"切己体察"。这样他们在解经时所阐发的义理就不会是与己无关、抽象外在的道德义理，而是关切到自己的内在心性、精神人格。宋儒的书院讲义完全是为书院士子而作，故而特别鲜明地体现出这一特点。（3）书院讲义中表达不同学派的学术旨趣与为学之方。南宋理学有一个突出特点，就是不同学术旨趣的理学家们往往在不同书院传播理学并且形成不同学术派别。这一点亦在不同书院的讲义中呈现出来，理学家们通过他们的讲义而表达自己的学术旨趣。譬如，在南宋理学学派中，以张栻为代表的湖湘学派追求理学与经世的结合，具有既讲性理之学又重经济之学的学旨趣。吕祖谦的婺学明显具有"兼取其长"、"中原文献"的特点。而朱熹学派则重视格物致知，故朱子后学王柏在讲义中说，初学者且当以读书为主，是事事物物固皆有当然之理与其所以然之故；不读书，则无以识其事事物物之则也。这就明显表现出朱子学派的学术旨趣与为学之方。①

　　南宋书院的语录作为一种文体，主要是记录讲道、传教、论事、交际等的问答口语。语录不是告知学生以普遍抽象的定理，而是通过大量的对话以确立修德之始点，而一旦获得了这个始点，那么书院教育必须解决的不是理解层面上的难题，而是意志层面上的难题。任何一种思想都需要相关的符号来表达与传播，这里的符号不仅是指物质层面的技术媒介，如声

---

　　① 朱汉民、洪银香：《宋儒的义理解经与书院讲义》，《中国哲学史》2014 年第 4 期。

音媒介、纸质媒介、电子媒介，而且也指思想表述与传递的文体形式，如诗歌、书信、论文，等等。就儒家思想之表达、传播的文体形式而论，汉唐儒家多是通过经典注疏的形式进行的，而南宋书院理学家在传统的文体形式之外，还利用语录体这种文体性质的符号表述与传递自己的理学教育思想。语录体的特征有四：编纂之时，言谈主体人物已然故去；所"述"重点为教学内容，多用问答体和口语；既有当时实录，也有后代追记；流传于民间，属于私家著述。① 据考证，《旧唐书·经籍志上》录有孔思尚《宋齐语录》书名。这是"语录"之名最早出自的文献。胡适说："自佛书之输入，译者以文言不足以达意，故以浅近之文译之，其体已近白话。其后佛氏讲义语录尤多用白话为之者，是为语录体之原始。"② 佛教语录始于唐中叶禅宗之《坛经》。宋代书院理学家语录体的流行是受到禅宗的影响，但禅宗的语录体流行乃是在理学家语录体流行开来之后发生的现象。晁公武《郡斋读书志》集各种书目近 1500 种，以搜罗唐代和北宋时期的典籍最为完备而著称。在这部中国目录学的大书之中没有把佛教的语录归类于"语录类"，而把 20 余种理学著作归入"语录类"。《宋史》著录了语录二卷（程颐与弟子问答）、延平师弟子问答一卷、语录四十三卷（朱熹门人所记）等，以及刘安世、谢良佐、张九成、尹焞、陆九渊等人的语录。其中比较突出而又编成了书的有《二程语录》、《朱子语录》、《南轩答问》和《象山语录》等。正如美国汉学家所说，禅宗佛教徒们确实可能早于新儒家大约一百年就已采用"语录"形式。但另一方面，这种体例直到 11、12 世纪，也就是说，直到它在理学家之间流行开来时，才开始在禅师自身圈子内繁荣起来。③ 南宋书院语录与禅宗语录一样，都是对教学活动的记录。

南宋书院理学家为什么青睐语录体呢？有研究者认为可从以下五个方面寻找答案：第一，书院对书面语言普遍持谨慎态度。理学家认为，不务道德而只以文辞为能者，艺焉而已。张思叔喜欢把程颐老师的口语进行文学加工，改写成文绉绉的文字。此举后来遭到朱子贬抑：张思叔语录多作文，故有失其本意处，不及语录为善。第二，书院普遍对口传与面授情有独钟。与对文字书写的不信任联系在一起，理学家非常看重谈话、对话这

---

① 张子开：《语录体形成刍议》，《武汉大学学报》2009 年第 5 期。

② 胡适：《胡适教育论著选》，人民教育出版社 1994 年版，第 50 页。

③ ［美］田浩主编：《宋代思想史论》，社会科学文献出版社 2003 年版，第 395 页。

些当面指点的沟通方式在传道之中的作用。"听讲"与"阅读"本是学习知识的两种重要途径,但两者确实存在着较大的区别。师生相对论理,自然适中,如渴予之饮,饥予之食,滋味甘美。若持书册慢慢读过,是原未饥渴,予之饮食,虽琼液珍馐,不过葵藿而已。通过对话既可以因材施教,又可以根据对话展开的场域的教学情境,让当事人始终保持有效的互动。另外,阅读活动会流于个人偏执理解而不自觉,而师友在场的对话可以众论毕现。第三,书院语录体是一种更加自由的话语方式。语录体把学生从对圣人言语的逐行式的回应这种束缚下松解出来,以使他能够更自由地反思文本,更准确地把握先贤们是如何对他和他的同时代人所面临的问题作答的。第四,书院语录体是一种更加切己的话语方式。在语录体中,不再只是作者本人主宰着话语的主题,而是参与对话的双方乃至多方共同建构着对话的主题。这些主题或者是由导师对弟子修道进展的询问引起的,或者是由弟子请教读书之中遇到问题展开的,或者是由弟子当下的生存问题构成的。在其中,对话双方不是简单地陈述各自所见,而是围绕当场产生的困惑寻找出路。在语录体之中,话语行为是第一位的。在很多场合下,师徒之间的对话如同是精神分析师与病人的对话。第五,书院语录体的传道弘道意识高涨。书院教育家面对前来求学的年老者,往往不会亦步亦趋指导其读书,而是直接把先秦儒家作品的要义讲给他。显然,在书院教育家看来,当下的对谈才是传道的最有效的方式。如果说禅宗语录体是悟道的禅师与有待开悟的参禅者之间的对话,那么理学家的语录体可以说是先知、先觉者、传道者与弟子之间的对话与交流。因此,在记录老师话语,乃至刻录语录等行为的背后反映的乃是强烈的传道意识、弘道意识。可以说,语录成了道统承传的不可或缺的有效"载体"。如果说印刷业的发达乃是促成理学语录流行的外在机缘,那么理学家对待口传与书写的态度、传道弘道意识以及语录文体自身的特征则是语录体流行的内在原因。① 理学哲理艰深,学起来难于进入情境,若用理学学术语言宣传,不容易抓住人心。所以朱熹、陆九渊吸纳市民、乡民的俗语、俚语和日常生活用语,为书院理学的传播增加了生活气息,很好地解决了理学的普及和教化问题。朱熹《四书集注》中的一些语录词汇,例如"天理良心"、"诚心诚意"、"人欲横流"、"涵养工夫"等等,已成为社会上流行的口

---

① 　陈立胜:《理学家与语录体》,《社会科学》2015 年第 1 期。

语。因此，在某种意义上讲，南宋理学大师本质上是出于为满足大众精神需求而奔忙的流行文化的推广者。《朱子语类》无疑代表了语录体的高峰。语录保存了许多优秀的书院教学案例。

南宋书院学规是对学生学业和言行作出规范的一种文体符号。绍兴十四年（1144年），南宋建宗学于临安，大学生50人、小学生40人，入学宗子并依州学例，日给饮食，有学规、斋规。在南宋书院学规产生之前已经有宗学颁行了学规。南宋书院"学规"是书院制定的最重要的规章制度，"内容多包括修品立业，读书治学两个方面"①，也称学箴、揭示。南宋书院学规虽不多见，但在中国高等教育史上具有重要地位。南宋书院学规的内容要义有三：一是确立办学宗旨，宣示书院教育的方针，为诸生确立目标，意期立志高远，养成正确的人生理想。二是规定修身养性的程序和方法，即多理性的规劝，更重日用伦常规范的建立，言者谆谆，无非是想为学者提供更多至善达德的帮助。三是指示读书治学的门径和方法，多为山长半生攀登书山、畅游学海的总结，言出肺腑，语凝心血，无论是正面的引导，还是反面的警示，皆为视书院教育的结晶。② 例如，吕祖谦文集中《学规》所收录五种丽泽书院"规约"，记录了他耗费六年时间对书院制度化建设所做的贡献。最早的是《乾道四年九月规约》（1168年），其次是《乾道五年规约》，再次是《乾道五年十月关诸州在籍人》。乾道五年十月，吕祖谦离开丽泽书院，赴任严州州学教授。第二年，升太学博士，回家乡，与诸生会讲丽泽，订立了《乾道六年规约》，共七条，内容与家庭道德、士人行为举止有关。第五个是《乾道九年直日须知》，明确吊慰、丧礼、祭钱、赙仪等丧葬礼的规矩。吕祖谦五种丽泽书院学规中，《乾道四年九月规约》规定，丽泽书院学生"以孝悌、忠信为本"，"或犯，同志者规之；规之不可，责之；责之不可，告于众而共勉之；终不悛者，除其籍"③。这个学规的内容比较具体而且内容丰富，既有治学之本，又有具体细目；既有上课、考试的纪律，又有课外言行的规范；既有如何对待院内事的规定，也有如何对待社会问题的规范；既有正面要求，又有教育处罚办法。这样的学规对于规范日常行为进而提高道德修养水平无疑起到了帮助和督促的作用。吕祖谦制定的五个学规的合理性表现在：

①　季啸风主编：《中国书院辞典》，浙江教育出版社1996年版，第711页。
②　邓洪波：《中国书院史》，上海东方出版中心2004年版，第161页。
③　吕祖谦：《吕祖谦全集》（第一册），浙江古籍出版社2008年版，第359页。

（1）教师和学生在学规面前人人平等。（2）对于入院者的要求上将道德要求放在首位。（3）在集体生活中，必须互相激励，互相监督，彼此互相照顾。（4）要求成员不随便品评他人，不言语伤害人，实事求是；不阿谀奉承，正确处理人与人之间的情礼关系。（5）要求学生尊敬老师。（6）在书院中不同的场合要衣着得体，整体形象要靠合适的行为举止来建立。（7）要求不接触赌博、斗殴、酗酒之类的事情。（8）专门对成员的学习作了规定，明确了学习目的和方法。（9）处罚分为规劝、责备、公布、除籍。还有一种处罚方式是利用集体的教育力量来教育成员。通读五种丽泽书院学规，我们可以发现充斥其间的语气是非常强硬的，最明显的表现是"毋"字很多，这是郑重的"警告"。《乾道五年规约》中还出现了"同志"一词，表明丽泽书院同学不论身在何处，或亲身预集，或通信联系，从此就变成了一个具有相同理念的团体。后来，南宋《明道书院规程》继承了吕祖谦丽泽书院学规的特点。它规定了招生、教学、祭祀、考试、考勤、惩罚、言行举止等各方面的内容。其有所不同的是：独具一格的入学考试及录取标准；授讲、签讲、覆讲程序清晰的教学方法；讲经、讲史分开进行，而且一、三、六、八日交叉轮讲，涉及课程设计与讲授；经、史、举业并重的考试科目，说明书院的务实学风；以德业簿、请假簿、讲簿为核心的簿书登记，使教学、考核皆有据可查，有凭可证。

　　《丽泽书院学规》的特点是"范其体"，和《白鹿洞书院揭示》五教之目的"事其心"相辅相成，正好可以互为补充。因此，稍后便有人将二者合而并行，称作"朱吕学规"。例如魏了翁《跋朱吕学规》，对二规异曲同工之妙大加赞扬。相对于《丽泽书院学规》的禁令语气而言，《白鹿洞书院揭示》呼唤人的自觉性。朱熹的《白鹿洞书院揭示》是受胡瑗、吕祖谦规条、陆九龄学规构想、佛教清规条文、董程《学则》等的影响而形成的。朱熹《白鹿洞书院揭示》正文是："父子有亲，君臣有义，夫妇有别，长幼有序，朋友有信。右五教之目，尧舜使契为司徒，敬敷五教，即此是也。学者学此而已。而其所以学之序，亦有五焉，其列如左：博学之，审问之，谨思之，明辨之，笃行之。右为学之序。学、问、思、辨四者，所以穷理也。若夫笃行之事，则自修身以至于处事接物，亦各有要，其列如左：言忠信，行笃敬。惩忿窒欲，迁善改过。右修身之要。正其义不谋其利，明其道不计其功。右处事之要。己所不欲，勿施于人。行有不得，反求诸己。右接物之要。"①通览此学规，全是教人如何做的循循善诱的语气。《白鹿洞书院揭示》又名《白鹿洞书院学规》、《白鹿洞书院教条》，系朱熹"特取几圣贤所比教人为学之大端"，意在"诸君其相与讲明遵守，而责之于身"。它是"朱熹的书院教育思想，不，是他的高等教育思想，不，是他的全部教育思想，最集中、最系统、最完整、最精粹的表述"②。《白鹿洞书院揭示》正文79字、附注98字、跋260字。其正文无一字无来历。"五教"出自《孟子》。然《孟子》有"五教"内容，无"五教"之名。《尚书》有"五教"之名，无"五教"内容。"五序"出自《中庸》。"三要"："修身之要"的"言忠信，行笃敬"出自《论语》；"惩忿窒欲"出自《周易》；"迁善"出自《孟子》；"改过"出自《论语》和《孟子》。"处事之要"出自《汉书》。"接物之要"出自《论语》和《孟子》。以上经典文献，传到朱熹时代，经过漫长的历史的检验。朱熹从中只选出79字，可见他对儒家义理的信仰是认真的态度。《白鹿洞书院揭示》中的伦理思想、教学过程思想均以儒学的义理为依据。"五教"都是讲伦理的，伦理是道德之本，不是道德本身。"父子"是一"伦"（关系），"亲"是此伦之"理"（原则）。君臣是一伦，"义"是此伦之理。夫妇是一伦，"别"是此伦之理。长幼是一伦，"序"是此伦之理。朋友是一伦，"信"是此伦之理。每伦之理各有相关的道德。朱熹在此认为，"五教"是大学性质的书院的全部内容。"五教"怎样在书院的教育活动中得到有效的传授呢？这就涉及教学过程的问题了。《白鹿洞书院揭示》中的"博学之，审问之，谨思之，明辨之，笃行之"体现了朱熹的教学过程观。这与《中庸》里的"博学之，审问之，慎思之，明辨之，笃行之"只有一字之别，足见其所受先秦儒学义理的影响之深。③ 张显《中庸讲义》（1259年）说："兹五者，所以为圣贤教人之定奉。""五者之旨，字字精功；五者之序，第第贯通。""盖此五者，前之四者，正即行程目录；后之一者，乃著脚行去。"④ 在宋代，作为一个体现教育目的、反映为学方法、揭示教育规律的学规，朱熹的《白鹿洞书

---

① 朱熹：《朱子全书》（第二十四册），上海古籍出版社2002年版，第3586—3587页。

② 涂又光：《中国高等教育史论》，华中师范大学出版社2014年版，第148页。

③ 同上书，第149—151页。

④ 陈谷嘉、邓洪波主编：《中国书院史资料》，浙江教育出版社1998年版，第243—246页。

院揭示》是非常完整的。朱熹制定的学规以"劝善"为主。陈文蔚《双溪书院揭示》继承了其启发学生自觉性的特征。饶鲁掌白鹿之教的时候，将朱熹《白鹿洞书院揭示》揭于自鹿洞书院，并为之跋。1241 年，宋理宗在视察太学时亲自书写《白鹿洞书院揭示》赐给太学。此后，这个《揭示》作为御颁的学规被摹写，抄录在各地的学校和书院之中作为教育方针。这是一个典型的以理学为指导思想的封建高等教育的总纲领。南宋之后，元明清各代书院差不多都以白鹿洞书院为楷模，白鹿洞书院教规几乎成为各级学校的基本教育纲领。[①] 这个学规不仅对宋末及元明清时期的教育有过深刻的影响，而且对日本的教育也产生过很大的影响。据 1930 年的调查，在日本全国各个图书馆中，涉及《揭示》的著述、集注、讲义、图说等有 26 篇。20 世纪末，日本学者平阪谦二《〈白鹿洞书院揭示〉在日本的传播》一文统计，日本有很多学者注释《白鹿洞书院揭示》的著作出版，约有 70 种之多，而他搜集到的有 20 余种。朱子学最初传入日本是在镰仓幕府初期，约朱熹死后 10 年左右。《揭示》伴随着朱子学传至日本，对日本的教育产生了影响。《揭示》在朝鲜、新加坡等国家都有重要影响。

---

①   毛礼锐、沈灌群：《中国教育通史》（第三卷），山东教育出版社 2005 年版，第 186 页。

第七章

结论——南宋书院大学精神的现实意义

对于大学到底是什么的问题，从政府到民间，从家庭到学校，从教授到学生，都在探寻答案，但少有从高等教育哲学的视角来回答的。赫钦斯有一句名言："我坚信，大学所要解决的是思辨的问题。"① 而这种哲思所指的第一问应当是"大学是什么"，对此问的回答其实也是对大学精神内涵的揭示。本书已经说过，要用元理学来改造南宋书院的大学精神进而界定大学。本书认为，大学精神是元理学结出的文化硕果，即伦理理性和科学理性有机统一的元理主义。因此，由元物理可知，大学是自治的文化院落；由元义理可知，大学是自信的传统家园；由元天理可知，大学是自修的德性集团；由元道理可知，大学是自由的学术联盟；由元事理可知，大学是自强的创造团队。

第一节　大学是自治的文化院落

由元物理可知，大学是自治的文化院落。"院落"是指四周有墙垣围绕，能够自成一统的房屋组合体。中西方大学都是具有自己民族文化特征的空间，故称之为"文化院落"。它不仅开放地与外界联系成为社会的一个单位，而且独立地自成系统成为一个表征大学精神的物理空间。从某个角度讲，大学好像寺庙，大学人要把经念好，必须排除一切世俗的干扰。欧阳守道《韶州相江书院记》说："岭南韶为文献国，刑狱使者自治在焉。"② 南宋书院具有大学自治观念。大学自治是大学依法自主决策、自

---

① ［美］赫钦斯：《美国高等教育》，汪利兵译，浙江教育出版社 2001 年版，第 63 页。
② 陈谷嘉、邓洪波主编：《中国书院史资料》，浙江教育出版社 1998 年版，第 168 页。

我管理事务的权力，包括组织自治、财政自治、学术自治、人事自治的权力。大学自治不仅关注大学与政府的关系，而且要关注大学内部行政与学术生产主体的关系。

大学自治如何运作？自 2009 年以来，欧洲大学协会多次发布报告，从四个维度 30 项指标对大学的自治状况进行评估。在大学自治四个维度内，各个大学被分成四个群组：81%—100% 之间得分最高的国家所组成的群组，61%—80% 之间的得分中高的国家所组成的群组，41%—60% 之间的得分中低的国家所组成的群组，0—40% 之间得分低的国家所组成的群组。2017 年欧洲大学自治的情况是：（1）组织自治。组织自治指一所大学定义其领导模式、治理组成和结构、内部学术结构以及创建各种法人的能力。英国在组织自治领域位居首位，丹麦（94%）、芬兰（93%）和爱沙尼亚（88%）也属于各种高度自治系统最高群组，该群组还包括了比利时法语区（90%）和立陶宛（88%）。中高群组扩展到 13 个系统，而中低群组则由面临着在机构自治各个领域受到监管制约的 9 个系统组成。唯有卢森堡位居末位，被列入得分低的组群里。（2）财政自治。财政自治是通过以下方式确定的：公共资助金的期限和类型、保持资金盈余的能力、借款的能力、拥有自己的建筑物、对本国或者欧盟的学生收取学费的自主能力以及对非欧盟国家的学生收取学费的自主能力。在财政自治领域，得分最高的群组以卢森堡（91%）、拉脱维亚（90%）和英国（89%）这 3 个国家为首。中高群组包括了 11 个系统，而中低群组则由 13 个系统组成。财政自治方面的低分群组成员包括匈牙利（39%）和德国黑森州（35%）。（3）人事自治。人事自治主要指决定高级学术人员和高级行政管理人员的招聘程序、薪酬、解聘和晋升的能力。10 个系统得分高于 80%，爱沙尼亚的得分达到 100%。其后，人事自治排名依次是瑞典、英国、瑞士、卢森堡、芬兰、拉脱维亚、丹麦、波兰和立陶宛。中高群组包括了 9 个系统，而克罗地亚的得分低于 41%，成为唯一的在人事自治方面处于低位的国家。爱尔兰、匈牙利人事方面的自治得分较低。（4）学术自治。学术自治主要指学生总体人数、挑选学生、引入或者终止课程、选择教学语言、选择一种质量保证机制和提供者以及设计学位课程内容的自治。得分最高的群组包括 9 个系统。爱沙尼亚以 98% 得分居于首位。其次为芬兰（90%）、爱尔兰、卢森堡和英国（得分均为 89%）、德国的黑森州和北莱茵—威斯特法伦州（88%）、挪威（83%）。冰岛与另外 5 个系统同属后一个群组。属于得分中低群组的系统的数量最多，有着 11 个系统。低群组包括 3 个系统——法国、比利时佛兰德斯省和比利时法语区。该报告确定了有关欧洲大学自治的几种发展动向：不只是大学自治的单一维度，少数高等教育系统的系统变革已开始。在大学自治方面，一些系统已开始优先处理"较弱"的领域。国家的指导作用正在越来越多地通过各种资助方式（更加频繁地使用基于绩效的资金、多年合同）或者通过各种问责制要求表现出来。对于欧洲各个大学而言，不存在任何自治会越来越高的自然趋势，自治的提升只是持久的承诺以及机构与政府之间积极对话的结果。[①] 在美国，政府控制与大学自治之间有对抗，也有依存，两者之间形成了一个博弈的过程。第二次世界大战以来，随着大学逐渐成为社会发展的轴心机构，政府开始大规模介入高等教育，通过颁布行政法规、实施税收调控、拨发财政资助等方式对大学发展实施影响，大学不仅成为经济发展的重要引擎，同时还被赋予了更多的政治功能，成为政府实现国家目标的工具。在政府控制力量不断加强的过程中，大学也在通过各种方式努力维护自己的自治权利，争取在与政府力量的博弈过程中更多地实现自己的利益，明显体现在三个方面：在大学的内部机构设置中增设处理政府事务相关的部分；成立大学协会、联盟，以利益集团的形式影响政府的教育政策制定；开拓多元化筹资渠道，积极利用各类私人资本降低大学对政府资金的依赖度。在美国，虽然政府对大学的控制从整体走势上来说呈现一个逐渐加强的态势，但政府力量对大学的介入有一个无法逾越的边界，那就是大学的特许自治权。政府对大学的控制方式明显具有间接性特征，即主要通过立法控制、合同控制、质量管理和参与董事会决策的方式来实施控制。[②] 在中国，严复首次提出"大学自治"的教育思想。其大学自治思想对蔡元培实施的评议会和教授治校模式产生了很大的影响。但从最近几十年我国高等教育的历史看，还没有出现如何协调政府与大学之间的关系、如何协调大学内部行政权力与学术权力之间的关系更好的大学治理方式。大家仍然在探索。改革开放 40 年来，中国创造了成功的农村土地承包制、企业改革制，也一定能够创造出建设一流大学的大学治理方式。

---

① ［美］凯伦·麦格雷戈：《欧洲大学协会发布欧洲大学自治报告文》，《世界教育信息》2017 年第 16 期。

② 刘虹：《控制与自治：美国政府与大学关系研究》，博士学位论文，复旦大学，2010 年。

　　大学自治首先就是要在政府的行政管理和高校的自主之间找到平衡点。政府对大学承担着管理的职能，但这种管理必须是有限的。管理的有限性强调政府角色从指令型向服务型转变。如果政府干涉太多，那么会导致政府领导大学的潜力无法充分发挥。中国的大学自治其次是大学内部治理的有效性。历史证明，"教授治校"乃是由大学教授自己治理大学的一种管理制度和管理模式。胡适把它的积极作用概括为：增加教员对学校的情谊、利用多方面的才智、使学校不因校长的变更而动摇全体。"教授治校"最直接的含义就是赋予教授治理大学的权力，从而为学术自由提供保障。众所周知，学术权力是分散型的，其运行是自下而上的；行政权力则是科层制的，其运行是自上而下的。学术权力讲道理，行政权力讲权威。二者之间既矛盾又统一。大学是专门从事学术生产的机构，而学术生产具有专业性，因而进入大学从事相关活动者必须有专业学习和理智训练的经历。显然，只有大学的学者最具备这些要求，他们最能够理解学术生产的规律。因此，"教授治校"的管理理念对于任何时代的大学都是适合的。不可否认，教授治校是西方大学的发明。作为欧洲的大学管理模式，它萌芽于 13 世纪的巴黎大学。然而，真正使"教授治校"得以确立并深刻影响后世的是 1810 年德国柏林大学的创立。尽管柏林大学创建的动机是为了挽救国家的灾难，但创办者洪堡明确指出：绝不能要求大学直接地和完全地为国家服务，而应当坚信，只要大学达到了自己的最终目标，它也就实现了而且在更高的层次上实现了政府的目标，大学由此所产生的影响远远超过政府的范围，远非政府的种种举措所能企及。这种深刻的学术自由理念，使柏林大学把教授管理大学事务的权力推向了极致。如果说学术自由是柏林大学的精神内核，那么教授治校正是体现这一精神的载体和形式。据考证，真正将西方现代大学理念引进中国并创建中国现代大学制度者，当为蔡元培等人。中华民国成立后，教育总长蔡元培起草《大学令》，对中国现代大学之功能、性质、使命、制度等进行新的构建，形成了中国现代大学制度的基本框架：大学以教授高深学术、养成硕学闳材、应国家需要为宗旨；大学权力在教授组成之评议会和教授会，而不操于行政管理者之手；大学虽实行校长负责制，但评议会、教授会之组织设置，保证了学术独立和学术自由；大学院之设立，为大学师生提供了继续研学之机会。这一规定为教授参与大学管理提供了法律依据。蔡氏任北大校长后，将《大学令》中有关规定付诸实施。1920 年 9 月，蔡元培对北京大学之组织建设回顾道："已经组织的唯有评议会、教授与教务会议。一年以来，行政会议与各种委员会均已次第成立。就中如组织委员会、聘任委员会、预算委员会、图书委员会等，都已经办得很有成效，与从前学长制时代大不相同。其余若仪器委员会、审计委员会等，也想积极进行。"①这说明，教授治校不仅成为蔡元培及多数北大人的共识，而且在北京大学得到了实施，形成了一套教授治校制度。时人评论道："教务会议仿欧洲大学制。总务处仿美国市政制。评议会、行政会议两者，为北大所首倡。评议会与教务会议之会员，由教授互选，取德漠克拉西之义也。行政会议及各委员会之会员，为校长所推举，经评议会通过，半采德漠克拉西主义，半采效能主义。总务长及总务委员为校长所委任，纯采效能主义，盖学术重德漠克拉西，事务则重效能也。"② 北京大学率先设立评议会及教授会，将教授治校原则付诸实施，对全国各地大学产生了重要的示范效应。如国立东南大学不仅设立评议会，而且同时设置教授会。梅贻琦1931 年出任清华大学校长，以教授治校的理念治理清华，经过他 18 年的经营，清华大学名震天下。其教授治校的管理模式的形成缘于他的大学理念和大师论。他认为办大学应有两种理念：一是要研究学术，二是要造就人才。要实现此大学理念，就必须实行教授治校，因为"所谓大学者，非谓有大楼之谓也，有大师之谓也"③。

　　既有"教授治校"之论，为什么又有了"教授治学"之说呢？"教授治学"的出场始于蒋梦麟。在 1931 年 1 月 26 日的北大纪念周上，他明确提出"教授治学"的办学主张，并以此为依据改变了学校的一些规章制度。1932 年 6 月蒋梦麟主持北大，制定了《国立北京大学组织大纲》，取消了大学评议会，代之以校务会议，由校务会议和行政会议共同决定大学预算、学院学系之设立及废止、大学内部各种规程等重大事务。至此，北京大学的校长集人事权与决策权于一身，教授在大学管理中的地位日益式微。中国改革开放后，"教授治学"这个概念最早见于杨叔子《论教授治学》（2002 年）一文。该文认为，教授治学有两层含义：一是教师要做

---

① 中国蔡元培研究会编：《蔡元培全集》（第四卷），浙江教育出版社 1997 年版，第188 页。

② 王学珍、郭建荣编：《北京大学史料》（第二卷），北京大学出版社 2000 年版，第116 页。

③ 梅贻琦：《梅贻琦教育论著选》，人民教育出版社 1993 年版，第 24 页。

学问，二是教师要参与学校的学术管理。2000 年 5 月东北师大在国内高校率先成立了教授委员会。其教授委员会的核心职能主要不是管理，而是治学；教授治学是教授委员会的本质，其内涵包括教授治学科、治学术、治学风和治教学。至此，教授治学日益成为热点，与教授治校形成了一对微妙而又纠结的概念。其实，"教授治校"和"教授治学"是两个性质不同的概念。教授治校是作为一种大学制度，以学术自由和大学自治为根本，具有普适性；而教授治学仅仅是个别教育家的教育思想，不能上升为普适的大学制度。在中外大学史上，尽管涌现出了林林总总的教育思想，但不是所有的教育思想都能够上升为大学精神，只有那些经过长久的沉淀，对大学发展具有关键作用的价值才可能积淀为大学精神。只有上升为大学精神的高等教育思想才具有普适性。教授治校作为一种大学的治理结构，由系列的规章制度而确立；教授治学最多只能看作大学管理者对大学教师职业道德的一种诉求。从中外大学史看，教授治校的实施都是在大学章程的框架下，以一定的组织形式来保障教授执掌大学内部事务特别是学术事务的决策权，并对外维护学校的自治。相对而言，教授治学难以成为大学制度范围的概念。如果把教授治学界定为教授参与学术管理，那么，其含义就等于大学史上的教授治校；如果教授治学的实质是教授"做学问"，那么，做学问本来就是"教授"的应有之责，不需要作为一个多余的概念而提出。教授治学即"治学科、治学术、治学风、治教学"的提法虽然强调了学风和教学的重要性，但其分类不合逻辑。不过，"教授治学"是个非常巧妙的概念，它一方面安抚了某些教授的官念，另一方面又不破坏大学中的固有结构，保护了现有权力者的既得利益。因此，教授治学不是一个严谨的概念，不能进入大学章程；教授治校才是一个民主管理制度的概念，应该得到当今大学章程的重视。

中国大学自治的本质是解决权和利的归属问题。从学理上说，中国大学自治的外部关联的战略是：以当年建经济特区的胆识形成以大学为主导、以复兴中华文化为主旨的文化战略中心；大学重组的方向将可能是精英教育与大众教育分工——职业教育产业化，大学教育以国家为后盾成为文化战略中心，师范大学应当复位成为全国教育指导中心，网络教育的主要对象是促进终身学习的社会态势；进一步扩大办学自主权、放宽学术自由度；行政职能减弱，学术权力并非对抗意识形态而是探求推动意识形态与时俱进，并促进整个社会的进步；重建大学的评价规范和学术评判体系，充分注意人才质量和学术价值的延时性。中国大学自治内部管理的战略是：学术化、人本化、人文化将逐步取代官僚化、工具化、手段化，学术权威、学术地位将逐步强化。作为大学精神的灵魂的"人文关怀"将在更高层面上复归，重构大学的学术氛围，人事管理制度与资源配置方式为学术创造服务，大学造就一流人才、创造一流成果服务社会。中国大学宜取校长兼党委书记的领导体制，减少不必要的麻烦；大学校长要有审时度势、务实求真、学术一流、公正抑私、包容万物的教育家素质。

第二节　大学是自信的传统家园

由元义理可知，大学是自信的传统家园。"自信"一词最早出自《墨子》中的"彼有自信者也"之说，后来《旧唐书》、韩愈《谢自然诗》中都出现"自信"的语例。自信即相信自己，生命个体的自信来自于过去的经验，大学的自信来自于传统文化。中外大学之所以能经受沧海变桑田般的考验，是因为它拥有强大的遗传因子，拥有稳定的文化传统——追求真理、学术自治、学术自由和学者社团。"传统并不是一尊不动的石像，而是生命洋溢的，有如一道洪流，离开它的源头愈远，它就膨胀得愈大。"[①] 传统赋予大学自信力。

学术思想史表明，人类最初的文化形态是宗教和神话，哲学脱胎于宗教和神话。世界各民族都有宗教和神话，然而不是每个民族都有哲学。在诸多世界古代文明中，只有中国、印度和希腊产生出一般意义上的哲学，而且这三个民族的哲学是在大致相同的时期诞生的。思想家把人类精神的这一突破时期称为"轴心时代"，大约在公元前600年。这个时代，中国产生了以儒家为代表的中国哲学，印度出现了佛教典籍，希腊哲学出现了苏格拉底、柏拉图、亚里士多德的思想。中外大学教育思想所继承的传统，源头就是这三大文化形态。就中国古代的传统而言，一方面是儒家思想的十分明显的人文主义性格，另一方面是儒家文化又具有一个世界文化史上最长久的、连续的经典解释传统。这样一个传统的存在显然是与经典的权威性联系在一起的。中国文化与其他文化的不同也许不在于"外在"

---

① ［德］黑格尔：《哲学史讲演录》，王大庆译，商务印书馆1959年版，第8页。

和"内在"的对立,而在于什么样的外在怎样内化为人的价值观念。价值不取得一种外在的权威形式,或通过某种权威性的途径,其内化必定是不充分和不完善的。承认圣人与经典的权威是中国哲学的传统。中国哲学对传统的一般态度是把传统看作一种积极的力量,一种保持文化认同的价值稳定的力量。这种态度是基于如下观念:(1)历史是连续的、同质的,因而历史的经验必然对今天和未来有意义。(2)个体的知识和经验都是有限的,所以每个人就必须在历史上的文化积累中汲取智慧。(3)经典是被历史筛选出来并得到世代确认的,因而尊重传统即信任经典的教义。(4)传统的核心价值体系,体现了宇宙的真理,体现在传统的价值具有超时代的意义。(5)中国文化中,哲学的主要目的是为人指出最好的生活方式和精神方向,历史则提供了应付各种冲突的有效方法。由此可见,中国哲学认为尊重传统本质上是尊重历史、尊重权威、尊重价值、尊重伦理的连续性。中国古代哲人往往把理想寄托为"古者"、"圣王所作"、"三代"、"先王之道",这远非复古倒退,因为究竟古代是否有过他们需要的东西常常根本上是无法确定的,这些说法只是为了使理想获得一个权威的说服力。"托古"可以使人把一切与现实丑恶对立的美好愿望在"三代"的名义下用以规范与批判现实,因而这种传统主义也是"当今"的。儒家颂古作为一种形式只是服务于使理想具有合法性而已。但是,当原先合理的传统主义演化为支配社会的泛传统主义时,却很难自发地跃入新的社会形态。① 因此,对于"当下"的、"现实"的一个哲学家来说,个人体悟到的真理,并不能够直接引为哲学的真理,而只能作为哲学的设定。由哲学的设定而转化为哲学的真理,必须作出论证。对于南宋书院而言,将《五经》与《四书》诠释通,这个哲学的设定便意味着完成了论证,从而成为哲学的真理。换言之,释与证是合而为一的过程。实际上,南宋书院由传统儒学到理学的重建,整个就是在重新诠释经典的过程中完成的。为此,首先要老老实实读先贤留下的书籍。朱熹说:"今人说要学道,乃是天下第一至大至难之事,却全然不曾著力,盖未有能用旬月工夫熟读一人书者。……如此求师,徒费脚力,不如归家杜门,依老苏法,以二三年为期,正襟危坐,将《大学》、《论语》、《中庸》、《孟子》及

---

① 陈来:《传统与现代—— 人文主义的视界》,三联书店 2009 年版,第 296—310 页。

《诗》、《书》、《礼记》、程、张诸书分明易晓处反复读之。"① 南宋书院是通过阅读孔孟等先贤留下来的经典作品来继承传统的。可惜的是，正如杜维明所说，在中国，历史的传统已经成为一种遥想。在今天，除了研究中国古代学术的学者之外，有谁还在读四书五经呢？对儒家的经典，你可能连一本也没有读完过。那么，反过来说，你没有深刻地去了解自己的传统，你又凭什么来批判自己的传统呢？当今之教育界，愈是空疏不学，愈会胆大妄为，信口雌黄，批评古人。梁漱溟说，一个民族的复兴，都要从老根上发新芽，所谓"老根"即中国文化传统；中国老根子里所蕴藏的力量很深厚。在西化严重的民国时期，他早就预言，中国将会慢慢找回古人的精神。中国高等教育史上，南宋书院通过"找回"儒家义理并以之为传统，在佛教盛行的时代高举孔孟思想的义旗，通过阐释把儒家义理整合到理学体系中。今日之大学，不妨温习一下"传统"并整合到元义理中，因为缺乏文化传统的大学通常是浮躁不安的。

"传统"这个概念有丰富的内涵，它在赞美之中、在误解之中依然"故我"。范晔《后汉书》说汉朝与日本"世世传统"，沈约《立太子敕诏》要求"树元立嫡"，"守器传统"。"传统"即血统、皇统，其普遍意义是指历代沿袭下来的比较稳定的模式、准则以及它们体现的观念的总和。"传统"有五个基本特征：它是人类在改造自然的实践活动进程中的认识；它具有不同形态的特质；它是经由历史凝聚而沿传着、流变的；它是由多种文化因素构成的有机系统；它是一个不断扬弃和创造的进程，并非是一个封闭体系。② 就思维方式而言，如果说中国传统思维方式有一个最基本的特征，那么在这就是"经验综合型的主体意向性思维"。就其基本模式及其方法而言，它是经验综合型的整体思维和辩证思维，就其基本程序和定式而言，则是意向性直觉、意象思维和主体内向思维，二者结合起来，就是传统思维方式的基本特征。就经验综合性特征而言，它和西方的所谓理性分析思维是对立的，它倾向于对感性经验作抽象的整体把握，而不是对经验事实作具体概念分析，它重视对感性经验的直接超越，却又同经验保持着直接联系，即缺乏必要的中间环节，它主张在主客体的统一中把握整体系统及其动态平衡，却忽视了主客体的对立及概念系统的逻辑

---

① 朱熹：《朱子全书》（第二十四册），上海古籍出版社 2002 年版，第 3593—3594 页。

② 张立文：《传统学引论》，中国人民大学出版社 1989 年版，第 5—9 页。

化和形式化，因而缺乏概念的确定性和明晰性。就意向性特征而言，它突出了思维的主体因素，而不是它的对象因素，但这种主体因素主要是指主体的意向活动及其价值判断，而不是认识主体对客观实体的定向把握，从这个意义上说，它确乎有点像西方的现象学，但它并没有现象学那样的意识"还原"和"悬搁"，它不仅承认对象客体和本质、本体是存在的，而且把自我和自然本体合而为一，构成了一个整体系统。我们说传统思维是意向性思维，只因为它从根本上说是价值论的或意义论的，而不是认知型的或实证论的。① 一般说来，人类认识大致可以分为两种：一种是以逻辑分析为代表的言传认识，另一种是以直觉领悟为代表的意会认识。西方逻辑分析发达，言传认识论较强；东方直觉领悟源远，意会认识论较强，而完整的认识特别是创造性认识需要意会认识和言传认识的有机结合。中国科学理论发展缓慢，特别是近现代科学落后，从认识论上说，与逻辑分析薄弱有重要关系。近百年来，中国积极引进西方现代科技成果，普及和发展逻辑分析的理论和方法，这是完全必要的，舍此就不能使中国文化走向现代化。与此同时，西方学者认识到，只有精致的逻辑分析能力并不能创造，创造需要高度的想象直觉能力，需要简洁、和谐、新奇的审美能力，而这些恰恰是"只可意会，不可言传"的。然而，在我国，出现了从一个极端走向另一个极端的倾向。随着现代科学引入，逻辑分析发展，尤其是哲学文化大一统思想的形成，中国擅长的以直觉体悟为代表的意会认识竟被排挤出认识论的殿堂，似乎中国古代传统的认识论已成为一无可取的古董。这是一个令人痛心的"忘本"倾向。所以，当前有必要加强意会认识的研究工作。在老庄哲学、魏晋玄学、禅宗以及陆王心学中有丰富的意会认识思想，等待我们去发扬光大。②

中国传统思维中的意会是有助于中国走向现代并对世界有所创造的。现实主义者对昔日所创造出来的美术、音乐、文学、古董、古街、装饰品、线装书等有形的东西推崇备至，虽然他们不一定理解它们蕴含的文化意义，虽然他们并不一定要在这种传统的约束之下设计自己未来的生活；人们也常常说到孔子、孟子、朱熹、苏格拉底、柏拉图、康德，虽然不一定理解他们在历史上的作用。传统影响着知识作品的创作，影响着人们的

---

① 蒙培元：《中国哲学主体思维》，人民出版社 1993 年版，第 183—184 页。

② 王忠：《中国传统创造思想论纲》，博士学位论文，中国科技大学，2007 年。

想象和表达，人们承认传统的这种作用，而且其成果也能为人们所赞赏，但是，作为行为和信仰的传统则被认为是无用的累赘。"极左主义者"把传统标记的制度、惯例和信仰有依恋之情的人称作"反动分子"或"保守分子"；在一条由左向右的线轴上，他们被置于"右"端，而"右倾"就是错误的。那些"政治神经病人"又常常把传统和迷信混为一谈，虽然它们之间没有必然的联系。"迷信"的通常意义是，相信不能得到实证检验的，或非实在实体的存在和效应；它是某种形式的错误。迷信确实常常因袭相传，虽然从原则上来说可能而且确实会出现新的迷信。在自称为革命主义者、进步主义者、现实主义者以及科学主义者中间无疑普遍存在着对自己信奉或者创造的"主义"迷信，然而传统却在他们中间背上了迷信所享有的那种坏名声，而他们自己的迷信却免获此丑名。同样，不宽容和教条主义也是一些人加在传统上的特征，他们表示要坚决根除这些罪恶，但自己比传统更加不宽容，更加教条主义。[①] 美国人文主义者对于作为个人的独特性尤感自豪。他们不愿意把自己看作"一类人"。实际上，也很难构建包含他们每个人在内的一般性描述。但是，这个学术上的少数派中的大多数人都会承认一些明确的教育信念，而这些信念都根植于文化中生长出来的传统。20世纪90年代，美国有篇文章描述了一位科学家和支持文学价值观的同事之间一场虚构的辩论。科学家说他代表了时代的精神，文明的火焰必须由每代人给它添加新的燃料，他告诉对方："你是在用昨天的灰烬为今天的文明提供原料，难怪古典研究总是死气沉沉一知半解。它们对人类知识的总量无所补益。它们与现代没有必要联系。"对于这些指责，虚构的人文主义者回答说："要闻到玫瑰的香气，难道人们必须挖掘其根系吗？你们这些科学的人总是在事物根部的泥土中挖掘。"他继续说，美国教育之所以陷入困境，就是因为它被无知的科学掌控着，古希腊文化的精神是必要的。"文化"这个词在人文主义范畴中有几个各不相同的含义：美学的，道德和感情的，以及社会的。[②] 美国文化中生长出来的"传统"并不完全是科学主义的、实用主义的，其传统有很浓厚的人文主义的色彩。

大学对传统的研究，显示了人性中许多比较深刻的需要。"古典的学

---

① ［美］希尔斯：《论传统》，傅铿坚、吕乐译，上海人民出版社1991年版，第4—7页。

② ［美］劳伦斯·维赛：《美国现代大学的崛起》，栾鸾译，北京大学出版社2011年版，第192—201页。

问是我们的各门学科得以生长的土壤，我们的各门学科最后就是依靠这个土壤。"① 大学是经由传统介入当今而走向未来的。就传统的现代转化的时效性而言，传统在现代社会能够焕发出新的活力。因为传统是凝聚着生命智慧的独特文化精神的集中体现，它与现代的生产和生活并非截然对立，格格不入。这种活力之所以能够长久不衰，是因为"传统"主要的文化系统深刻地洞察并捕捉到了人类生命的本质的东西，而只要人的生命存在，传统必然会发挥作用。所以，从个体生命存在的角度来看待传统，可能会更准确、深刻地把握它，并充分地理解它的现代意义。个体的生命活动是一种自觉的、有目的的意识活动，因而它的基本特性决定传统的人文性、动态性、现实性。同时，个体的生命作为一种当下的现实的存在，也使关注人的现实生活成为考察传统的逻辑起点，更是我们理解传统的重要途径和手段。可以说我们对现实理解得越深刻，对于传统的把握就越准确，现代化就进行得越顺利。因此，传统的现代转化既是一个决定性的自然历史过程，也是一个主体能动的创造过程。这就决定了传统的根本特性是普遍性与特殊性的统一、世界性与民族性的统一。传统在其存在形态上，除了具体的历史形态和意义以外，还包含着不为特定的历史时期和特定的表现形态所限定的普遍意义和世界价值。这种具有普遍意义的东西既可以表现为民族性，也可以表现为世界性。但它不能仅表现为时代性，而是更要展现其永恒性。传统作为一种具有永恒人类意义的历史性的生命智慧，不仅在过去，而且在现在，甚至在将来都会对人类的行为产生重要的影响。所以，大学对于传统，既要充分开拓其独特的民族性，从而保持这个民族在文化和精神上的独立，取得文化上的自主性，也要充分发掘其所蕴含的世界性、普遍性的意义，以赢得其在世界立足的根基，并为整个人类的进步作出积极的贡献。只有这样，古老的文化才能与时俱进，在新的时代中焕发出新的生命活力。② 英国学者利文斯通《古典语言和国民生活》（1941 年）说："学习希腊语就是学习一幅人类生活的巨大图画，这幅画并没有完成，而是最接近于完成，它还在绘画着；这幅画基本上是现代式的，因为理智指导着并制约着它的构图；这幅画是关于人的，因为它

---

① 王承绪、赵祥麟编译：《西方现代教育论著选》，人民教育出版社 2001 年版，第 275 页。

② 丁钢主编：《历史与现实之间：中国教育传统的理论探索》，广西师范大学出版社 2009 年版，第 5—6 页。

的主题就是人对于物质世界、对于宗教、对于知识和艺术、对于政治和社会的关系。一个受了希腊语熏陶的人更可能清楚地知道他所思索的东西，因为他与之生活在一起的人知道他们所思想的东西，并且对于生活已经获得一种清楚的、一贯的看法。至少他感到需要这样的看法，否则就会感到不自在。因为他已经理解希腊这幅人生的图画，他就有一种模式来对照自己的时代，有一种标准来衡量这个时代。他不会是从一个英国人或者一个法国人或者一个俄国人的观点，而是从作为一个人的观点来看这个世界。因为希腊精神是一种世界性的、超自然的文化，每个民族都可以按照自己的天赋和传统加以改造和改变。这种文化和基督教一样在它的一切后裔中仍然是一种共同的纽带。"① 如古老的牛津大学在八百多年的历史中始终保持自己固执与保守的品格，有着一种不屑世俗、坚持自己传统的高贵品质。正是这种高贵品质，吸引、熏陶、感染着来自世界各地的学子。传统被通过当今的解构与重组超过它原有的光彩。当然，传统对高等教育的改革与发展具有促进或阻碍作用。当社会的发展要求高等教育作出的改革与传统相一致，至少不相抵触时，传统就会成为一种促进力量，推动着高等教育改革的顺利进行。反之，当高等教育的改革与传统相冲突时，传统就会成为一种强劲的阻力，阻碍着高等教育改革的进程，或者使改革偏离预定的目标，甚至会把一时取得的改革成效渐渐地消失殆尽。②

　　中国传统教育是指中国奴隶制社会末期直至中国封建社会条件下产生和发展的教育实际和以儒家教育思想为主体的教育理论遗产。中国传统教育的精华是：（1）富有平民精神，即机会平等精神。（2）限于人事，丝毫不带宗教色彩，故中国的知识界少有迷信宗教或神鬼者。（3）注重人格感化、感情陶冶，虽主张"师严而后道尊"，但是师生间感情甚好，教师的人格常能影响其学生。（4）理学家对于心理现象有精密的观察，对于个人修养，有独特的总结报告；绳之以近代心理学，虽间有不妥之处，然比之同时的西洋学者，实在是强得多。（5）提倡博爱与和平，结果养成一种爱和平爱人类的国民性。③ 当今之教育界，喜谈杜威、凯洛夫、怀特海、派纳、佐藤学，而对于我国古代的教育传统越来越隔阂。而且一谈

---

　　① 王承绪、赵祥麟编译：《西方现代教育论著选》，人民教育出版社 2001 年版，第 275 页。

　　② 潘懋元：《理论自觉与实践建构——高等教育的历史、现实与未来》，北京师范大学出版社 2014 年版，第 196—197 页。

　　③ 王凤喈：《中国教育史大纲》，湖南教育出版社 2008 年版，第 183—187 页。

到教育思想，就对中国古代的教育传统加以指责，说什么中国古代教育满堂灌，忽视学生的主体性，而国外教育相当重视学生的主体性。其实，哪是他们说的那样。中国教育传统中最丰富的是关于学生自学的思想材料，书院尤其如此。

就南宋书院的传统而言，只要我们认真挖掘，一定能够找出一些对于当今大学发展有用的东西。胡适认定："一千年来，书院实在占教育上一个重要的位置，国内的最高学府和思想渊源，唯书院是赖。""书院的程度，足可以比外国大学的研究院。"① 光绪朝以来，把书院变学堂，斩断了千余年来存在于书院中学者自动的研究精神，非常不利于中国大学精神的接续和重铸。如何使得书院的研究精神复活于现代大学，是现代中国学者不可推卸的责任，也是中国大学制度建设所必需的。毛泽东《湖南自修大学创立宣言》（1923 年）指出，书院和学校"各有其可毁，也各有其可誉"，而不应该不加分析地"争毁书院，争誉学校"。书院应毁者是其"八股等干禄之具"的僵死的内容，并不意味着其办学形式都应否定。学校之誉则为"专用科学，或把科学的方法去研究哲学和文学"，但亦不意味着它就没有瑕处。毛泽东具体总结了书院和学校办学的优劣，指出被废弃的书院不是全无是处，在办学形式上有"师生的感情甚笃"、"没有教授管理，但为精神往来，自由研究"、"课程简而研讨周，可以优游暇豫，玩索有得"三条好处；学校取代书院也并非都可赞誉，在办学形式上则有"师生间没有感情"、"用一处划一的机械的教授法和管理法去戕贼人性"、"钟点过多，课程过繁"三点不足。因此，毛泽东主张"取古代书院的形式，纳入现代学校的内容"，创办吸取二者所长的教育模式，亦即"适合人性，便利研究"的大学。② 陈衡哲、任鸿隽主张，现代大学应该"参合中国书院的精神和西方导师的制度，成一种新的学校组织……这个书院的先生，都有旧时山长的资格，学问品行都为学生所敬服，而这些先生也对于学生的求学、品行两方面，直接负其指导陶熔的责任"③。成立于 1925 年的清华国学研究院主张："本院略仿旧日书院及英

① 胡适：《胡适文集》（第十二卷），北京大学出版社 1998 年版，第 449 页。

② 陈谷嘉、邓洪波主编：《中国书院史资料》，浙江教育出版社 1998 年版，第 2590—2593 页。

③ 陈衡哲、任鸿隽：《一个改良大学教育的建议》，《现代评论》第 2 卷第 39 期（1925 年 9 月）。

国大学制度：研究之法，注重个人自修，教授专任指导，其分组不以学科，而以教授个人为主，期使学员与教师关系异常密切，而学员在此段短时期中，于国学根底及治学方法，均能确有所获。"① 试图将中国传统的书院教育模式与英国导师制相结合的思想，体现了当时教育界积极探索中国特色的现代大学教育之路的动向。1938 年秋，国立西南联合大学师范学院各系共招收新生 137 人，加上教育学系的旧生，全院共 246 人。师范学院院长黄钰生教授曾设计了一幅办学蓝图，用他自己的话来说，就是要把师范学院办成类似我国古代的一个书院。在学习上，上大课的时候少，与辅导老师交谈的时候多；学生在学习正课之外，要博览群书，充实自己。在生活上，对学生严格管理，要求一律住校。家在昆明的，周末外宿也要办理请假手续；严格执行作息制度，按时起床，按时就寝；每天上课之前，举行升旗典礼，并由院长或主任导师讲话，每星期一还举行总理纪念周。在品德修养方面，黄钰生教授要求学生衣着整齐而不华丽，仪表端庄而不放荡，口不出秽语，行不习恶人。② 显然，这是受了书院教学法和学规的影响。

对书院积淀下来的教育传统最好的尊重是运用现代思想对它进行阐释，从而与当下的大学生活发生联系，正如当年南宋书院运用道佛思想发展儒家义理而高扬理学一样。美国学者费正清将中国鸦片战争以来的社会巨变描述为"两出巨型戏剧"，即第一出是扩张的、进行国际贸易和战争的西方同坚持农业经济和官僚政治的中国文明之间的文化对抗；第二出是从第一出派生出来的，中国在一场最巨大的革命中所发生的基本变化。第一出指的是中国现代化过程中的文化冲突与重构问题，第二出指的是在激烈的民族和阶级矛盾中，中国现代化所经历的社会变革与整合问题。在这"两出巨型戏剧"中，中国遭遇了一种与传统的断裂。断裂即现代的社会制度在某些方面是独一无二的，其在形式上异于所有类型的传统秩序。一方面，儒家传统文化遭遇了全面的瓦解，社会结构和社会关系发生了急剧的变革，传统被看作与现代相对立的东西而遭到全盘否定和遗弃；另一方面，中国社会方方面面的变革只是在形式上异于所有类型的传统秩序，并未在根本上完全与传统割裂。"断裂中的传

① 清华国学研究院：《研究院章程》，《清华周刊》第 360 期（1925 年 10 月 25 日）。
② 西南联合大学北京校友会编：《国立西南联合大学校史》，北京大学出版社 2006 年版，第 301—302 页。

统"则是既要认识到中国现代化进程中对传统否定的部分，又要挖掘出传统之于现代有影响力和时代意义的内容。最近 40 年，我国学术界在"传统与现代"的问题上可以说已经形成了一些共识：传统并不是我们可以随意丢弃捐除的东西，拒绝或抛弃传统是不可能的，传统是文化对于人的一种作用，而传统对于人的作用和意义，又依赖着人对传统的诠释、理解。因此，传统的意义更多地取决于我们如何在诠释的实践中创造性地传达其意义。中国传统文化虽然未能自发地引导中国社会走入现代化，但中国文化的价值传统并不必然与模拟、学习、同化既有的现代政治经济制度相冲突；战后东亚儒家文化圈的高速现代化和中国经济的迅猛发展，证明中华文化养育的中华民族完全有能力在开放的文化空间实现现代化，一个世纪以来的文化自卑感和民族自卑感被证明是完全错误的。另一方面，发达的、现代的市场经济与商业化趋势，使得道德规范和精神文明的要求更为凸显，传统的价值体系的继承和改造，将对建设有中国文化特色和完备市场经济的社会主义，发挥积极的作用。[1] 最近几十年中国高等教育的进步也证明了传统与现代不存在对立关系。有研究者说："高等教育对传统文化的传承，不言而喻，是以肯定传统文化对于培养现代化人才的价值为前提的，体现了文化发展的继承性和连续性。传统文化作为前人创造的文化成果，它之所以能连绵不断地流传下来，并对现代化产生影响，在很大程度上是因为有教育特别是高等教育这一特殊而重要的载体。高等教育对传统文化的传承，集中表现为对学生进行民族传统文化教育，用优秀的民族传统文化来培养人，塑造人。"[2] 南宋书院教育传统的现代意义，可以从多方面讲。例如，书院自主办学、学者治校、学术自由、有教无类、启发学生、注重修德——这正是最有现代意义的东西。[3] 中国今日之大学，依赖中国传统文化及其书院教育思想，必将走进现代的世界一流大学的行列。

---

① 陈来：《传统与现代—— 人文主义的视界》，三联书店 2009 年版，第 337 页。

② 潘懋元、张应强：《传统文化与中国高等教育现代化》，《清华大学教育研究》1997 年第 1 期。

③ 李才栋：《直面书院研究中的分歧与辨析》，《江西教育学院学报》2006 年第 4 期。

第三节　大学是自修的德性集团

由元天理可知，大学是自修的德性团体。现在出现了"道德资本"之类的说法，从社会能够回报那些个人道德修养好的人来说是有道理的，但从道德主体而言将修炼起来的人品用以牟利则是不对的。朱熹说："读书且求义理，以为反身自修之具。"① 陈文蔚《龙山书院讲义》说："大抵学者所以不为君子，儒而甘心于卑污浅陋之域者，正以善恶是非之理不明，有如大路不繇而趋委曲之邪径，卒于冥昧，虽有康庄之衢而终身不知所适矣，可哀也哉！"②大学人"传道"中"修道"是由"道"本身的特性和人的存在的有限性所决定的。无论是扑朔迷离的自然之道，还是吸引无数智者探求的人文之道，"道"始终是需要人们通过自己的不断努力去发现和挖掘的对象。比较"道"与人的存在，"道"外在的形式是轮回变化的，唯有人对"道"的追求是始终如一的，但"道"中又有永恒不灭、颠扑不破的生命力，这是"道"之延续的根源所在。正因为"道"有形式的变化，所以大学人今日所传之道在明天或者更为久远的未来也许将不再是那个时候的"道"。同时，也正因为"道"有生命，所以大学人今日所传之道必为历史中昨天"道"之变体，也将成为明日新道产生的源体。大学人作为人，必然受制于个体人存在之有限性的束缚，在有限的生命历程中，个体人存在的时间和空间都是有限的，但是对"道"的追求却可以升华为一种无限。"道"在个体身上始终呈现出对自身惰性和不足的克服和完善，"修道"即通过修炼自我，不断完善与超越此时此刻这一有缺陷的我，在这一意义上，大学人所经历的每一次教育实践都将成为对自我和自己教育能力的一次考验，反复求证和不停地探索构成了大学人生活的常态，也正是在这个过程中大学人实现了对生命世界的超越，实现了大学人对教育价值的追求。朱熹说："人物之所同者，理也；所不同者，心也。人心虚灵，无所不明；禽兽便昏了，只有一两路子明。人之虚灵皆推得去，禽兽便推不去。"③ 南宋书院既不追求宗教意义的超越，也不追求

---

① 朱熹：《朱子全书》（第二十二册），上海古籍出版社 2002 年版，第 2360 页。

② 陈谷嘉、邓洪波主编：《中国书院史资料》，浙江教育出版社 1998 年版，第 259 页。

③ 朱熹：《朱子语类》，中华书局 1986 年版，第 1347 页。

本体论—知识论意义上的超越。与宗教超越重视上帝与人的关系、本体论—知识论重视超验—经验架构相比，儒家思想乃是高度看重人的德性修养与境界提升的伦理体系。①

吕祖谦告诫丽泽书院的学生："天下之事胜于惧而败于忽。惧者，福之原；忽者，祸之门也。"② 南宋书院的这种敬畏思想来自原始儒家那里。孔子《论语》对此有原创性的阐述："君子有三畏：畏天命，畏大人，畏圣人之言。"③ 这为理解儒家敬畏传统奠立了几个重要的原则：其一，畏不畏是区别君子与小人的一个重要指标。其二，从畏神圣的天命，到畏世间的权势人物，再到畏建立合法性基础的圣人话语，三者是相互联系不能分割的，否则就难以理解畏的三个方面的关系了，也就会将孔子放置到一个俗人的位置上。孔子提出"畏大人，畏圣人之言"，是因为大人承接了天命，而圣人阐释了天命。因此，畏天命是一切畏的关键。其三，小人不尊重大人、轻侮圣人的话语，就是因为他们不畏天命，因此下贯到大人、圣人之言，也就缺乏畏的心理。孔子重视畏，尤其是将天命作为畏的根本，这样的阐释是在什么逻辑中作出的呢？追究起来，与几个方面的原因有关：首先，孔子痛切地感受到春秋时代"天下无道"的恐怖可惧，他亲眼观察到人们无所畏惧地颠覆一切，心中没有畏惧，没有担忧：对于基本人心秩序都敢于侮慢，对于社会政治秩序都勇于推翻，对于日常生活秩序都随意处置。僭越成为社会生活的基本状态的时候，一切社会政治生活之道就彻底丧失了。其次，孔子观察到秩序紊乱的社会无法保证秩序的原因，有三个相互关联的方面，那就是人心秩序、政治秩序与生活秩序，三者要么相互维系，要么相互受损。因此，必须使人们心中对于制约人们行为最为有效的天命、承担天命的大人、阐述天命的圣人，都要有所畏才行。三个环节缺乏哪一个，对于重建天下有道的良序社会都是不利的。再次，孔子观察到人类活动的结构性特点，那就是人类活动虽然受制于人际关系的外部制约，但对于人的理智活动最为关键的还是人的心理内在力量。因此，要想使人遵守秩序，必须使人克制嚣张的精神气焰。这就要求必须将人安顿到一个内心有所畏的地位上。人之有所畏，根本的不是畏人

---

① 任剑涛：《内在超越与外在超越：宗教信仰、道德信念与秩序问题》，《中国社会科学》2012 年第 7 期。

② 吕祖谦：《吕祖谦全集》（第六册），浙江古籍出版社 2008 年版，第 31 页。

③ 朱熹：《朱子全书》（第六册），上海古籍出版社 2002 年版，第 215 页。

为可以获得的东西，而是畏人类难以琢磨、显得无能为力的东西。因此，孔子将畏天命安置在畏的决定性位置，以之作为畏（遵守）社会政治秩序（大人就是这种秩序的人格代表）、畏安顿人心秩序的话语（圣人之言就是这种话语的经典表述）的前提。孔子所建立的儒家畏的传统，不能被简单地当作君子害怕的三样东西而已。孔子的这种阐释具有深刻的社会文化内涵。不夸张地讲，孔子对于畏的阐述关系到重建天下有道的秩序社会，也就是关系到这种秩序社会的人伦结构（仁）、道义状态（义）、谨守规则（礼）、判断能力（智）与互信机制（信）得以建立起来的基本心理基础问题。因此，儒家畏的传统在其建立之初，就具有了相当复杂的社会针对和心理治疗的功能。到了南宋书院那里，"敬畏"成了大学道德教育的心理学依据。在宋代早期，佛道甚嚣尘上。在这种思想氛围中，人们对于儒家经典缺乏恭敬态度。这就严重影响了儒家的道统、政统与学统的历史传递。这个时候，如何矫正人们对于儒家经典的倨傲不敬态度，恢复人们对于儒家教诲的礼敬心理，就成为儒者必须首先解决的问题。因为只有先行解决这样的问题，才足以将人们重新安顿到儒家的秩序结构之中，使人们免于佛教的瓦解世间伦常说辞的诱导，免于道教的寻求肉体生命长生久视而忽略人伦责任的腐蚀。于是，出入于佛老有年而归本于儒的书院大师们，一方面在理论上消化吸收佛道智慧、论证方法，另一方面在实践上倡导深沉的道德反省与坚韧的道德实践。儒家的敬畏传统就此获得了发扬光大的契机。与孔子仅仅指出畏的子项而没有清晰地诠释畏的结构功能状态不同，南宋书院不仅将畏更为准确地定位为"敬畏"，而且将敬畏既作为本体论范畴来对待，也作为知识论问题来处理，更将敬畏作为伦理观轴心来论述，最后将敬畏作为人生实践导向来落定。他们将儒家的敬畏之心演绎为一套关乎儒家价值认同和实践方式的系统论述，并且就此给儒家精神增添了强有力的哲学——心理学力量。从孔子的畏到南宋书院大师的敬畏，从孔子对于畏的含义较为含混的处理，到南宋书院对于畏的准确理解与系统论证，敬畏的内涵得到了极大的丰富。相应地，儒家价值认同的基本模式，尤其是价值认同的对象化处理，得到了扎实的理论论述。而儒家道德实践的内在工夫问题，也得到了方法上的陈述。诚恳之作为价值认同的心理前提，恭敬之作为实践导向的敬畏基础，两者相互联系，共同作用，成就了南宋书院的儒家价值认同和道德实践的人生目标。一方面，诚恳之作为先设的认同，是进入儒家价值世界的前提。另一方面，恭敬之作为后设的价值，是实践儒家价值的条件。两者的打通驱使儒家价值认同者在恭敬基础上作信仰调整。据此，诚与敬的相互贯通对于面对儒家经典的学人所具有的内外在制约和接受排斥心理形成的影响，足以阻挡佛道两家对于儒家价值的侵蚀。从现代道德心理学的角度看，恭敬的心境中必然带有的认知特性和促使认同的伦理力量，确实对于儒家拒斥佛道两家的价值主张和实践方式发挥了巨大的推动作用。① 魏了翁说："盖敬则仁矣，敬而未仁，亦未得为敬。"② "任大责重，则心愈畏；年高德劭，则礼滋恭。"③ 这构成了南宋书院的个人心理基础。这种诚敬对于现代大学思想与行动的匹配关系具有积极的效应。

　　自修者，心存敬畏。在中国古代社会，儒家传统的一套伦理价值观念深植人心，人们视其为做人的根本，并将"成人成圣"作为自己人生的道德追求；与此形成鲜明对比的是，在物质丰裕、信息发达并且拥有大批专门从事道德教育研究队伍的当代社会，人们反而遭遇到信仰缺失、精神萎靡、道德滑坡的问题。那么，为什么当代道德教育的实效性远远逊色于中国古代教育？究其原因，"传统"与"现代"的道德教育有两点不同：一是道德教育的指向不同，二是道德教育的实现路径不同。在中国古代社会，教育的主要内容就是道德教育，教育的宗旨是"成人成圣"，即将人培养成为品德高尚的"君子"、"圣人"。在人们的价值观念中，只有这样的人才有资格为师、为官、为君。而在当代社会中，伴随着人们对古代社会封建名教和三纲五常的打破，传统的一套道德价值体系，无论优劣，都被消解了。多元价值理论，如功利论和义务论等开始被人们所接受，而与社会经济发展并无直接相关的道德教育在学校教育中的地位也逐渐从中心放逐到了边缘。"无德而富"的现象滋长蔓延，人们转而更加关注教育的工具性价值，教育的指向也转变为培养适应社会和区域经济发展的工具人。当然，对于学校教育的这种异化，国内学者纷纷呼吁道德教育的指向是做成一个人，要重建精神家园、回归古典传统并重建教养性教育，同时学者们的呼吁也从另一侧面反映了当代道德教育精神性和教养性的缺乏。在这种理念的转变中，"传统"和"现代"的道德教育的实现路径也呈现出不同的样态。由于"传统"教育直接指向人本身，因此道德教育贯穿

---

① 任剑涛：《敬畏之心：儒家立论及其与基督教的差异》，《哲学研究》2008 年第 8 期。

② 黄宗羲：《黄宗羲全集》（第六册），浙江古籍出版社 2012 年版，第 131 页。

③ 同上书，第 135 页。

整个教育过程的始终。而当代社会则更加关注人的有用性，使道德教育偏离了其在教育中的主导地位，而逐渐面临着被"边缘化、外在化和知识化"的危险。现代性道德教育的实现途径也逐渐呈现出知识化、工具化和技术化的态势。为了弥补道德教育在整个教育系统中地位滑坡的现状，国内各类学校纷纷设立专门的德育学科或部门，以示对德育的高度重视。实际上，在晚清时期，就有人提出三育分立的办法，即将体育、智育和德育进行分别教育。其本意是提高德育，不料反把德育降为一种令人讨厌的科目。大学道德教育本应是贯穿于学生整个学校生活和学习过程的始终，现代性教育的故技重施同样没有扭转道德教育实效性低的现状，而设立专门的德育学科来教授道德这一途径则逐渐呈现出其内在矛盾性。因此，大学必须思考当今道德教育的新方案。

　　大学是道德的堡垒。改革开放后，为适应社会主义思想道德建设的需要，张岱年在总结传统道德规范的基础上，提出要把公忠、仁爱、信诚、廉耻、礼让、孝慈、勤俭、勇敢、刚直"九德"作为新时代的道德规范。罗国杰认为，在古代以"三纲五常"为原则和核心的传统道德体系中，"三纲"基本上属于腐朽和束缚人性的"糟粕"，而"五常"则可以视为维护人与人之间和谐发展的"多少带有民主性和革命性"的中华民族传统道德中的精华。2011年中南大学《中国道德文化传统理念践行》课题组在大量调查的基础上，将中国道德文化的核心理念归纳为13个方面：忠、孝、和、礼、义、仁、恕、廉、耻、智、节、谦、诚。关于中华传统美德的基本内容，尽管历来有不同看法，但最根本、最凝练、影响最深远的还是"五常"——仁义礼智信。几年前，中宣部思政研究所曾经在很大的范围内做过一个对"仁义礼智信"传统美德的认知情况的调查。调查显示，71.9%的人听说过"仁义礼智信"，69.1%的人了解或了解其一些基本内涵，68.7的人会以其衡量他人的道德水平，71.3的人会以其要求自己，80.7%的人认为有现实意义。调查结果说明，仁义礼智信在我国影响深远，有广泛的群众基础；仁义礼智信始终是中华民族传统道德的内核，对其他传统道德内容起着规范、统摄和导向作用，具有道德教育的当今意义。道德是人们共同生活及其行为的准则。罪莫大于无道，怨莫大于无德。诚信、和谐、善良，对于大学而言是永垂不朽的道德教育的内容。有了这些，大学人才称得上是大写的"人"。大学校长要像个人，教授要像个人，大学生要像个人。有此"人"的底色，大学就是人性张扬的世界，而不是物欲横流、尔虞我诈的地方。如果大学是那样的媚权、媚钱、媚俗，拉帮结派、行贿受贿、权色交易，那么大学就成了道德虚脱的名利场。张君劢《书院制度之精神与学海书院之设立》（1935 年）说："书院的精神就是寄托在修养方面。近来的大学无论是中国，或是外国，里面只讲知识，而不讲做人，差不多教师只是卖知识，学生只是买知识。毕业之后，等于交易已成。怎样做人，怎样治事，学校毫不负责。这种教育，只是贩卖知识，中国有句老话：'师者，传道受业解惑者也。'所谓传道，当然不仅在知识。书院的精神，就是要负起这个责任，换句话说，就是不但讲学识，尤其要敦品行。"① 马里坦《新托马斯主义的教育观》指出："教育的主要目的，在最广泛的意义上就是'塑造人'，或者更确切地说，帮助儿童成为充分成型的和完美无缺的人。其他目的如传递特定文明区域的文化遗产，为参与社会生活和成为优良的公民做好准备，以及履行整个社会的特定职能，完成家庭责任和谋生所需要的精神准备，乃是一些推论，它们是重要的但又属于第二位的目的。"② 大学如果把人的丰富的内涵和无限发展的可能性窄化为分数、学科、实验、论文、文凭、就业，那就成了悲剧。英国学者利文斯通说，我们的时代在技术方面有很多的成绩，物理、化学、生物学、矿物学和冶金学没有什么不好，就人性而论，政治管理也不是坏的，但是缺乏一种鲜明的目标，在幸运时指导人们善于运用他们的资源和机会，在艰难时，使他们坚定不移，无所畏惧，继续前进，使他们确信一个美好的日子，这个日子如果他们自身不能看见，他们的后裔一定会看见的。我们所生活的世界在方法上虽然是明确的、有效率的、有创见的，但是在目的上却几乎完全不知道怎样才好，我们的教育正由于这些弱点而遭受损失，同时也加重这个弱点。最多只是把一些孤立的学科如数学、语言、科学、历史、文学、工艺学教授得很出色，但是这些科目仍然是分散孤立的。没有共同的目标鼓舞和指导它们的进程。它们对学生只提供生活的方法，而关于生活的目的却让他们茫然无知。这是现代式的本末倒置（把车子放在马的前面），那么车子如此颠簸，而前进如此缓慢，有什么奇怪的呢？我们不会有过多的科学、技术、经济，除非我们清楚地看到使用它们是为着什么目的，除非这些目的对于人是有价值的，

---

① 陈谷嘉、邓洪波主编：《中国书院史资料》，浙江教育出版社 1998 年版，第 2604 页。

② 王承绪、赵祥麟编译：《西方现代教育论著选》，人民教育出版社 2001 年版，第 313—314 页。

否则就会失去它们的作用。这些科学、技术、经济所研究的是关于方法而不是关于目的，对于它们的研究愈多，那么就愈需要在教育上和生活上加强"善和恶的知识"科目的学习。经常有人对我们说，应当把教育同社会背景联系起来，可是社会背景既包括经济、技术和政治组织方面的因素，也包括精神方面的因素，而经济、技术和政治组织方面的因素是为精神方面的因素存在的，而不是为它自身而存在的。忽视精神方面的因素，就会使生活变成物质的、机械的，而且——始终不为人们所认识的是——剥夺了这个机械自身的主要动力。关于这一点在现代世界里，也总是被忽视，可是柏拉图和亚里士多德作为政治和社会思想家的伟大，在于他们从来没有忘记这点。在所有学问中那最高的学问是研究人应该成为怎样的一个人和他应该追求什么东西。希腊人研究的关于人的学问，使得没有哪个后人赶得上他们善于进行人生的美梦。他们的哲学就是那种美梦的纲要。这就是我们为什么还继续不断地回忆它、为什么任何时代特别我们这个时代必须阅读它的最重要的理由。①

　　从更加广泛的意义上讲，大学是德性的堡垒。"道德"是个小概念，"德性"是个大概念。德性既有本体论的内涵，又有伦理学上的意义。从本体论上看，德性泛指使事物达到完美与卓越的特性，只要某物以之为德性，就不但要使这种东西状况良好，并且要给予它优秀的功能。从伦理学上看，德性有属人性，被理解为具有道德意义的品格，比如正义、友爱、节制等。大学德性的载体既包括制度化的大学机构，也包括在这一机构下生活的师生，或者说，大学的德性既体现于大学制度之中，也体现在大学的师生身上。大学科学研究、教学、学术训练与交流都是在一个制度架构之内完成的，大学制度如果能促进大学实现本身的完满与卓越，以崇高的价值为制度运行的核心价值，并以符合道德的方式运作，本身就是对大学德性的实现。雅斯贝尔斯认为，一所大学的性格是它的教授们所决定的，同时又认为大学生活对学生的仰仗并不少于教授。可以说，大学的德性在一定程度上是由教授和学生承载并决定的，我们可以从一所大学的师生群体的道德风貌窥探该大学的德性状况。当然，大学德性的两种载体不是彼此分割的，而是相互融合、相互作用的。超个人的制度之中有人的因素，

---

　　①　王承绪、赵祥麟编译：《西方现代教育论著选》，人民教育出版社 2001 年版，第 286—288 页。

个人的品性之中有制度的投影。虽然有错位现象存在，但多数情况下，两种载体的德性状况大体上是一致的，即制度德性与师生群体的整体德性要么都处在较佳的状态，要么都处在较差的状态。[1] 大学"德性"的内涵及其实施，梅贻琦《大学一解》（1941 年）一文提出了很好的见解：培养"修己"之君子是大学教育之宗旨，培养学生个人修养的范围是格物、致知、诚意、正心、修身。梅贻琦说，大学"新民"的范围在齐家、治国、平天下。大学新民之效，厥有二端：一为大学生新民工作之准备，二为大学对社会所能建树之功夫。大学机构之所以生新民之效者，盖又不出二途。一曰为社会之倡导与表率，二曰新文化因素之孕育涵养与简练揣摩。而此二途者又各有其凭藉。表率之效之凭藉为师生之人格与其言行举止。新文化因素之孕育所凭藉者又为何物？师生之德行才智，而不是"一纸文凭"。[2]可见，梅贻琦所言大学之"德性"，实乃大学之"大学问"。

　　当今，大学人德性的底线是"独善其身"。独善其身的基本含义是干好自己的事，保持自己的纯洁性。书院从出现之日起，就和读书人"独善其身"的生活道路联系在一起。这也可以说是南宋书院一直为我们所怀念的原因。然而，不幸的是，如今的大学，德性遗失严重。究其根源，既是全球化的效应，也是物欲时代的结果，更是专业化的代价。[3] 实用主义、虚无主义，正成为腐蚀中国大学的两大思潮。其表现和恶果就是知识的实用化——拒绝一切和实用无关的知识，精神的无操守——拒绝一切精神的追求与坚守。因此，当整个社会陷于喧闹，大学里的老师和学生，就应该安静；当整个社会空气被腐败所污染，大学里的老师和学生，就应该干净。大学是个独善其身的"场域"。这个"场域"，标明大学在社会中，但与社会是有边界的、赫然独立的。这个特殊的"场域"有着与周遭世界不同的行事方式和生活风格。

　　大学的道德教育不是制造工具的过程，而是心灵对话的过程。德国学者布贝尔指出，"品格"在希腊语中的原意是烙印，介于一个人的本质与他的外表之间的这种特殊纽带，介于他为人的统一性与他的一连串行动与态度之间的这种特殊联系，都是在他这个实体还具有可塑性的时候烙印在他身上的。这种烙印是由谁施加的呢？是由一切事物施加的，即自然和社

---

①　高德胜：《论大学德性的遗失》，《全球教育展望》2009 年第 12 期。

②　梅贻琦：《梅贻琦教育论著选》，人民教育出版社 1993 年版，第 99—110 页。

③　高德胜：《论大学德性的遗失》，《全球教育展望》2009 年第 12 期。

会环境，家庭和街坊，语言和习俗，历史事件以及通过谣传、广播和报纸而传来的每天新闻事件，音乐和专门科学，戏剧和梦境等一切事物所共同施加的。在这些因素中有许多激起了共鸣、模仿、愿望、努力，另一些则引起疑问、怀疑、嫌恶、反感而起着影响。品格就是由所有矛盾交织在一起所形成的。然而，在这种具有塑造作用的无数力量中，教师不过是另一些不胜枚举的因素之一，但他又不同于其他一切因素，他具有参与施烙印于品格的决心，他还具有这样的意识，即意识到就成长中的人看来他应表示某种抉择，抉择什么是"正确的"以及什么是应当的。作为一个教育者的职责就根本表现在这种决心和意识上。从这里真正的教育者获得两样东西：第一是谦逊感，即感到自己只是丰富多彩的生活中的一分子，只是现实对学生施行一切猛烈冲击中的一个单独实体。第二是自觉感，即意识到自己是一切事物中想要影响整个人的唯一实体，从而产生责任感，即感到他负有给学生提示对现实应作抉择的责任。从所有这一切又产生第三样东西，即认识到在品格以及整个人的教育领域内只有一条途径可接近学生：这就是他的信任。对于青少年来说，信任就意味着使人豁然开朗地领悟到人生的真理、人的存在的真理。当教育者赢得了学生的信任时，学生对接受教育的反感就会被克服而让位于一种奇特情况：他把教育者看作一个可以亲近的人。他感到他可以信赖这个人，这个人并不使他为难，而正在参与他的生活，在有意要影响他之前能与他相亲近。于是他学习提问了。当教师第一次遇到一个学生接近他时，这孩子的态度有点傲慢，但双手却颤抖着，他显然被一种大胆的希望所启发和激励，他问教师在某种情况下应怎样处理才对——例如，在得知一个朋友把自己告诉他的秘密泄露了时，究竟应该去责问他，还是以后不再把秘密告诉他就此了结呢——教师遇到这种情况时应认识到这时正是实施品格教育第一个有意识步骤的时机；教师必须作出回答，而且负责地回答，所作的回答也许不是学生所问的那两种处理方式之一，而是指出正确的第三种可能方式。教师的职责并不是对什么是善和恶作一般的指示。他的职责是要解答一个具体问题，即回答在某种情况下怎样才是正确或错误的。正如常识所知道的，只有在信任的气氛中才能产生这种情形。当然，信任不是强求得来的，只有坦率而真诚地参与所要交往的人的生活（在这里是指自己的学生的生活而言），并担负起因这样地参与生活所引起的责任，才能赢得他的信任。具有教育效果的不是教育的意图，而是师生间的相互接触。一个深受人类社会方面和自己物质生活方面种种矛盾痛苦的人，带着一个问题来接近我。我尽量按照我的知识和良心力图加以答复，力求帮助他成为一个能主动克服这些矛盾的品格独特的人。如果教师对学生持有这样的观点，参与他的生活，并意识到应负的责任，那么师生间所经历的一切事情：各种功课和各项游戏，关于班级中争论或世界大战问题的一次谈话，如果没有任何故意策划的或诡秘的目的，就都足以为品格教育开辟道路了。不过，教师切勿忘记教育的限度；即使在他赢得信任时，他也不能常常期望师生之间协调一致。信任含有打破限制、摧毁那种束缚一个不平静心灵的枷锁的意思。但信任并不意味着无条件地协调一致。教师决不可忘记，对于种种冲突只要能在一种健康气氛中加以解决，那么冲突也会具有教育价值。与学生所发生的冲突是对教师的最大考验。他必须全力运用他自己的见识；切勿使他的知识锋芒失去冲刺作用，但他必须同时做好准备对于被它所刺伤的心灵敷以刀伤药膏。① 大学对学生的道德教育不是靠短短的几年就完事了，所以大学的教授书写着让毕业生超越时空能够感受到光芒的著作。大学永远作为道德的丰碑指引学生走向未来。

第四节　大学是自由的学术联盟

由元道理可知，大学是自由的学术联盟。学术自由的逻辑前提是对真理的忠诚。国家、民族、社会从人力资源、知识资本、学术资本出发改善学术自由主体的个人待遇以及科研条件，这是大学的幸事。如果少数大学人以此为借口主张先富起来进而把学术等同于市场交换中的产品，那么这就是科学研究的悲哀。西方学者说，追求学术是大学的任务，大学必须时常给予社会所需，而非社会所要。学术自由是大学精神最重要的内涵，但不是少数学者无所作为、无病呻吟、为所欲为的借口。不受限制的学术自由是不存在的。学术自由的限度在于：社会观念的限度，即学术活动受到大学之外的宗教、政治等意识形态的干预；大学自身制度的限度，即学术活动受到政府或大学管理者的干涉；学术组织机构的限度，即学术活动受

---

① 王承绪、赵祥麟编译：《西方现代教育论著选》，人民教育出版社 2001 年版，第 325—338 页。

到学术共同体的规范的约束。学术自由的保障系统也就在于平衡学者与这三者的对立统一的关系。

　　由于大学是依靠学术联盟组成的教育机构，所以学术自由是大学内部民主的体现，旨在维护学术的地位。学术自由不依靠权力，不依靠权威，它不是某些人一时兴起施舍的嗟来之食，而是大学人通过讲道理争取的、处理大学内一切问题的一种制度。讲道理的地方是民主的地方，不讲道理的地方是专制的地方。大学也是这样。中国高等教育史上，书院是具有一定的学术自由的。不仅如此，更可贵的是由学者（往往是学术大师）主持，执教书院，推动学术研究，以其学术成就和声望感召学子，从而使书院不仅面向社会，高于基础教育，培养高层次人才，而且成为网罗众家的学府。① 傅斯年说过："国子监只是一个官僚养成所，在宋朝里边颇有时有些学术，在近代则全是人的制造，不关学术了。书院好得多，其中有自由讲学的机会，有作些专门学问的可能，其设置之制尤其与欧洲当年的书院相似，今牛津圆桥各学院尚是当年此项书院之遗留。"② 现代大学，"学术自由是一项特权，它使得传授真理成为一种义不容辞的职责，它使得大学可以横眉冷对大学内外一切试图剥夺这项自由的人"③。中国高等教育史上的一些悲剧告诉我们："大概没有任何打击比压制学术自由更直接指向高等教育的要害了，我们必须不惜一切代价防止这种威胁，学术自由是学术界的要害，永远不能放弃。"④ "自由"是人们根据对自然界的必然性的认识来支配我们自己和外部自然界的活动，也包括在法律规定的范围内随自己意志活动的权利。卢梭为自己确立了一个任务，就是要找出一种社会秩序的存在形式，使每个人在其中都能保有自己自由的权利。这样的社会组织形式，在卢梭看来就是通过订立社会"契约"的方式，使每个人与所有其他人联合起来，使他们虽处于强制性的法律之下，但通过"公意"的表达，同时又只服从自己的意志。在中国古代思想史上是没有"自由"这个概念的，"自由"这个概念是梁启超借日语从西方引进到中

---

　　① 李才栋：《直面书院研究中的分歧与辨析》，《江西教育学院学报》（社会科学版）2006年第4期。

　　② 杨东平主编：《大学精神》，文汇出版社2003年版，第211页。

　　③ ［德］雅斯贝尔斯：《大学之理念》，邱立波译，上海人民出版社2007年版，第19页。

　　④ ［美］布鲁贝克：《高等教育哲学》，王承绪等译，浙江教育出版社2001年版，第59—60页。

国来的。在西方思想史上，关于"自由"问题的论述汗牛充栋，如穆勒的《论自由》、哈耶克的《自由秩序原理》、贡斯当的《古代人的自由与现代人的自由》、罗尔斯的《政治自由主义》、伯林的《自由四论》等。伯林 1958 年所做的"两种自由概念"的演讲，被喻为一篇货真价实的自由主义宣言，被列为战后自由主义获得复兴的重要标志。伯林把自由划分为积极自由和消极自由。积极自由强调的是人是自己的主人，其生活和所做的决定取决于他自己而非任何外部力量。当一个人能够自主或自决的时候，即希望成为主体、自我实现而不是沦落为物品、对象、动物或奴隶的时候，他就是"积极自由"的。这是一种"去做……的自由"。而消极自由强调的是人的行为不受他人或外在权威的控制与干涉，远离强制，远离奴役，它属于"免于……的自由"或"免于……的限制"。伯林在强调积极自由与消极自由并重的同时，更为看重消极自由。他认为，消极自由要比那些在大规模的、受控制的权威结构中寻求阶级、民族或全人类积极、自我作主之理想的人士，所持有的目标更为真确，也更合乎人性。[1] 对于教育活动中的自由，纽曼说："'自由'的真正含义是什么呢？首先，就语义上来说，它是和'受奴役'相对立的。如我们的问答教学法所告诉我们的那样，我们把'受奴役的工作'理解为体力劳动、机械的工作等，在这种工作中，理智很少或没有发挥作用。和这种受奴役的工作类似的是这样一些技艺（如果它们可以被称为技艺的话，有些诗人就是这样称呼它们的），它们的起源和方法产生于偶然之中，例如，一个单凭经验行事的人的习惯做法和操作。通过这一对比来理解'自由'的含义，自由教育和自由研究就是智能、理性和思考的练习。"[2] 大学的学术更需要自由。在"自由"的前提下，学术才有生命。学术者，事物所以然之学理也；"学术"偏向"学"而非"术"，技术乃学理之应用。"学术自由"是指学术范围内的自由，自由氛围中的学术。学术自由是大学的灵魂，唯有充分享有学术自主权、富有浓厚的学术氛围的大学，才能真正找回大学的"自我"，大学也才能正确地享受其他的权利。学术自由具体可以表现为大学教师享有按照自己的学术爱好和学术界公认的标准从事教学与研究的自由；在学术活动中通过语言交谈、书信写作或出版物发表其研究成果的

---

① 谢俊：《大学的学术自由及其限度》，博士学位论文，西南大学，2010 年。

② 任钟印主编：《西方近代教育论著选》，人民教育出版社 2001 年版，第 462—463 页。

自由；结成学者社团并参与社团活动的自由；通过出版物、口头和书信的方式与大学内外、国内外同事和同行进行学术交流的自由。大学教师不因其教学、研究、出版等学术活动导致地位、职务或公民权利受到威胁或侵犯；在学术活动中，大学教师既不受同事、系主任、院长、校长或董事会的意见限制，也不受大学之外的任何权威，不论是政府官员、政治家、牧师或主教、出版商，还是军事人员的干扰，教授的学术活动只服从真理的标准不受任何外界压力的影响。[①] 可见，学术自由不只是一种教育信念或价值判断，更是一种制度环境。

　　不管遇到什么挑战，大学必须坚持"学术自由"这个底线。经过了很长时间的大学建设，我们已经发现，将我们紧紧团结在一起的是对真理的追求和经过检验的方法、学术的基本原则与价值观。这些价值观得到了社会的支持，全世界的大学都在对一代又一代的年轻人进行教育，想方设法教会他们对追求真理的崇敬，同时，也培养了他们追求真理的能力。如果没有追求真理的自由，我们就不能彻底地履行我们教学和科研的主要职责，我们也不能向社会提供急需之物。追求真理的自由是大学的生存之本。[②] 学术自由为师生提供了一个中立的空间，使他们可以在摆脱外界干扰和压力的条件下对自己感兴趣的问题进行无偏见的、开放性的讨论和研究。这种学术自由探索是个人通往精神上、智力上的成熟之路，也是人类发现真理之路。大学的知识创新能力和引领社会的活力都寄予学术自由的传统之上。没有学术自由，大学所有功能的发挥便都失去根基。当大学真正享有学术自由时，才能对国家、社会做出更多积极的贡献。[③] 西方学者从社会（政府和民众）的期望、教师的期望和学生的期望对"大学"的特质做了规定："大学从未把自己的目标确定在为宫廷和市政当局培养专门人才方面。然而，在大学中形成的新的社会组织模式部分地是由社会造成的，因为大学是广泛社会群体的兴趣所在，这使得高等学校有可能成为永久性的独立机构。从一开始，教育就受到探索真理的基本冲动与众人获得实际训练的需要之间张力的支配。相应的，尽管非其所愿，学校却形成

---

　　① 杨东平：《大学制度创新和大学精神》，《科学中国人》2004 年第 4 期。.

　　② ［美］杜德斯达：《21 世纪的大学》，刘彤等译，北京大学出版社 2005 年版，第 183—184 页。

　　③ 李福华：《大学治理的理论基础与组织架构》，教育科学出版社 2008 年版，第 42 页。

了新的学术等级，改变了整个社会结构，使社会更为充实、更加复杂。"①
如此看来，大学是以大学人追求真理的方式来满足社会需要的教育组织。
那种批评大学"为学术而学术，孤芳自赏，脱离现实"的观点是错误的，
因为大学唯一存在的理由是它能够为社会提供学术思想，而学术思想产生
的最重要的条件是学术思想生产者要有身心的自由而无须承担额外的责
任。现在的问题是，学术自由正面临着变成一句华而不实的口号的危险，
每个人都声称需要它，却从未考虑过它到底意味着什么。在一些学术组织
中，学术自由被来去自由的学者们利用以将个人的、学术的、政治的行动
合法化。他们没有认识到学术自由首先是排除其他杂念致力于学术志业的
自由。学术自由远远超出了表达和行动的自由，甚至超越了观点表达的自
由。当学术自由有助于真理性知识的增长，有助于将这些知识传授给现在
和未来一代的时候，它才是合法的。② 迄今，学术自由已成为西方学术界
乃至全社会的一个明确的、普遍的原则。各国政府、各专业团体和学术机
构通过各种方式申明并保障学术自由。但是，由于现代西方各国在政治体
制、宪法制度和生活方式上的差异，及其高等教育机构与政府之间联系方
式的差异，学术自由的程度和范围因国有别。而且学术自由还受到来自社
会各个方面因素的多种制约。因此，学术自由成了一个既明确又模糊的命
题。③《牛津法律大辞典》（1988 年）认为，"学术自由"是一切学术研究
或教学机构的学者和教师们，在他们研究的领域内有寻求真理并将其晓之
于他人的自由，而无论这可能给当局、教会或该机构的上级带来多么大的
不快，都不必为迎合政府、教会或其他正统观念而修改研究结果或观点。
《大美百科全书》（1990 年）认为，"学术自由"是指教师的教学与学生
的学习，有不受不合理干扰和限制的权利，包括讲学自由、出版自由和信
仰自由。《大不列颠百科全书》（1994 年）认为，"学术自由"是指教师
和学生不受法律、学校各种规定的限制或公众不合理干扰而进行讲课学
习、探求知识及研究的自由。美国学者说："学术自由就是在无损于个人
地位和职位的前提下，学者们自由行事的权力；就是学者们自由选择教学
内容、研究课题并自由发表其著述的权力；就是学者们自由择定研究方向

---

① ［比］西蒙斯主编：《欧洲大学史——中世纪大学》（第一卷），张斌贤等译，河北大学
出版社 2008 年版，第 12 页。

② ［美］希尔斯：《论学术自由》，《北京大学教育评论》2005 年第 1 期。

③ 陈列、俞天红：《西方学术自由评析》，《高等教育研究》1994 年第 2 期。

和方法的权力。学术自由反对一切权威不顾学者个人的学术旨趣和能力，强迫他们就范。"① 学者只崇尚真理，不屈服于任何来自校内校外的压力。在众多"学术自由"的界定中，如下认识是一致的：学术自由主要适用于大学的学术活动；学术自由权利的授予对象主要是大学教师和学生；学术自由的活动范围是大学的教学和科研，具体包括学校自治、研究自由、教学自由、学习自由、思想自由、言论自由、发表自由、出版自由等；学术自由的目的是免除外界不合理的干扰，以潜心探究和传播真理。综合而言，"学术自由"是指教师与学生在学习、教学和学术研究等过程中，不受外界不合理因素的干扰和影响，从而能够客观、自主地进行创造性思考、研究和交流等学术活动的权益。②

学术自由包括学者的政治自由。学者的政治自由意味着学者在教学中坚持自己的政治、经济和社会主张，这些主张有利于澄清在大学课堂上、在书籍文章或其他刊物中没有被彻底解决的学科难题，并且学者必须明确指出他的政治或道德观念阐释与他对事实的分析以及对这些事实的理论阐释判然有别。总之，学者不应该将自己的政治信念或道德准则带进课堂。如果他迫不得已这样做，那么，他应该将自己的价值判断和对经验事实的陈述区分开来。学者的政治自由延伸到校外的政治活动，比如帮助某个政党竞选，允许学者在公众的、非学术的场合发表个人的政治见解。学者有权参加不同的政治联盟。但学者的政治自由并不包括那些为法律所禁止的活动，比如参加恐怖活动，也不包括鼓吹那些为法律所禁止的思想观念。一个学者无权直接或间接地支持或庇护违法行为。学者也不能假借学术自由的名义公然违背公认的道德规范。既然学术自由特指处理学术事务的自由，那么人们自然会问，一个学者是否有权力将自己的价值判断尤其是政治信念强加于他的学生？显而易见，一位化学或生理学教授宣扬自己的政治信念或关于性道德的观念，或者根据财产所有权来判断一个社会经济体系的价值，这无疑是不务正业。如果类似学科的一个教师在他的诸多演讲中费尽唇舌来讲某个党派，甚至对当前的政治形势作了客观的分析，那么在系和学校的权威部门对其进行惩处时，他将无权要求获得学术自由的保护。他讲述中东或者美国当前的政治形势而声称履行了一个化学或生理学

① ［美］希尔斯：《论学术自由》，《北京大学教育评论》2005 年第 1 期。

② 李维安、王世权：《大学治理》，机械工业出版社 2013 年版，第 181 页。

教授的职责，这显然荒谬。这个例子说明，学术自由不能被任职期间的学者或明或暗地用来庇护与学术责任不相称的行为。但对一个历史学或经济学教授而言，他在其报告和研讨会中花了许多时间批评或褒扬美国政府关于堕胎或毒品买卖的政策，这又如何看待呢？这个问题并不简单。如果他教授20世纪的美国史或者组织一个价格调控研讨会，因此，必须讨论黑市等与这些课题相关的内容，这并没有违反学术自由原则，唯其如此，才能履行他的正当责任。如果他因讲授这些政治性内容而受到威胁，那么，他有权要求获得学术自由的保护，有权声明他所讲授的课程必须讨论堕胎或者毒品买卖问题。然而，如果这位教授在讨论上述问题时，也陈述了个人的道德价值判断，那又怎么说呢？如果他偶一为之，明确声明这仅是他个人的道德观念，并且尽可能客观描述有关堕胎或毒品问题的各种看法，那么，他在学术自由的合法范围之内享有充分的自主权。但如果这位学者在课堂上的大部分时间，以一种夸张的语言，情绪化地抨击或赞扬政府的政策或者某种公众潮流，那么，毫无疑问，他僭越了法律所允许的学术自由权。陈述事实与价值评判之间判然有别。教学应该放到对经验事实、对抽象或普遍事件的陈述上，力求描述精确。但必须承认，在对政治或道德问题进行价值评判时，无法避免这些价值观念影响他人。

我们必须承认学者有陈述的自由。但学者们在陈述中掺入价值评判的时候，要分清这些价值评判与他对事实的描述和分析显著不同。学术自由的界限与人们的信仰和认知界限并不一致。根据恒星构造预测个人命运的占星术、断言英伦列岛的原住民是一个失散的以色列部落以及宇宙和人类在六天之内被创造出来的神话都属无稽之谈，因此学者无权对此进行自由表达。这样的自由并不在学术自由的保护之列。在教学和研究中讲述并用各种方法发现真理的学术使命，赋予了学者管理学术事务的权力，也由此衍生出一系列责任。发现并表达真理的自由不仅使大学的同僚和管理者承认这种权力的合法性，也使非学术从业者及机构认可这种自由，使他们尊重这种制度安排。唯其如此，自由的学术交流才获得可能。学者们享有的学术自由与承担的学术责任相辅相成，他们必须遵循作为学术机构成员的基本道德规范。学者的首要责任是从事教学和研究，从中又派生出更多的责任，包括用正确的方式对待学生、同事、管理者以及其他学术机构的同僚，宽以待人，严以律己。以学术为业者，包括为学术研究和学术传播提供了条件的学术机构，都应该用这些责任加以自律。学者们并不能假借学术自由的名义推卸应负的责任。因此，学位的授予并不是由哪位教授轻易而定，除非系里或学校赋予他这项权力。一所大学要正常运转，它依赖于许多必要的组织程序，不能任由某位学者随心所欲。比如，一位学者无权决定授课时数或者考试的评分标准，这些问题应该由教授们集体商定。学术自由是大学教授履行教学和研究职责的自由。依己所长，追求真知灼见。但这并不意味着学者们可以行任何事，说任何话。学术自由只能用于处理学术事务：传授他们依靠长期深入的钻研而得出的正确结论，与同事们自由地交流心得，将那些经过系统研究和缜密分析的结论付样。这才是正当的学术自由。学术自由还连带着其他诸多责任。例如，维护学术制度和学术传统，保证各专业、学科的知识增长。这要求立足于学术立场处理学术事务，依据学术的标准评估学术成果，即排除学者的政治和宗教信仰、性别、种族、个人品质、血缘关系以及对学者个人或学术成果的过誉或成见等因素的干扰。学术自由还肩负另一项重要使命，即使能者得其位。这必然要求教授职位的遴选程序严格遵循学术标准。学术自由并不囊括学者的所有活动范围。一位学者没有随意修改其观察记录的自由，也没有伪造和误读文本的自由。他没有忽略对在讲座或教学中还存在疑问的资料进行审察的自由，也没有在教学和报告中隐瞒实际研究结果的自由。他没有讲授违背公认结论的自由，除非他从自己的研究中得出充分的证据加以反驳，或者经过自己理性的分析证明那些公认的结论大谬不然或论证不当。学者的学术自由被制度合法地加以限定。一位学者无权在课堂上无故缺席；无权拒绝对已承诺要批阅的学术论文进行审察；无权拒绝在其任期内对学生进行考评；无权拒绝教授能够胜任又属于职责范围内的必修课程和科目；无权随意变动其从事的专业方向。学术自由的权利并不授予那些吹牛者、造假者、剽窃者和异想天开者，它可以给那些诚实的但资质不敏的科学家和学者。使用外力侵害学术自由的行为和依据与最低学术标准制约学术自由的行为有明显的共同特征，即都采用处罚的形式。但实施处罚的理由截然不同。大学的使命是发现真理、传播真理，这是大学成员要时刻谨记的天职。因此，对那些在研究中不称职的和故意违反学术使命的学者的行动不予以支持，这理所当然。就学术自由而言，学术处罚不可或缺。对学术渎职、故意过失要进行处罚，但要建立在严格的学术规范的基础之上。然而，必须承认完全按照苛刻的学术标准进行评价是困难的。当涉及一位在学术道路上独来独往的学者或科学家时，大学保守的学术道德标准可能会危及他们合法的学术自由。在许多情况下，很难分清一位学者是在异想天开，还是深谋远虑正在另辟一条成就不菲的学术蹊径。根据时下的学术标准剥夺一个学者正当的学术自由，这也可能危及学术事业。

学术自由总是遭受大学内外势力的侵害，从而给大学人带来伤害。与自然科学相关的学者的学术自由受到的制约少一点。物理、化学、天文学和数学研究的学术自由数个世纪以来都相安无事。但遗传学和相对论的教学和研究在苏联长期被严格禁止。随着私营企业公司与大学之间在科学研究特别是微生物学和遗传学方面合作研究的增多，大学要为私企公司提供研究中取得的专利产品，科学家在研究完成之后不能直接将结果公之于众，他们的学术自由受到了限制。传统的古典文学、语言学、文学和史学普遍享有充分的学术自由。但在那些给所有民众和机构强行灌输统一意识形态的国家，人文学科的学术自由受制颇多。在过去的世纪里，对学术自由首先是学者们的政治自由进行限制，主要是针对社会科学。社会科学家们习惯于关注当前的社会问题及方针政策，在教学和学术研究中，他们经常要面对一些大众争议的问题，经常唤起或暗示大众对现存社会秩序和政府进行批评。因此，社会科学家经常引起政府当局的警觉和反感，即使他们没有亲自参与公众的讨论，即使他们在严谨的学术活动中小心翼翼地避免表露自己的政治倾向，然而他们的批判态度仍招致非议和限制。侵害学术自由的人常常是统治者、政治家、政府官员、教会僧侣、宗教组织的狂热拥护者，而近来商贾、政论家和普通市民充当了这个角色。这些人置身大学之外，他们通过对大学内部权威人物施加影响的方式达到其目的；他们必须与大学的实权人物合谋。几乎所有侵害学术自由的事件都有学者或学术管理者的参与。学术自由的侵害有时候发生于学术机构内部，有时候发生于高级管理层，有时候发生在学者群体内部。学术组织内部的学术自由受到侵害盖源于大学外部的权力集团或个人。这样的学术自由侵害事件同外部力量对大学内部的侵害事件都属同一类，具体表现为不续聘、不予晋升、指派不对口的岗位等等。侵害学术组织内部的学术自由还出于其他一些动机，比如个人恩怨、政治对抗、宗教和种族的差异等。不能简单认为学者们常常为争取共同的学术自由而战。当一位学者的学术自由通常是政治自由受到侵害时，很少获得其同事的支持。①

---

① ［美］希尔斯：《论学术自由》，《北京大学教育评论》2005 年第 1 期。

因此，西方各国对学术自由都有各种形式的保障措施。首先，国家宪法或教育基本法的保障。德国历史上的几个宪法都将学术自由列入了宪法条款。法国 1968 年《高等教育方向法》规定：教师和科研人员在行使其教学职责和进行研究活动时，享有完全的独立性和充分的言论自由。英国《1983 年教育改革法》规定：学术人员在法律允许的范围内，有对普遍接受的知识提出疑问并进行检查以及提出新观点和发表争论性的或不是流行的意见的自由。其次，各种判例法保障。在一些西方国家，由于宪法或教育基本法及其他有关法规没有就学术自由问题作出明确规定或具体规范，因此通常以历史上上级法院对突发性案例的判决作为法律依据，保障学术自由。例如，在美国，1957 年史威兹案便是一个例子。史威兹系哈佛大学经济学教授，常撰文宣扬资本主义的崩溃和社会主义的兴起。他应邀在某州的大学作演讲之后，受到该州检察总长以"颠覆活动"为名的传唤和询问。史威兹拒绝回答涉及演讲内容的问题，检察总长请求州法院命令其回答，史威兹仍拒答，遂被控以蔑视法庭罪。案经上诉到联邦最高法院，首席大法官却一致表示：我们相信，这无疑是一种对上诉人在学术自由及政治表达等领域自由的侵犯；在美国的大学社会中，自由的必要性是自明的，学术是无法在一个猜忌和不信任的环境中得以增进的，教师和学生必须永远有自由，以便调查、研究、评估和获得新的成果和知识，否则我们的文明将腐死。最终判史威兹胜诉。此判例后来为美国多项类似的案件所援引。再次，各种团体、组织"宣言"的保障。为了保障学术自由，西方一些学术团体和社会有识之士，组织了各种专门机构或发表一些专门宣言。著名的"美国大学教授协会"1915 年首次发表"原则宣言"，申述了大学学术自由原则及其保障；以后又在 1925 年、1940 年和 1970 年多次发表关于学术自由的"原则声明"。该组织的原则宣言，一方面为美国大学联合会、全国教育协会，公民自由联盟和教师联会等组织接受，而深入各大学的实践中；另一方面又被美国法院援引作为解释有关"学术自由"概念的依据，因而具有法律意义。尽管西方各国都保障学术自由，但其享有的范围和程度则因国有异。一般而言，在美国、德国等政体和高等教育体制属分散管理型的国家，享有学术自由的范围较大，程度较高；而在法国等政体和高等教育体制属集中管理型的国家，享有学术自由的范围和程度相对小些；在其他一些高等教育由中央和地方、国家和私人管理相结合的国家，如英国、日本等，学术自由的范围和程度则分布于前面两个端点之间。①

　　大学的学术自由应该使大学回到自由的学术之路上来。学术性是大学的本质之所在，在活动层面它又是学术人的建树和一种探究性的工作。这种探究性的活动最需要的是一种自由环境和自由状态，这也最能体现人追求自由之本性。大学人的劳动有其特殊性，他们凭借人类已有的学术创造新的学术。这种创造性的劳动的成功取决于大学人内心世界的自由意志以及外部氛围的有容乃大，而来自于外在压制学者不得已从事的学术活动都不叫学术自由。大学需要自由条件下创造出来的纯天然的学术成果。"大学是有效地保育、保护和联系高深专门化学者的家园"②，应该容纳各种确有真才实学的人物、各种自圆其说的思想、各个对立的学派为一体。纽曼说："学者们云集大学，虽然他们各自都热衷于自己的学科，又相互竞争，但是他们为了创造和谐的学术环境而走到了一起，他们亲密地互相交往，互相调整各自的主张以及彼此之间的关系。他们学会了相互尊重、相互磋商、相互帮助。这样，就形成了一种纯洁清澈的思想空气，学生也呼吸这种空气。"③ 在西方早期的大学里，科学主要源于个体的"闲逸的好奇"，研究较少功利性，知识本身就是目的，人是内在于自身的目的而非手段。稍后伴随学术的异化，知识生产被实用主义哲学锁定，学术研究也就成了机械的劳动，大学也就成了知识加工的作坊。大学要有足够的耐心等待学者的学术创造水到渠成，而不是逼债式地要求教授年年汇报"成果"，年年接受"考核"；大学能够宽容学术研究的失败，因为成败是相对的，卓越的学者诚然能够给一所大学带来光彩，但其他起陪衬作用的学者也不是废料。学术自由要求学者对科学忠诚。

　　学术自由即是学者人格的品位。1927 年五月初二日，王国维写了一篇遗嘱，然后雇人力车赴颐和园昆明湖自沉。王国维的自杀成为中国大学发展史上一个标志性的教育事件，凸显了大学精神建设的艰难与崇高。陈寅恪认为王国维自杀是死于一种文化，但是这一文化是作为"Idea"的抽象文化，无关乎具体文化。陈寅恪《清华大学王观堂先生纪念碑铭》说，知识精英之读书治学，以脱心志于俗谛之桎梏，真理因得以发扬，若思想

① 陈列、俞天红：《西方学术自由评析》，《高等教育研究》1994 年第 2 期。

② ［美］埃伦伯格主编：《美国的大学治理》，沈文钦译，北京大学出版社 2010 年版，第59 页。

③ 任钟印主编：《西方近代教育论著选》，人民教育出版社 2001 年版，第 462 页。

不自由，毋宁死；王国维之著述或有时而不彰，学说或有时而可商，唯此独立之精神，自由之思想，与天地共存，与日月同光。陈寅恪"独立"、"自由"之论断是对大学精神的最好注解。

第五节 大学是自强的创造团队

由元事理可知，大学是自强的创造团队。《周易》有"君子以自强不息"之说，所谓自强即自己要强大。中国现在有 2600 多所大学，都要有自强的大学精神。自强最明显的标志是创造。"创造团队"表明我们是针对大学的整体功能而言的，也是把大学当成一个机构或群体性质的概念来说的。大学的主要功能就是在文化的选择与传递过程中不断地批判旧文化，创造新文化。大学是创造文化的中心。"创造"一词最早出现于《后汉书·应韵传》，其中有"其二十七，臣所创造"的说法。后来，《三国志》、《旧唐书》、《旧五代史》、《宋史》等文献中"创造"一词频繁出现。中国古代"创造"一词的义项有：建造、制作、开创。英文中的"创造"（create）是由拉丁文 creatum 的过去分词发展而来的，意为 to produce、to make，作"创造"、"生产"、"创建"讲。create 最早 13 世纪开始使用，带有浓厚的基督教色彩。中世纪的人们认为，"创造"是上帝拥有的特权。现在时态的 create 在 15 世纪晚期才出现，此后不久又出现了现在分词的 creating；create 即创造出来的东西，creating 即事物正在创造。由于创造所具有的崇高声望以及成为"creator"的向往，使得创造这个词在 20 世纪的使用范围大幅扩张。由于普通的写作、广告设计甚至许多恶搞行为也被有些人冠以"创造"之名，因而后来出现了"creative"、"creativity"以区别。西方的"创造"强调产品或理论的新奇、有价值。人们不禁要问了，为什么中国的"创造"一词产生早，长期以来却不被重视？为什么西方的"创造"一词出现晚，但后来却成为西方文化的核心理念而且制造出那么多的现代器物呢？一是中国长期的农业经济有利于伦理理性的产生，不像西方商业工业的经济有利于科学创造；二是中国经学思想主张述而不作、代圣人立言，不像西方哲学那样鼓励人探险、超越前人；三是中国文化强调亲和，不像西方鼓励竞争而有利于发明。中西方大学的自强、创造的观念与结果的差异，是各自的经济、文化所导致的。中国古代大学最有成就的是道德教育很成功，西方大学最成功的是自然科学教育。当今，中西方大学都在相互交流中学习对方的长处。

本书从大学自强与创造的世界格局看，高等教育中心的出现是科学中心出现的前提条件。高等教育中心是指某个国家知名大学数超过同时期全世界知名大学数25%的国家，科学中心是指某段时间科学成果数占同期世界科学成果总数25%以上的某个国家。从发展规律看，高等教育中心先于科学中心出现。例如，意大利高等教育中心先于科学中心出现的时间为130年，英国为60年，法国为110年，德国为70年，美国为90年——平均72年。科学中心往往是在教育高峰期到来的后面，例如，中世纪后期，意大利的教育独占鳌头，12世纪初意大利就出现了大学，如博洛尼亚大学和萨诺勒大学都是中世纪最早的一批大学。所以，1540年意大利成为世界科学中心。1640—1660年间英国的教育家数相对值分别达到50%、80%、80%，科学中心也随之到来。1670—1710年法国的教育家数相对值都在50%以上，1760年科学中心到来。1810年德国的教育峰值达到31%，科学中心也是这一年到来的。1850年美国的教育曲线攀升到44%，1900年再度攀升到44%，1920年科学中心到来。美国自20世纪初以来，科学技术迅速发展，逐步成为世界科学中心并持续至今。从诺贝尔奖的获得情况来看，自1901年至2003年，诺贝尔物理学奖、化学奖、生理学或医学奖三大奖的获得者中，美国共占213人次，英国73人次，德国61人次，法国26人次。美国至今仍然显示出极强的科技优势。究其原因，美国高等教育为其提供了坚实的基础。目前，美国大学拥有全国60%的科学家和工程师，1901—1998年美国诺贝尔奖获得者共188人，其中90%是在大学工作。从大学内部的科研机构来看，它直接推动了美国科技事业的发展。如哥伦比亚大学建立的原子反应堆，对核能发展做出了巨大贡献，同时在世界上首次成功进行了对癌的血液试验、激光的临床应用和基因异细胞移植，芝加哥大学物理学家建立起了世界第一座核子连锁反应堆，普渡大学是最早从事人造卫星研制的一个中心，加利福尼亚大学曾参与第一颗原子弹和第一颗氢弹的研究试制工作。类似的例子举不胜举。近代世界科学中心从16世纪下半叶以来，差不多平均每80年就转移个地区。但是，迄今为止美国一直是世界科学中心。据国际大学协会早年统计，全世界共有 9000 多所大学。而 20 世纪末美国共有 3600 多所大学，其中有 125 所是研究型大学，有 25 所是世界顶尖的大学。美国是名副其实的高等教育中心。① 美国高等教育是强大的，故美国强大。

　　本书论及大学的自强、创造，就绕不开"世界一流大学"这个概念。这个概念是 20 世纪末 21 世纪初才在世界范围内成为热门词汇的。我国学术界也是在启动"211 工程"后才开始逐渐地使用"世界一流大学"这一概念的。有学者将世界一流大学定义为：其前进方向代表着世界高等教育的发展方向，科学技术水平代表着当代世界科学技术发展的最高水平，培养出的人（包括师与生）不乏世界范围的杰出人物（如政坛领袖、经济界泰斗、科技精英、学术大师等）。② 也有学者认为人才培养的社会影响力、师资队伍的社会扩散力、科研成果的社会转化力、高额投入的社会回报力是世界一流大学的基本特征，即培养高层次的人才，拥有一批大师级学者，科学研究成果对社会经济发展具有重大影响，甚至改变了人类的某种生存、生活方式，巨额经费支持对大学产生的持续效益，形成良性循环的局面。③ 世界一流大学是本民族文化资源的开发中心、世界文化的整合中心、优秀文化的创新中心、先进文化的传播中心。还有学者从学科建设、师资条件、科学研究、人才培养、社会服务、物质资源、国际化、管理水平等方面概括了世界一流大学的基本特征：（1）学科门类比较齐全，并根据各自的传统有所侧重，形成具有世界先进水平的特色与优势学科；（2）拥有卓越的师资队伍，荟萃一批世界著名的大师级学者；（3）开展高水平的科学研究，能够取得划时代意义或者影响本学科研究方向和研究趋势的科学研究成果；（4）拥有一流生源，能够培养出国际公认的优秀人才；（5）开展以学术研究为基础的社会服务，在推动本国、本地区经济建设和社会发展中起重要作用；（6）拥有充足的办学经费和优越的办学条件；（7）国际化程度高，是世界科学文化学术交流的中心，能够吸引大量外国优秀人才去留学；（8）具有正确的办学理念、科学的管理机

---

　　① 李铁林：《世界科学中心的转移与一流大学的崛起》，博士学位论文，湖南师范大学，2009 年。

　　② 沈红：《一流大学的学术目标研究》，《清华大学教育研究》1995 年第 1 期。

　　③ 张婕：《创办世界一流大学的条件分析》，《教育研究》2001 年第 6 期。

制和宽松的学术氛围。① 其实,"世界一流大学"是一个群体概念,是国际范围内诸方面创造力处于前列的大学群体。尽管"谁来评"、"评什么"、"如何评"都会影响世界一流大学评价的信度和效度,但对于世界一流大学的认可还是基本一致的。如哈佛大学、麻省理工学院、耶鲁大学、加州大学、斯坦福大学、普林斯顿大学、牛津大学、剑桥大学、巴黎大学、东京大学等一向被视为世界一流大学。有人认为,世界一流大学评价在评价目的、评价组织、评价内容与方式上分别要具有以下几个特点:评价目的上,方案评价侧重于诊断功能实现,综合评价侧重于服务建设高校的动态遴选;评价组织上,方案评价要充分尊重建设高校自主权,综合评价则要发挥专家委员会权威;评价内容与评价方式上,方案评价以建设方案达成度为主要评价内容,以定性评价为主,综合评价以大学综合实力为主要评价内容,以定量评价为主。

自 1900 年以来,英国、德国、美国、荷兰、西班牙等国家介入大学评价的机构有两类:一是高等教育中介组织,二是新闻媒体机构或民间高等教育评估组织。例如,美国国家研究理事会(2006—2008 年)的评价内容是:(1)学术研究活动,包括论文发表出版物、学术成果引用、科研资助;(2)学生资助及成果,包括专业声誉、学生资助、健康保险、学生工作间、学术活动、专业、规模、培养效果;(3)学术环境多样性,包括学科多样性、教师多样性、学生多样性。英国公立高校和科研机构"科研卓越框架"(2014 年)的评价内容是:(1)科研成果,包括论文、报告、艺术作品、软件代码等多种形式的科研成果(观测点:原创性、重要性、严谨性);(2)成果转化与应用,主要考察成果服务经济社会发展的情况,通过案例的形式进行评价(观测点:深远度、重要性);(3)科研环境,对评估期内的科研战略目标、未来计划、师资、收入、基础设施和配套设施、合作研究与研究基地的贡献等方面的评价(观测点:可持续性、活跃性)。第二类评价组织如《泰晤士报》《泰晤士高等教育》《美国新闻与世界报道》、西班牙网络计量实验室等发布的大学排名。例如,《美国新闻与世界报道》是一家成立于 1933 年的新闻媒体机构,于 1983 年开始大学排名,它虽然不是第一个推出学校排名的,但在

---

① 王英杰、刘宝存:《世界一流大学的形成与发展》,山西教育出版社 2008 年版,第 369 页。

美国起到了催化剂的作用，催生了世界很多国家学校的排名，也促进了对全球大学进行排名的工作。目前，这家媒体的大学排名包括美国本科院校排名、美国研究生院排名和全球大学排名。基于院校分类视角，美国本科院校排名包含 10 个排名榜单，具体包括全国性大学排名、全国性文理学院排名等 2 个榜单和针对美国北部、南部、中西部、西部等四个地区范围内地区性大学排名、地区性学院排名的 8 个榜单。其中，相关评价指标权重会因高校类型不同而有所不同。美国研究生院排名类似于学科排名，其主要从质量评估、学生选择、教师资源、研究活动等四个方面对美国的MBA、法律、医学、工程、教育等学科领域的研究生院进行排名。2014年，它首次推出全球性大学排名，其兼具学术声誉评价和科研实力评价，并强调卓越性科研成果在评价中的重要性。此外，它还推出了基于 22 个学科的全球大学学科排名。其中，学科排名在评价指标内容上与针对大学整体进行评价的大学排名保持了一致，但在评价指标权重上会因学科类型不同而有所不同，学科类型具体分为艺术与人文、软科学、硬科学三类。目前，欧美倾向于对大学进行分类分层评价。高等教育分类旨在为了更好地认识、研究和引导高等教育发展而将高等教育系统划分成不同的类型和层次，从而确定高等教育系统中各子系统及各要素之间的相互关系（种属关系、并列关系、层次关系）的过程。高等教育分类的目的在于引导大学合理定位，避免同质化倾向，形成各自的办学理念与风格，从而在不同层次、不同领域办出特色，争创一流。高等教育的复杂性、多样性、层次性决定了分层分类评价的必要性。理想情况下，有多少种类型的高等教育，就应该有多少个标准。评价层次和着重点不同，评价的标准也不同。一般来说，世界一流大学往往都是研究型大学，因此在评价指标上要重点突出研究型大学的特点，如对其开展革命性、创造性的科学研究成果进行评价，对其满足国家重大战略需求的程度进行评价等。此外，不同的研究型大学还具有不同的学科属性，因此也要考虑不同学科间评价标准的异同。[①] 2011 年，国外有学者阐述了建立新的世界一流大学中的九类错误：（1）宏伟校园，却是金玉其外；（2）先建设基础设施，后设计课程；（3）一味的进口主义；（4）带着建立生态系统的想法去计划；（5）推迟

---

① 崔育宝：《我国"世界一流大学"建设评价研究》，博士学位论文，中国科技大学，2018 年。

设立董事会和领导团队；（6）只考虑当前资本成本，忽略长期融资；（7）在实现量化目标上过于激进；（8）期望能在 18 个月里做完所有的事；（9）不提高自身实力，只依靠外国学者。受欧美大学分类的影响，我国有学者把中国大学分为三种基本类型：研究型大学、应用型本科高校、职业技术高校。每一类型都应该有重点高校，都可以成为国内（省内）知名、国际（国内）有一定影响的一流大学。[①] 如果按此分类，那么评价标准也应该与各自的类型对应。目前，我国具有较强影响力的大学排名机构主要有上海软科教育信息咨询有限公司、武汉大学中国科学评价研究中心、艾瑞森研究院中国校友会网、武书连《中国大学评价》课题组和网大公司等。高考生填报志愿多参考这些机构的相关材料。

本书基于伦理理性的中国传统出发，是赞成以科学理性对中国大学进行"双一流"的教育评价的——没有前者，就只见量化的指标而不见大学中的"人"；没有后者，容易自以为是无法进行根据普遍认同的工具来考核。2015 年 11 月，国务院发布《统筹推进世界一流大学和一流学科建设总体方案》（简称《总体方案》），在肯定多年来实施"211 工程"、"985 工程"等重点建设措施促进高校取得重大进展的同时，指出以往重点建设中存在的身份固化、竞争缺失、重复交叉等问题，并提出未来的"双一流"建设要通过构建中国特色的世界一流大学和一流学科评价体系，强化绩效考核，实施动态支持。2017 年 1 月，教育部、财政部、国家发展改革委员联合印发的《统筹推进世界一流大学和一流学科建设实施办法》（简称《实施办法》）进一步提出了"总量控制、开放竞争、动态调整"的周期性的双一流建设模式。"双一流"建设将世界一流大学和世界一流学科的建设统筹起来，按照"一流大学"和"一流学科"两类分别布局世界一流大学建设高校和世界一流学科建设高校。其中，世界一流大学建设高校包含若干世界一流学科建设任务，世界一流学科建设高校也绝不是仅有一个世界一流学科建设任务。学科是大学的基础单元，大学建设离不开学科建设，学科建设也不能脱离大学独立存在。有了一定数量的世界一流学科才能托起世界一流的大学。对"双一流"建设的理解绝不能仅仅局限在学科层面，而应定位于大学整体功能的发挥。因此，世

---

① 潘懋元、董立平：《关于高等学校分类、定位、特色发展的探讨》，《教育研究》2009 年第 2 期。

界一流大学建设高校的遴选更加强调大学的"整体属性"，而世界一流学科建设高校的遴选则更加强调大学的"学科属性"。根据《"双一流"建设实施办法》相关规定，一流大学、一流学科建设高校及建设学科的遴选以认定方式来实现，具体是由政府有关部门、高校、科研机构、行业组织人员组成世界一流大学和一流学科建设专家委员会，由该专家委员会来论证确定一流大学和一流学科建设高校的认定标准，并以此遴选出拟建设高校名单。由于综合评价要为建设高校的动态遴选服务，因而"双一流"建设专家委员会不仅应是一流大学和一流学科建设高校认定标准的"规则制定者"，也应成为一流大学和一流学科建设高校动态遴选的"绝对权威"领导力量。之所以采取设立专家委员会来实施高校遴选，就是要保证评价结果的独立性、客观性，充分压缩"权力寻租"空间，以营造公平公正、开放竞争的高校重点氛围，从而激励整个高等教育系统的内生动力和发展活力。为了使动态遴选的评价结果更加客观，更具有说服力，由"双一流"建设专家委员会实施的综合评价在评价指标设计时应更多地使用定量指标。事实上，"双一流"建设《实施办法》提供的建设高校遴选参考标准"以中国特色学科评价为主要依据，参考国际相关评价因素，综合高校办学条件、学科水平、办学质量、主要贡献、国际影响力等情况"本质上就是要充分利用第三方评价结果，更注重定量指标。"双一流"建设《总体方案》提出了"五大建设任务"和"五大改革任务"。目前已经公布的41所一流大学建设高校的"双一流"建设方案也基本是以此为线索编制框架的，也理应成为大学自强与创造的大方向。有研究者在统计中外大量大学评价（排名）文本的基础上，设计出详细的评价指标系统，排列出中国前50名高校。其中，一流大学建设高校为25—29所，一流学科建设高校有13—18所，一般高校2—7所。从科学研究得分的数值分布来看，前50名高校的最大得分为4128.71，最小得分为537.46，中位数得分为1224.66，其中，最大得分是最小得分的7.68倍。前50名高校的总得分为66941.37，平均得分为1338.83分，标准差为816.73，变异系数为61%，较人才培养得分前50高校的变异系数（91.75%）与社会贡献得分前50名高校的变异系数（102.91%）大幅下降，一定程度上反映出当前我国高校在国际期刊的发文量日益提升，但在人才培育、社会贡献的功能实现上存在失衡。此外，科学研究得分的集聚现象也较为明显。如科学研究得分前50名高校的前20%高校，其得分之和接近前 50 名高校科学研究得分之和的 40%。统计各评价维度下全学科领域得分前 10 名高校同时入选各学科领域下得分前 10 名的次数,可以发现,全学科领域得分前 10 名高校中,既包含在实现多个学科领域全面发展的高校类型,也存在仅在单个学科领域进行深度耕耘的高校类型。反过来,统计各评价维度下各学科领域得分居于前 10,但在全学科领域得分排名居于 10 名开外的数量,可以发现,部分高校尽管在综合实力比较上存在不足,但也可以在某个学科上成为优秀者,这种情况在工科、农科、医科等领域尤为普遍。[1] 我们如果统计中外大量的世界一流大学、一流学科评价方案及其不重复的细目,再参考我国近年来的本科评估、硕士博士点评估、国家重点学科评选、长江学者评选等,那么,我们可以发现,在任何大学评价方案中,科学研究、人才培育、社会贡献都是不可或缺的三个一级指标,其中又以科学研究为最重要的指标。

概而言之,大学是什么?走向何方?这需要我们认真研究才能得出答案。南宋书院的伦理理性是中国本土产生的大学精神,汇合西方移植而来的科学理性的大学精神,就能形成元理学指导下的大学精神,就能准确地定位大学。中国文化中形成的南宋书院的大学精神至今不会丧失它的价值,这种价值在吸收他者文化尤其是西方大学精神中必然焕发出新的意义,并且在与当今大学教育实践中进行中国体验,创造出中国方案。

---

① 崔育宝:《我国"世界一流大学"建设评价研究》,博士学位论文,中国科技大学,2018 年。

附　录

欧洲中世纪大学科学理性对
南宋书院伦理理性的补充

中世纪（约 476—1453 年）是指欧洲历史上的一个时期，自西罗马帝国灭亡到文艺复兴和大航海时代的这段时间。这个时期中的 12、13 世纪正是中国的南宋时期。12—13 世纪人类灿烂的花朵就是大学：南宋书院、欧洲中世纪大学。此时期欧洲中世纪大学的科学理性对南宋书院的大学精神——伦理理性，提供了必要的补充。

一　欧洲中世纪大学科学理性对南宋书院物理观念的补充

欧洲中世纪大学的类别与学院架构是科学理性的产物。欧洲中世纪大学的类型有：（1）从产生类型上可以分为——母大学、派生型大学和新建大学。最早的三所大学——萨莱诺大学、博洛尼亚大学以及巴黎大学被誉为西方大学之母。派生型大学包括由母大学的师生迁移而建立起来的大学。除了萨莱诺大学外，13 世纪上半叶的大学基本上是由博洛尼亚大学和巴黎大学派生的大学。（2）从隶属关系与性质上可分为——教会大学、国立大学及公立大学。第一种类型是直接为教会势力所控制，以巴黎大学、牛津大学和剑桥大学为代表。第二种类型是国立大学，如腓特烈二世于 1224 年在那不勒斯建立的大学和后来在西班牙为阿尔方索八世及其继承者所效仿建立的萨拉曼卡等大学。这些大学是由世俗的统治者取得教皇认可而建立的，在组织管理上则是由当政者或其代表主持。第三种类型是由社会支持的公立学校，如博洛尼亚大学和帕多瓦大学等。（3）从管理模式上可分为——学生型大学、教师型大学及混合管理型大学。学生型大学以博洛尼亚大学为代表。学生组织在该大学内具有权威性的地位，教授的选聘、学费的数额、学期的时限、授课内容及课时等均由学生来决定。教师型大学以巴黎大学为代表。教师型大学在学校管理方面与现代大学的一般情况没有明显的区别。在欧洲北部地区的大学，如英格兰、德国、苏格兰、丹麦以及瑞典等地的大学，多属此种类型。教师与学生混合管理型大学多数大学是受博洛尼亚大学与巴黎大学的双重影响。

与南宋石鼓书院、白鹿洞书院、岳麓书院、丽泽书院、象山书院处于同一历史时期，欧洲也诞生了"著名大学"。例如，萨莱诺大学位于萨莱诺港口城市，在意大利南部城市那不勒斯附近。萨莱诺大学是中世纪欧洲规模最大的医科学校。学校为学医的学生开设 3 年文科课程和 5 年医科课程。其医学教育的最大特点是：该校教师在教学中所使用的教科书的水平非常高，教师的学术水平也很高，为欧洲之冠。又如，博洛尼亚大学位于意大利北部一个天然的十字路口，地处南下罗马、北上米兰和威尼斯的要道，地理位置十分突出，是南来北往的人的必经之地。各路商旅过往络绎不绝，商业贸易纠纷难免发生，诉讼案件不断增多。博洛尼亚大学是顺应当时社会对法律人员的需要而产生的，它也的确培养了许多熟谙法律的法官、律师。后来，博洛尼亚法学教学的声望越来越高，吸引了大量非博洛尼亚地区的学生，他们成群结队地来到这里求学。12 世纪末，各国赴博洛尼亚大学学习罗马法的学生达一万多人。这些学生学成归国后，促进了本国复兴罗马法的运动。这样，罗马法复兴运动波及了整个西欧。与此同时，许多杰出学者也来到这里，担任了学校的教师。1158 年，神圣罗马帝国皇帝腓特烈一世颁布法令，承认了博洛尼亚大学的合法地位，规定大学是一个不受任何权力影响、可以进行独立研究的场所。他向博洛尼亚大学的师生们保证，他们可在大学内免受当地宗教团体和地方政府的迫害，并向他们提供司法特权。这是首份保障大学自主和学术自由的文书。再如，巴黎大学被誉为"欧洲大学之母"。在它的四个学院中，神学院是开办最早、影响最大和最著名的。1257 年，国王的忏悔神父索邦受国王的馈赠，得到位于福阿尔街上的一处楼房，于是他在此创办了神学院并自己出任院长。不久，原来的神学院与索邦神学院合并。至此，巴黎大学神学院也可以说是巴黎大学本身，真正成为一个集教学、研究及膳宿为一体的有固定处所的机构。1261 年，索邦神学院开始正式使用"巴黎大学"一词。几百年来，索邦神学院也就成为巴黎大学的代名词。巴黎大学神学院的培养目标非常明确：培养教会领袖、各级神职人员及神学教师。巴黎大学鼎盛时期师生达 5 万多人，号称与教皇和皇帝一起并称欧洲三足鼎立的势力。我们知道，12 世纪之前，英国是没有高等学府的，年轻的僧侣若要深造，得到法国或意大利去，使用的语言是拉丁文。尤其是巴黎大学，更是聚集了大批英国学子。1167 年，亨利二世下令禁止英国的神学学生到巴黎大学研究神学或宗教，并召回了在巴黎求学的所有学生和学者。这批英国学者回国后，并没有风飘云散。他们决心用自己的努力，在英国设立一所大学。当时，建城已有 300 年历史的牛津成为最佳的建校地点。于是，大批英国学者与学生云集于牛津，这是牛津从一个商贸之地转向学术之地的开始，也是牛津大学的起点。12 世纪末，学校获得了教会的正式承认。1215 年，牛津大学拥有了自己的第一任校长——格罗斯泰斯特，他翻译了大量新的亚里士多德著作，促进了自然科学研究水平的提升。牛津建校之初，以巴黎大学为榜样，最初的科系设置有神学、法律、医学和艺术。牛津大学作为一个社团对英国的政治和教会史几乎没什么影响，但它的学术声誉却仅次于巴黎大学。13 世纪上半叶，牛津大学的教学与自然科学在整个欧洲赢得了广泛的声誉。在欧洲大学史上，基本上把剑桥大学看成牛津大学的派生物。1209 年，在牛津城里发生了一起血案，牛津大学的一名学生在练习射箭时，误射杀了当时镇上的一名妇女。这样引发了骚乱，几名学生被市民吊死，学生们停课来抗议。一些师生迁往剑桥。从牛津大学迁出的这些师生为剑桥大学的发展奠定了最初的基础。到 1226 年，已有许多学者陆续来到剑桥。他们自行组织起来进行教学，并选出一位校长作为对外代表，还制定了一些颇为正规的研究课程，由组织内的成员负责讲授。当时没有教授，由已念完这些学科的硕士负责教学，但必须要得到全体同事的批准，才能担任教师。1229 年，又从巴黎大学来了许多学生。1231 年，英国国王亨利三世将剑桥大学纳入自己的庇护之下，使其免受当地地主的欺压。同时，国王也通过命令尽力保证他们教学的专有权。比较而言，尽管南宋书院与欧洲中世纪大学各自在兴起的政治、经济、文化背景中差异较大，但二者在兴起中也表现出了一些共性。首先，二者的数量较大。南宋创建了数百所书院，欧洲中世纪也创建了近百所大学。其次，二者虽然与宗教都有一定的冲突，但又都受到宗教的影响。最后，二者都得到了当时权威中心的支持。南宋皇帝多次赐以书院学田、书籍以及匾额。而欧洲中世纪大学同样得到了当时教皇、国王、皇帝的支持，他们都曾多次赐予大学特权，给予大学经费支持。但二者毕竟产生于不同的政治、经济、文化背景中，因此二者在兴起中也表现出了明显的差异，例如校址的选择、校舍的修建、与宗教的关系等方面。

南宋书院往往建于名山大川，远离城市；欧洲中世纪大学的情况恰好相反，一般建于繁华的城市。欧洲中世纪大学产生于城市的主要原因有以下几个方面：（1）城市为大学提供了交通、食宿等经济物质基础。例如，博洛尼亚是一座历史悠久的文明古城，地处意大利北部的雷诺河畔。由于交通便利，自然条件优越，它在罗马人统治时期就成为亚非欧的商业贸易中心和交通要道。特别是作为前往罗马朝圣者的必经之地，它很早就成为社会经济发展的中心，同时也是知识传播和文化交流的有利之地。随着经济的发展，城市商业贸易的增多，博洛尼亚作为自由城市，在 11 世纪开始了一个新的繁荣时期。这为博洛尼亚大学的产生奠定了一定的物质基础。（2）一些城市有良好的文化教育传统。早期母大学所在城市都有着办学的传统和学术上的声誉。例如，萨莱诺这座城市在大学产生前就已经有了一所著名的医学校。在十字军远征时期，不断有伤员被送到该地接受治疗。医学复兴最早集中在萨莱诺的另一原因可以说是东方文化的影响和医学知识的积累。萨莱诺与意大利中部的蒙特卡西诺的本尼迪克特修道院相距只有约 80 英里。而且，本尼迪克特教团于 7 世纪末在那里建立了一所医院，吸引了远方许多病人。同时，医生执教无疑是医学复兴及萨莱诺大学诞生的又一个重要原因。如在萨莱诺执教的名医阿弗里卡那斯翻译了拉丁文著作或者编译了阿拉伯及希腊医学作家的著作。更为重要的是，由于他的翻译，通过萨莱诺的影响，确定了医学教士的地位，使萨莱诺医学校声名大震。（3）一些城市是当时的政治中心，有利于大学的诞生。那些为了满足教皇或皇帝的需要而被指定地址建立的大学，是政治权力影响的结果。如巴黎大学的产生虽然得益于地理环境优越及所蕴含的文化推动，但是很多西方学者都注意到了同时期的巴黎附近有较多影响甚广的经院学校并没有发展成为大学，与巴黎相隔仅 50 英里的夏尔特尔学校却未能发展成为大学。这恐怕就是因巴黎作为法国君主国的首都和一个重要的主教职位所在地的政治上的缘故。①

---

① 刘河燕：《宋代书院与欧洲中世纪大学之比较研究》，人民出版社 2012 年版，第 124—126 页。

比较而言，早期欧洲中世纪大学没有专门的校舍。其教学场所一般由教师租用而来。在一个较长时期内，博洛尼亚大学和巴黎大学的管理无须照管学校的建筑，因为当时大学根本就没有自己的不动产。由于欧洲中世纪大学具有自治性团体的性质，当教师或学生在不满大学所在地的城市当局或教会权威时，当教学及研究遭到无理干预时，他们就会以罢课、罢教的形式来抗议。而在罢课、罢教失败后，就只有迁移。一所大学的迁移也就是迁校，为何可以轻松成行呢？早期中世纪大学是以知识为媒介而联系起了众多的学者，并形成了行会组织，却没有永久性的校舍，大学的图书资料、仪器设备也是相当缺乏，加之使用共同语言——拉丁语，因而迁移大学异常方便。另外，统一的欧洲基督教世界是让大学能够用自由迁移来争取适合自己生存和有利于知识文化传播的环境与特权的另一重要因素。大学的迁移往往是为达到争取良好的学术环境、保护行会组织及其成员利益的目的。大学通过迁移派生了新大学、加速了知识文化在整个欧洲的传播，也使得大学在整个欧洲的影响扩大了。欧洲中世纪后期，随着学生人数的增长，大学停止了迁移，开始逐渐有了属于自己的建筑，而且为学生提供住宿的学舍就越来越有必要了。[1] 12 世纪末至 13 世纪末，巴黎大学总共建立了 19 所学舍，牛津大学有 6 所，剑桥大学只有 1 所。这些学舍不过是为一些学生提供的住所而已。[2] 相比欧洲中世纪大学而言，南宋书院有相对稳定的校舍，但校舍常常受到战火带来的灾难。欧洲中世纪的"学舍"，开始是一个为穷学生提供的公寓，后来变成了一个自治或者半自治的男性学术团体，他们在捐赠的房子里学习和生活。学舍与大学的管理机构少有行政方面的联系，他们组织自己的校产，同时从大学的教学和学位发放中受益。[3] 正如同乡会由会长领导，学院由院长负责，所有的学舍，其成员以及他们的亲戚、仆人和牧师，都要接受一名舍长的领导，舍长本人要严格管理学舍，不仅要向大学管理当局负责、向大学校长或者教区主教负责，还要向由诸侯或市政当局任命的监督者负责，特别要向安排的视察员负责。学舍很明显被打上了它们所处时代的烙印。学舍的捐助人

---

① 刘河燕：《宋代书院与欧洲中世纪大学之比较研究》，人民出版社 2012 年版，第 129—131 页。

② ［比］西蒙斯主编：《欧洲大学史——中世纪大学》，张斌贤等译，河北大学出版社 2008 年版，第 63—64 页。

③ 同上书，第 128—129 页。

往往是当地的一些大人物：国王和王后，诸侯及其夫人，以及当时的贵族、教皇、红衣主教、主教、大教堂的教士、王室的顾问、市政当局的官员，甚至还有教授。相对而言，中产阶级的捐赠基金还比较少见，而且即使在一些捐赠基金中他们捐资不少，他们的名字也被排在一大串皇室或王室人员的名字之后。无论捐款的类型和规模，捐助人的动机通常都很相似。尽管到了中世纪后期他们的动机发生了很大的变化，受到了慈善、教育、知识或政治等因素的巨大影响，但两种基本的动机——宗教动机和社会动机——却相对保持不变。第一种是正式的宗教动机，捐助者出于对自身和其家庭灵魂的关注而捐赠。学舍成员作为受益人，有义务为捐助者的灵魂得救而举行祈祷和宗教仪式。与宗教动机紧密联系的是社会动机，它是传统社会生活方式的一部分，而并非出自捐助人内心的社会设计构想。在博洛尼亚的西班牙学舍，即便是地位很高的成员也收受捐赠品。社会动机带有家族色彩，这自然是世俗捐赠的首要特征。成为学舍成员的机会与创立者家族的地域关系网紧密相关。在大多数情况中，进入学舍的机会一般依次给予：捐助者的家人、亲朋好友、与家族有交往的人、出生地或者家乡的居民、同国或同一主教辖区的人。而创办人的捐赠又是通过捐赠的管理者和学舍成员的视察员们来具体运作的，这些人又有自己的家族关系，因而新增了更多的成员。在欧洲大学学生中，学舍成员是享有特权、备受保护的少数派，尽管他们的社会背景不尽相同，也并不是一个封闭的精英集团。学舍创立者的不同背景、捐赠的不同数目、学舍成员不同的社会地位，以及他们所在的不同学院，都是导致这种情况的原因。多数学舍经费有限且规模较小，比较适合单纯学生或攻读学士学位的年轻文科学生就读，也比较符合他们的社会背景。而另外一些学舍则相反，几乎都是面向高级学院的学生，也就是硕士学生和专修生。就像学舍一样，英格兰牛津大学的会堂和剑桥大学的学生寓所、巴黎的招待所或宿舍都成为大学真正的组成部分。对大多数居住在宿舍里的人来讲，上大学无非就是在地理、社会和思想上与这些地方联系起来。宿舍负责人——由大学任命的宿舍长本人或在其他教师的帮助下，负责为整幢宿舍购买或租赁合适的家具，同时，还要负责食宿以及学术教学。作为回报，他所管理的学生"家庭"每周付给他薪水，他们还要付食宿费和学习费用，这些费用习惯上也按周计算。共同的生活自然赋予了学生宿舍独特的区域和社会特征。总体而言，这些学生宿舍类似学舍（一定程度上类似同乡会），因为后两者都是基于家庭因素、同胞因素以及社会阶层是否相近等因素而组成的。① 相比南宋书院的建筑而言，欧洲中世纪大学的学舍和宿舍更体现为学习和生活服务的实用价值，似乎并不考虑与礼乐的契合、与前贤名言教诲的一致。

二　欧洲中世纪大学科学理性对南宋书院义理观念的补充

欧洲在从古典文明的衰落到 12 世纪大学的兴起这一长达 700 多年的时间内，修道院是贯穿于其中的最为典型的文化组织。在西方，罗马帝国的教育制度受到蛮族入侵的冲击，或随着拉丁世界城市文化的衰落而衰落、消逝。只是通过教会，特别是通过修道士，古典文化的传统和古典作家的著述才得以保存下来。由于科技落后，印刷业还未产生，所以书籍的制作十分复杂困难。尽管这样，修道院及其图书馆、抄写室还是做了大量传抄经典、保存古代文化的工作。当时不仅修道院的僧侣、修女、生徒要抄写，而且主教、住持也亲自抄写，编撰书集。传抄经典主要解决修道院书籍的缺乏，满足修道士诵读圣书的需要，同时也把它作为礼物或交换之物，换取自己需要的书籍。由于阅读是修道士的必修课，因而教育活动在修道院全面展开了。修道士必须不但在基督教教义方面，而且还要在神圣的经典语言和仪式语言的拉丁文方面，指导他们的信徒。他们不得不教授读和写，以及那些为教会事务和仪式所必需的艺术和科学，如书法、绘画、音乐、年代学和历法的知识。修道院的传抄经典、整理书籍不仅满足了修道士学习的需要，而且解决了修道院向民众传经布道所需书籍的问题。书籍的编撰一方面保存了古代的文化，另一方面也提供了与异端思想论战的武器。同时，由于书籍的增多，加强了各地文化的交流。如此往复，加速了教育的扩散。修道院也如书院一样，重视对先贤古籍的整理与解释。②

如果说南宋书院以佛教为工具继承的传统是孔孟经典的伦理思想，那么可以说欧洲中世纪大学继承的传统则是古希腊的学术思想。"三艺"——文法、修辞、逻辑起源于希腊人，特别是雅典人的现实生活；

---

① ［比］西蒙斯主编：《欧洲大学史——中世纪大学》，张斌贤等译，河北大学出版社 2008 年版，第 233—239 页。

② 张瑞璠、王承绪主编：《中外教育比较史纲》（古代卷），山东教育出版社 1997 年版，第 445—450 页。

"四艺"——算术、几何、天文、音乐既起源于其科学职能价值，又起源于其哲学职能价值，因而，"三艺"和"四艺"在最初时，它们的重要性是不同的。人们先偏重"三艺"而不重视"四艺"，随着哲学和科学的发展，"四艺"受到人们的普遍重视。由"三艺"和"四艺"组成的"七艺"作为西方古代的第一个课程体系。[①] 欧洲中世纪大学课程的基础仍是"七艺"，当然，这是经过基督教僧侣们改造的、深深地打上了宗教烙印的"七艺"。十一二世纪阿拉伯文化输入西欧后，西欧人通过阿拉伯人而了解到古代希腊罗马学术，"七艺"的各科内容才逐步得到充实、发展，如算术吸收了阿拉伯人的成果，天文学包括了托勒密的地心说以及一些物理学知识。欧洲中世纪初期比较重视文法、修辞。经院哲学发展起来后，为了打击异端的需要，开始重视辩证法。12世纪阿拉伯文化输入欧洲后，算术、几何、天文开始被重视。[②] 欧洲中世纪大学最明显的目的是为精英分子提供服务社会所需的知识和技能，无论以教会的角色还是世俗的角色。当我们考察欧洲中世纪大学神学硕士的职业生涯时，发现这个目的完全实现了，并且神学态度无疑在整体上影响了对知识的态度。这种中世纪知识的一般范式是一种遗传，警惕地把外来之物和误解加以净化，然后评注和传授。像三艺课程一样，四艺课程也是直接从古希腊哲学中衍生的。我们可以通过北欧的情况得到整个中世纪文科学生四艺课程的材料。然而，从伊比利亚半岛的角度看，到目前为止我们所提供的这幅图景似乎是扭曲的，因为当别处修道院教授四艺时只不过意味着算盘、教会历法、圣歌的练习，以及一点实用的几何学时，那里已经确立了亚里士多德自然哲学和希腊与阿拉伯的数学及天文学的学术性。西班牙第一部从阿拉伯文翻译成拉丁文的作品是在加泰罗尼亚边境地区完成的，约在10世纪中期，是莫扎拉布从西班牙的穆斯林地区迁徙到加泰罗尼亚地区的一个结果。当然有来自欧洲其他地方的学者，他们意识到自己科学文化的相对缺乏：见证这种情况的有前往西班牙的著名访问者，如阿德拉特（盛年在1116—1142年）。他为未来的享利二世撰写了一篇关于天体观测仪的优美论文（约1149年）。作为一个学术中心，伊比利亚半岛的声誉吸引了其他地方的人，而且伊比利亚的学术甚至通过个人得到广泛传播。欧洲中世纪大学

---

① 张瑞璠、王承绪主编：《中外教育比较史纲》（古代卷），山东教育出版社1997年版，第255页。

② 同上书，第294页。

的科学课程更多地应归功于西班牙。阿威罗伊（1126—1198 年），杰出的
西班牙自然哲学家，是欧洲中世纪晚期亚里士多德哲学的代表。许多其他
的伊比利亚学者对于即将到来的教育大发展具有重要意义：赫瓦里兹米论
数学主要著作的西班牙文译本和它的阿拉伯文修订本，出现了一系列的版
本供大学使用长达三个世纪甚至更长时间；在普通分数的教学方面，有印
度—阿拉伯的数字系统和在天文学中使用的六十进位法。包含天文表收集
的欧洲科学学术的另一重要文本通常与阿尔扎切尔（卒于约 1087 年）的
名字联系在一起。这些天文表后来轰动了欧洲。由阿尔扎切尔为这些天文
表所写的标准为较好的学生提供了学习三角学和天文学的一个重要理论来
源，虽然它们对于最好的学生来说是不够的——因为标准仅通过强记背诵
来教授，而不是从最初的原理开始。阿尔扎切尔，像他周围的许多其他人
一样，投入大量的时间去研究天文学仪器，特别是新的天体观测仪，以及
被称为赤道仪的仪器，用于测量行星的位置。13 世纪的最后 25 年里，一
套新的甚至更重要的天文表在西班牙被制作出来。当然，西班牙并不是古
希腊和阿拉伯知识进入欧洲学校的唯一窗口。西方学者已经提及作为一个
翻译起源地的西西里。莱昂纳多（约 1170—1240 年）是那个时代最伟大
的欧洲数学家，并成为腓特烈二世的皇家数学家，其在北非和地中海世界
广为游历，以一种非常直接的方式汲取了穆斯林的知识。然而即便是他也
依然与西班牙有着重要联系。然而，不应该忽视的是，如此多的人学习四
艺的动机无疑是基于占星术的作用。星相学是一个信仰体系，同时在现实
的意义上是相当"理性"的，需要一套完整的数学训练以熟练掌握它。
学者们根据天的结构预测个人的、君主的、民族的、气候等的运程，他们
所凭借的规则明显含有武断的因素，人们接受了它们并据以行动，这要求
非常精确的天文计算，以确定天空的准确状态。毫无疑问，西班牙是星相
学教育及其所需要的相关数学教育的卓越中心，正是这种感觉促使如此多
的学者来到西班牙。[①] 从上文的分析可知，西方大学所继承的传统是
"科学"。

　　如果说南宋书院教学内容的是"四书五经"，那么欧洲中世纪大学的
教学内容则是学科结构的知识。欧洲中世纪大学使用的一系列教材趋于稳

---

　　① ［比］西蒙斯主编：《欧洲大学史——中世纪大学》，张斌贤等译，河北大学出版社 2008
年版，第 370—376 页。

定。例如，文学院使用亚里士多德的著作，法学院使用查士丁尼的法典，医学院使用盖伦的著作。神学院的权威教材就是《圣经》，但是其教义缺乏连贯性，单独把它作为一种教材并不合适。神学本质上就是对圣经的解释，因而神学又被称为"圣经解释学"。自从古代以来，这种解释《圣经》的活动就一直由教会的教父们和修道院中的僧侣们进行着。就圣经解释而言，最重要的基督教早期经典著作是奥古斯丁的《基督教教义大全》。第一卷到第三卷的内容包括解释《圣经》的通例和规则。第四卷是一篇论文，论述如何依据前三卷确定的方法论述教义、进行布道。① 欧洲中世纪大学是依据知识分类来建构的，这些都是 12 世纪的学校遗赠给它们的精神财富，而这些财富常常有着非常古老的渊源，始于卡洛林王朝时期的改革家们，如阿尔昆；始于基督教的教父们，如圣奥古斯丁、圣杰罗姆；始于古代的理论家们，如昆体良、瓦罗、波依休斯、卡西多拉斯等，他们自己又都从亚里士多德和西塞罗那里获得灵感。这种继承涉及知识分类、教学的等级体系。欧洲中世纪大学的科目最终固定在一张学科清单上的知识分类，大多是由"权威"做出的；也就是说，那些作为学科基础和要素的基本文本和最具权威的评注或多或少到 12 世纪就完成了，在以后的世纪里，它们没有任何改变地被运用于大学的教学。这些学科基本上就是各个学院的名称，即神学、法学、医学、文学。在实践中，也会额外地讲授一些其他的学科，但这都是在传统学科的支配下进行的。然而，这几乎不会减轻中世纪大学本身继承下来并使之永久化的学科和学院结构的稳定性。这种进程延续的主要结果，就是把那些尚未被传统的分类所认可的知识分支部分排除在大学教学之外。历史学、诗学、习惯法，以及那些"技术学科"（就是我们理解的应用科学）的情况就是这样。除了这种刚性的学科分类，欧洲中世纪大学还继承了古代和中世纪早期的文化和教学传统，以及包含在学科内部的等级观念。每一门学科或多或少的宗教特征、社会功用、知识的尊严等一些确定的标准，都支配着这种等级观念；相反，如果一门学科看起来是"亵渎基督教的"、"有利可图的"（即为个人带来利益），或者是"技术的"（即与物质有关），那么这门学科将会被降级，甚至被毫无保留地取消。以这种方式构成的等级制度，非常具体地

---

① ［比］西蒙斯主编：《欧洲大学史——中世纪大学》，张斌贤等译，河北大学出版社 2008 年版，第 454—455 页。

表现在大学的生活中，根据先后顺序、权力和声望。显而易见，神学院注定被放在首要位置上，其次才是法学院和医学院，文学院排列在最后面。① 欧洲中世纪大学赋予了从古代继承下来的知识等级观念以制度形式。柏拉图和亚里士多德都描述了一种基本的教育，它包括初步的文法、文学、音乐和算术的基本训练，并为数学，最终为哲学的高级研习做准备。正如词义所示，这些所谓"自由学科"是自由民的学科，而非奴隶的学科。自由学科是预备教育的观点，也体现在古罗马的教育中，在那里，它们直接的实际目的是为接受法律和公共生活方面的训练做准备。接着，它为中世纪所继承。奥古斯丁将其加以改造，以适应掌握《圣经》意义的基督教目标。到 12 世纪大学出现时，作为世俗知识的终极目标——神学，已经与法律和医学方面更实用的目的联系起来了。因此，在许多重要方面自由学科都有别于高级学科。首先，除了共同的预备功能外，它们是一个没有任何一致性的异质群体。从古代开始，它们就被划分为文法、修辞和逻辑（三艺）这三种言语学科，以及算术、几何、天文和音乐（四艺）四种数学学科。虽然自由学科的观念常常还保留着（如在牛津），但到 13 世纪中期，它们与自由学科的课程内容就不再一致了，并且被其他分类，尤其是被自然的、道德的和形而上学的这三种哲学分类所补充或取代，然而原有的三艺或四艺的划分并未包含这三种哲学。其次，由于自由学科的异质性，在三艺和四艺的内部以及两类学科之间的发展不均衡。概括地说，直到 13 世纪 30 年代，对三艺的研究才超过了四艺，巴黎的情况尤其如此。与此同时，在巴黎和牛津这两个最重要的北方大学里，三艺内部的文法和逻辑学在很大程度上取代了修辞学，修辞学变成了文法的从属物，而文法本身也开始在很大程度上为逻辑思维所支配。在阿尔卑斯山南部，尤其是在博洛尼亚大学和帕多瓦大学，修辞学居于支配地位；并且在 13 世纪前期的博洛尼亚大学一度几乎是自主的。再次，自由学科中的侧重点不同，这主要是由文学院和高级学院之间的关系引起的。南方和北方大学中自由学科之间的差异源于不同的教育传统。然而，所有这些差异都源于一个共同的知识体系。除了特殊的处理方式和组织模式，这个共同的知识体系提供了在中世纪被普遍接受的教育和学习的基

---

① ［比］西蒙斯主编：《欧洲大学史——中世纪大学》，张斌贤等译，河北大学出版社 2008 年版，第 44—46 页。

础。这个体系的出现可分为两个阶段，第一阶段是或多或少地从古代的教育理论和实践中直接继承而来的，它以自由学科为基础，被分为三艺和四艺两种类型。第二个阶段是把基本上来源于希腊和阿拉伯的，到那时为止尚不为中世纪的西欧所知晓的几乎全新的一套哲学、医学和科学著作翻译成拉丁文。这个翻译运动从 11 世纪中期开始，在 12 世纪后期达到高潮，并持续到 13 世纪。这个新的知识体系改变了既存的知识形态，已有的大学是它的直接接受者。正如在医学上的变化一样，它从根本上改变了自由学科的内容，扩大了它的结构，这两个学科主要是受到了新增知识的影响；而且它还向基督教关于世界和人的本质的许多基本概念发起了挑战，相应地也涉及要重新界定与哲学（尤其是三种哲学）有关的基督教信条，从原则上来说，这些哲学是亚里士多德的，它经过了阿拉伯人的理解，并由他们传播开来。因此基督教的思想家面对着一个初看起来让人困惑的吸收任务，这项任务大部分是在大学的不同学院完成的，至于自由学科和神学，则占据了 13 世纪的大部分时间。①

　　不管是欧洲中世纪的大学还是中国的南宋书院，中西方大学的教学内容尽管存在差异，但对传统的继承和发展是一致的。欧洲中世纪无论哪所大学，都采用最初的方式来教授基督教经典文献，亚里士多德、欧几里得和托勒密的著作，教会法和民法方面的书籍，希波克拉底与盖伦的著作及其系统化的全集、摘要、注释和评注，这种情况随处可见。那些可能存在于 11—13 世纪的早期欧洲大学的经院理性主义的思想和方法的潜在的活力，此时已被禁锢在一个几乎永久不变的教条框架之中。不管哪个层次的学生，都被灌输一种由公认权威的著述和评注堆积而成的知识传统。获取、吸收这些知识并内化为自己永久的思想，就成了教师和学生的任务。教师的"学术个性"并不重要，重要的是教学内容和传授方式。在这样一个教学体系中，教师是可以相互替代的。在每个学年开始的时候，各学院的教师们都要把传统知识和有关评注分配一下，然后制成小册子或讲义，讲义后面附一张学生的花名册，花名册上的名单要么是经过挑选后确定的，要么是由抽签确定的，要么是简单根据每个学生已上课的时数来确定的。因而，在欧洲的大学里，都必须事先确定哪位教师教哪些课、授课

---

　　① ［比］西蒙斯主编：《欧洲大学史——中世纪大学》，张斌贤等译，河北大学出版社 2008年版，第 337—342 页。

顺序、每天课时安排、多少课酬。从理论上讲，每位教师都可能因自己的课上座率高以及卖自己写的书而有所收益，但实际上首领们和"管理教师们"总是保证他们的书具有首选权。这里的关键因素是书的分类排序——所有学院都这么做——是根据它们在教学大纲中的重要性来决定的，书被划分成了普通和重要两类。随着时间的推移，这种划分就同教师的课酬和地位联系起来。在教学活动中，欧洲大学并不高估书面资料使用的范围和程度。一方面，"口头语言能力"自然是教育的目标之一：目的就是要在广泛的场合——其中有的场合超越了大学的范围，如法庭、行政机关、教堂，如布道——应用所教的内容和进行辩论。另一方面，并不是每个学生都买得起昂贵的讲义和法律书籍。据说在大学学习结束时，平均每人能拥有 10—30 份手稿。那时，绝大多数的学生，只有很少的文字材料，一般地可能只有几本包括讲座讲义誊本、教材摘录和个人笔记在内的"学习课本"。那时，没有按照获取学位所规定的常规课程学习的少数学生，都是在规范的教学大纲系统指导下才取得成功的。文科的学习或者学制正常需要 4—5 年时间，其中大约一半时间开学士课程，另一半时间开硕士课程。每一部分都需要对学生应该掌握的知识与技能予以说明，并提供学生参加必修的讲座和辩论次数的证明。在多数情况下，这些都是任课教师在给学生的鉴定书中要写明的内容；如果学生要转学的话，则在一份由原大学的校长缄封的、正式的学习证书中加以说明。在学习的第一阶段，拉丁语法和逻辑学著作，以及亚里士多德的《物理学》都是必读书目；在第二阶段，学生就要学习"哲学家"的著名论著，另外还要学习物理、形而上学、伦理学、政治学——如果有师资——还要学习数学、天文学和音乐。第二阶段结束时，假如一切都是按章程行事，假如学位的申请人确实是大学的注册学生，并且已经交付了所有费用，那么他就会得到允许参加学位考试。学院挑选一些教师作为主考老师来主持考试，学生在自己的教师面前得到"确认"，从而获得文科学士学位。至此，对于大多数学生来讲，课程已经学完，他们的大学生活也结束了；只有一小部分的学生还要更进一步去获得一个更高级的学位——文科执教学位，要获得此学位，一般须经由教长同意，这一学位既是对学生文科学术训练水平的反映，同时也确定了学位获得者取得教授本专业课程的执教许可证的资格。从德国的资料可以看出，由于考试表现太糟而遭淘汰的学生是极其少见的：当时"不及格"是用来谴责学生不道德的行为。[①]

三 欧洲中世纪大学科学理性对南宋书院天理观念的补充

南宋书院理论基础是理学，而欧洲中世纪大学的理论基础是经院哲学。scholasticism 或 scholastic philosophy 来自拉丁文 scholasticus，原意为"学院中人的思想"，又译作"士林哲学"；当它被译成"经院哲学"时，其特殊含义是，在教会（或天主教）学校里传授的、以神学为背景的哲学。经院哲学有两个基本特征：一是它以"经院"（即教会或修道院办的学校）为生存环境，二是它以"辩证法"（即亚里士多德所说的论辩推理）为操作原则。[②] 13 世纪时，经院哲学有两个中心：一是巴黎大学，二是牛津大学。两地的风格很不相同，巴黎大学流行的是亚里士多德主义，牛津大学继承了 12 世纪英国学者研究数学和自然的传统。从 12 世纪中期到 13 世纪后期一百余年的时间中，亚里士多德著作全被译为拉丁文。这些翻译对经院哲学的繁荣和发展起的作用是难以估量的。13 世纪神学家对待亚里士多德主义的态度，与早期教父对待希腊哲学以及 12 世纪神学家对待辩证法的态度相似：有全盘接受的激进派，有完全反对的保守派，但最终胜利的正统派主张的是批判地吸收的立场。巴黎大学艺学院的一些教师是激进派。他们主张像阿维洛伊那样忠实于亚里士多德思想，尤其反对出于维护神学教义的需要而改造、割裂亚里士多德学说，他们因此而被称作"拉丁阿维洛伊主义者"或"世俗的亚里士多德主义者"。他们不顾神学的权威，从阿维洛伊的一些注释中推导出一些违背正统教义的结论，因此有时他们也被称作"非正统的亚里士多德主义者"。作为基督教徒，他们并没有公开地否定基督教信仰。在亚里士多德观点与正统教义相冲突的场合，他们总是声称，他们只是如实地介绍亚里士多德的意见，并非赞成他的意见；他们解释这些意见只是为了理解亚里士多德的论证，并非为了论证信仰的错误。然而，当时与现在的人们都对这些声明的真诚性提出了疑问。从思想发展史的角度看问题，个人的主观动机并不重要，重要的是思想在当时造成的实际后果及对后世的影响。从这一角度评价拉丁阿维洛伊主义，应该承认这股思潮是对正统神学的猛烈冲击，对经院哲学的发

---

① ［比］西蒙斯主编：《欧洲大学史——中世纪大学》，张斌贤等译，河北大学出版社 2008 年版，第 250—255 页。

② 赵敦华：《西方哲学简史》，北京大学出版社 2001 年版，第 137 页。

展方向产生了深远的影响。布拉邦的西格尔（1240—1284 年）是拉丁阿维洛伊主义的主要代表人物，巴黎大学艺学院教授。13 世纪 40—50 年代，巴黎大学神学院著名教授大阿尔伯特、波那文都和托马斯相继离职。西格尔与他在艺学院的同事在大学讲坛上占据主要位置。他们不顾教会禁令与神学教条束缚，全面地公开宣讲亚里士多德著作，不久即遭到神学家与教会的一致谴责。他被谴责的观点包括：世界是永恒的，不朽的灵魂是人类的灵魂，而不是个人的灵魂，哲学和神学是双重真理。西格尔虽屡遭谴责，但在人们心目中仍有崇高地位。教会从一开始就对亚里士多德这位异教哲学家持抵制态度，教皇和巴黎教区主教曾多次要求在大学里压制亚里士多德哲学，但未奏效。1277 年 1 月 18 日，教皇约翰二十一世写信指示巴黎主教唐比埃调查巴黎大学流行的错误，并向他报告。唐比埃指定了由 16 位神学家组成的调查团，根据他们的调查结果，这位巴黎主教以个人名义于 1277 年 3 月 7 日颁布一封谴责 219 条命题的公开信，这就是通常所说的 "七七禁令"。七七禁令涉及的哲学问题之广泛堪称中世纪之最，它主要是针对拉丁阿维洛伊主义的，西格尔等人的观点几乎全部遭到谴责。由于托马斯的神学也以亚里士多德哲学为理论基础，"七七禁令"不可避免地株连到托马斯。在 219 条命题中有 20 条是针对托马斯的，这些观点包括：肯定只有一个世界，质料是个体化原则，承认精神实体（天使）与物理世界有关系，关于可能理智与主动理智的区分和性质，肯定意志服从理性，等等。4 月 28 日教皇约翰二十一世再次命令唐比埃组织更大规模调查，不但调查艺学院，而且要调查神学院中流行的观点。只是三周后教皇死于非命，这场更大规模的迫害才未能付诸实施。① 在教皇约翰二十二世册封托马斯为圣徒之后，托马斯主义终于在大学里取得了统治地位，正如理学在南宋书院与中国取得统治地位的经历一样。

相对于南宋书院由天理走向道德教育而言，欧洲中世纪大学由上帝推知人性，再由人性推知理智。"上帝"是欧洲中世纪大学的第一哲学概念。《圣经》说，上帝是独一无二的、全能的、世间万物的唯一创造者。欧洲中世纪的神学家始终为一个问题所困扰，即有限的、不完善的人如何能够认识无限完善的上帝？在这一问题上有两种倾向：一种倾向强调人与上帝的相似性，把人类语言所能描述的最好属性归诸上帝，这是按照自身

---

① 赵敦华：《西方哲学简史》，北京大学出版社 2001 年版，第 153—154 页。

形象想象神的人类主义倾向；另一种倾向强调上帝至高无上的超越地位，否定人的思想和语言可以弥合人神之间不可逾越的差距，这是企图通过否定人的思想以到达不可言说境界的神秘主义倾向。托马斯把两者的分歧归结为这样一个问题：是否可用单义的称谓同时说明上帝与被造物？一个称谓如果能够同时表述上帝和被造物，那么它的意义便是单一的；相反，一个相同的称谓在表述上帝与表述被造物时有着不同的意义，那么它就是一个多义词。比如在"耶稣是善的"与"苏格拉底是善的"这两句话里，如果认为"善"的意义相同，那么，人们可以用单义称谓同时表述上帝和被造物；反之，认为"善"在两句话中意义不同，便否认用单义称谓表达上帝的可能性。显然，前一种意见代表了人类主义倾向，后一种意见代表了神秘主义倾向。托马斯说，我们用来表达上帝的称谓，如存在、真、善、美、智慧、力量、仁慈等，既不是单义的，也不是多义的。上帝与被造物之间的类比关系使人可以通过认识被造物来论证上帝的存在。托马斯强调，关于上帝存在的证明必须从经验事实出发，必须是"后天证明"，而不是那种从完满观念出发的"先天证明"。按照这样的想法，托马斯提出了关于上帝存在的五个证明，简称"五路"。第一个证明依据事物的运动。这个证明是这样的：我们可以感觉到有些事物在运动，运动是一个事实。究其原因，一事物运动的原因在于另一事物的推动，每一推动者又被其他事物所推动，由此构成了运动的系列。这个运动系列最初必然有一个不动的推动者，他启动了整个系列，自己却不受任何东西推动。这个第一推动者就是上帝。第二个证明依据事物的动力因。经验告诉我们，没有事物是自身的动力因，每一事物都以一个在先的事物为动力因，由此上溯，必然有一个终极的动力因。因为一个序列如果没有开端，那么也不会有中间和终端；如果没有终极的动力因，也不会有中间原因和最后结果。这违反了动力因的因果系列。因此，我们必须肯定动力因序列是有限的，存在一个终极的动力因，这就是上帝。第三个证明依据可能性与必然性的关系。它包括两个步骤。第一步由可能存在推导必然存在，第二步由事物的必然存在推导自因的必然存在。我们看到，自然事物处于生灭变化之中，它们可能存在，也可能不存在。现在有某些事物存在的事实告诉我们：有些事物必须作为必然的事物而存在，否则的话，在某一时刻一切事物都可能不存在。如果在某一时候一切事物都不存在，这将意味着任何事物都不可能存在，这样一来，现在也不可能有事物存在了。这显然是荒谬的，因此必须肯定有必然存在的事物。如果继续追问必然存在的原因，那么应该承认：有些事物的必然性是由其他事物造成的，有些则不是。因为如果追溯事物必然存在的原因，最后必然会到达一个终极的必然存在，它自身具有必然性而不从其他事物那里获得必然性，不仅如此，它还使其他事物获得必然性，这个必然存在的终极原因或自因就是上帝。第四个论证依据事物完善性的等级。它也包括两个步骤，第一步证明有一个最完善的东西的存在，第二步证明这个最完善的东西是其他事物完善性的原因。托马斯说，我们看到一切事物都有或多或少的完善性，如真、善、美等，但是，这些有条件的完善性都是相对于一个最高的完善性而言的，只是在它们与这个最高完善性相比较的意义上，我们才判断它们具有某种程度的完善性。因此可以肯定存在着一个最完善的东西。并且它是其他一切事物完善性的最高原因。因为事物不同程度的完善性是完善性序列的不同环节，在完善性序列中，比较完善的事物是低一级事物的原因，最完善的事物是所有或多或少完善的事物的终极原因。正如火是最热的，因此是所有发热事物的原因。同理，必定有一个最完善的事物作为所有事物的存在、善以及其他完善性的原因，我们称之为上帝。第五个证明依据自然的目的性。托马斯说，我们看到，即使无理性的自然物也朝向一个目的活动，它们总是遵循可以达到最佳后果的同一条路线活动。它的活动的目的性与齐一性证明它们的活动不是偶然的、随意的，而是有预谋的。预谋需要知识与智慧，如果没有一个有知识、有智慧的存在者指导，没有理智的自然物怎么可能朝向它们的目的活动呢？正如没有射手，箭就不会飞向目标一样，必定有一个目的之预谋者安排世界的秩序，他就是上帝。不难看出，"五路"的一般思路是把世界当作一条因果链条，由此可以从较低级的可感事物出发，追溯它们的最初原因或终极原则——上帝。但是，如果世界的因果联系不是线性的，而是复杂的相互作用的网络；或者因果关系不是有限的，而是无限的，那么，托马斯的证明就是很成问题的了。托马斯认为，宇宙存在着由高级到低级的三个实体：上帝、精神、物质。这样，托马斯便由宗教信仰推导到人的德性以及人的认识产生的外在力量。托马斯说，人在本性上是社会动物，因此，一个人的思想需要通过语言才能为他人所知，人需要有意义的言谈才能生活在一起，说不同语言的人不可能幸福地居住在一起。而语言是表征知识的符号系统。训练语言就是对学生理智能力的训练。训练的方法，在欧洲知识大学那里主要是通过逻各斯而得道，道与上帝是同义词。① 通过上述分析，我们就不难明白为什么欧洲中世纪大学把上帝与知识、真理、自然科学的教育联系在一起了。

南宋书院有所谓存天理灭人欲的主张，而欧洲中世纪大学有禁欲主义的产生。欧洲中世纪大学中，学生似乎都没有什么好名声。那个时期，到处都可以听到对他们相同的抱怨：爱大喊大叫、打架斗殴；爱嫖妓狂欢、唱歌跳舞；爱打牌下棋、沉溺于赌骰子以及其他赌博；四处游荡、日夜不分；爱出风头、衣着出格；对居民、行会成员和治安人员进行挑衅；还携带甚至使用武器。巴黎大学，在红衣主教维特里（卒于 1240 年）看来，是全世界罪恶灵魂的集合地。而巴黎的学生，在这位红衣主教看来，只在冬天时才学习，在夏天里他们就东游西荡；他们没学完过一门功课，却走马灯似地更换老师，他们最低限度地应付一下学业，为的是保住作为学生才有的种种特权。对于主教们的指责，教授们也表示赞同：那些滑稽、放纵的家伙——在神圣罗马帝国被称做笨蛋——在大学里虚耗青春，挥霍父亲的钱财，学业上毫无长进，最后只能带着羞耻回家。如果将所有的这些评价都综合起来，就是一部十足的"耻辱史"。学生们的信件一般都是以央求父母、叔叔或者庇护人援助的内容为主，满篇都是对生活中不如意的哀叹，一会儿写散文一会儿又写诗歌，但主题永远都是祈求他们能帮忙解决经济问题。根据有关章程的条款数量来判断，正是在这些学校里，大学生活受到最仔细的监管。但是，并不能就此推论那些欧洲中欧大学的学生要比在其他地方的学生更粗野一些。那些常常是精心制定的戒律和禁令——如果放在现代学术自由的背景来理解，简直就是可怕的高压规定——毫无疑问具有保持稳定的功能。最早的文献证据可以在剑桥大学（1236—1254 年）找到。根据里斯本—科英布拉、圣安德鲁斯等学舍的制度，正当的行为概括起来包括以下四个方面。首先，避免同任何女性接触，包括校外的女性以及学生宿舍中和学舍里的女性。在一个排外的紧密相连的男性社会中，每个大学城的男性人数都多于女性，因而破坏了性别之间的平衡，并成为矛盾冲突的根源，所以避免接触女性是一条可以理解的禁令。第二条禁令是禁止携带武器，特别是在夜间，原则上还包括在大学集会或课堂上，以避免在学生中或者学生与居民之间惹出祸端。第三条禁令是禁止穿时髦衣服，特别是不允许穿来炫耀。要求学生衣着朴素简

① 赵敦华：《西方哲学简史》，北京大学出版社 2001 年版，第 158—168 页。

单，穿一种叫"简朴习俗"的学生服装。这种"学术服"是从教士服装逐步演变而来的，款式多种多样，因而即使在一个国家或一个历史时期，这种服装的款式和颜色都是不确定的。第四条禁令在全欧洲都适用，即禁止在言行上冒犯教授和同学。这样做不仅是为了维护个人的尊严，更是为了避免校园内部的冲突。在布拉格——它被认为是联接欧洲古老大学与年轻大学的桥梁——甚至对说脏话都制定了相关的惩罚，以下这些脏话是当时最常见的："流氓"、"无赖"、"骗子"——这三句骂人话还不算太难听，因而受到的惩罚也轻些，如果骂"婊子养的"、"杂种"、"恶棍"、"叛徒"等，就会受更重的惩罚。布拉格大学还制定了精确的关于人身攻击的"投掷行为条款"，在条款中详细描述各种投掷行为及其意图——没目标地投掷、有目标地投掷、击中、击中并造成伤害——再结合经典的伦理规范，由轻到重地对上述行为进行惩罚。这种条款也被写进一些德意志大学的章程中。除了这些禁止性的戒律和禁令外，还有五花八门的守则，在不同的大学里，这些守则被强调的程度有所不同。在法国南部、意大利以及伊比利亚半岛的部分地区有关学生管理的主要法律条文中，尤其强调对放纵的"贵族生活方式"的约束，这种生活方式包括：衣着奢华、扈从众多、参与赌博、养马、遛狗和圈养猎鹰。结果大学把大量的时间和精力都花在对学生宿舍的监管上，目的是保证学生在规定的时间里待在宿舍里，而不是在街头、广场闲逛，或者到他们常去的酒馆以及其他"可疑的地方"游荡。在晚上宵禁的钟声响过之后，学舍、会堂或学生宿舍就会锁门。欧洲中世纪的大学要求学生反复背诵各种规章，比如当新校长上任的时候，目的是加深学生对于章程和惩处条例的印象。学校当局的告密者、学监以及其他监察人，都负责保障条规在任何地方都得到遵守，并惩罚那些违反规定的人。毫无疑问，大学采用的制裁方法是罚款，根据违反章程的次数和严重程度来划分不同的罚款等级；在一些严重的案件里，违规者要被监禁起来甚至被"开除"。除了晚期的少数几个案件外，在整个中世纪欧洲大学都没有发现有体罚的情况。罚款是非常有约束力的手段，对违规学生采用朝最"痛"的地方——钱包——打的办法。欧洲中世纪大学的学舍及其附属学生宿舍里的生活，可能是最为严格的。学舍不允许女性到学舍访问学生，哪怕迈进一只脚都不行，除非是洗衣妇或者照顾重病患者的夜间值班护士，即使是这些妇人，也要求她们具有无可指责的品行。学舍成员每周轮换负责伙食，每周都有一个学生负责布置餐桌，包括放置和撤走餐盘，打扫餐厅，据推测他可能还要自己做饭或同助手一起做。对灵魂的关注，是有关学生日常起居的规定中最为关键的内容，这一点从其他方面也可以看出来。每日都要做弥撒，每周有一次布道，而且学生至少要在每次宗教节日时做一次忏悔。对于违反纪律的人有相应的惩戒措施，尤其是对于那些破坏学舍安宁的人。同样会受到惩罚的行为还有：为某种淫邪目的外出，出言不逊或有挑衅行为。情况严重时，比如涉及是否将犯事的学生暂时或永久开除，要由大学的校长来做决定，而在其他的情况下，都是由学舍舍长来实施惩罚，惩罚的形式是一天或几天不给饭吃，尤其是不给酒喝。最重要的训谕是要求学生必须上课和告诫学生应获得学位。由于有空闲时间和节假日，这使教书的艰辛与学习的不易变得可以忍受。每当各学院、同乡会、兄弟会或特殊大学区的守护神自周年纪念日，学生都要举行盛大庆典、宗教仪式、游行以及各种娱乐活动来加以庆祝。为欢迎一年级学生——他们被称为新手——加入老生团体而举行的庆祝活动，在这个例行的程序中包含着各种各样的恶作剧，从某种程度上讲近乎虐待，喝酒的花销自然是由新生来出。大学所在地人们习以为常的社会秩序，也会影响到学生们在休闲时间和节日的活动。这些"闲暇活动"还很多。① 不管是欧洲中世纪大学还是南宋书院，对待学生超越道德底线的人欲，除了思想教育外，都采取了比较刚性的条例去加以限制。

四　欧洲中世纪大学科学理性对南宋书院道理观念的补充

欧洲中世纪大学的历史充斥着其为争取自治权而进行的斗争，这是学术自由的前提。欧洲中世纪，大学需要独立权利的愿望总是在王权和教权的斗争中此起彼伏，但总体看，大学获得越来越多的好处。

就大师而言，在欧洲中世纪的大学里，能够与南宋书院的朱熹、张栻、陆九渊、吕祖谦相提并论的，除了托马斯（约 1225—1274 年）之外，非大阿尔伯特（约 1206—1280 年）、罗吉尔·培根（1214—1292 年）莫属。大阿尔伯特，生于豪亨斯陶芬斯公国首府施瓦本（现德国境内）的一个骑士家庭。他崇尚自然科学，知识渊博，被誉为"博学博士"。他是第一个系统地、全面地介绍亚里士多德著作的拉丁学者。1256 年，他

---

① ［比］西蒙斯主编：《欧洲大学史——中世纪大学》，张斌贤等译，河北大学出版社 2008 年版，第 242—250 页。

撰写《论理智的统一性》，认为亚里士多德和柏拉图一样可以为基督教服务。他认为理性与信仰同具真理性，科学是信仰的准备和先驱。他的著述中自然科学论著多于哲学和神学论著。罗吉尔·培根是一位不幸的天才。他的不幸在于他的超前思想，他比同时代人更早地认识到实验和数学的重要性和科学应有的实用价值，要以实用科学的精神全盘改造经院哲学。他虽然使用奥古斯丁和亚里士多德的语言表达这些思想，但仍不能为同时代神学家和当权者所理解。直到 14 世纪末，他才获得应有的声誉。15 世纪时，他的名字已成为牛津大学的骄傲，人们称他为"悲惨博士"，以表示对他受到的不公正待遇的不满。作为一个虔诚的基督徒，他所提倡的基督教学术的目的是更好地理解和宣扬上帝智慧。但是，他的思想的神学色彩没有掩盖他的批判和革新精神。他指出，在理解上帝的光辉之前，首先必须清除障碍。他认为人类理解真理有四个主要障碍：靠不住的、不适当的权威的榜样；习俗的长期性；无知民众的意见；以虚夸的智慧掩饰无知。罗吉尔·培根是第一个使用"实验科学"（scientia experimentalis）概念的人。他认为实验科学是最有用、最重要的科学。他说，没有经验，就没有任何东西可被充分认识；一切事物都必须被经验证实。哲学史上有两位姓培根的著名哲学家，他们的思想极其相似，都以改造人类知识为目的。十六七世纪的弗兰西斯·培根在《新工具》一书中对学术现状的批判和对未来科学的展望与 13 世纪的罗吉尔·培根在《大著作》中的观点相似难分彼此。因此，当我们谈到科学中的培根改革时，我们应该提到那个被遗忘的 13 世纪僧侣，而不是那个赫赫有名的 17 世纪的大法官，这样可能更公正。[①] 我们发现，中国大学里的大师称为"道德家"似乎更妥帖，西方大学里的大师称为"专家"似乎更恰当。中国大学里的大师官师合一，游弋于学术与政治之间；西方大学里的大师是人格独立的知识分子，以学术为谋生的唯一凭借，故把探索真理作为天职。南宋书院的君子是理学的信奉者，而欧洲中世纪大学的君子是守法的教师。欧洲的中世纪，从大学出现之时开始，教皇们就习惯于把教师描述为教堂之灯，像天空中的星星一样散发明亮的光辉。尽管城市人的缄默，国王们并不吝惜给他们荣誉和特权。

　　与南宋书院的"会讲"很类似的是，欧洲中世纪各个大学的每个学

---

① 赵敦华：《西方哲学简史》，北京大学出版社 2001 年版，第 169—173 页。

院都采用两种相互紧密联系的方式，即讲座和辩论，用来给学生传授教学内容。在讲座上，教师把自己认为经典的内容朗读出来，并逐段讲解。听众则根据他们的记录和笔记，来理解讲座的内容。为减少开支，也有口述课文让学生手抄的，但讲座的主要任务主要还是讲解。根据书的重要程度，讲座也可以区分为普通讲座和特殊讲座；一般来说，这两种等级的讲座都被分隔开，在上下午各上一种。讲座的功能在于让学生熟悉教学内容，并确保这些内容一代一代传下去，而辩论则是让学生运用所学的知识。在辩论中，经院哲学是基础。教师和学生一起寻求如何解决哲学、神学和医学中有争议的问题或是两种法律中有争议的案件。原则上，对于文科学生以及其他学院的学生来讲，有三种类型的辩论。一种是普通辩论，这是每周一次的大辩论课，在一些小型大学里，这种课很可能全院学生都要上。由一位教师主持，并提出供辩论的问题，其他教师则与学士一起参与争论，相互辩驳，而那些初学者，即单纯学生们，可能只是洗耳恭听；如果有必要，主持辩论的教师就会以指导者的身份介入争论，并在最后通过他权威的分析，总结（或决定）关于问题解决方法的正方和反方观点。第二种是一年进行一到两次的自由辩论，在这种辩论中，学生们公开运用经院哲学的方法来解决他们自由选择的问题。在早期的大学——也就是说13 世纪的巴黎大学——这种形式的争论能够自由地对当时的难点问题，甚至是微妙的宗教和政治问题发表看法，而到了中世纪晚期，自由辩论的影响逐渐减弱，甚至成了无聊的形式主义的东西。于是，就有了后世广为人知的最可笑的一个辩题：在针尖上能够站多少个天使。第三种类型的辩论，是让学生受益匪浅的，不管是对单纯学生、学士学生，还是对于他们的教师、硕士一学生以及专修生都是如此。这类以所学内容的练习和复习为主，一般是在下午（有时也在晚上）的讲座之后，以一位教师所带的学生为小圈子，在教师的房间或者学生宿舍里进行，师生们一起记忆教学的内容，切磋适宜于学校课堂的辩识和争论的技巧。在研讨中，师生们要引用权威的话、各种评注，以及其他合理依据，并且使用的都是学术拉丁语。这种集体的智力训练形式，很可能是中世纪大学对于欧洲教育最具创造性的贡献。① 西方学者评论说，讲座和辩论是两种正式的教学和训练方

---

① ［比］西蒙斯主编：《欧洲大学史——中世纪大学》，张斌贤等译，河北大学出版社 2008 年版，第 252—253 页。

式，尽管还有一些非正式的方式，如复习课和个别指导，以及中世纪晚期在会堂和学舍中可能日益增多的其他正式模式。文学院的讲座，同其他学院一样，都是基于指定的课本。它们被划分为硕士讲座（普通讲座）和学士讲座（粗略讲座）。普通讲座更加细致和更具分析性。它们包括硕士首先阅读要讲的课文并阐释它，其次思考任何值得注意的要点，最后，如果有必要，还可提出任何产生于这个文本且不偏离文本主题的问题。粗略讲座接近于释义，是普通讲座的补充（粗略讲座往往被安排在早上固定的时间），并且是作为见习教师的学士自我培训的一部分；它们也许还会作为特别讲座由硕士主持，作为扩展课本范围的一种方式。硕士和学士还有相应的辩论，在辩论中会争论一些问题，反方和正方依次提出反对意见和答复，并以最后的观点或结论而告终，而这似乎总是硕士的特权，除了学士考试或四旬斋期间的争论。辩论本身有两种，基于逻辑学和基于数学学科或来自于三种哲学的学科——这是与符号知识相反的真实知识的分支；但在实际上，尤其是在牛津大学，往往是基于自然哲学。在巴黎大学和牛津大学，攻读学士学位的学生除了每天必须聆听他们自己导师的普通讲座之外，还必须参加每周一次的辩论；并且在大约两年之后，他们自己也要参与辩论。在这两所大学中，还包括对逻辑争论中的异议和问题作出答辩的义务。在英德同乡会章程中，完成第一个任务需要二年，完成第二个任务需要一年；在牛津大学，在能进行"问题答辩"之前，必须要花整整一年的时间进行逻辑辩论，那是因为这两种论辩不能同时进行；而在巴黎大学，它们似乎能够同时进行，在那里并没有这样的规定。但另一方面，在牛津大学，逻辑辩论中的回答问题也可以由花费更长的时间听讲座（包括《分析后篇》的讲座）来替代。然而，问题答辩是不可能免除的，为了获得进入最终考核的资格，在某个时间必须进行（这个时间根据不同时期而有所变化）。人们对答辩的确切性质和地位仍存有争议。在牛津大学，答辩问题时要用答辩者这个称号，正如诡辩家的称号是给在三年级时进行逻辑答辩的那些人的那样，这个称号通常用来描述第四年或最后一年的大学本科生。在牛津大学，学士在他们最终考核的练习期间也可能参加辩论；在巴黎，如果要进行最终考核，这个练习则会从一个四旬斋拼读到下一个；再迟一些时候，为了获得在下一个四旬斋进行最终考核的资格，他们还要在圣诞节前参加硕士辩论并当众回答问题。同时，在牛津，问题答辩有自己的通过仪式，包括宣誓和答辩费用的支付，在所有的学位授予过程中都是如此。但是，这种仪式是否一直拥有独立的地位或代表学士身份的授予还不清楚。显而易见的是，这种答辩充当了一种准许进入最终考核程序的初步考试，而且那些被准许者一旦通过最终考核就会被认为是学士，他们要求在文学院中讲授一些书籍的申请会被准许，这也是一个学士的主要职责之一。而且在牛津，在最终考核时，他们似乎已经履行了这个职责。在牛津，是否获准进入最终考核，由文学院指定的四名摄政教师在四旬斋到来前做出决定；它意味着进入课程的第二阶段和高级部分，即为硕士学位做准备。候选人必须发誓他们要参加所有规定的讲座和辩论，并参与必要的练习，包括问题答辩；考虑到会存在偏袒情况，宣誓还要由硕士和学士作证。那些取得许可的学生必须在四旬斋期间的每个下午参与逻辑学辩论，除了星期五（那是安排给文法课的）。辩论是为硕士学位做准备的，并且只有少数人参加，这些人都是完成第一部分课程之后仍留在文学院的；正如他们的名称所示，仲裁人要发挥教师的作用，决定或解决争论的问题，这涉及对问题（这是由反方——另一位学士或学生回答的）的最初辩驳。在第五年完成了最终考核之后，学士要用那一年剩下的时间和随后的两年参加硕士和学士的辩论，并在下午粗略地讲授由他的老师指定的课本（两种逻辑学和一种自然哲学著作，都是从亚里士多德有关自然的著作中选出来的）。相应的辩论也围绕着逻辑学和自然哲学进行，尽管在牛津大学的章程中有一处提及了自由——对辩论的论题——提问，但还没有任何迹象表明确有其事；而神学院的情况则与之相反，在那里，它们有独立的文献。在七年结束时——或者，对于那些没有进行最终考核的人是八年——学士由他的老师推荐给教长以获得硕士学位证书。这使得相当多的老师对候选人的道德、学习和考试成绩进行一系列更仔细复杂的考察；除了规定酬金和他保证完成所有必需课程的宣誓（包括粗略讲座），学士还必须在文学院承担开普通讲座并在随后两年主持辩论的义务，这是一项针对文学院庞大的人数和变化无常的成员所做的特别规定。成功的候选人这时会获得硕士学位证书并在硕士学位授予仪式上正式地被承认为一名硕士，在这个仪式上，他要邀请所有的摄政老师参加。仪式分为两个阶段：第一阶段是在某一天的晚祷时间，要举行演讲，还有一场庄重的辩论。在辩论中，候选硕士要向主持的教师做出一般性的答辩。第二阶段是在第二天，届时候选人佩带职衔的象征标志并且以他的新身份行事，首先发表一个简短的就职演讲，然后主持一个辩论，其间要争论两个问题，记录问题并且对各个问题提出异议，最后评判它们。由此，他就完成了他首次身为教师的演讲和辩论活动。然后，他就完全成为文学院的成员。①

五　欧洲中世纪大学科学理性对南宋书院事理观念的补充

与南宋书院走出书斋以天地为书的教育范式可比的是欧洲中世纪大学的所谓"游学"（academic pilgrimage）。这种教育范式具有山水怡情、调查采风、熟悉风俗、传道受道、交流碰撞等隐性课程的特征。它是一种学生和教师为了学习目的在欧洲一国或者多国进行的旅行，"游学"有可能是当今"访学"、"留学"的滥觞。那时候，一个学生可以在一所通常是最近的大学开始他的学习，然后到另一所或几所大学继续他的学业。在12和13世纪，当欧洲的大学还没有那么多并且分布也不广的时候，那些渴望接受高等教育的"快乐的少数人"不得不离开家乡长途跋涉到他们所选择的大学去。到后来，几乎欧洲每个领地都拥有自己的高等教育中心，而且它们的教学方式、教授科目、授予的学位都非常相似。自此以后，在一个学生进入他自己国家的几个学馆的过程中，人们必须区分所谓的外部流动——学生到外国去——和内部流动。但对西班牙和法国来说，则没有这个困难。那里有许多大学，而且这两个国家政治上和领地间的结合是非常稳固的，因此内部流动的表述是恰当的。但是在不列颠，英格兰、苏格兰、爱尔兰和威尔士的学生之间有着很大的差异，因此内部流动这个术语很难被认为是适当的。意大利和神圣罗马帝国的情况就更加复杂了，那里的地方统治者们就在领地内建立大学为专制的官僚体制培养官员。实际上，在他们独立领地之间的旅行到底是内部流动还是外部流动会因为观点的不同而不同。根据欧洲的情况，神圣罗马帝国范围内的"游学"是内部流动而不是外部流动。西方大学研究者有关学生流动的信息主要来源于大学学生的花名册，包括辍学的学生，也包括最认真勤奋的学生。欧洲中世纪大学较早的时候，教师和学者们往往到著名的学术中心任教，如修道院或者主教学校；或者是位于基督教世界边缘的更专业化的中心，如在萨勒诺的医学校或托莱多的翻译学校。教士的流动——那个时期

---

① ［比］西蒙斯主编：《欧洲大学史——中世纪大学》，张斌贤等译，河北大学出版社2008年版，第357—360页。

所有的知识分子都是教士——侵蚀了欧洲修道院固定居住地的理念。12世纪的知识分子没有意识到必须有特定的学校和课程，他们自由地选择科目和教师，从欧洲四处汇合来的学生促成了最早的大学在巴黎和博洛尼亚的兴起。欧洲中世纪的大学是在"流动"中兴旺起来的。因学生游学的需要，学舍、同乡会、兄弟会相伴而产生，这恰好是西方大学内部组织的雏形。在外国，有时是在敌对的城市里，孤独的学生组成联合体，它们的成员说相同的语言或者有共同的旨趣。作为一个团体，他们能更好地照顾自己，并且能更轻松地面对长期旅居国外的困难。他们共同租用房子，在教堂或小酒馆里聚会庆祝他们的民族节日，并且还在大学城市和他们的故乡之间建立邮政服务以便与家人保持联系，顺利收到家中所寄的钱、信件和包裹。在巴黎，维特里——一名曾在巴黎大学学习过神学的著名牧师，罗列出 12 个同乡会迥异的特征和习俗，尤其是他们的恶行。这个著名的伦理学者声称，大学里的外国学生对造成拉丁区的道德败坏、酗酒、荒淫玩乐负有责任。英国人是酗酒的懦夫，法国人很自傲，但同时又很柔弱，没有男子汉气概；德国人爱争吵并且满嘴脏话，诺曼人爱慕虚荣并且傲慢，自高自大，来自普瓦图的人是不可靠的且贪婪吝啬，勃艮第人野蛮愚蠢，布列塔尼人轻浮而善变，伦巴第族人贪婪、黑心并且恶毒，罗马人邪恶堕落且粗暴，西西里岛人专横而残忍，布拉本特人是贼，佛来芒人则是道德败坏者！这些事实上的联合体很快成为公众认同的团体。它们以"同乡会"的名义成为古老大学的主要支柱；欧洲中世纪大学的组织是以同乡会为基础的。学生同乡会结合的首要因素是母语，其次是出生地、文化圈或共同的历史。13 世纪的学生在大学选择上没有很多的机会，高等教育中心很少而且相距很远，并且相当专门化。所以，学生成群结队离开家乡游学。① 欧洲中世纪大学的"游学"非常依赖道路状况。当 11、12世纪国际贸易再次兴盛的时候，欧洲形成了一个道路网。道路的路面比较坚实，有时铺以碎石，在最繁忙的渡口上建造了桥梁。尽管如此，质量糟糕的道路、桥梁，条件恶劣的旅店和蹩脚的交通工具，对游学者来说依然是一个大问题。绿林强盗、兵痞、妓女、流浪汉和坏天气及其他自然灾害，都增加了旅行的危险性。在人口稠密的地区，游学者每晚到达的城镇

---

① ［比］西蒙斯主编：《欧洲大学史——中世纪大学》，张斌贤等译，河北大学出版社 2008年版，第 307—314 页。

或村庄都能提供充足的食宿。中世纪欧洲人员往来最频繁的大学都位于人口稠密和交通便利的地方。① 游学者不仅要面对旅途的危险，还要面对关税、捐税和其他赋税，以及勒索。与西方欧洲中世纪大学相比，南宋书院的游学者只是把游学当成隐性课程的一部分，对于促进大学数量的增加和制度的建设并没有起到作用。

欧洲中世纪大学的教学评价与学位是无法分开的。当然，欧洲中世纪大学的学位并不像现代高等教育的学位这样规范和明确。欧洲中世纪大学学位包括"博士"（doctor）、"硕士"（master）、"学士"（bachelor）。最初，学位主要指任教资格，如同行医和做律师的开业证书一样。它的授予只是教师行会的一种自我保护措施，起着决定职业标准和保证学生学习质量的作用。1158 年，博洛尼亚大学获得了罗马教皇腓特烈一世颁发的世界上第一张有权授予博士学位的许可证，不久便授予第一批医学博士和法学博士学位。大约 1170—1175 年间，巴黎大学授予了世界上第一批硕士学位。而学士学位的产生要比博士和硕士学位晚些，其演变也并非像博士和硕士学位那样是一个正规化的过程，而是自发演变而来。根据拉丁语"学士"的定义，当时大学中获得学士称号的是介于学生与教师身份之间、在大学中边学习边任辅助教学的人。1215 年以前，在巴黎大学的学生中已经开始使用"学士"这一称号了。到 13 世纪时，学位制度开始流行。学位随着大学的发展演变而逐渐规范化和固定化，不再代表职业，而是由指一个人的能力演变为社会各界认可的学位。后来逐渐得到一定的"理论"表现，形成某些规章制度和世代相传的传统——获得学位必定要穿着学位服、举行毕业典礼等。在学位授予典礼仪式上，身着校长服的校长首先庄严地把学位获得者位于右前侧的流苏随帽檐移至左侧中部，之后分别用左手递交给学生毕业证书及学位证书，再用右手与学生握手祝贺。被授予学位者鞠躬，向校长表示谢意。欧洲中世纪大学里，考试，尤以学位考试最为重要。中世纪大学里没有专门的笔试，但学校一般会对学生各个阶段的学习情况进行评价。巴黎大学文学院的学生取得学士学位考试的过程是比较复杂的。首先，学生必须要经过一个预备阶段。虽然没有明文规定，但基本是上一种惯例，学生要通过第一次考试即"大考"才能取

---

① ［比］西蒙斯主编：《欧洲大学史——中世纪大学》，张斌贤等译，河北大学出版社 2008年版，第 329 页。

得学士学位。"大考"前还有两项考试。首先学位申请者必须在 12 月举行的"问答"中同一位教师展开讨论，然后在次年的四旬斋期进行考试。通过这些后，他才可以参加"预考"或"学士学位考试"。这时他必须证明他符合规章规定的要求，并且应该通过回答教师委员会的提问，表明他已掌握教学大纲中规定的著作。接下来才是"大考"：在四旬斋期间，申请者要讲几堂课，以此证明他有能力完成了自己的大学生涯。对于文学院的学生来讲，学完所有课程及最终的检查、考核，是获取硕士学位的重要环节。因此，考试在硕士教育中十分重要，举行的仪式也非常隆重。中世纪的硕士学位考试分为私考和公考两种。私考是对所学课程的考核，公考是一种学位授予仪式。私考通常非常严格，其过程如下：由教务长或其代理人与另外四名考官主持。这四名考官是由教务长提名并需得到艺科的认可。考生应考的主要条件有两个：在艺科学习了 5 年，学完规定的课程和教材；年龄须达到 19—20 岁。经考官检查合格后方可举行考试。这种考试主要是口试，其过程主要包括三个阶段：首先，考生要宣誓遵守考试规程，不徇私舞弊；其次，考官就若干课文段落对学生进行口试；最后，考官对考生的考试结果进行秘密投票，以决定该生是否有资格获得硕士学位称号。由此可见，硕士学位考试是相当严格、隆重的，而学位授予仅是一种形式，表明该生已通过了考试，可以获得作为任教或从业资格称号的硕士学位。这种学位授予仪式在博洛尼亚大学称为"公考"，而在牛津大学和巴黎大学称为"授衔式"。在仪式中，新硕士佩戴学衔徽章，头戴学位方帽，手持一本书，手戴金戒指。可见仪式颇为隆重、庄严。高级专业里的学位授予要比在人文专业的更正规，博士学位申请者经过答辩，然后他才会被授予博士学位。在中世纪大学里，毕业资格的获得一般都要经过考试。但通过的人并不是很多，只有半数不到的学生能够通过最后的考试并获得学位。这主要是因为毕业所规定的必修科目常有变更，却要求学生随时遵守规定标准，而且考试时间是数小时之久。毕业考试不及格的学生，必须发誓不向校方采取报复行为。

欧洲中世纪大学地位通常要通过学生就业以及进入社会后的成就获得声誉。纵观整个中世纪，大学的体系是荫庇在教会之下的。而城市，随着其社会和经济的发展、复杂化、劳动分工、流动性和资源积累，很快就决定性地成为大学及其毕业生的历史与社会发展的环境和要素。大学和社会的互动也可以进行定量分析。但不幸的是，在 14 世纪末以前，几乎没有确切的统计数据，即便有这些数据，它们也只是欧洲局部地区的。而且只有从中世纪末起，我们才能够估计与长时期学生人数增长的整体印象相联系的经济状况及其周期性波动。在所有大学生中毕业生的比例大致上是提高了，但是总人口中毕业生和非毕业生的比例在这一时期的任何时段都是不确定的。无论如何，学生中只有少数人能毕业，而毕业的人中也只有一部分能够取得职业上的成功。当时的人从未进行过社会发展的整体分析，甚至也没有去分析这一发展的基本方面。在大学建立和发展时，人们一般并不存有改变社会状况的自觉意识。更重要的考虑是给社团及其领导者带来"名望"上、经济上、行政上以及实际的利益。许多由大学成员引起的社会变化，必须被视为一种由许多不同方面带来的无意识的"派生物"。因此，我们在提及"劳动力市场"以及它的供给与需求时，应该保持慎重，而且只能谈论具体的例子。进入大学，甚或毕业，并不能使学生自动地获得尊敬，也不会被认为是一种促进职业发展的新条件。传统的出身和财产对那些新进者来说是一种强大的阻力。大学毕业对那些有着这样或那样条件的人来说，只不过是另一项条件而已。在一系列的条件中，这种条件所发挥的作用与其他条件的作用是有很大差异的，它取决于毕业生的出身或财产条件。新进者只能逐步地获得立足之地，从而在传统环境中确立自己的地位，甚或是创造全新的环境，这种确立地位的实践过程很少留下可以辨识的线索。然而，我们仍然能够得出中世纪结束之前有关部分毕业生的专门论断。大学及其组成部分所面临的一个矛盾，是在根本没有社会自治的背景下，试图要求许多具体方面的自治，更不用说社会权势了。实际上，为了维持它们的地位，大学努力顺应整个地区的环境。学生们带来了个人背景中的社会规则，并试图维护和发展他们特殊的地位。无论是就业前还是就业后，无论是在大学内部还是大学的外界，统治性的规则主庇护、特权和遗产。一个家庭的财富被用于实现某种预期目的。在各个大学、学院和学习各种课程的花费都有相当的差别，而就业就是要证明这种投资是值得的。大学和学院的地位差别影响了它们所颁发学位的社会价值。在新欧洲，无论如何，毕业所带来的社会威望随着时间的推移而逐渐消减，这主要是因为毕业生的数量越来越多。区域性大学结构的逐渐收缩，不仅导致四个学院相对的均等化，还带来了其他深远影响。所有这些使得毕业的概念更接近现代的观念——学业成就的证明。然而，在当时，各种形式的"毕业"的重要意义是获得一个步入社会的起点。① 相对于欧洲中世纪大学满足社会职业的需求而言，南宋书院的存在是满足朝廷的官吏需求量，而各种技术人才似乎不需要来书院耗费时日。因此，南宋书院唯一考虑的是怎样让学生学好孔孟思想以便将来治国、平天下。

———————————

① ［比］西蒙斯主编：《欧洲大学史——中世纪大学》，张斌贤等译，河北大学出版社 2008年版，第 267—270 页。

主要参考文献

一 中国古代文献

（北宋）周敦颐：《周敦颐集》，中华书局 2009 年版。

（北宋）程颢、程颐：《二程集》，中华书局 1981 年版。

（北宋）张载：《张载集》，中华书局 1978 年版。

（南宋）陈亮：《陈亮集》，中华书局 1974 年版。

（南宋）陆九渊：《陆九渊集》，中华书局 1980 年版。

（南宋）吴自牧：《梦粱录》，上海古籍出版社 1987 年版。

（南宋）胡宏：《胡宏集》，中华书局 1987 年版。

（南宋）胡寅：《斐然集》，中华书局 1993 年版。

（南宋）叶适：《习学记言》，上海古籍出版社 1992 年版。

（南宋）张栻：《张栻全集》，长春出版社 1999 年版。

（南宋）朱熹：《朱子语类》，中华书局 1986 年版。

（南宋）朱熹：《朱子全书》，上海古籍出版社 2002 年版。

（南宋）吕祖谦：《吕祖谦全集》，浙江古籍出版社 2008 年版。

（南宋）马端临：《文献通考》，中华书局 2011 年版。

（南宋）真德秀：《大学衍义》，华东师范大学出版社 2010 年版。

（南宋）陈文蔚：《陈克斋集》，中华书局 1985 年版。

（南宋）陈淳：《北溪字义》，中华书局 1985 年版。

（南宋）黄榦：《黄勉斋先生文集》，中华书局 1985 年版。

（南宋）周密：《癸辛杂识》，中华书局 1988 年版。

（南宋）叶绍翁：《四朝闻见录》，中华书局 1989 年版。

（南宋）李心传：《建炎以来系年要录》，中华书局 2013 年版。

（南宋）文天祥：《文天祥全集》，江西人民出版社，1987 年版。

（南宋）洪迈：《容斋随笔》，上海古籍出版社 1978 年版。

（南宋）郑思肖：《郑思肖集》，上海古籍出版社 1991 年版。

（南宋）朱熹：《四书章句集注》，中华书局 1983 年版。

（南宋）黎靖德编：《朱子语类》，中华书局 1986 年版。

（南宋）王应麟：《困学纪闻》，上海古籍出版社 2015 年版。

（南宋）罗大经：《鹤林玉露》，中华书局年 1983 年版。

（南宋）周应合：《景定建康志》，南京出版社 2009 年版。

（元）脱脱：《宋史》，中华书局 1985 年版。

（明）陈邦瞻：《宋史纪事本末》，中华书局 1977 年版。

（明）程曈：《新安学系录》，黄山书社 2006 年版。

（明）李安仁、（明）王大韶、（清）李扬华撰：《石鼓书院志》，岳麓书社 2009 年版。

（清）董天工编：《武夷山志》，方志出版社 1997 年版。

（清）徐松：《宋会要辑稿》，中华书局 1997 年版。

（清）孙希旦撰：《礼记集解》，中华书局 1989 年版。

（清）叶德辉：《书林清话》，国家图书馆出版社 2008 年版。

（清）李清馥撰：《闽中理学渊源考》，凤凰出版社 2011 年版。

（清）刘宝楠：《论语正义》，中华书局 1990 年版。

（清）黄宗羲：《黄宗羲全集》，浙江古籍出版社 2012 年版。

（清）皮锡瑞：《经学历史》，中华书局 2004 年版。

傅璇琮主编：《全宋诗》，北京大学出版社 1996 年版。

曾枣庄、刘琳主编：《全宋文》，上海辞书出版社 2006 年版。

孟宪承选编：《中国古代教育文选》，人民教育出版社 1985 年版。

熊承涤、邱汉生主编：《南宋教育论著选》，人民教育出版社 1992 年版。

陈谷嘉、邓洪波主编：《中国书院史资料》，浙江教育出版社 1998 年版。

赵所生、薛正兴：《中国历代书院志》，江苏教育出版社 1995 年版。

李学勤主编：《十三经注疏》，北京大学出版社 1999 年版。

二　中国史研究文献

束景南：《朱子大传》，商务印书馆 2003 年版。

陈荣捷：《朱子新探索》，华东师范大学出版社 2007 版。

张立文：《朱熹评传》，长春出版社 2008 年版。

祁润兴：《陆九渊评传》，南京大学出版社 2011 年版。

潘富恩、徐余庆：《吕祖谦评传》，南京大学出版社 2011 年版。

朱瑞熙：《宋代社会研究》，中州书画社 1983 年版。

蒙培元：《理学的演变》，福建人民出版社 1984 年版。

蒙培元：《理学范畴系统》，人民出版社 1989 年版。

陈来：《宋明理学》，辽宁教育出版社 1991 年版。

蒙培元：《中国哲学主体思维》，人民出版社 1993 年版。

陈钟凡：《两宋思想述评》，东方出版社 1996 年版。

陈来：《古代宗教教与伦理——儒家思想的根源》，三联书店 1996 年版。

何忠礼、徐吉军：《南宋史稿》，杭州大学出版社 1999 年版。

侯外庐、邱汉生、张岂之主编：《宋明理学》（上下册），人民出版社 1997 年版。

胡昭曦、刘复生、粟品孝：《宋代蜀学研究》，巴蜀书社 1997 版。

程民生：《宋代地域文化》，河南大学出版社 1997 年版。

杨渭生：《两宋文化史研究》，杭州大学出版社 1998 年版。

周予同：《中国经学史讲义》，上海文艺出版社 1999 年版。

冯友兰：《中国哲学史》，华东师范大学出版社 2000 年版。

洪修平：《禅宗思想的形成与发展》，江苏古籍出版社 2000 年版。

李学勤：《重写学术史》，河北教育出版社 2002 年版。

姜广辉主编：《中国经学思想史》（4 卷），中国社会科学出版社 2003 年版。

徐复观：《中国人性论史》，华东师范大学出版社 2005 年版。

唐君毅：《中国哲学原论》（导论篇），中国社会科学出版社 2005 年版。

张岱年：《中国哲学大纲》，江苏教育出版社 2005 年版。

许道勋、徐洪兴：《中国经学史》，上海人民出版社 2006 年版。

乐爱国：《宋代的儒学与科学》，中国科学技术出版社 2007 年版。

何俊、范立舟：《南宋思想史》，上海古籍出版社 2008 年版。

何忠礼：《南宋政治史》，人民出版社 2008 年版。

张岂之主编：《中国思想学说史》（宋元卷），广西师范大学出版社

2008 年版。

　　向世陵：《理气性心之间——宋明理学的分系与四系》，人民出版社 2008 年版。

　　陈来：《传统与现代——人文主义的视界》，三联书店 2009 年版。

　　蔡仁厚：《宋明理学》（北宋篇），吉林出版集团有限责任公司 2009 年版。

　　蔡仁厚：《宋明理学》（南宋篇），吉林出版集团有限责任公司 2009 版。

　　黄宽重：《宋代的家族与社会》，国家图书馆出版社 2009 年版。

　　乐爱国：《朱子格物致知论研究》，岳麓书社 2010 年版。

　　汤一介、李中华主编：《中国儒学史》，北京大学出版社 2011 版。

　　牟宗三：《心体与性体》（上中下册），吉林出版集团有限责任公司 2013 版。

　　刘师培：《经学教科书》，吉林人民出版社 2013 年版。

　　饶宗颐：《中国史学上之正统论》，中华书局 2015 年版。

　　倪士毅：《宋代宰相出身和任期的研究》，《杭州大学学报》1986 年第 4 期。

　　范立舟：《宋儒正统论之内容与特质》，《安徽师范大学学报》1999 年第 2 期。

　　潘德荣：《经典与诠释——论朱熹的诠释思想》，《中国社会科学》2002 年第 1 期。

　　林振礼、方彦寿：《朱子学派与南宋出版》，《江西社会科学》2002 年第 11 期。

　　王建美：《朱熹理学与元初的正统论》，《史学史研究》2006 年第 2 期。

　　文洁华：《中国传统儒家知识论之当代意蕴》，《清华大学学报》2006 年第 1 期。

　　丁为祥：《命与天命：儒家天人关系的双重视角》，《中国哲学史》2007 年第 4 期。

　　哈磊：《朱子所读佛教经论与著述叙要》，《孔子研究》2008 年第 4 期。

　　张子开：《语录体形成刍议》，《武汉大学学报》2009 年第 5 期。

王记录：《两宋时期史学正统观念的发展》，《学习与探索》2010 年第 4 期。

任剑涛：《敬畏之心：儒家立论及其与基督教的差异》，《哲学研究》2008 年第 8 期。

任剑涛：《内在超越与外在超越：宗教信仰、道德信念与秩序问题》，《中国社会科学》2012 年第 7 期。

祖慧：《南宋宗室科举制度探析》，《历史研究》2011 年第 2 期。

金生杨：《论南宋合州阳氏易学》，《周易研究》2011 年第 3 期。

许家星：《朱子四书学形成新考》，《中国哲学史》2013 年第 1 期。

曹鹏程：《试述南宋的正统论》，《四川师范大学学报》2013 年第 5 期。

潘德荣：《文本理解、自我理解与自我塑造》，《中国社会科学》2014 年第 7 期。

陈立胜：《理学家与语录体》，《社会科学》2015 年第 1 期。

冯青：《〈二程语录〉与〈朱子语类〉新词新义之比较》，《江西科技师范大学学报》2015 年第 2 期。

胡昭曦：《宋代蜀学转型的再探讨》，《湖南大学学报》2015 年第 6 期。

金生杨：《洛蜀交融——谯定学术新探》，《西南民族大学学报》2016 年第 3 期。

舒大刚：《蜀学的流变及其基本特征》，《江苏科技大学学报》2017 年第 3 期。

潘德荣：《"德行"与诠释》，《中国社会科学》2017 年第 6 期。

张汝伦：《文本在哲学研究中的意义》，《哲学研究》2019 年第 1 期。

三　中国教育史研究文献

李纪详：《两宋以来大学改本之研究》，台湾学生书局 1988 年版。

苗春德主编：《宋代教育》，河南大学出版社 1992 年版。

王炳照、阎国华主编：《中国教育思想通史》，湖南教育出版社 1994 年版。

于述胜：《朱熹与南宋教育思潮》，山东大学出版社 1996 年版。

于述胜、于建福：《中国传统教育哲学》，江苏教育出版社 1996

年版。

张瑞璠、王承绪主编：《中外教育比较史纲》（古代卷），山东教育出版社 1997 版。

张瑞璠主编：《中国教育哲学史》，山东教育出版社 2000 年版。

李国钧、王炳照主编：《中国教育制度通史》，山东教育出版社 2000 年版。

顾宏义：《教育政策与宋代两浙教育》，湖北教育出版社 2003 版。

毛礼锐、沈灌群主编：《中国教育通史》，山东教育出版社 2005 年版。

苗春德、赵国权：《南宋教育史》，上海古籍出版社 2008 年版。

陈学恂主编：《中国教育史研究》，华东师范大学出版社 2009 版。

王风喈：《中国教育史》，福建教育出版社 2011 年版。

张建东：《民间的力量——宋代民间士人的教育活动研究》，华中科技大学出版社 2015 年版。

周洪宇总主编：《中国教育活动通史》，山东教育出版社 2017 年版。

葛庆华：《宋代宗室教育及应试问题散论》，《中州学刊》1999 年第 1 期。

周洪宇、申国昌：《教育活动史：视野下移的学术实践》，《教育研究》2010 年第 10 期。

祁琛云：《宋代宗室藏书及其文化教育研究》，《贵州文史丛刊》2011 年第 4 期。

解光宇：《朱子书函教育及其特色》，《朱子学刊》2014 年第 1 辑。

沈旸：《斯文圣境：中国古代地方孔庙的建筑布局》，《中国文化遗产》2014 年第 5 期。

陈国代：《朱子门人参修〈通鉴纲目〉之考察》，《朱子学刊》2015 年第 2 辑。

李晓宇：《〈朱子读书法〉六条目的传衍与变异》，《朱子学刊》2015 年第 2 辑。

粟品孝：《斯文未绝：南宋四川山城防御体系下的学校教育》，《西华师范大学学报》2016 年第 1 期。

四　中国书院研究文献

盛朗西：《中国书院制度》，中华书局 1934 年版。

刘伯骥：《广东书院制度沿革》，商务印书馆 1939 年版。

陈元晖、尹德新、王炳照：《中国古代的书院制度》，上海教育出版社 1981 年版。

章柳泉：《中国书院史话——宋元明清书院的演变及其内容》，教育科学出版社 1981 版。

张正藩：《中国书院制度考略》，江苏教育出版社 1985 版。

杨慎初、朱汉民、邓洪波：《岳麓书院史略》，岳麓书社 1986 年版。

杨金鑫：《朱熹与岳麓书院》，华东师范大学出版社 1986 年版。

陈谷嘉：《岳麓书院名人传》，湖南大学出版社 1988 年版。

李才栋：《白鹿洞书院史略》，教育科学出版社 1989 年版。

朱汉民：《中国的书院》商务印书馆 1991 年版。

吴万居：《宋代书院与宋代学术之关系》，台湾文史哲出版社 1991 年版。

杨布生、彭定国：《中国书院与传统文化》，湖南教育出版社 1992 年版。

李才栋：《江西古代书院研究》，江西教育出版社 1993 年版。

李国钧主编：《中国书院史》，湖南教育出版社 1994 年版。

白新良：《中国古代书院发展史》，天津大学出版社 1995 年版。

郭齐家：《中国古代的学校和书院》，北京科学技术出版社 1995 年版。

季啸风主编：《中国书院辞典》，浙江教育出版社 1996 年版。

陈谷嘉、邓洪波主编：《中国书院制度研究》，浙江教育出版社 1997 年版。

方彦寿：《朱熹书院与门人考》，华东师范大学出版社 2000 版。

杨慎初：《中国书院文化与建筑》，湖北教育出版社 2002 年版。

朱汉民、邓洪波、高峰煜：《长江流域的书院》，湖北教育出版社 2004 年版。

方彦寿：《朱熹考亭书院源流考》，中国文史出版社 2005 年版。

胡昭曦：《四川书院史》，四川大学出版社 2006 年版。

朱汉民：《中国书院文化简史》，中华书局 2010 年版。

邓洪波：《中国书院史》，武汉大学出版社 2012 年版。

刘河燕：《宋代书院与欧洲中世纪大学之比较研究》，人民出版社

2012 年版。

　　杨荣春:《中国古代书院的学风》,《华南师范大学学报》1979 年第 1 期。

　　蔡尚思:《朱熹的书院教育与礼教思想》,《复旦学报》1986 年第 4 期。

　　车树实:《古代书院的形式与当前的教学改革》,《湖南大学学报》1987 年第 1 期。

　　邓洪波:《唐代地方书院考》,《教育评论》1990 年第 2 期。

　　邵芳:《明代的书院与学风》,《山东师范大学学报》1993 年第 3 期。

　　邓洪波:《中国古代的州级书院述略》,《湖南大学学报》1997 年第 4 期。

　　胡昭曦:《宋代书院与宋代蜀学》,《四川大学学报》2001 年第 1 期。

　　李定仁、赵昌木:《论书院的教学特点及其现实意义》,《高等教育研究》2002 年第 6 期。

　　郑慎德:《中国书院教育与大学精神》,《教育研究》2004 年第 1 期。

　　徐明德、江梓荣、江裕英:《论江万里在南宋书院发展史上的贡献》,《浙江大学学报》2004 年第 3 期。

　　肖永明、唐亚阳:《书院祭祀的教育及社会教化功能》,《湖南大学学报》2005 年第 3 期。

　　胡青:《科举制是古代书院发展的基础和动力》,《湖南大学学报》2005 年第 6 期。

　　李才栋:《直面书院研究中的分歧与辨析》,《江西教育学院学报》2006 年第 4 期。

　　邓洪波,周月娥:《八十三年来的中国书院研究 》,《湖南大学学报》2007 年第 3 期。

　　范立舟:《论南宋书院与理学的互动》,《社会科学战线》2008 年第 7 期。

　　卢晓玲、孙先英:《南宋广西书院的理学特质》,《柳州师专学报》2009 年第 1 期。

　　朱汉民:《中国古代书院自治权的问题》,《大学教育科学》2010 年第 3 期。

　　李光生:《宋代书院与语录体》,《兰州学刊》2011 年第 2 期。

肖永明、于祥成：《书院的藏书、刻书活动与地方文化事业的发展》，《厦门大学学报》2011 年第 6 期。

张俊岭、吴锡标：《论"南孔文化"对南宋书院的影响》，《齐鲁学刊》2012 年第 2 期。

刘河燕：《宋代书院的经费收支考》，《求索》2012 年第 4 期。

李光生：《南宋书院与祠官关系的文化考察》，《河北大学学报》2012 年第 5 期。

廖寅：《南宋中后期官立书院的兴起及其类型、特色与成效》，《高等教育研究》2013 年第 10 期。

朱汉民、洪银香：《宋儒的义理解经与书院讲义》，《中国哲学史》2014 年第 4 期。

赵国权、周洪宇：《祠学璧合：两宋书院祠祀活动及其价值期许》，《北方论丛》2016 年第 2 期。

丁功谊：《白鹭洲书院的兴建背景与历史兴衰》，《荆楚学刊》2016 年第 1 期。

许丞栋：《从宋诗看宋代书院的选址环境与功能》，《河北学刊》2016 年第 3 期。

李光生：《宋代书院记的文化阐释》，《兰州学刊》2016 年第 6 期。

朱汉民、毛晨岚：《南宋城南书院门人考》，《大学教育科学》2017 年第 1 期。

顾宏义：《南宋后期部授书院山长制度考略》，《湖南大学学报》2017 年第 4 期。

陈国代：《朱子门人参与〈大学章句〉著述活动之考察》，《武夷学院学报》2017 年第 7 期。

五　中国大学研究文献

涂又光：《中国高等教育史论》，湖北教育出版社 1997 年版。

刘亚敏：《大学精神探论》，中国海洋大学出版社 2006 版。

王英杰、刘宝存：《世界一流大学的形成与发展》，山西教育出版社 2008 年版。

刘宝存：《守望大学的精神家园》，安徽教育出版社 2009 版。

储朝晖：《中国大学精神的历史与省思》，山西教育出版社 2010

年版。

王建华:《我们时代的大学转型》,教育科学出版社 2012 版。

眭依凡:《理性捍卫大学》,北京大学出版社 2013 版。

潘懋元:《理论自觉与实践建构——高等教育的历史、现实与未来》,北京师范大学出版社 2014 年版。

任剑涛:《根柢何在——关于大学生身份自认》,《青年探索》1993年第 12 期。

陈列、俞天红:《西方学术自由评析》,《高等教育研究》1994 年第2 期。

沈红:《一流大学的学术目标研究》,《清华大学教育研究》1995 年第 1 期。

潘懋元、张应强:《传统文化与中国高等教育现代化》,《清华大学教育研究》1997 年第 1 期。

韩骅:《再论"教授治校"》,《高等教育研究》1998 年第 1 期。

高德胜:《论大学德性的遗失》,《全球教育展望》2009 年第 12 期。

张婕:《创办世界一流大学的条件分析》,《教育研究》2001 年第6 期。

六　国外学者相关文献

[德] 黑格尔:《历史哲学》,王造时译,上海书店出版社 2006 年版。

[德] 雅斯贝尔斯:《大学之理念》,邱立波译,上海人民出版社2007 年版。

[美] 赫钦斯:《美国高等教育》,汪利兵译,浙江教育出版社 2001年版。

[美] 布鲁贝克:《高等教育哲学》,王承绪等译,浙江教育出版社2001 年版。

[美] 田浩主编:《宋代思想史论》,杨立华译,社会科学文献出版社2003 年版。

[美] 琳达·沃尔特:《南宋书院的地理分布》,《湖南大学社会科学学报》1993 年第 1 期。

[美] 约翰·W. 查非:《朱熹与白鹿洞书院的复兴》,《湘潭大学学报》1993 年第 2 期。

　　［美］希尔斯：《论学术自由》，《北京大学教育评论》2005 年第
1 期。

　　［法］谢和耐：《蒙元入侵前夜的中国日常生活》，刘东译，江苏人民
出版社 1995 年版。

　　［比］西蒙斯主编：《欧洲大学史——中世纪大学》，张斌贤等译，河
北大学出版社 2008 年版。

　　任钟印主编：《西方近代教育论著选》，人民教育出版社 2001 年版。

　　王承绪、赵祥麟编译：《西方现代教育论著选》，人民教育出版社
2001 年版。

后 记

这本专著是一本中国高等教育哲学史性质的著作，旨在借助南宋书院大学精神重识大学。

本书借助的文献来自：一是中国古代文献，其中以朱熹、张栻、陆九渊、吕祖谦的著述为主，以其他儒家的典籍为辅。二是民国至今国人研究宋代历史的文献，其中以思想史、学术史的文献为主。三是近百年尤其是最近40年书院研究的文献，其中以两宋书院研究的成果为主。盛朗西、胡适、陈元晖、陈学恂、毛礼锐、张瑞璠、李国钧、苗春德、王炳照、朱汉民、邓洪波等学者的研究成果以及几百篇硕博学论文对本研究启发很大。四是国内外最近40年高等教育研究的文献，其中以国内的为主。涂又光、潘懋元、眭依凡、刘宝存、雅斯贝尔斯、布鲁贝克、西蒙斯等学者的著作，本研究受益不少。本书在脚注和书末的参考文献中一一表示出对前贤研究成果的尊重，若有遗漏之处，敬请读者指出，以便添加。由于本书偏重于历史哲学的大学精神思考，故并不追求书院教育历史事件的完整。

这本专著研究的"问题"是，当今大学精神的流失需要教育哲学史学者借助专业优势回答大学是什么。当今大学若干乱象需要我们对其大学精神进行历史哲学的沉思。本书通过对南宋书院大学精神伦理理性的解读辅以同时期欧洲中世纪大学的科学理性，提出"元理学"的理论假设，建立元物理、元义理、元天理、元道理、元事理的大学精神分析框架。大学精神即元理主义，是伦理理性与科学理性的有机统一体，并因此认为大学即自治、自信、自修、自由、自强的教育机构。这虽然是我的一种主观构思，但不是没有大学史的凭据的。

我的几本专著的出版，责任编辑宫京蕾女士费力很多，特此致谢。衷心感谢德高望重的吕达先生20年来对后学的鼓励、提携。感谢范兆雄教授对此书出版的鼎力帮助。

作　者

2019 年国庆节